2급 통합자격수험서

동물매개 교육지도사

Animal Assisted Educator

김복택 · 김동일 · 김경원 · 박영선 · 진미령

박영 story

동물체험학습지도사

(Animal-Experience Education Instructor)

민간자격등록 제2017-001389호

1. 동물체험학습지도사의 직무내용

① 한국반려동물매개치료협회의 자격인 '**동물체험학습지도사**'의 직무는 다음 각 호와 같다.

1. 동물을 활용한 체험을 통해 감각의 발달과 인지, 정서, 행동, 사회적 관계 등의 성장에 도움이 되는 학습프로그램을 운영한다.
2. 구조화된 교육을 통해 생물복지 및 자연환경에 대한 인식을 향상시키고 생명존중과 정서지능의 발달을 도모한다.
3. 동물의 생태적 특성에 대한 이해를 통해 환경문제에 대한 인식을 발전시킨다.

2. 자격등급과 검정기준

자격종목	등급	검정기준
동물체험학습 지도사 자격증	1급	전문가로서 동물체험학습에 대한 전반적인 지식과 동물체험학습에 관한 이론을 기반으로 한 실무적 지식을 갖추고 동물체험학습프로그램을 운영할 수 있는 책임자로서의 상급 수준의 능력을 평가함.
	2급	동물체험학습에 대한 전반적인 지식과 동물체험학습지도에 관한 이론적 기반으로 동물체험학습프로그램의 실무자로, 프로그램에 대한 이해와 적용능력을 갖춘 수준

3. 응시자격

① **동물체험학습지도사 2급**의 응시자격은 다음 각 호에 해당하는 자로 한다.

1. 본 협회에서 인정하는 연수교육 50시간 이상 수료자
2. 본 협회와 상호협력을 협약한 기관(연수교육 40시간 이상)
3. 성과 관련된 모든 범죄 경력이 없으며 성범죄경력조회에 동의하는 자

② **동물체험학습지도사 1급**의 응시자격은 한국반려동물매개치료협회의 정회원 이상으로 관련학과 전문

대학졸업자(졸업예정자 포함) 이상인 자 또는 3년 이상 동물체험 프로그램을 관리하거나 동물체험 프로그램 업무를 한 경력이 있는 자로써 다음 각 호에 모두 해당하는 자로 한다.

1. 2급 자격을 취득하고 6개월 이상이 경과한 자
2. 본 협회에서 인정하는 교육과정 100시간 이상 이수자(누적)
3. 본 협회에서 인정하는 동물체험학습지도 100시간 이상 경력자
4. 성과 관련된 모든 범죄 경력이 없으며 성범죄경력조회에 동의하는 자

4. 등급별 시험과목

시험과목 (2급)	시험형태 및 문항 수			시험시간
	필기시험 객관식 (4지선다형)	실기시험 (작업형)	합계	
동물학개론	25문항	0문항	25문항	10:30 ~ 12:30 (120분)
교육학개론	25문항	0문항	25문항	
체험프로그램개발 방법론	25문항	0문항	25문항	
동물복지와 법규	25문항	0문항	25문항	

시험과목 (1급)	시험형태 및 문항 수			시험시간
	필기시험 객관식 (4지선다형)	실기시험 주관식 (작업형)	합계	
교육심리학	25문항	0문항	25문항	10:30 ~ 12:30 (120분)
발달심리학	25문항	0문항	25문항	
체험프로그램개발과 평가	25문항	0문항	25문항	
동물관리법	25문항	0문항	25문항	
동물체험학습지도 임상실무	0문항	10문항	10문항	14:00 ~ 15:30 (90분)

동물매개교육지도사
(Animal-Assisted Educator)

민간자격등록 제2016-004933호

1. 동물매개교육지도사의 직무내용

① 한국반려동물매개치료협회의 자격인 '**동물매개교육지도사**'의 직무는 다음 각 호와 같다.

1. 학령기 아동과 청소년을 대상으로 동물을 활용한 프로그램을 통해 생명존중과 정서지능의 발달을 도모한다.
2. 구조화된 교육을 통해 생물복지 및 자연환경에 대한 인식향상 등에 기여한다.
3. 동물의 생태적 특성에 대한 이해를 통해 환경문제에 대한 인식을 발전시킨다.

2. 자격등급과 검정기준

자격종목	등급	검정기준
동물매개교육 지도사 자격증	슈퍼바이저	최고의 전문가로서 동물매개교육에 대한 전반적인 지식과 동물매개교육지도에 관한 실무를 기반으로 한 경험적 지식을 갖추고 동물매개교육프로그램 운영의 총괄적인 책임자로서의 능력을 갖춘 최상급 수준
	전문가	전문가 수준의 동물매개교육에 대한 전반적인 지식과 동물매개교육지도에 관한 실무를 기반으로 한 경험적 지식을 갖추고 동물매개교육프로그램의 운영자로서, 프로그램에 대한 개발과 교육과정의 설계 능력을 갖춘 고급 수준
	1급	준전문가 수준의 동물매개교육에 대한 지식과 동물매개교육지도에 관한 실무를 기반으로 한 경험적 지식을 갖추고 동물매개교육프로그램의 실무자로서, 프로그램에 대한 이해와 적용능력을 갖춘 상급 수준
	2급	일반인으로서 동물매개교육에 대한 개론적인 지식과 동물을 매개로 한 교육지도에 관한 기초적인 지식을 갖추고 한정된 범위 내에서 동물매개교육프로그램의 보조자로서, 프로그램에 대한 이해와 적용능력을 갖춘 중급 수준

3. 응시자격

① **동물매개교육지도사 2급**의 응시자격은 다음 각 호에 해당하는 자로 한다.
1. 본 협회에서 인정하는 연수교육 50시간 이상 수료자
2. 본 협회와 상호협력을 협약한 기관(연수교육 40시간 이상)
3. 본 협회의 검정기준에 따른 반려동물매개심리상담사 2급을 취득한 자(동급중복과목 시험면제)

② **동물매개교육지도사 1급**의 응시자격은 한국반려동물매개치료협의의 정회원 이상으로 관련학과 전문대학졸업자(졸업예정자 포함) 이상인 자로써 다음 각 호에 모두 해당하는 자로 한다.
1. 2급 자격을 취득하고 6개월 이상이 경과한 자
2. 본 협회에서 인정하는 교육과정 300시간 이상 이수자
3. 본 협회에서 인정하는 임상활동 200시간 이상 이수자
4. 본 협회의 검정기준에 따른 반려동물매개심리상담사 1급을 취득한 자(동급중복과목 시험면제)

③ **동물매개교육지도사 전문가**의 응시자격은 한국반려동물매개치료협회의 정회원 이상으로 관련학과대학졸업자(졸업예정자 포함) 이상인 자로써 다음 각 호에 모두 해당하는 자로 한다. 단, 반려동물매개심리상담사 전문가 자격이 있는 경우 중복이 되어도 모두 인정한다.
1. 1급 자격을 취득하고 1년 이상이 경과한 자
2. 본 협회에서 인정하는 임상지도 및 교육경력 100시간 이상 이수자
3. 본 협회에서 인정하는 임상활동 500시간 이상 이수자(제9조 ③항의 2호를 포함함)
4. 본 협회에서 인정하는 학술발표 1회 이상인 자

④ **동물매개교육지도사 슈퍼바이저**의 응시자격은 한국반려동물매개치료협회의 정회원 이상으로 관련학과 석사 이상인 자로써 다음 각 호에 모두 해당하는 자로 한다. 단, 반려동물매개심리상담사 슈퍼바이저 자격이 있는 경우 중복이 되어도 모두 인정한다.
1. 전문가 자격을 취득하고 1년 이상이 경과한 자
2. 본 협회에서 인정하는 관련분야 강의경력 1,000시간 이상인 자
3. 본 협회에서 인정하는 임상지도 매년 50시간 이상 경력자(연속 3년 이상)
4. 본 협회에서 인정하는 학술지에 논문 3회 이상 게재한 자
5. 본 협회에서 인정하는 학술발표 5회 이상인 자
6. 본 협회의 검정기준에 따른 반려동물매개심리상담사 슈퍼바이저 자격을 취득한 자

4. 등급별 시험과목

시험과목 (2급)	시험형태 및 문항 수			시험시간
	필기시험 객관식(4지선다형)	실기시험 (작업형)	합계	
동물매개교육	25문항	0문항	25문항	10:30 ~ 12:30 (120분)
동물행동의 이해	25문항	0문항	25문항	
도우미동물관리	25문항	0문항	25문항	
교육심리학	25문항	0문항	25문항	

시험과목 (1급)	시험형태 및 문항 수			시험시간
	필기시험 객관식 (4지선다형)	실기시험 (작업형)	합계	
교육심리학	25문항	0문항	25문항	10:30 ~ 13:00 (150분)
발달심리학	25문항	0문항	25문항	
프로그램개발과 평가	25문항	0문항	25문항	
도우미동물관리	25문항	0문항	25문항	
동물보호법	25문항	0문항	25문항	
동물매개교육지도 임상실무	0문항	10문항	10문항	14:00 ~ 15:30 (90분)

시험과목 (전문가)	시험형태 및 문항 수			시험시간
	필기시험 객관식 (4지선다형)	실기시험 (작업형)	합계	
동물매개교육지도 임상실무	0문항	5문항	5문항	10:30 ~ 13:00 (150분)
동물매개교육지도 프로그램개발과 평가	0문항	5문항	5문항	

시험과목 (슈퍼바이저)	시험형태 및 문항 수			시험시간
	필기시험 객관식 (4지선다형)	실기시험 (작업형)	합계	
동물매개교육지도의 슈퍼비전	0문항	10문항	10문항	14:00 ~ 17:00 (180분)

반려동물매개심리상담사

(Companion Animal Assisted Psychology Counselor)

민간자격등록 제2016-000183호

1. 반려동물매개심리상담사의 직무내용

① 한국반려동물매개치료협회의 자격인 '**반려동물매개심리상담사**'의 직무는 다음 각 호와 같다.

1. 저소득층이나 취약계층을 대상으로 반려동물을 활용한 프로그램을 통해 정서적 안정과 신체적 발달에 기여한다.
2. 사회복지기관을 대상으로 반려동물과의 상호작용을 통하여 동기를 유발하여 신체적 활동의 증가와 사회성 향상 등에 기여한다.
3. 학령기 아동을 대상으로 생명존중과 정서발달 등을 교육한다.

2. 자격등급과 검정기준

자격종목	등급	검정기준
반려동물 매개심리 상담사 자격증	슈퍼바이저	최고의 전문가로서 동물매개치료에 대한 전반적인 지식과 반려동물과 심리상담에 관한 실무를 기반으로 한 경험적 지식을 갖추고 반려동물매개심리상담 과정의 총괄적인 책임자로서의 능력을 갖춘 최상급 수준
	전문가	전문가 수준의 동물매개심리상담에 대한 지식과 반려동물과 심리상담에 관한 지식을 갖추고 반려동물매개심리상담의 운영자로서, 프로그램에 대한 개발과 상담과정의 설계 능력을 갖춘 고급 수준
	1급	준전문가 수준의 동물매개심리상담에 대한 지식과 반려동물과 심리상담에 관한 지식을 갖추고 반려동물매개심리상담의 책임자로서, 프로그램에 대한 이해와 적용능력을 갖춘 고급 수준
	2급	일반인으로서 동물매개심리상담에 대한 개론적인 지식과 반려동물과 심리상담에 관한 기초적인 지식을 갖추고 한정된 범위 내에서 반려동물매개심리상담의 보조자로서, 프로그램에 대한 이해와 적용능력을 갖춘 상급 수준

3. 응시자격

① **반려동물매개심리상담사 2급**의 응시자격은 다음 각 호에 해당하는 자로 한다.
  1. 본 협회에서 인정하는 연수교육 50시간 이상 수료자
  2. 본 협회와 상호협력을 협약한 기관(연수교육 40시간 이상)
  3. 본 협회의 검정기준에 따른 동물매개교육지도사 2급을 취득한 자(동급중복과목 시험면제)

② **반려동물매개심리상담사 1급**의 응시자격은 한국반려동물매개치료협회의 정회원 이상으로 관련학과 전문대학졸업자(졸업예정자 포함) 이상인 자로써 다음 각 호에 모두 해당하는 자로 한다.
  1. 2급 자격을 취득하고 6개월 이상이 경과한 자
  2. 본 협회에서 인정하는 교육과정 300시간 이상 이수자
  3. 본 협회에서 인정하는 임상활동 100시간 이상 이수자

③ **반려동물매개심리상담사 전문가**의 응시자격은 한국반려동물매개치료협회의 정회원 이상으로 관련학과대학졸업자(졸업예정자 포함) 이상인 자로써 다음 각 호에 모두 해당하는 자로 한다.
  1. 1급 자격을 취득하고 1년 이상이 경과한 자
  2. 본 협회에서 인정하는 임상지도 및 교육경력 200시간 이상 이수자
  3. 본 협회에서 인정하는 임상활동 1,000시간 이상 이수자
  4. 본 협회에서 인정하는 학술지에 논문 1회 이상 게재한 자
  5. 본 협회에서 인정하는 학술발표 3회 이상인 자

④ **반려동물매개심리상담사 슈퍼바이저**의 응시자격은 한국반려동물매개치료협회의 정회원 이상으로 관련학과 석사 이상인 자로써 다음 각 호에 모두 해당하는 자로 한다.
  1. 전문가 자격을 취득하고 1년 이상이 경과한 자
  2. 본 협회에서 인정하는 관련분야 강의경력 1,000시간 이상인 자
  3. 본 협회에서 인정하는 임상지도 매년 50시간 이상 경력자(연속 3년 이상)
  4. 본 협회에서 인정하는 학술지에 논문 3회 이상 게재한 자
  5. 본 협회에서 인정하는 학술발표 5회 이상인 자

4. 등급별 시험과목

<table>
<tr><th rowspan="2">시험과목
(2급)</th><th colspan="3">시험형태 및 문항 수</th><th rowspan="2">시험시간</th></tr>
<tr><th>필기시험
객관식(4지선다형)</th><th>실기시험
(작업형)</th><th>합계</th></tr>
<tr><td>동물매개치료개론</td><td>25문항</td><td>0문항</td><td>25문항</td><td rowspan="4">10:30 ~ 12:30
(120분)</td></tr>
<tr><td>반려동물행동의 이해</td><td>25문항</td><td>0문항</td><td>25문항</td></tr>
<tr><td>도우미동물관리</td><td>25문항</td><td>0문항</td><td>25문항</td></tr>
<tr><td>심리상담과 이해</td><td>25문항</td><td>0문항</td><td>25문항</td></tr>
</table>

시험과목 (1급)	시험형태 및 문항 수			시험시간
	필기시험 객관식 (4지선다형)	실기시험 (작업형)	합계	
동물매개치료개론	25문항	0문항	25문항	10:30 ~ 13:00 (150분)
반려동물행동의 이해	25문항	0문항	25문항	
도우미동물관리	25문항	0문항	25문항	
심리상담과 이해	25문항	0문항	25문항	
동물보호법	25문항	0문항	25문항	
동물매개심리상담 임상실무	0문항	10문항	10문항	14:00 ~ 15:30 (90분)

시험과목 (전문가)	시험형태 및 문항 수			시험시간
	필기시험 객관식 (4지선다형)	실기시험 (작업형)	합계	
동물매개심리상담 임상실무	0문항	5문항	5문항	10:30 ~ 13:00 (150분)
동물매개심리상담 프로그램 개발과 평가	0문항	5문항	5문항	

시험과목 (슈퍼바이저)	시험형태 및 문항 수			시험시간
	필기시험 객관식 (4지선다형)	실기시험 (작업형)	합계	
동물매개심리상담의 슈퍼비전	0문항	10문항	10문항	14:00 ~ 17:00 (180분)

반려동물관리사

(Companion Animal Manager)

민간자격등록 제2016-001343호

1. 반려동물관리사의 직무내용

① 한국반려동물매개치료협회의 자격인 '**반려동물관리사**'의 직무는 다음 각 호와 같다.

1. 반려동물에 관한 전문적인 지식을 습득하여 반려동물산업전반에 걸쳐 활동하는 전문가
2. 동물을 애호하는 자를 대상으로 반려동물과의 상호작용과 동물의 사회성 향상 등에 기여한다.
3. 생명존중사상을 바탕으로 반려동물 문화의 증진을 위해 노력하고 동물복지와 동물학대 등의 예방을 홍보하고 교육한다.

② 세부 직무내용

1. 반려동물의 복지에 관한 업무
2. 반려동물의 학대방지 및 사후관리
3. 반려동물의 사육 및 번식
4. 반려동물 분양상담
5. 반려동물 사육과 사육환경에 대한 자문
6. 반려동물 문화 증진을 위한 사회사업과 봉사
7. 그 밖의 반려동물산업과 관련된 교육과 홍보

2. 자격등급과 검정기준

자격종목	등급	검정기준
반려동물관리사 자격증	1급	반려동물의 행동을 이해하고 반려동물사육관리 분야에 올바른 복지관과 전문가 수준의 지식, 반려동물과 함께 하는 문화에 대한 설계와 운영, 교육에 관한 능력이 있으며 해당 산업에서 전문가로 활동할 수 있는 능력을 갖춘 수준
	2급	반려동물의 행동을 이해하고 반려동물사육관리 분야에 올바른 복지관과 기초적인 수준의 지식, 반려동물과 함께 하는 문화에 대한 이해와 적용, 홍보에 관한 능력이 있으며 해당 산업에서 보조자로 활동할 수 있는 능력을 갖춘 수준

3. 응시자격

① **반려동물관리사 2급**의 응시자격은 다음 각 호에 해당하는 자로 한다.

1. 한국반려동물매개치료협회의 정회원 이상으로 협회에서 인정하는 연수교육 20시간 이상 수료한 자로 한다.

② **반려동물관리사 1급**의 응시자격은 다음 각 호 중 어느 하나에 해당하는 자로 한다.

1. 한국반려동물매개치료협회의 정회원 이상으로 관련학과(애완동물, 반려동물) 전문대학 재학(2학기 이상 이수) 이상이거나 이와 같은 수준 이상의 과정에 있다고 인정되는 자로 한다.
2. 한국반려동물매개치료협회의 정회원 이상으로 학점은행제 교육기관의 생명산업전문학사 학위과정에 있는 자로 한다.
3. 한국반려동물매개치료협회의 정회원 이상으로 협회에서 인정하는 반려동물관련분야의 사업경력이 5년 이상인 자로 한다.

4. 등급별 시험과목

<table>
<tr><th rowspan="2">시험과목
(2급)</th><th colspan="3">시험형태 및 문항 수</th><th rowspan="2">시험시간</th></tr>
<tr><th>필기시험
객관식
(4지선다형)</th><th>필기시험
주관식</th><th>합계</th></tr>
<tr><td>반려동물학개론</td><td>25문항</td><td>0문항</td><td>25문항</td><td rowspan="2">10:30 ~ 11:30
(60분)</td></tr>
<tr><td>동물보호법</td><td>25문항</td><td>0문항</td><td>25문항</td></tr>
</table>

<table>
<tr><th rowspan="2">시험과목
(1급)</th><th colspan="3">시험형태 및 문항 수</th><th rowspan="2">시험시간</th></tr>
<tr><th>필기시험
객관식
(4지선다형)</th><th>필기시험
주관식</th><th>합계</th></tr>
<tr><td>반려동물학</td><td>25문항</td><td>0문항</td><td>25문항</td><td rowspan="4">10:30 ~ 12:30
(120분)</td></tr>
<tr><td>반려동물간호학</td><td>25문항</td><td>0문항</td><td>25문항</td></tr>
<tr><td>반려동물행동학</td><td>25문항</td><td>0문항</td><td>25문항</td></tr>
<tr><td>동물복지 및 법규</td><td>25문항</td><td>0문항</td><td>25문항</td></tr>
</table>

반려동물보육사
(Professional Pet Sitter)

민간자격등록 제2018-002980호

1. 반려동물보육사의 직무내용

① 한국반려동물매개치료협회의 자격인 '**반려동물보육사**'의 직무는 다음 각 호와 같다.

1. 반려동물을 돌봐주는 전문펫시터로 반려동물의 생애주기를 이해하고 반려동물 정서, 행동, 감각, 사회성의 성장에 도움이 되는 보육 프로그램의 개발과 운영
2. 구조화된 반려동물 돌봄 서비스시설 운영관리
3. 반려동물의 양육에 대한 포괄적인 상담
4. 반려동물의 학대 및 유기예방 활동 등 동물의 생명보호 및 복지증진 활동
5. 그 밖의 사람과 반려동물의 조화로운 공존을 위한 사회사업과 봉사

2. 자격등급과 검정기준

자격종목	등급	검정기준
반려동물보육사	1급	전문가로서 반려동물에 대한 전반적인 지식과 반려동물관리에 관한 이론을 기반으로 한 실무적 지식을 갖추고 반려동물보육관리프로그램을 운영할 수 있는 책임자로서의 상급 수준의 능력을 평가함.
	2급	반려동물에 대한 전반적인 지식과 반려동물보육에 관한 이론을 기반으로 한 반려동물보육프로그램의 실무자로, 프로그램에 대한 이해와 적용능력을 갖춘 수준

3. 응시자격

① **반려동물보육사 1급**의 응시자격은 한국반려동물매개치료협회의 정회원 이상으로 관련학과 전문대학 졸업자(졸업예정자 포함) 이상인 자 또는 고등학교 졸업 이상의 학력으로 3년 이상 반려동물보육 프로그램을 관리하거나 반려동물보육 업무를 한 경력이 있는 자로써 다음 각 호에 모두 해당하는 자로 한다.

1. 2급 자격을 취득하고 6개월 이상이 경과한 자
2. 본 협회에서 인정하는 교육과정 100시간 이상 이수자

3. 본 협회에서 인정하는 반려동물보육 100시간 이상 경력자
4. 성과 관련된 모든 범죄 경력이 없으며 성범죄경력조회에 동의하는 자
5. 「동물보호법」, 「가축전염병예방법」, 「축산물위생관리법」, 또는 「마약류관리에 관한 법률」을 위반하여 금고 이상의 범죄 경력이 없는 자

② **반려동물보육사 2급**의 응시자격은 한국반려동물매개치료협회의 정회원 이상으로 다음 각 호에 모두 해당하는 자로 한다.

1. 본 협회에서 인정하는 연수교육 50시간 이상 수료자
   - 본 협회와 상호협력을 협약한 기관(연수교육 40시간 이상)
2. 성과 관련된 모든 범죄 경력이 없으며 성범죄경력조회에 동의하는 자

4. 등급별 시험과목

시험과목 (2급)	시험형태 및 문항 수			시험시간
	필기시험 객관식 (4지선다형)	실기시험 (작업형)	합계	
반려동물학개론	25문항	0문항	25문항	10:30 ~ 12:30 (120분)
반려동물행동	25문항	0문항	25문항	
반려동물보육관리	25문항	0문항	25문항	
반려동물관계법	25문항	0문항	25문항	

시험과목 (1급)	시험형태 및 문항 수			시험시간
	필기시험 객관식 (4지선다형)	실기시험 주관식 (작업형)	합계	
반려동물간호학	25문항	0문항	25문항	10:30 ~ 12:30 (120분)
반려동물행동학	25문항	0문항	25문항	
반려동물 보육관리	25문항	0문항	25문항	
동물복지 및 관계법규	25문항	0문항	25문항	
반려동물보육관리 실무	0문항	10문항	10문항	14:00 ~ 15:30 (90분)

반려동물행동상담사

(Companion Animal Behavior Counselor)

민간자격등록 제2019-003756호

1. 반려동물행동상담사의 직무내용

① 한국반려동물매개치료협회의 자격인 '**반려동물행동상담사**'의 직무는 다음 각 호와 같다.

1. 반려동물의 생애주기를 이해하고 반려동물 정서, 행동, 감각, 사회성의 성장에 도움이 되는 전문적인 이론과 실무를 바탕으로 반려동물의 성장에 도움이 되는 프로그램의 개발과 운영
2. 구조화된 반려동물행동상담 서비스시설 운영관리
3. 반려동물의 양육에 대한 포괄적인 상담
4. 그 밖의 사람과 반려동물의 조화로운 공존을 위한 사회사업과 봉사

2. 자격등급과 검정기준

자격종목	등급	검정기준
반려동물 행동상담사	1급	전문가로서 반려동물에 대한 전반적인 지식과 반려동물관리에 관한 이론을 기반으로 한 실무적 지식을 갖추고 반려동물행동상담 프로그램을 운영할 수 있는 책임자로서의 상급 수준
	2급	반려동물에 대한 전반적인 지식과 반려동물행동에 관한 이론을 기반으로 한 반려동물행동상담프로그램의 실무자로, 프로그램에 대한 이해와 적용능력을 갖춘 수준

3. 응시자격

① **반려동물행동상담사 1급**의 응시자격은 한국반려동물매개치료협회의 정회원 이상으로 관련학과 전문대학졸업자(졸업예정자 포함) 이상인 자 또는 고등학교 졸업 이상의 학력으로 3년 이상 반려동물행동상담 프로그램을 관리하거나 반려동물행동상담 업무를 한 경력이 있는 자로써 다음 각 호에 모두 해당하는 자로 한다.

1. 2급 자격을 취득하고 6개월 이상이 경과한 자
2. 본 협회에서 인정하는 교육과정 100시간 이상 이수자

- 본 협회와 상호협력을 협약한 기관(연수교육 80시간 이상)

3. 본 협회에서 인정하는 반려동물행동상담 실무 100시간 이상 경력자
4. 성과 관련된 모든 범죄 경력이 없으며 성범죄경력조회에 동의하는 자
5. 「동물보호법」,「가축전염병예방법」, 「축산물위생관리법」, 또는 「마약류관리에 관한 법률」을 위반하여 금고 이상의 범죄 경력이 없는 자

② **반려동물행동상담사 2급**의 응시자격은 한국반려동물매개치료협회의 정회원 이상으로 다음 각 호에 모두 해당하는 자로 한다.

1. 본 협회에서 인정하는 연수교육 50시간 이상 수료자
   - 본 협회와 상호협력을 협약한 기관(연수교육 40시간 이상)

2) 성과 관련된 모든 범죄 경력이 없으며 성범죄경력조회에 동의하는 자

4. 등급별 시험과목

시험과목 (2급)	시험형태 및 문항 수			시험시간
	필기시험 객관식(4지선다형)	실기시험 (작업형)	합계	
반려동물학개론	25문항	0문항	25문항	10:30 ~ 12:30 (120분)
반려동물행동학	25문항	0문항	25문항	
반려동물상담학	25문항	0문항	25문항	
반려동물관계법	25문항	0문항	25문항	

시험과목 (1급)	시험형태 및 문항 수			시험시간
	필기시험 객관식 (4지선다형)	실기시험 주관식 (작업형)	합계	
반려동물간호학	25문항	0문항	25문항	10:30 ~ 12:30 (120분)
반려동물행동심리학	25문항	0문항	25문항	
반려동물훈련학	25문항	0문항	25문항	
동물복지 및 관계법규	25문항	0문항	25문항	
반려동물행동상담 실무	0문항	10문항	10문항	14:00 ~ 15:30 (90분)

Perface

코로나 시대의 접촉에 대한 두려움으로 비 대면이 일상화되어 가면서 교감에 대한 결핍으로 인해 정서적 어려움을 호소하는 시대가 되었다. 기나긴 시간, 비접촉의 관계가 고착화되면서 우리는 POST 코로나 시대를 빠르게 맞이하고 있다. 이러한 변화는 아이들의 올바른 정서적 발달의 기회를 상실시키게 될 것이고, 관계의 결핍을 대체할 수 있는 다른 보조적 수단을 찾게 될 것이다. 그러나 생명과의 교감이라는 부분은 쉽게 대체될 수 있는 것이 아니라는 것을 우리 모두는 잘 알고 있다.

인공지능의 시대를 살아가야 하는 우리의 후대의 정서지능에 대한 교육을 위해 우리는 동물매개 또는 동물교감의 방법을 통해 미래 세대들이 올바른 생명존중의식과, 종평등의 마음발달을 형성할 수 있도록 돕고자 한국반려동물매개치료협회에서 동물매개교육이라고 하는 분야를 개척하여 본서를 편찬하게 되었다.

한국반려동물매개치료협회는 수년간 한국적 동물매개 프로그램의 성장을 위해 노력해 왔다. 동물에게 지나치게 의존적이거나 가학적인 동물매개 프로그램에서 벗어나 제한적인 형식이 아닌 다양한 동물을 통한 교육의 개발과 적용을 통해 효과를 더욱 증진시킨 프로그램으로 발전시켜나가고 있다.

본 저서는 한국반려동물매개치료협회의 자격규정에 따라 동물매개교육지도사로 성장하기 위해 갖추어야 할 동물매개교육, 동물행동학, 동물관리학, 교육심리학 등의 이론과 실제 등을 담고 있다.

본 저서는 part 4로 구성되어 있으며 part 1은 동물매개교육 및 동물매개치료의 대체성과 다양성을 위해 여타의 매개치료를 이해할 필요가 있기에 동물매개치료 및 동물매개교육의 개념과 이해와 더불어 다양한 매개치료들에 대해 설명하고 있으며 part 2에서는 동물매개교육의 구성요소 중의 하나인 동물의 행동을 다루고 있다.

part 3에서는 도우미동물의 기본관리로 법적으로 지정된 6종류의 반려동물인 개, 고양이, 기니피그, 토끼, 햄스터, 페럿의 기본관리에 대해 설명하고 있으며 마지막 part 4에서는 교육의 정의와 더불어 교육과 관련된 다양한 이론들에 대해 다루고 있다.

동물매개치료 및 동물매개교육의 역사가 한국에 알려지게 된 시기는 이제 최근이라고 말할 수 없을 만큼 시간이 흘렀고 다수의 선구자들이 이 일에 뜻을 가지고 노력해 왔다. 본 저서가 동물매개교육 및 동물매개치료에 관심이 분들에게 도움이 되길 바라고 본 저서의 내용을 기반으로 동물매개교육에 대한 다양한 프로그램 개발과 연구가 진행되기를 바란다. 또한 본 저서의 출간을 위해 노력한 한국반려동물매개치료의 공동 저자들을 깊이 축복하며, 한국의 동물매개치료 및 동물매개교육의 큰 등불이 될 것을 기원한다.

Contents

Part 1 동물매개치료 및 동물매개교육

Part 1

동물매개치료 및 동물매개교육

Chapter 1

동물매개 및 심리치료와 매개치료의 개념

1 동물매개의 개념

인간과 동물은 오랜 시간 전부터 함께 공존해왔고 서로에게 영향을 받으며 살아가고 있다. 인간은 동물에게 동물은 인간에게 이로운 영향을 주고받으며 긍정적인 상호관계를 유지하며 공존하고 있다. 이러한 관계는 과거로 거슬러 올라가 인간과 동물의 공존의 흔적을 찾아 볼 수 있다. BC 12000년 전 프랑스의 라스코 동굴에서 발견된 인간과 동물의 모습이 담긴 벽화에 나와 있으며, 인류의 정착생활이 시작되면서 안정적인 식량을 찾기 위해 농경생활이 시작되었고 이와 동시에 단백질 공급원을 위한 사냥의 도구로 늑대의 후예인 개를 약 12000년 전부터 가축화시켜 키워 왔다.

과거에는 인간과 동물과의 관계가 '공존'의 개념보다는 인간이 자신의 생존을 위해 동물을 도구로 사용한 것임을 알 수 있다. 동물과 함께 더불어 살기 위한 사회를 구성하기보다는 자신들이 살아가기 위해 안정적인 단백질 공급원이 필요했고 그를 위해 개를 가장 먼저 가축화시킨 것이다. 하지만 현재 우리가 살고 있는 현대사회에서는 인간과 더불어 동물 또한 우리의 사회의 구성원으로 인정받고 있으며 개의 경우, 인간에게 위급한 상황이 발생했을 때, 장애로 인해 일상적 도움이 지속적으로 필요할 때, 인간의 능력으로는 부족한 일을 해결해야 할 때 구조견, 안내견, 보조견, 군견, 경찰견 등의 역할을 하고 있다.

구조견, 안내견, 보조견, 군견, 경찰견 등과 같이 사회에서 공로를 인정받고 인간에게서 무한한 신뢰를 받으며 살아가는 동물이 있는 반면, 축산동물과 같이 위생적이지 않은 환경에서 살아가는 생명 또한 존재한다. 농장동물은 인간들에게 '단백질 공급원'으로 인식되는 경우가 많고 그로 인해 마땅히 누려야 할 권리를 누리지 못한 채 열악한 환경에서 생활한다. 물론 지금은 농업의 기술 또한 발전되어 친환경적으로 사육되는 농장동물들이 많지만 작은 축사에 위생적이지 않은 공간에서 사육되는 동물 또한 많다. 농장동물 역시 인간이 돌봐야 하고 관심을 기울여야 하는 동물들이기 때문에 동물에 대한 관심과 복지는 필수적이다.

인간의 부족한 능력을 채우기 위해 도움이 되는 동물도 있지만 인간의 안녕을 위해 활용되는 동물도 있다. 동물과의 상호교감을 통해 잃어가는 인간 본연의 모습과 감수성을 회복하고 정신건강을 유지하는 데 도움이 된다. 음악치료, 미술치료, 연극치료, 놀이치료와 같이 동물이 심리치료의 매개체가 되어 다양한 심리적 고통과 아픔들로 고통 받는 사람들과 역동적 관계를 형성하여 회복을 이끌어낼 수 있다. 이렇게 동물을 통해 인간의 다양한 회복을 추구하는 개념을 '동물매개'라고 설명할 수 있으며, 동물매개는 동물매개활동, 동물매개교육, 동물매개치료, 동물매개공예치료 등 다양한 유형들로 구분될 수 있다.

2 심리치료의 개념

심리치료는 다양한 영역의 요소들을 접목하여 내담자가 가지고 있는 문제를 해결하도록 돕고 보다 높은 삶의 질을 누릴 수 있도록 도와야 하는 책임을 가지고 있다. 심리치료가 오랫동안 관심을 받던 외국의 경우 심리치료와 상담은 일찍이 자리를 잡아 대중화되었지만 한국의 경우 1990년대 초반 경제적 성장으로 인해 심리치료에 관심을 갖게 되면서 다양한 심리치료들이 한국으로 유입되어 전성시대를 맞이하게 되었다. 하지만 경제위기가 찾아오면서 정신적으로 충격을 받게 된 사람들이 심리치료에 의존을 하게 되며 더욱 다양한 치료들이 생기게 되고 자리를 잡는 듯 했으나, '치료'라는 용어에 사람들이 거리감을 갖게 되며 대중화가 되기에 예상보다 오랜 시간이 걸렸다.

과거 1990년대에는 심리치료와 상담에 대한 관심이 높았던 반면 시대의 상황이나 실정 때문에 실제 치료나 상담을 받기 주저하는 사람들이 많았다. 그러나 현대 사람들은 새로운 경험, 교육, 정보에 대한 높은 관심으로 심리치료와 상담의 중요성에 대해 인식하며 새로운 영역의 관심을 기울이게 되면서 1990년대 말에는 한국으로 유입된 심리치료들 중 치료과정에서 식물과 동물이 투입되었다. 이는 심리치료와 상담에서 더 나아가 아동들과 청소년들을 대상으로 생명에 대한 교육을 진행함과 동시에 심리적, 정서적 안정까지 제공하는 치료들로 활성화가 되기 시작했다.

심리학자 월버그(Wolberg, 1977)는 심리치료를 '증상을 제거하거나 수정 또는 경감시키고 장애 행동을 조절하며 긍정적 성격을 발달시키기 위해 훈련된 치료사와 전문적인 관계를 형성하여 정신적 문제를 심리학적 방법으로 치료하는 것'이라고 정의내렸으며 또한 임상 심리학자 가필드(Garfield, 1995)는 '심리치료는 치료사와 내담자 간의 언어적 상호작용을 통해 치료사가 내담자에게 어려움을 극복하도록 도와주는 것'이라 정의했다. 이러한 정의들을 살펴보면 심리치료는 심리적 고통이나 해결하고 싶은 문제를 가진 사람에게 심리학적 전문 지식을 활용하여 문제를 해결, 또는 삶의 질을 향상시키도록 돕는 전문적 활동으로 요약할 수 있다.

3 매개치료/교육의 개념

상담 기반의 심리치료의 틀에서 벗어나 다양한 영역들을 접목한 심리치료들이 존재하고 있으며 급격하게 성장하고 있는 현대사회에 맞춰 다양한 정신적 질환들을 치료할 수 있는 심리치료들이 늘어나고 있고 연구와 실습을 통해 그 효과를 입증하고 있다. 이러한 치료들에게서 공통적으로 찾아볼 수 있는 개념은 '매개'라는 개념이다. 매개의 사전적 의미는 '어떠한 둘 사이에서 양편의 관계를 맺어 줌'이라는 뜻을 갖고 있다. 동물매개치료와 동물매개교육을 예로 들면 동물매개치료/교육에서 동물은 매개체로써 중요한 역할을 수행하게 된다.

내담자에게 동물은 친밀감을 형성하고 관계형성을 함으로써 치료와 교육 과정에서 생길 수 있는 어색함을 줄이고 생명에 대한 소중함을 알려주며 상호작용을 통해 동물이 주는 무한한 사랑을 경험하게 된다. 이로써 내담자는 심리적, 정서적 안정을 얻게 되고 이는 삶의 질을 향상시켜 준다. 치료사에게 동물은 조력자가 되어 내담자와의 거리를 좁히고 생명에 대한 교육과 동물이라는 다리를 통해 내담자의 아픔, 어려움, 슬픔 등 다양한 감정을 관찰할 수 있으며 내담자의 마음을 열 수 있게 도와주는 역할을 한다.

심리치료는 치료사와 내담자 간의 전문적 관계와 상호작용을 통해 문제해결이 이루어지기 때문에 관계형성을 위해서는 매개체가 필요하다. 모든 심리치료에는 이런 동물과 같은 매개체가 존재한다. 웃음치료, 연극치료, 음악치료, 무용치료, 놀이치료, 모래놀이치료, 미술치료, 공예치료, 원예치료, 동물매개치료 등이 있으며 이런 심리치료들의 이름에는 '매개'라는 말이 빠져있을 뿐 결국 음악매개치료, 미술매개치료, 무용매개치료, 놀이매개치료의 뜻을 내포하고 있음을 알 수 있다.

따라서 매개치료는 심리치료와 같이 상담 이론을 기반으로 이루어지지만 더 나아가 치료과정에서 어떠한 매개체가 치료사와 내담자의 관계형성을 하는 데 다리 역할을 하고 내담자의 내면을 관찰하거나 마음의 문을 여는 열쇠가 되어 치료가 원활하게 진행될 수 있도록 하는 치료라고 볼 수 있다. 앞서 언급했듯이 현재는 다양한 매개치료들이 존재하고 있으며 치료와 교육, 치유 등의 개념을 접목한 'Multi－Therapy'들이 새롭게 생기고 있지만 이런 치료들이 모든 사람들에게 적합하다고는 말할 수 없다. 내담자 각각의 취향, 특성, 성격, 환경 등 많은 점들을 고려하여 내담자에게 가장 적합한 치료를 진행하면 큰 도움이 될 수 있다.

어떤 치료가 가장 효과가 뛰어나고 가장 연구가 잘 이루어졌는지, 가장 체계적인지는 알 수 없다. 내담자가 느끼기에 자신에게 큰 효과를 준 치료가 가장 뛰어나고 체계적일 것이다. 내담자들이 가지고 있는 취향, 특성, 성격 등이 다르기 때문에 예술을 좋아하는 내담자는 음악, 무용, 미술, 연극과 같은 예술치료가 적합할 것이고 생물을 좋아하는 내담자에게는 동물매개치료/교육 또는 원예치료가 적합할 것이다. 이런 치료들이 가지고 있는 특징, 효과, 장점, 단점, 역사는 다를 수 있으나 같은 목표를 가지고 있다. 결국에는 내담자의 문제해결과 그에 따른 삶의 질 향상이다. 다른 매개체를 활용하지만 매개체를 통해 결국 같은 목적과 목표를 향해 나아간다는 공통점을 가지고 있다.

이 책에서는 여러 유형의 매개치료들이 가지고 있는 개념, 특징, 효과들에 대해 알아보고 동물을 매개체로 활용하는 다양한 동물매개 프로그램들에 대해 살펴보도록 한다.

Chapter 2

매개치료의 유형

1 음악치료

1) 음악치료의 개념

음악치료는 예술과 창의성을 중시하는 음악(music)과 치료(therapy)의 합성어로 음악을 매개로 하는 적극적이고 기능적인 심리치료 중 하나이다. 음악치료는 전문가가 내담자의 필요와 요구를 진단하여 치료적 목적을 설정하고 적절한 음악적 치료를 진행하며, 치료과정과 결과를 평가하는 체계적인 치료과정이다. 각 음악치료기관·협회들이 제시한 일반적인 정의는 다음과 같다.

(1) 미국음악치료협회(American Music Therapy Association)

음악치료는 치료를 목적으로, 즉 정신과 신체건강을 복원, 유지시키거나 향상시키기 위해 음악을 사용하는 행위이다. 이것은 치료하는 환경에서 치료 대상자의 행동을 바람직한 방향으로 변화시키기 위한 목적으로 음악치료사가 음악을 단계적으로 사용하는 것이다.

(2) 캐나다음악치료협회(Canadian Association for Music Therapy)

음악치료는 개인의 신체적, 심리적, 정서적 통합을 돕고 결함을 치료하는 데 음악을 사용하는 것이다. 이것은 다양한 치료형태를 가지고 모든 연령의 환자 영역에 적용된다. 음악은 비언어적 속성을 지니고 있지만 언어와 소리 표현에서는 광범위한 기회를 제공한다.

2) 음악치료의 역사

음악이 치료적 가치로 자리 잡게 된 것은 20세기에 이루어진 일이지만 음악이 치료의 도구로 사용된 역사는 원시시대부터 그 기원을 찾아 볼 수 있다. 고대철학에서도 음악이 사람에게 긍정적 영향을 끼친다고 나와 있으며 그 효과 또한 입증이 되었다. 음악치료가 전문적으로 입지를 다진 1940년대 이전에도 음악치료의 효과에 대한 연구는 진행이 되었고 정신질환에 걸린 환자들을 대상으로 많은 연구가 진행되었다. 음악치료는 어느 시대적 배경에도 발전해왔는데 문명이전의 사회, 고대 사회, 중세 기독교 사회, 르네상스 시대, 바로크 시대, 18~19세기 등 인류와 함께 발전했으며 가장 오래된 예술치료 중 하나라고 할 수 있다.

3) 음악치료의 장점

음악치료는 음악을 도구로 이용하여 인간의 바람직하지 못한 정서, 행동을 바람직한 상태로 바꾸도록 도와주는 것이다. 이때 가장 중요한 치료의 원리는 치료사와 환자 간의 관계(rapport) 형성이다. 이 관계가 형성되지 못하면 치료는 행해지지 않는다. 음악치료의 장점은 다음과 같다.

(1) 관계형성 시 음악이 매개체가 되어 도와준다는 점인데 음악이라는 도구의 독특한 힘으로 치료사와 환자 간의 관계를 쉽게 맺을 수 있게 할 뿐 아니라 그 관계를 유지시켜주고 강화시킨다.

(2) 음악은 범문화적인(cross-cultural) 표현양식이므로 문화적 제한을 받지 않는다.

(3) 소리자극은 인간의 몸과 마음을 직접적으로 꿰뚫는 힘이 있다. 그러므로 음악은 인간의 감각을 자극하고 감정과 정서를 일으키며, 생리적, 정신적 반응을 유발시킨다.

(4) 음악은 비언어적 특성을 갖고 있다. 이런 특성으로 인해 음악은 의사소통의 보편

적인 수단이 될 수 있다. 말을 안 하거나 못하는 환자에게도 서로 악기로 대화를 한다든지, 합주를 한다든지, 함께 음악을 듣는다는지 하는 방법을 통하여 얼마든지 의사소통을 할 수 있게 된다. 따라서 대상의 범위가 자연히 다양해진다. 연령에 구애받지 않고 어떤 환자에게도 적용할 수 있다.

4) 음악치료의 효과

음악은 음악치료의 기본적인 도구로서, 음악의 효과는 음악치료의 효과와 밀접한 연관성이 있다. 즉, 음악치료의 효과를 알기 위해서, 먼저 음악의 효과를 알아야 한다. 음악이 사람에게 적용될 때 나타나는 효과는 크게 생리적 효과, 심리적 효과, 사회적 효과로 분류될 수 있다. 이런 음악의 효과들은 상호복합적으로 작용하므로, 음악의 효과를 통해 음악치료의 효과로 나타날 수 있다.

(1) 음악의 생리적 효과

음악이 인간의 신체에 반응을 일으킨다는 연구는 지난 수십 년간 활발히 이루어져 왔다. 과거의 연구를 통해 음악이 혈압, 맥박 수, 호흡 수, 뇌파, 피부반응, 근육 반응 등 생리적인 신체 변화를 가져온다고 밝혀졌다(William, Kate & Thaut, 1999). 그러나 반응을 유발시키는 음악, 반응을 나타내는 인간은 매우 다양한 존재이므로 음악의 생리적 효과를 일반화하는 것은 어려운 일이다. 음악에 대한 자율신경반응은 획일적인 것이 아니라 각 개인의 나이, 성별, 몸의 상태, 심리적 상태에 따라 다르게 나타난다. 또한 음악적 선호도나 취향에도 많은 영향을 받게 된다(Harrer & Harrer, 1977).

(2) 음악의 심리적 효과

음악이 인간의 감정, 정서에 영향을 미친다는 것은 보편적인 사실이다. 음악을 듣는 사람의 문화적 배경이나 선호도, 음악교육 정도, 감상곡과 관련된 과거경험 등이 음악감상 시의 정서적 반응과 관계가 있다는 것은 여러 연구에서 밝혀지고 있다. 그러나 음악적 요소의 특징, 즉 선율, 박자, 화성이나 강세 등도 음악을 듣는 사람에게 개인적이고 특정한 경험을 하도록 어느 정도 영향을 미친다. 흥분시키는 음악은 스타카토, 당김음, 강세가 많으며 조성의 변화가 급격하고 음역의 폭이 넓으며, 다음에 이어질 내용을 예측할 수 없다는 특징이 있다(최병철, 1999). 즉, 음악 감상은 음악 자체의 요소와 개개인의 심리적 요소 및 배경이 복합되어 개인마다 달라지기 때문에 개개인 혹은 대상 환자군에 따라 다르게 사용되어야 한다.

(3) 음악의 사회적 효과

음악은 가장 오래되고 가장 자연스러운 의사소통과 자기표현의 수단이다. 음악은 비언어적인 의사소통 수단으로서, 특별히 언어사용 능력이 제한된 환자라도 치료사와 함께 연주하면서 분노나 기쁨과 같은 자신의 감정을 음악으로 표현할 수 있다. 그 감정은 음악을 통해 치료사에게 전달되고, 치료사가 치료 도중에 보내는 음악적인 지지는 감정적으로 환자와 강한 연대감을 형성하는 것이다. 거의 말을 하지 않는 자폐성 아동도 음악을 통해 치료사와 관계를 맺을 수 있으며, 이때의 음악적 관계는 사회적 관계로 발전하게 된다.

따라서 말로 표현하기 힘든 내면의 문제들을 음악을 통해 이야기하고, 집단 속에서 새로운 사회적 교류로 이어지게 된다. 이에 대해 메리엄(Merriam, 1964)은 음악은 말로 표현하지 못하는 감정을 쉽게 표현하도록 해주며, 미적인 즐거움을 더해주고, 오락의 방법으로 제공되며, 의사소통의 방법으로 이용될 수 있다. 또한 상징적 표현이 제공되고, 신체적 반응을 유발시키며, 사회 규범과 관련되고 사회 기관과 종교의식을 확인시키고, 사회와 문화의 연속성에 기여하며 사회통합에 이바지한다고 보았다.

2 놀이치료

1) 놀이치료의 개념

놀이치료는 주로 아동을 대상으로 진행하는 치료로 아동은 성인과 달리 언어능력이 언어적 표현보다는 비언어적 표현이 많고 언어능력이 충분히 발달되어 있지 않은 상태여서 유아나 아동을 대상으로 하는 상담에서 놀이나 다양한 매개를 통하여 접근하는 방법이 필요하다. 놀이치료는 실제 현장에서 아동을 대상으로 하는 상담에 많이 활용되고 있는 중이다. 놀이치료는 심리적 문제 해결을 돕기 위해 치료사와 아동 간에 상호작용을 통해 놀이사가 놀이가 가지고 있는 치료적 힘을 활용해 문제를 치유하는 것으로 놀이치료는 놀이의 치료적 힘을 이용하여 아동의 심리, 사회적 문제를 예방하거나 해결하는 심리치료이다.

놀이는 아동들이 자신의 생각과 감정들을 표현하게 하여 놀이치료사가 아동을 이해하는데 중요한 도구가 되는데 안나 프로이트(Anna Freud, 1950)는 아동의 다양한 반응, 공격성, 공감을 받으려는 욕구 등이 놀이를 통해 잘 표현된다고 하였다. 아동들의 불안, 긴장, 좌절감, 공격성, 두려움, 혼란 등의 감정을 발산하여 해소시키면서 자신의 문제를 스스로 이해할 수 있는 내적인 힘을 기르고 새로운 자아상을 형성하여 건강하게 성장할 수 있도록 한다고 하였다(구본권, 2009). 이처럼 아동들에게 놀이는 감정의 표현, 관계의 탐색, 자기 성취의 매개체가 되는 즐거운 행위이며, 치료사에게 놀이는 아동과 치료적 관계를 형성할 수 있게 도와주며 신뢰감과 협력관계를 형성하게 할 수 있다.

2) 놀이치료의 역사

놀이치료의 역사는 프로이트(Freud)가 아동의 놀이와 행동을 관찰함으로써 아동의 부적응 문제와 마음속에 쌓인 좌절, 갈등에 대한 연구를 진행한 것 부터였다. 그 후 놀이의 치료적 가치를 이론적으로 독자적 가치로 인정한 최초의 학자는 클라인(Klein, 1932)로 Klein은 놀이를 아동의 자연적인 표현 매체라 생각하여 언어가 아직 발달되지 않은 아동의 경험이나, 정서, 복잡한 사고의 표현 등의 수단으로 놀이가 중요하다고 하였다. Klein 이후 현대적인 놀이치료 이론을 체계화한 사람은 엑슬라인(Axline, 1947)으로 Axline은 Rogers의 비지시적 상담이론을 놀이치료에 적용하여 아동이 놀이치료 과정을 주도하여 치료자는 놀이치료환경을 조성해주고 아동의 행동, 반응을 관찰하여 분석하는 '비지시적 놀이치료'를 창안하였다.

이후 비지시적 놀이치료는 치료 과정을 통해 아동이 자발적으로 자신을 변화시키려 노력하게 된다는 점을 생각하여 '아동중심 놀이치료'라는 이름으로 불리게 되었다. 아동중심치료는 그동안 장애를 가진 아동들의 치료에 적극적으로 적용되어 왔는데 학습장애 아동, 언어장애 아동, 정신지체 아동의 사회적·정서적 적응을 돕기 위한 효과적 치료 방법으로 사용되어 왔고 지금도 장애를 가진 아동들에게 놀이치료는 활발하게 사용되고 있다.

3) 놀이치료의 특성

아동에게 있어 놀이란 감정과 생각과 경험을 표현하도록 도와주는 아동들에게 가장 친숙하고 자연스러운 매개체라고 할 수 있다. 아동의 심리를 최초로 분석한 Freud(1950)는 놀이는 아동만의 문화이고 아동의 심리를 가장 잘 나타낸다고 하였다. Amster(1943)는 놀이가 여섯 가지 치료적 기능이 있다고 주장하였는데 진단, 관계 형성, 방어수단으로의 이용, 언어 촉진, 긴장해소 등의 기능을 가지고 있으며 아동의 모든 놀이는 아동이 자신에 대해 알고 행동하고 회상하고 해소하게 함으로서 치료적 기능을 갖는다고 하였다. 이런 놀이의 특성을 치료와 합한 것이 놀이치료라 할 수 있다.

4) 놀이치료의 효과

놀이치료는 집단 놀이치료와 개별 놀이치료로 구분이 되는데 집단 놀이치료는 인지, 행동, 신체, 정서, 사회성에서 아동의 문제를 다루고 일상생활에서의 다양한 관계 및 인지, 신체, 정서, 사회적 훈련 요소들을 조합하는 특성을 지니고 있다(O'Conor, 1991). 치료과정에서 다른 아동 간에 자연스러운 상호작용을 통해 서로에 대해 이해를 하게 되고 자신에 관해서도 이해하게 되면서 사회성을 키울 수 있게 된다(신숙재, 이영미, 한정원, 2000 재인용).

집단 속에서 경험하는 관계와 상호작용을 통해 자연스러운 감정 표출, 타인에게 도움을 주고 도움을 받음으로써 집단의 구성원으로 책임감을 갖게 해주는 경험을 할 수 있다(조윤경, 2011 재인용). 결과적으로 사회성이 부족한 아동들이 다른 아동들에게서 존중을 얻게 되고 이로 하여금 아동을 성장하도록 돕는 방법이 된다(최윤미, 2016 재인용).

개별 놀이치료는 아동들의 의사소통의 매개체인 놀이로 자아를 탐색하고 표현하도록 치료사를 통해 격려 받고 안전한 관계를 발달시킬 수 있는 기회를 제공받아 치료사와의 역동적인 대인관계를 경험하게 된다. 다시 말해, 집단 놀이치료는 다차원적 관계형성을 통해 개별 치료에서 얻을 수 없는 효과를 얻게 되고 개별 놀이치료는 치료사와의 안전한 관계를 통해 자신의 감정 표현, 관계 형성의 기회를 받을 수 있는 것이다.

3 미술치료

1) 미술치료의 개념

미술과 치료라는 두 영역에서 탄생한 미술치료는 이론 관점과 임상 관점이 학자와 미술치료사마다 다를 수 있기 때문에 한 가지 개념으로 정리하기는 어렵다. 그러나 미술치료는 일반적으로 의학적 기준, 심리학적 기준, 교육학적 기준, 인간학적 기준에 따라 분류되어 발전되고 있는 치료 영역이다(Baukus & Thies, 1997; Malchiodi, 2003; Menzen, 1994, 2001; Petzold, 1991; Richter, 1984; 1987; Rubin, 1999). 이에 따라 '미술치료'가 가장 일반적으로 통용되는 용어이지만, 관점에 따라 '예술치료', '표현치료', '창의성 치료', '미술심리치료', '미술매체를 통한 심리치료' 등으로 다양하게 사용된다.

미술치료는 미술을 바탕으로 한 심리치료의 한 형태로서 미술교육과 다르게 결과보다는 과정을 중시한다. 필요에 따라 미술치료에 미술교육적인 요소를 도입하기도 하지만 작품의 완성도보다는 미술활동을 하는 과정을 통해 치료적 효과를 얻는다. 미술치료는 치료적 상황에 미술을 도입한 것으로 내담자가 자발적으로 미술활동을 하도록 도와 자신의 감정을 표출하고, 이를 통해 심신의 안정과 성장, 창조적인 삶을 살도록 돕고, 자신과 타인을 이해하며, 건강한 인격체로 기능하도록 도와 건강한 자아는 더욱 성숙시키고, 일상생활에 어려움을 겪는 사람들에게는 증상을 완화시키거나 감소시키는 것을 목적으로 한다. 즉, 미술활동이라는 의식을 통해서 비언어적으로 어떤 과정을 치르므로 치료적인 해소를 가져온다(Liesl, 1997).

2) 미술치료의 역사

미술치료는 19세기 초반, 독일의 정신과 의사들이 미술활동을 작업 치료적 관점의 한 부분으로 환자치료에 미치는 예술적·정서적 효과로 받아들이면서부터 시작되었다(Domma, 1990). 그 후 19세기 후반 유럽에서는 산업화와 더불어 정신병리적 현상이 증가하면서 미술치료의 필요성이 증대되고, 정신병원 환자들의 그림 분석을 통해서 미술활동이 환자들의 심리에 중요한 역할을 하고 있음을 발견하게 되었다.

또한 그 시기에 심리학, 미술, 문학 분야에서는 무의식에 대해 관심이 높아지면서 예술적 표현을 통해서 인간의 내적 세계를 이해하고 분석하는 시도가 활발해졌고, 그로 인하여 정신분석인 로르샤흐(Rorschach), 프로이트(Freud), 융(Jung) 등도 환자의 그림을 분석하여 치료에 적용하였다(정여주, 2003). 결국 이러한 시도들은 미술치료의 학문적 기초가 되었다.

그 후, 미술을 심리 치료적 관점과 연계하여 인식하게 된 것은 1940년대 초반으로 대표적으로 나움버그(Naumburg)와 크레이머(Kramer)에 의해서 미술치료가 새로운 영역으로 발전되었다(김선현, 전세일, 2008). Naumburg는 'Art in Therapy'를 강조하며 환자들의 자유연상으로 떠올리는 그림 속에 상징적 내용과 자신의 의지를 가지고 그림을 그리는 과정 중에 그림과의 대화를 통해 치료사의 해석을 중요시했고, 미술을 치료과정의 매개체로 보았으며 프로이트의 정신분석 이론을 더욱 발전시켰다.

울먼(Ulman)은 1961년에 Naumburg와 Kramer의 이론을 통합하여 "미술치료는 치료적 측면과 창조적 측면 모두를 포함하고 있다."라고 제시하면서 미술치료를 독립된 분야로 발달시켰고, 또한 1969년에는 미국미술치료협회(American Art Therapy Association: AATA)설립에 큰 기여를 하였다(한국미술치료학회, 1997).

3) 미술치료의 특징

미술치료는 제한점도 많고 아직 연구되어야 할 부분도 많지만, 심리치료의 한 부분으로서 독특한 가치를 지니고 있다. 미술치료의 몇 가지 이점을 중심으로 웨드슨(Wadeson, 1980)이 제시한 미술치료의 특징을 살펴보면 다음과 같다.

(1) 미술은 심상의 표현이다. 인간은 언어로 표현하기 전에 심상으로 먼저 사고를 하고 인간의 심상은 겪은 경험을 그대로 마음에 형상적 모습으로 나타내기 때문에 가장 구체적이고 솔직한 표현인 것이며 미술이 심상의 표현을 돕는 데 매우 효과적이다.

(2) 내담자의 방어를 감소시킨다. 상담과정은 언어적 표현을 많이 사용하는 반면 미술은 비언어적, 즉 작업 활동을 위주로 자신의 내적 감정을 표출하기 때문에 내담자의 부담이 비교적으로 적고 자아방어기제의 영향을 적게 받는다.

(3) 구체적인 유형의 자료를 즉시 얻을 수 있다. 미술활동을 통한 시각적·촉각적인 결과물의 특성으로 인해 내담자가 자신의 내적 갈등이나 문제를 재인식하고 바람직한 방향으로 나아갈 수 있도록 도와주며 미술활동을 하는 그 과정 자체가 치료의 의미를 지닌다.

(4) 미술은 자료의 영속성이 있어 회상할 수 있다. 미술작품은 자료가 실물이든 그림 파일이든 간에 계속적으로 남겨지게 되고 미술치료가 종결될 때 결과물들이 회상과 통찰, 마음의 재정리 등의 중요한 역할을 하며 이러한 자료를 보관함으로써 내담자의 존재를 인식하고 존중하는 의미를 가지고 있다.

(5) 미술은 공간성을 지닌다. 미술활동 또는 미술작품은 그 자체로서 공간적 특성을 지니며, 이로 인해 문제를 쉽게 이해하고 해결해 나가는 데 도움을 준다. 미술작품으로서 가족 또는 타인과의 관계에 있어서 치료활동 속에서의 공간성을 지니며, 결과물 속에서도 공간성을 지닌다.

(6) 미술은 창조성이 있으며 에너지를 유발시킨다. 내담자가 미술작업을 하기 전에 개인적인 문제나 갈등으로 인해 신체적 에너지가 다소 떨어져 있으나 미술작업을 하는 과정에서 토론, 감상, 정리 등의 과정을 가짐으로써 대체로 기분 전환이 된 모습을 볼 수 있다. 이러한 모습은 단순한 신체운동이라기 보다는 '창조적 에너지'의 발산으로 해석될 수 있다.

4) 미술치료의 효과

미술은 인간의 주위를 환기시키는 동시에 긴장을 풀어준다. 그것은 미술적 형태와 색채감각이 인간 육체의 긴장, 정신적 피로감이나 육체적 피로를 풀어주며, 해방감을 느끼게 해 주기 때문이다. 그림을 통해 우리는 환자(내담자)의 정신 상태를 이해할 수 있고, 그림을 그리게 함으로써 정신적인 문제들이 호전되어 가는 것을 볼 수 있다(김재은, 1984). 이는 미술이 인간의 본능적 창조를 미술활동을 통해 아름답게 승화시킨다는 큰 의미를 가지고 치료적 역할을 하기 때문이다(신연숙, 1994).

미술치료는 그림을 그리거나, 조각을 하는 인간의 조형활동(창작활동)을 통해서 개인이 가진 갈등을 조정하고 동시에 자기표현과 승화작용을 통하여 갈등 조정 및 자아성장을 촉진시킬 수 있도록 한다. 그리고 이러한 자발적인 조형활동은 개인의 내적 세계와 외적 세계 간의 조화를 이룰 수 있도록 도와준다(임주영, 2003).

다시 말해, 미술치료는 미술매체를 통해 자신의 무의식을 자연스럽게 표출할 수 있도록 도와주는 등의 많은 특성이 있으므로 치료의 효과도 다양하게 입증되었다. 즉, 미술치료는 미술매체를 통해 내면의 감정을 표현하므로 언어적 표현을 쉽게 해주고 잠재적 긴장이나 불안을 완화해 주며(황해경 · 최은영 · 전종국, 2006), 심리치료의 이론을 바탕으로 하여 인간의 조형활동을 통해서 개인의 갈등을 조정하고 동시에 자기표현을 통해서 개인의 내적 세계와 외적 세계 간의 조화를 잘 이룰 수 있도록 도와준다(이영옥 · 이정숙, 2011).

또한 미술치료는 신체, 생리적인 전반적 기능을 향상시켜 주어 고통을 감소시키며 극복할 수 있도록 도와주고, 스트레스를 감소시키며, 다양한 감정을 표현하도록 하여 심리적 방어나 어려움을 감소시키는 역할을 한다(김선현, 2006). 아울러 미술은 심상 표현과 창조적 활동으로 마음뿐 아니라 신체에 관한 의식적, 무의식적인 강력한 메시지를 전달하여 질환을 치유하는 데 효과적이다(최재영 · 김진연, 2004).

4 공예치료

1) 공예치료의 개념

일반적으로 공예란 실용적인 물건에 장식적인 요소를 부가함으로써 그 가치를 높이려고 하는 조형 활동의 하나이다. 흔히 공예치료를 인식할 때 미술치료의 한 분야로 이야기 하지만 이제까지의 미술치료가 평면인 그림그리기와 입체인 만들기를 그 내용으로 하였다면 공예치료는 그림을 단순히 종이가 아닌 다양한 재료에 그릴 수 있다는 보다 확장된 개념의 미술치료이다.

공예치료는 조형 활동을 통해서 한 개인의 갈등을 조정하고 동시에 자기표현과 승화작용을 통해서 자아성장을 촉진하는 과정이며, 아동의 자발적인 참여는 개인의 내적 세계와 외적 세계 간의 조화를 잘 이룰 수 있도록 도와준다. 또한 조형 활동 과정에서 이미지를 표출함으로써 비언어적인 커뮤니케이션을 할 수 있는 장점이 있다. 즉, 공예활동 과정에서 기존의 언어적 이미지와 시각적 이미지에서 지금까지 억제되어 있던 상실, 왜곡, 방어적인 상황을 보다 명확하게 자기상으로 인식하여 재발견하고 자기 동일화와 자기실현을 할 수 있다.

2) 공예치료의 특징

(1) 심상의 표현

인간은 심상으로 먼저 사고를 한다. 삶의 초기 경험이 개인 심상의 중요한 요소가 되고 이는 성격형성에 영향을 미친다. 일반적인 언어를 통한 일반치료와 달리 공예치료에서는 자연스럽게 심상의 표출에 자극을 줄 수 있어서 개인의 심상에 상처를 입었을 때 적용하기에 적합하다.

(2) 방어의 감소

심상과 관련이 있는 것이 방어이고 인간은 비언어적 의사소통 양식보다 언어화시키는 작업에 숙달되어 있다. 공예는 주로 비언어적 수단으로 작업을 진행하기 때문에 통제를 비교적 적게 받게 되고 미술치료에 비해 다양한 공예 활동을 통해 호감을 유발할 수 있다.

(3) 대상화

공예치료를 시작할 때부터 눈으로 작품을 즉각적으로 확인할 수 있고 만져볼 수 있는 자료가 대상자로부터 생산된다는 특징을 가지고 있다. 공예의 이러한 특징은 대상자로 하여금 저항을 줄일 수 있으며 작품을 매개로 하여 치료자와 대상자 사이의 친밀감을 형성할 수 있다.

(4) 자료의 영속성

공예작품은 보관이 가능하기 때문에 대상자가 만든 작품을 필요한 시기에 재검토하여 치료의 효과를 높일 수 있다. 치료자나 대상자 모두 작품을 다시 보면서 활동할 때의 감정이나 느낀 점을 회상할 수 있고 주관적인 기억의 왜곡을 방지할 수 있다.

(5) 공간성

언어는 일차원적인 의사소통방식이다. 언어가 아닌 자연스러운 행동에 의해 감정표출을 유도해 내는 공예활동은 아동으로 하여금 저항심을 줄일 수 있으며 공간 속에서 경험을 복제하는 과정이다. 가깝고 먼 것이나 결합과 분리, 유사점과 차이점, 감정, 특정한 속성, 가족의 생활환경을 공간 속에서 자연스럽게 표현하게 되므로 개인과 집단의 성격을 이해하기 쉽다.

3) 공예치료의 효과

(1) 조형 활동에 의한 심리적 만족감

조형 활동은 아동에게 활력과 즐거움을 주는 흥미 있는 활동이며 활동 후에도 결과물을 통해 지속적인 대화를 이끌어 낼 수 있다. 이러한 창조적 활동은 문제해결에 대한 직관을 길러주며 융통성 있는 태도를 갖게 한다. 심리적으로는 개인적 표현욕구나 충동이 조형 활동을 통해 표출됨으로써 순수한 개인의 만족감 및 쾌감을 가질 수 있으며 현실과는 다른 공상이나 가상을 경험함으로써 심리적 대리만족을 얻을 수 있게 한다(권준범, 「미술활동에 내재된 심리치료 요인에 대한 연구」(한국미술교과교육학회, 사향미술교육논총 제10호, 2003), p. 25).

(2) 창의적 표현에 의한 잠재능력의 실현

인간이 살아가면서 선택의 기회를 많이 포착하여 생각이 자유롭고, 자발적인 삶을 영위하며 매순간 즐거움을 느낄 수 있도록 마음이 열려있는 것은 창의성 때문이다. 미국의 취미산업협회가 수행한 연구 자료에 의하면 공예는 미국 가구의 절반 이상이 즐기는 것으로 나타났다. 오늘날 소비자들은 창의성을 표현하고 창의적인 과정을 통해 성취감을 맛보기 위해 공예에 눈을 돌린다(파멜리 댄지거, 최경남 역, 「사람들은 왜 소비하는가?」 서울: 거름, 2005. p. 347). 이처럼 창의성은 주관적으로 경험된 자아가 의식의 가장 높은 수준에 위치한 것이며, 최고의 건강상태로 자아의 완전한 발달 상태인 자아실현의 단계로 연결된다.

(3) 감성발현에 의한 정서적 안정감

공예치료는 마음속에 담고 있는 감정을 효과적으로 해소할 수 있는 활동이고 그 과정에서 내적 스트레스, 긴장감 또는 불안감을 완화할 수 있다. 유년기와 아동기에 반복되는 감성적 활동과 습관들이 감성을 형성하는 데 많은 영향을 미치며 이때 학습된 습관은 신경구조의 기본적인 신경세포망에 고정되어 거의 변화하지 않는 경향이 있으므로 이때의 감성적인 자극은 매우 중요하다.

(4) 무의식의 표현에 의한 자기이해

조형작품에는 자신의 기쁨과 슬픔 등 폭넓은 감정이 자신도 모르게 표현되므로 사람들은 이러한 활동을 통해 자신의 내면을 이해하게 되며 억제된 감정을 치유할 수 있는 기회를 갖게 된다. 프로이트는 고통스런 기억들이 완전히 잊혀버리지 않고 무의식 속에 남아서 계속 영향을 미치게 되고 이러한 영향력을 제거하지 못하면 정신적, 육체적 증상으로 나타난다고 보았다. 프로이트는 또한 인간의 시각적 개념은 언어적 표현능력보다 앞서 있기 때문에 조형 활동이 무의식과 보다 근접해 있다고 하였다. 따라서 조형 활동은 언어적 의사소통의 방법보다 간편한 방식으로 무의식을 끌어내어 이미지로 표현하게 한다.

(5) 자아표현에 의한 자아존중감의 증대

공예활동은 표현주체의 강력한 자아표현의 한 방법을 제공한다. 이러한 자아표현은 개인의 잠재적 본능을 실현하는 기회로 자아존중감을 키울 수 있는 좋은 방법이다. 자아를 연구하는 학자들은 자아의 핵심을 자긍심으로 보고 있으며 자아존중감(self－esteem)과 같은 의미로 사용한다. 자아존중감은 자기 자신에 대한 가치라고 볼 수 있으며 자기 자신에 대한 상(self－image)을 좋아하는 것이다. 이러한 자긍심은 자신에 대한 확신과 긍정적인 자아관이 형성될 때 길러진다. 개인의 자신감을 높이기 위해서는 자신의 감정, 희망, 야심을 표현해야 하며 자아의 목소리와 욕구, 두려움, 자랑스러움과 같은 내면의 목소리를 스스로 알아야 한다. 이를 위해서 공예활동은 효과적이며 공예를 통해 얻어지는 성취감은 스스로에 대한 긍정적인 자긍심을 기를 수 있다.

(6) 반복적인 소 근육 운동에 의한 신체적 치료효과 증대

소 근육 운동은 몸의 전체를 움직이는 큰 근육 운동과는 달리 손과 손가락을 사용하는 섬세한 운동을 말한다. 소 근육 운동의 능력은 학습이 진보됨에 따라 모방, 지각, 큰 근육운동 그리고 눈과 손의 협응 능력을 발달시켜 준다. 소 근육 운동의 적절한 능력은 여러 프로그램의 학습에 기본이 되고 신변처리, 그리기, 쓰기 학습에 필수적인 요소로 아동의 행동능력을 표현하는 수단이 된다.

5 원예치료

1) 원예치료의 개념

원예는 17세기에 접어들어 처음으로 문자화되었으며, 1678년에 처음으로 horticulture라는 영어로 표현되기 시작하였고 원예(園藝, horticulture)는 라틴어의 'hortus'(garden, 庭園)와 'colere' 또는 'cultura'(culture, 耕作)에서 유래되었다. 둘러쳐진 환경과 식물과 인간이라는 요소가 서로 관계를 맺고 엮어 가는 활동이라고 볼 수 있다. 그러나 실제의 원예(horticulture)의 'culture'의 의미는 '땅을 경작한다'라는 의미 이외에도 마음, 감정, 흥미, 예절, 취향 등에 관한 것뿐만 아니라 일정기간 동안에 일정한 사람들의 아이디어, 관습, 기술, 예술 등 그리고 문명의 개발, 개선 혹은 세련의 의미까지 포함하고 있다. 따라서 과거의 전통적 생산으로서의 원예가 아니라 사회원예로서의 의미를 포함하고 있다(손기철 외, 2006). 또한 원예는 교육매체로서의 역할을 포함하는데, 미국에서는 아동의 학문적 기술 양성을 돕기 위해 원예활동이 사용되고 있다(DeMarco, 1999).

원예는 교육매체의 역할뿐만 아니라 치료매체로서의 역할을 포함하고 있다. 원예(horticulture)가 식물을 대상으로 생산을 주목적으로 하는 것이라면 원예치료(horticulture therapy)는 식물을 이용하는 원예활동을 통해 인간의 재활을 주목적으로 한다. 원예활동은 일련의 과정을 통하여 다양한 자극으로 우리의 감각을 살아 있도록 만들며(서정근, 이상미, 2004) 자기계발의 원동력이 된다(Zajicek, 1997).

원예치료에서 치료는 생물학적인 방법으로 이루어지는 치료를 제외한 약물이나 수술 없이 이루어지는 몸과 마음의 질병에 대한 처치이다. 즉, 심리치료를 치료의 바탕으로 삼고 있는 것이 원예치료에서의 치료의 정의이다. 미국원예치료협회(American horticultural therapy association, AHTA)는 '원예와 정원 활동에 중점을 둔 처방 과정, 특정 증상을 나타내는 대상자, 평가할 수 있는 목표, 치료 수행 능력이 있는 전문 치료사가 함께 공존하는 활동'으로 'horticultural therapy'를 정의하고 있다.

2) 원예치료의 역사

처음으로 원예치료라는 개념을 심어준 것은 "원예치료란 사람의 사회적, 심리적, 물리적, 교육적인 능력의 증진을 위해서 식물과 원예활동을 이용하는 과정"이라고 정의를 내린 1900년대 초 미국원예치료 학회에서였다.

근대적으로 처음 원예치료를 현대화 시킨 나라는 미국이며, 원예치료의 선구자 중 한 사람인 필라델피아의 Istitute of Medicine and Clinical Practice의 교수이자 독립선언문의 서명자이기도 한 Benjamin Rush 교수로부터 시작되었는데, 그는 정원에서 활동을 하면서 흙을 파고 경작을 하게 되면 정신과적 증상이 경감되는 것을 발견하고 원예활동이 정신질환자들에게 효과가 있다고 발표했다(Simon and Straus, 1998).

원예치료가 본격적으로 시작된 것은 제2차 세계대전 이후 미국에서 원예치료의 응용 분야가 확대됨과 동시에 하나의 과학으로서 대학에서 그 과목을 다루게 되면서부터다. 이때부터 원예치료사의 자격제도까지 생겨서 사회적으로 원예치료가 의료처치방법 중의 하나로 주목을 받게 되었다.

제2차 세계대전 후 각 병원에서는 원예치료프로그램을 전보다 훨씬 많이 시행하였는데, 캘리포니아주의 Long Beach Veterans Administration Hospital에서는 원예치료사가 상이군인들의 각각의 장애에 따라 부상의 정도에 맞게 잘 이용할 수 있도록 농기구를 만들어 원예치료를 하였다. 이 원예활동의 목적은 예전에 농업에 종사했던 사람들을 다시 농업에 복귀시키는 것이었고, 그 때 상이군인들을 치료했던 사람을 처음으로 원예치료사(Horticultural therapist)라고 부르기 시작하였다(Airhart and Kthieen, 1990). 그 이후에 원예치료사와 National Council of State Garden Club의 회원이 화훼류, 채소류 등 정원에 관련된 꽃과 식물 등 아름다운 정원 가꾸기 등 여러 가지 원예치료프로그램에 상이군인들과 퇴역군인들을 참가시키면서 원예치료활동은 더욱더 확산되었다. 1968년에는 4,609명의 회원이 활동을 하였고 그 활동은 오늘날에도 계속되고 있다.

1950년에 미시간주립대학에서 처음으로 원예치료사 강좌가 시작되었다. 1951년에는 이곳 병원에서 원예치료사 교육을 받은 정신전담 보건복지사 Alice Burlingame이 미시간주립대학의 노인입원병동에서 실질적인 원예치료프로그램을 실시하였으며, 1955년 미시간주립대학에서 원예치료학 분야의 학사학위를 처음으로 수여하였다.

1959년 뉴욕대학 메디칼센터 Institute for Rehabilitation active Medicine에서는 뇌혈관장애, 노동장애, 척추손상의 후유증 환자를 위한 온실을 설치하여 신체적으로 장애를 가진 사람들의 재활적 원예치료활동을 하는 데 획기적인 도움을 주었으며, 이 시설을 현재 Rusk Institute라고 부르고 있으며, 1991년 봄에 370㎡의 실외 치료정원도 새로 지었다(Relf, 1981).

3) 원예치료의 특징

원예치료는 다양한 원예활동 중 두 가지 이상의 감각자극을 포함하기 때문에 신체적 활동의 개입을 통해 인지적, 심리적, 정서적, 사회적, 신체적 기능을 향상시켜주는데 원예치료가 매우 효과적인 프로그램이다(임, 2010). 손 등(2006)은 다른 기법들과 구별될 수 있는 원예치료의 특징을 다음과 같이 정의했다.

(1) 생명을 매개체로 하며 대상자가 식물의 생장, 개화, 결실 등의 변화를 통해 생물과 교감을 갖게 되며 식물을 통해 시각, 청각, 미각, 촉각, 후각의 오감을 자극 받을 수 있다.

(2) 대상자의 행동과 관심에 따라 식물의 상태가 달라지므로 대상자는 그런 식물의 반응을 통해 자신감이나 책임감 등을 느낄 수 있게 된다.

(3) 창작품을 만드는 과정에서 식물을 자르거나 꽃과 잎을 눌러 말리는 등 생명을 파괴하는 행위를 하게 되는데 그러한 행위가 단순한 생명파괴로 끝나는 것이 아니라 꽃, 나뭇잎, 열매 등을 이용하여 다양한 창작품을 만듦으로써 파괴를 예술로 승화시키는 것이다.

(4) 대부분의 장애인은 타인에게 도움과 보호를 받는 존재로 열등감이나 낮은 자존감을 가지나 원예치료에서는 대상자가 직접 식물을 돌보고 키움으로써 자신도 다른 누군가를 돌볼 수 있다는 것을 통해 자아존중감 향상에 큰 도움을 준다.

(5) 원예치료는 전인적 접근과 전문적인 접근이 동시에 가능한 치료로 의학적 토대 위에서 보다 전문적으로 행해질 때는 전인적이고 전문적인 치료방법으로 다른 대체의학이 줄 수 없는 효과를 줄 수 있다.

4) 원예치료의 효과

원예치료의 효과는 최초로 고대 이집트에서 환자를 정원에서 일하게 하거나 산책하게 한 것이 효과가 있었다는 기록이 있으며, 1699년 레오나드 매거(Leonard Maeger)가 '영국의 정원사'(English Gardener)라는 농업관계 정기간행물을 통해 원예치료 효과에 대한 보고를 한 바 있다(Son, 2008). 구체적으로 질병과 관련하여 효과를 발견한 것은 현대 정신의학 및 작업치료의 선구자인 필라델피아 대학의 벤자민 러쉬(Benjamin Rush) 박사로서, 그는 뜰에서 흙을 만지는 것이 정신장애인에게 효과가 있다는 것을 발견하였다.

모건(Morgan, 1993)은 원예치료 프로그램의 효과를 보다 더 구체적으로 범주화시키고 있다.

(1) 정서발달측면에서 보면 여러 가지 원예경험을 통해 자신감과 자부심을 증가시키고 긴장, 좌절, 공격성을 완화시키는 기회가 된다. 또한 미래에 대한 흥미와 희망, 정열을 증진시키고 창조, 창의성과 자기표현을 위한 기회를 제공한다.

(2) 사회성 발달 측면은 사회화를 이끄는 그룹에서의 상호작용을 돕는다.

(3) 인지발달에서는 호기심 유발과 실습허용으로 탐구심을 갖게 도와주고, 관찰력을 증가시킨다. 또한 감각을 통한 지각을 훈련함으로써 두뇌발달을 도와주며, 어휘와 의사소통 기술의 진보를 도와준다.

(4) 신체발달 측면에서는 기초 운동기술의 발달을 도와주고, 실외 운동연습을 위한 기회를 제공한다. 그리고 식물이 사람처럼 음식과 물, 청결, 휴식 성장이 필요하다는 것을 이해함을 통해 아동의 건강한 일상생활을 확립할 수 있도록 도와준다고 하였다(최영애, 1999 재인용).

6 동물매개치료(Animal Assisted Therapy)

동물매개치료는 동물과 사람과의 특별한 관계형성에서 일어날 수 있는 상호작용, 친밀감 형성, 신뢰감 형성, 지지, 무조건적 수용 등으로 인지적, 정서적, 심리적, 사회적 문제와 어려움을 가지고 있는 내담자들에게 긍정적 효과를 줄 수 있는 심리치료이다. 그렇기 때문에 동물이 주는 효과는 내담자의 변화에 큰 영향을 끼친다고 볼 수 있는데 중요한 것은 동물매개치료도 다른 유형의 매개치료들과 마찬가지로 사람(치료사)이 사람(내담자)을 격려, 지지, 조력을 통해 문제를 해결하고 도움을 주는 치료이기 때문에 '매개체'에 대한 높은 의존도는 치료 프로그램의 질을 낮출 수 있다. 매개체는 매개체일 뿐 내담자의 변화에 일부분 밖에 차지하지 않기 때문에 동물매개치료사의 전문성과 응용기술이 중요하다.

동물매개치료의 매개체 역할을 하는 동물은 어느 환경에서 어떻게 생활하는지, 특징, 특성에 맞춰 다양한 형태의 환경에 따라 다르게 불릴 수 있다. 야생동물, 농장동물, 재활승마, 반려동물 등 다양한 형태의 환경에서 생활하는 동물들이 있으며 각자의 장·단점들이 동물매개치료에서 여러 가지 긍정적 효과로 나타날 수 있다.

야생동물은 산과 들과 같은 환경에서 생활하는 동물들을 칭하며 야생동물은 일상생활에서 쉽게 접할 수 없는 동물들로 내담자들의 흥미와 관심을 유도할 수 있으며 동물에 대한 흥미와 관심은 프로그램의 참여도와 적극성 또한 높일 수 있는 장점을 가지고 있다. 하지만 야생동물이라는 특성상 교육의 어려움과 야생의 본능이 남아 있을 수 있으며 이러한 본능이 통제되지 못하고 내담자에게 분출되게 된다면 위험한 상황이 발생할 수 있기 때문에 완벽한 교육이 요구되며 훈련이 미숙한 상태라면 투입하지 않아야 한다.

농장동물은 야생동물에 비해 본능이나 통제는 비교적 쉽지만 인수공통전염병의 전염 가능성이나 질병의 위험성이 노출될 수 있는 동물이다. 소, 돼지, 양과 같은 농장동물들은 야생 동물들보다 사람들과의 접촉성이 용이하나 여러 질병들에 노출될 가능성이 있고 전염성도 높으며 위생관리가 어렵기 때문에 이러한 부분을 잘 관리하지 않으면 내담자에게 더 큰 어려움을 주게 될 것이다. 농장동물들은 온순한 성격과 사람과의 상호접촉성이 뛰어난 동물이지만 경계심이 높고 겁이 많아 친밀한 관계를 형성하기에 오랜 시간이 소요되며 방심했을 때 큰 사고로 이어질 수 있을 정도로 덩치가 큰 동물들이 많다.

현재 동물매개치료에 대한 관심이 높아지고 있는 추세로 농장동물 또한 사람의 신체적, 정서적, 심리적 치유와 관련된 치유농업에 적극적으로 활용되고 있는데 다양한 치유농업 체험 중에는 농장동물에게 간식과 교감을 나누는 등에 즐거운 시간을 보내고 이후 이들과 관련된 음식들을 시식하고 요리를 만들어보는 프로그램이 존재한다. 이것은 결코 체험하는 사람들에게 정서적으로 좋은 결과를 제공하지 못한다. 자신과 즐거운 시간을 보내고 체온을 느끼고 도움을 준 대상을 그 자리에서 요리해 먹는 행위는 특히 아동의 정서에 좋은 영향을 주지 못한다.

또 다른 동물매개치료에 활용되는 동물의 예는 재활승마가 있다. 재활승마는 동물매개치료가 한국에 정착하고 알려지기 전부터 활발히 이루어진 동물을 활용한 치료라고 볼 수 있다. 재활승마는 영국의 헌트와 선즈에 의해서 처음 시작되었으며 전 세계적으로 재활승마에 대한 연구와 효과가 검증되어 왔다. 재활승마는 말이라는 동물을 활용하여 이루어지는 재활 치유방법의 하나이며 '말 매개치료(Equine Assisted Therapy)'라는 용어로도 사용되며 신체적, 정신적 장애를 가진 사람들의 회복을 돕고 승마의 경험을 통해 사회적 효과까지 이끌어 낼 수 있는 재활 프로그램으로 뇌성마비, 뇌병변 장애, 소아마비와 같은 장애에 효과적이다.

이러한 신체적, 정신적 장애를 가진 내담자에게 긍정적인 효과를 주는 재활승마이지만 말이라는 동물이 가지고 있는 특성을 고려했을 때 일어날 수 있는 사고들에 대한 대처와 사고예방이 필수적으로 이루어져야 한다. 재활승마 프로그램이 진행될 시에는 한 명의 내담자와 한 명의 치료사 그리고 최소 두 명의 보조 치료사로 이루어져야 하는데 뇌와 관련된 장애를 가진 내담자들은 신체적 기능의 장애가 심해 몸을 제대로 사용하지 못하여 말을 탔을 때 균형감이나 평행감각이 떨어져 낙마의 위험성이 높다. 이러한 사고가 일어나지 않도록 신중을 기울여야 한다.

Chapter 3

동물매개의 유형

1 동물매개의 유형

1) 동물매개활동(Animal Assisted Activity)

동물매개활동이란 전문적 치료활동의 의미보다는 단순히 동물과의 즐거움을 추구하는 동물매개 프로그램으로 동물과 재미있는 시간을 통해 정서적, 신체적 안정을 도모하는 활동이라고 할 수 있다. 동물매개활동은 준 전문적인 교육을 통해 동물에 대한 이해와 내담자에 대한 이해가 이루어진 후 동물과 함께 활동이 가능하다. 동물과 단순한 즐거움을 추구하는 활동이지만 준 전문적인 교육이 필요한 이유는 사고의 위험성 때문이다. 내담자의 안전, 치료사의 안전, 동물의 안전이 가장 중요한 문제이다. 언제 어디서 사고가 일어날지 모르기 때문에 그 사고를 예방하고 대처하기 위해서는 안전교육이 포함된 준전문적 교육이 이루어져야 한다.

동물매개활동은 내담자의 변화를 이끌어내기보다는 동물을 쓰다듬고 간식을 주는 간단한 활동을 통해 동물과의 교감 기회를 제공하고 정서적 즐거움을 주는 데 초점이 맞춰져 있으며 동물매개활동은 수동적, 능동적 동물매개활동으로 나뉠 수 있으며 각각 동물의 개입 수준에 따라 분류될 수 있다.

동물의 생김새나 동물이 보이는 행동에 즐거움을 느끼고 기분이 전환되는 효과를 경험한다면 이것을 수동적 동물매개활동이라고 할 수 있으며 동물에게 간식을 주고, 함께 산책을 통한 교감, 쓰다듬어 주며 미용 관리를 통한 교감 등, 보다 적극적으로 동물과 즐거운 시간을 보내는 매개활동을 능동적(상호작용적) 매개활동이라고 한다. 이러한 적극적인 활동들을 통해 내담자들의 정서적, 심리적 안정과 스트레스 해소, 우울 감소를 도모하여 삶의 질을 향상시킬 수 있다.

2) 동물매개놀이(Animal Assisted Play)

동물매개놀이란 동물과 함께 참여할 수 있는 다양한 놀이적 요소들을 통하여 대상자, 특히 아동의 사회적 기능, 신체적 기능 및 긍정적 정서 발달을 유도할 수 있는 동물매개 유형으로 볼 수 있다. 동물매개놀이에 투입될 수 있는 동물들 중에서 개는 가축화가 되어 인간과 가장 오랜 기간 함께 한 역사를 가지고 있으며 가장 오랜 역사를 가지고 있는 만큼 가장 친숙한 동물로 알려져 있다. 이렇게 인간과 오랜 세월 함께 할 수 있었던 이유는 개가 가지고 있는 감정소통 능력과 교감 능력 때문이라고 볼 수 있다. 반려견은 시대가 흘러가며 애완동물에서 '함께 간다는 반려동물', 즉 가족의 일원과 더불어 아동들에게는 '좋은 친구'의 개념으로 생각될 수 있다.

산업적 발달을 보았을 때 3차 산업혁명에서는 컴퓨터, 인터넷, 스마트폰 개발이 이루어지고 4차 산업혁명으로 넘어가게 되면서 인공지능 IT산업의 발달, 정보기술의 발달, 자동화와 연결성이 극대화된 사회로 나아가면서 아동들이 또래와의 관계 속에서 정서적, 사회적, 인지적 발달의 기회가 줄어들며 타인과의 관계 대신 스마트폰 및 다양한 기기들에 과도한 집착을 보이게 되면서 나중에는 청소년, 성인기에 접어들어서까지 사람과 관계형성을 하는 데 있어 부정적 영향을 받아 일상생활과 사회생활에 어려움을 경험할 수 있게 된다. 이러한 상황에서 동물과의 지속적인 교감 및 동물과의 다양한 놀이를 통한 관계형성은 아동들의 따뜻한 감수성뿐 아니라 생명존중사상을 일깨우는 효과를 얻을 수 있다.

인간의 발달단계에서 아동기는 6~13세에 해당하는 시기로, 아동들은 또래와의 의사소통, 어른들과의 의사소통 등 다양한 사회적 상황들을 통해 언어적 발달이 이루어지며 언어적 발달이 충분히 이루어지지 않았기 때문에 언어적 표현보다는 비언어적, 행동적 표현이 더욱 풍부한 시기이다. 동물과의 놀이를 통한 교감이 아동기의 아동들의 사회적,

신체적, 정서적 기능에 도움을 줄 수 있다. 또한 비언어적인 상황에서도 아동의 즐거움과 다양한 표현능력을 이끌어낼 수 있는 놀이의 힘은 동물이라는 매개체와 함께 할 때 더욱 효과적이며 또래 친구와는 다른 존재와 교감할 수 있는 기회가 제공된다. 활동적인 놀이를 통해 함께 몸을 사용하여 신체적 기능이 상승될 수 있고 놀이에서 얻게 되는 즐거움, 우울감 및 스트레스 해소를 통해 정서적으로 안정될 수 있도록 돕는다. 또한 타인과 함께 할 때 지켜야 할 질서를 지키고 재밌는 놀이를 접하며 사회기술을 습득할 수 있다.

예) Throw and Fetch(장난감 던지고 물어오기), 동물과 보물찾기, 동물과 숨바꼭질

Throw and Fetch (위 사진 참고)

동물과의 이러한 다양한 놀이들을 통해 자라나는 아동, 청소년들의 여러 가지 기능들을 키울 수가 있다. 활동적인 놀이들을 통해 활동량을 증가시켜 신체적 기능을 강화할 수 있다. 강아지와 신나게 뛰어 놀고 활동적 놀이에서 일어날 수 있는 여러 행동들을 통한 운동기능 향상과 일상에서 부족할 수 있는 운동량 증진과 근육강화 및 평행감각을 키우는 것이 가능하다. 또한 혼자가 아닌 친구들과 반려동물과 함께 놀이를 하며 여러 상황 속에 일어날 수 있는 사람과의 상호작용, 동물친구와의 상호작용 기회를 제공하여 사회성 강화와 대인관계 향상에 도움을 줄 수 있다.

3) 동물매개치료

(1) 동물매개치료의 개념

동물매개치료는 살아 있고 교감할 수 있는 동물과 치료 장면에서 생길 수 있는 다양한 상호작용과 앞에서 다루었던 각각의 매개치료들이 가지고 있는 고유의 특징과 특성을 통해 치료 효과가 이루어지듯이 동물매개치료만의 고유의 특징과 특성을 가지고 이루어 진다. 그리고 인간, 즉 도움을 필요로 하는 대상자의 정서적, 인지적, 사회적, 심리적 발달이나 적응력, 삶의 질 등을 향상시킴으로써 대상자의 정서적 안정, 심리적 회복, 육체적 재활 등을 추구하는 심리치료이다. 동물이라는 매개체가 가지고 있는 인간에게 줄 수 있는 긍정적인 효과들을 전문적으로 훈련을 받은 동물매개치료사가 치료적 개입을 통해 대상자의 회복을 돕는다.

동물매개치료는 단순히 치료도우미동물과 함께 놀이 활동을 말하는 것이 아니라 사회적 기술 향상과 인지적 발달 또는 정서적 안정 도모 등을 위해 적절한 치료적 목표를 설정하고, 프로그램과 목표에 적합한 치료도우미동물을 선정하여 치료 프로그램에 투입하며 치료 프로그램을 마친 후에 목표 달성 여부, 프로그램 진행 과정, 참여자의 반응, 프로그램이 참여자에게 미친 영향 등을 구체적인 기록과 평가가 진행되는 특징을 지니고 있다.

동물매개치료는 동물이라는 매개체를 투입하는 심리치료의 한 분야로서 심리치료에 관한 전반적인 지식을 갖추어야 할 뿐만 아니라 투입된 치료도우미동물의 행동, 특성, 훈련, 병리 등에 관한 지식 또한 갖추어 한다. 또한 동물매개치료는 인간의 신체적, 사회적, 인지적, 심리적 기능을 향상 또는 회복하는 데 도움이 되기 때문에 연령별로 상관없고 장애인이든 비장애인이든 모두에게 적용할 수 있다.

(2) 동물매개치료의 역사

① 생명의 공존

동물매개치료의 역사는 먼저 동물과 인간과의 관계에 대한 설명이 이루어져야 하는데 인류의 탄생 이후 역사에서 인간의 사회적 구성을 중심으로 사회성을 가지는 시점에서부터 동물을 사육한 것으로 보인다. 고고학적 발견에 따르면 인류의 주거지역이나 혹은 인류의 흔적이 발견된 곳에서 선발적 육종에 의한 야생 선조의 유적의 최초 증거는

1만 년 이상이 되었을 것이라 사료되며, 이는 서남아시아를 중심으로 발견된 양과 염소의 뼈로 알 수 있다. 또한 소와 같은 대형 가축의 발견은 약 8000년 전부터 터키에서 사육된 것으로 추정되어지며, 이후 오늘날까지 많은 수의 야생동물이 가축화가 된 것으로 볼 수 있다.

B.C 4000~B.C 3000년경 큰 강 유역을 중심으로 발달한 세계 4대문명인 나일 강의 이집트 문명, 유프라테스 강 유역의 메소포타미아 문명, 인도의 인더스 강 유역의 인더스 문명 그리고 중국 황허 유역의 황허 문명에서는 이러한 선발적 육종으로 인한 동물의 분류와 이용방법에 따른 분류가 명확하게 자리 잡고 있다. 이렇듯 동물과 인간의 공존은 오랜 시간에 걸쳐 진화되어 왔으며, 동물의 이용 또한 시대를 거쳐 달라진 것은 명확하다.

가축의 이용에는 초기 인류의 농경 사회로의 진출에서 동물은 생존을 위한 주요 식량자원으로 육종되어 왔으나 신문명기에 접어들어 노동의 대체자원으로 활용되었으며, 오늘날에 들어서는 인간의 심리적, 정신적 치유의 중심으로 반려의 목적이 결부되어졌다. 동물매개치료의 학문적 역사를 다루기 전 동물과 인간의 역사에 대해 다루어 생명의 탄생에서부터 동물과 인간의 공존을 기점으로 동물 복지에 대하여 다루고자 한다.

② 동물의 가축화

가) 만남의 시작

인간의 진화에 있어 가장 중요한 것은 동물과의 공존에 있다. 인간과 동물 간의 공존은 인간이 부족사회를 이루는 가장 시초의 시족 사회에서부터 시작된다고 볼 수 있다. 즉, 수렵과 채집생활을 하던 인간에게 야생동물의 존재는 중요 식량 자원으로써의 가치가 상당히 높았다고 볼 수 있다. 그러나 그 가운데 식량으로써의 이용가치가 있는 동물과 그렇지 않은 동물과의 분류방법이 자연스럽게 형성되기 시작했으며, 호랑이와 같은 맹수를 숭배하거나 힘의 근원으로 형성시키기 시작하였다. 이는 인간과 동물 간의 긴밀한 관계가 형성된다. 즉, 이런 관계는 인간의 정착생활에서 동물과의 종속관계로 발전하게 되었다.

나) 인간과 동물의 관계

인간과 동물의 관계는 가축화의 시작에서부터 말할 수 있어 인간이 부족을 이루면서 정착생활을 하게 되었고, 이는 인구밀도가 증가함에 따라 식량의 공급과 소비 불균형을 초래하였다. 이를 계기로 약 10,000년에서 20000년 전에 가축화(domestication)가 진행된 것으로 볼 수 있다. 가축화란 야생동물을 가축으로 순환시키는 모든 과정을 말하며, 이는 동물을 인간의 생활에 이용하기 위해 인위적으로 생산 및 유전적 개량을 실시하는 형태로 정의될 수 있다. 프랜시스 골턴(Francis Galton, 1822－1911)은 가축화의 여섯 가지 조건을 다음과 같이 제시하였다.

- 튼튼해야 한다.
- 선천적으로 사람을 잘 따라야 한다.
- 생활환경에 대한 필요욕구가 너무 높지 않아야 한다.
- 인간에게 유용성이 커야 한다.
- 번식이 쉬워야 한다.
- 사육관리가 쉬워야 한다.

가축화의 역사를 보면 늑대의 가축화가 먼저 시작되었으며, 이후 현재 1종가축으로 지정되는 염소, 면양 등의 중·소형동물에서 소, 돼지와 같은 대형동물로 가축화의 진행이 순차적으로 이루어졌다고 볼 수 있다.

다) 가축화의 시작

일반적으로 동물은 야생동물(wild animal), 가축화된 동물(domestic animal), 애완동물(pet)의 세 가지로 구분된다. 2000년대 현재 지구상의 육상동물 중 인간과 가축, 애완동물이 97%고, 야생동물은 3%만이 존재한다. 그러나 과거 농업혁명이 시작된 신석기시대에는 반대였다. 마지막 빙하기가 끝난 1만 년 전 인류의 인구는 약 1만 명 이하로 추정하고 있다. 이후 인류는 번성하여 현재 77억이라는 인구 수와 250억 마리의 가축화된 동물과 애완동물들을 거느리고 살고 있다.

가축화란 야생동물을 가축으로 순화시키는 모든 과정을 일컬으며 여기서 가축이란 인류생활에 유용한 동물을 통틀어 말한다. 인간과 동물은 자연스럽게 물과 먹이가 풍부한 환경을 찾아 모여들게 되고, 여기서부터 인간과 동물의 관계가 시작된다. 지금으로부터 약 13,000년 전, 야생의 늑대가 인간의 집에 들어와 살기 시작한 데에서부터 가축화가 시작되었다. 이후 양, 염소, 소, 말, 낙타 등이 차례로 가축화되면서 인간과 동물은 완전히 새로운 관계를 맺게 되는데, 이는 인류 역사에서 가장 큰 사건 중 하나다. 일반적으로 가축화는 인구 증가에 따라 식량 공급과 소비 불균형이 초래되어 비상식량을 위한 것으로, 동물을 인간의 생활에 이용하기 위해 인간의 관리하에서 생산을 조절하고 유전적 개량을 하는 것으로 알려져 있다. 그러나 최근 가축화에 대한 연구 결과들은 일반적인 고정관념을 뒤엎고 있다. 야생동물의 가축화는 인간에 의해 일방적으로 이루어진 과정이 아니라 인간과 동물 양쪽이 서로 협력한 결과라는 것이다.

라) 현대 동물매개치료의 역사

동물매개치료는 1919년에 미국 워싱턴 D.C에 있는 성 엘리자베스 병원의 정신병 환자에게 실내장식 비서인 프랭클린이 개를 활용할 수 있게 제안한 데서 시작했다(Burch, 1996). 1942년 뉴욕의 파울링 공군 병원에서 'Pet Therapy'를 군인들에게 적용해 보았고 주로 고향에 돌아간 군인들에게 농장일을 하도록 하는 것이었다.

1962년 미국의 소아정신과 의사였던 보리스 레빈슨(Boris Levinson)이 'Pet Therapy'라는 용어를 사용하여 본격적으로 연구를 시작하였다(Levinson, 1962). 진료를 받기 위해 대기실에 기다리던 아동들이 대기실에 있던 "징글"이라는 개와 놀면서 치료를 받지 않아도 저절로 회복되는 사실을 알게 되었다. 그 이후에 Levinson이 개가 치료적인 효과가 있다는 신념을 가지고 다양한 영역에서 개를 매개로 치료를 실시하여 그 효과성을 입증하였다.

1970년에 오하이오 주립대학 정신병원에서 Sam & Erizabeth Coson이 병원에서 처음으로 동물을 투입한 동물매개치료를 실시하였고(Hoorker et al., 2002). 1977년에 동물이 사람에게 미치는 긍정적인 영향에 대한 연구와 다양한 형태의 동물매개치료의 체계화를 목적으로 미국 Delta Society가 발족되었다. 1990년에는 국제 인간과 동물 상호작용 연구협회(IAHAIO)가 발족되어 치료도우미동물을 학교, 병원, 교도소 등에 투입하여 Pet Partner Program을 운영하고 있다.

(3) 동물매개치료의 특징

① 종합적이고 전문적인 분야이다

동물매개치료는 상담치료의 한 분야로서 동물을 매개로 하여 특정한 목표를 달성하기 위해 계획적이고 체계적인 프로그램을 통해 내담자의 정서적, 인지적, 사회적, 심리적 발달과 적응능력 향상 등을 목표로 한 복합적인 치료로서 내담자의 정서적 안정, 심리적 회복과 육체적 재활을 추구하는 전문적인 분야이다.

동물매개치료는 도움을 필요로 하는 사람(내담자), 프로그램에 투입된 치료도우미동물과 내담자에게 도움을 주는 사람(상담사 또는 치료사)으로 구성된다. 그러므로 상담사는 내담자가 해결해야 할 문제나 심리적 어려움에 직면했을 때 스스로 해결하고 극복할 수 있도록 도와주기 위해 심리학, 상담학, 인간행동, 사회 환경, 장애인복지론, 아동복지론 등과 같은 심리상담에 관한 지식을 전반적으로 갖추어야 할 뿐만 아니라, 치료 프로그램에 투입된 치료도우미동물의 행동, 특성, 훈련, 병리, 관리 등에 관한 지식 또한 갖추어야만 하는 전문적인 분야이다.

② 살아있는 동물을 매개로 한다

동물매개치료는 음악치료, 미술치료, 모래치료 등과 달리 살아있고 교감할 수 있는 동물을 매개로 한 심리치료 분야이다. 내담자와 치료도우미동물의 친밀감은 치료를 성공적으로 진행하는 데 있어서 필수적이고 내담자와 상담사의 관계형성에도 중요한 다리 역할을 한다.

동물을 매개로 한 동물매개치료는 사람과 치료도우미동물 간에 일어나는 상호작용을 통해 친사회성을 키울 수 있고 치료도우미동물과 함께 프로그램에 참여할 때 사회성 및 책임감 향상, 정서적 안정 등을 경험할 수 있을 뿐만 아니라 자기중심적 사고에서 벗어나 생명을 보호하고 존중하는 방법을 배울 수 있으며 이타심과 서로 협력하는 방법 또한 배울 수 있다. 동물도 세상의 일부임을 인식할 수 있도록 하고 약한 존재를 따뜻하게 배려하고 자연스럽게 공존해야 할 존재로 이해하도록 한다.

③ 상호 역동적인 작용을 한다

동물매개치료에서는 내담자와 치료도우미동물 사이에서 수많은 상호작용이 일어난다. 동물과 식물이 같은 생명체로 보이지만 식물과 달리 동물은 사람과 같이 생각할 수 있고 움직일 수 있으며 기쁨과 고통을 느낄 수 있어서 동물이 사람과 감정교류가 가능하다. 내담자가 동물을 돌봐주는 과정에서 동물에게 사랑과 관심을 주는 만큼 동물도 내담자에 대한 애착이 생기기 때문에 서로 간의 감정교류가 계속 이루어진다. 즉, 내담자와 치료도우미동물 서로 간의 언어적, 비언어적, 행동적 교류가 이루어진다는 것이다. 따라서 동물을 매개로 한 동물매개치료는 내담자의 신체적, 심리적 치료에 큰 도움이 될 수 있고 매우 효과적이다.

동물매개치료는 살아있고 상호교류가 가능한 동물을 매개로 하기 때문에 내담자와 친구 또는 동반자처럼 지낼 수 있다. 내담자가 치료도우미동물과 친해지면서 동물에 대한 감정과 태도가 자연스럽게 사람에게로 (다시)전이될 수 있고 동물과 직접적인 만남과 접촉, 보살핌을 통해 생명존중 의식과 공동체 생활을 인식할 수 있어서 타인에 대한 이해와 배려, 사회화를 촉진시킨다.

④ 동물은 차별하지 않는다

인간은 상대방을 다른 사람과 비교하고 비판하지만 동물은 결코 그렇지 않다. 동물은 사람들의 국적, 외모, 성별, 교육 수준, 장애 유무 등과 전혀 상관없이 무조건적으로 수용하기 때문에 사람이 동물과 함께 있을 때 마음이 편해지고 상실되어가는 인간 본연의 모습을 되찾을 수 있다. 또한 동물은 누구나 자신을 사랑하고 정성껏 보살피는 모두에게 공평하게 있는 그대로 대해 주어서 사회부적응이나 정서적 문제가 있는 사람, 특히 소외계층의 사람, 장애인, 생활상 스트레스를 심하게 받고 있는 사람, 범법자 등의 정서적, 인지적, 심리적 극복과 회복에 적합하고 효과적이다.

(4) 동물매개치료의 효과

일반적으로 반려동물은 사회적 상호작용을 할 때 촉매 역할을 하며 이를 '사회적 매개체'라 말할 수 있다. 사회적 매개체란 관찰연구에 의하면, 개를 키우는 사람은 자신의 개와 함께 공원을 걸어갈 때 공원에 산책을 나온 사람들과 유의미하게 더 길게 그리고 더 많은 대화를 하였다. 개의 존재는 낯선 사람을 처음 만났을 때 어색함을 누그러뜨리는 역할(social ice breaker)을 하고 대화를 시작하는 등의 사회적 접촉을 촉진시켜주고 있었다(Messent, 1983). 또한 현대사회에서 남성 노인들은 다른 연령층에 비해서 신체적 친밀감의 표현을 어색하게 여기는데, 반려동물을 키우는 것 자체가 사회적으로 수용할 수 있는 친밀감을 표현할 수 있도록 도와준다.

반려동물은 고립감을 해소시키고 사람들에게 사회적 접촉을 확대시켜 준다(Rost & Hart, 1990). 또한 반려동물은 반려동물 소유자나 반려동물에 관심이 있는 사람들이 서로 상호작용하면서 정서적으로 따뜻하고 친밀한 교제를 할 수 있는 기회를 제공한다. 많은 연구들이 반려동물을 사회적 윤활유 또는 사회적 촉매로 묘사하면서(Corsonn & Corson, 1982; Messent, 1983) 반려동물의 사회, 정서적 기능이 사람들에게 주는 유용한 효과에 대해서 크게 강조하고 있다(강태신, 2005).

동물매개치료의 효과는 네 가지로 나뉘며 인지적, 정서적, 사회적, 신체적 효과가 있다.

표 1.1 동물매개치료의 효과

인지적 효과	정서적 효과	사회적 효과	신체적 효과
흥미유발	심리, 정서적 안정	이해심 향상	소, 대근육 발달
집중력 향상	즐거움 획득	협동능력 향상	운동량 증진
기억력 향상	스트레스 해소	사회기술 향상	평행감각 재활
생명존중 인식 증가	성취감/만족감 획득	배려심 향상	운동습관 형성

다양한 심리치료들을 종합해 보았을 때 다른 심리치료들과 반려동물매개치료의 공통적 특징은 내담자의 심리적, 정서적 안정과 삶의 질을 높이는 것을 목적으로 하고 있으며 매개체를 활용한 계획적 프로그램을 통해 내담자의 문제해결 욕구를 구체화시켜 심리적 기능과 정서적 기능의 회복을 이끌어 낸다. 또한 매개체가 치료사와 내담자의 관계형성을 도와 보다 빠르게 친밀감을 강화시켜 치료의 속도를 높인다고 볼 수 있다.

차이점으로는 미술, 연극, 음악, 무용의 예술적 영역과 놀이, 모래놀이, 공예, 웃음이라는 무생명의 매개체와 달리, 반려동물매개치료는 '반려동물'이라는 생명체가 매개체가 되어 치료과정 중 상호작용, 생명존중, 생명의 소중함에 대해 교육할 수 있으며 사람과 사람의 관계형성뿐 아니라 반려동물과 교감하는 방법, 인사하는 방법, 친구가 되는 방법 등을 통해 사람이 아닌 다른 생명체와의 관계형성과 감정교류의 기회를 제공받을 수 있다.

아동과 청소년들에게는 새로운 경험, 배려심, 이해심 등을 실시간으로 교육할 수 있다는 장점을 가지고 있다. 원예치료도 생명체를 다루는 치료지만 반려동물매개치료와의 가장 큰 차이점은 '상호작용'으로 사람의 행동에 무조건적으로 반응하는 동물에 비해 식물은 사람과 상호작용이 불가능하기 때문에 감정교류가 어려울 수밖에 없다.

어떤 심리치료가 가장 효과적이다, 가장 뛰어나다고 말할 수 없고 내담자의 분명한 문제해결을 돕는다고 말할 수도 없다. 하지만 내담자의 성향과 취향, 성격을 고려하여 자신에게 가장 적합한 치료를 선정하고 자신의 문제를 해결할 의지를 가지고 있다면 문제점들을 치료하는 데 많은 도움이 될 수 있을 것이다.

(5) 동물매개치료의 구성요소

동물매개치료의 구성은 세 가지로 이루어진다. 첫 번째로 대상자는 어린이부터 노인까지 신체적, 정신적, 정서적, 사회적, 심리적으로 어려움을 겪고 있는 모든 사람들을 말하며 동물매개치료로 인해 어려움을 극복하는 사람들은 말한다.

두 번째 도우미동물은 대상자와 치료사 간에 관계를 이어주는 다리 역할을 하며 대상자와의 상호작용 및 교감을 통해 삶의 질을 높여주는 역할을 한다.

마지막으로 동물매개치료사는 대상자의 어려움과 문제를 도와줄 수 있는 목표와 계획을 수립하여 도우미동물과 팀을 이루어 목표 달성을 위해 대상자를 돕는 역할을 한다. 동물매개치료의 구성요소는 대상자, 도우미동물, 동물매개치료사 세 가지로 이루어지며 이들을 같은 목표를 향해 나아가는 동반자이다.

그림 1.1 동물매개분야의 구성요소

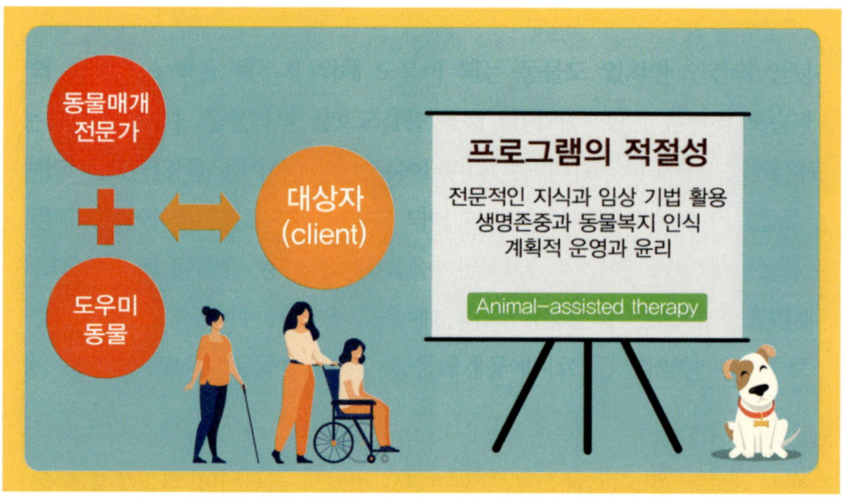

① 도우미동물

모든 동물들이 동물매개치료에 투입되어 인간과의 상호작용을 나눌 수 있는 것은 아니다. 각 대상자에게 맞는 치료 목표를 설정한 후 그 목표에 맞는 도우미동물을 선택해야 한다. 이때 도우미동물 선정은 대상자가 아닌 동물매개치료사가 선정해야 하며 그 이유는 대상자와 동물 간의 관계형성에 있다. 대상자가 자신이 원하는 도우미동물을 선정하였다 하더라도 도우미동물을 좋아하지 않을 수도 있다. 첫 만남에 사고가 일어날 수도 있고 막상 만나보니 자신이 원하던 동물이 아니라고 생각할 수도 있다.

동물매개치료의 성공적인 첫 걸음은 대상자와 도우미동물 간에 상호작용을 통해 친밀감을 쌓고 관계형성을 하는 것이 중요하다. 그렇기 때문에 동물매개치료사가 대상자와의 상담을 통해 치료 목표와 계획을 수립한 후 대상자의 치료적 목표에 가장 적합하고 대상자의 어려움을 해결하는 데 도움을 줄 수 있는 동물을 선정해야 하는 것이다.

가) 치료도우미동물 선발 기준

동물매개치료에 투입되는 동물은 고양이, 새, 토끼, 기니피그, 햄스터, 말, 파충류, 돌고래 등 여러 동물들이 있지만 가장 많이 적합하다고 평가되는 동물은 강아지이다. 동물매개치료는 상호작용, 즉 둘 이상의 대상이 서로 영향을 주고받는 행동을 통해 다양한 효과들을 얻을 수 있다. 강아지의 경우 인간과의 상호작용이 활발하게 일어나며 감정소통, 상호접촉성이 가장 뛰어나 동물매개치료 활용도가 가장 높다.

표 1.2 도우미동물 선발 기준

- ✓ 동물의 외모는 중요하지 않다.
- ✓ 사람과 친화력이 있는 동물이어야 한다.
- ✓ 도우미동물은 적당한 훈련과 자격요건을 갖추어야 한다.
- ✓ 질병에 노출되지 않은 건강한 동물이어야 한다.
- ✓ 활동성이 높고 체력이 좋은 동물이 좋다.

동물매개치료에 투입되는 동물들은 각각의 선발기준과 동물매개치료에 선발되는 조건들을 갖추어야 훈련을 통해 동물매개치료 실전에 투입이 될 수 있다. 모든 동물이 동물매개치료에 투입되지 않으며 사람에게 안전하고, 사람과의 감정소통, 상호작용이 원만하게 일어나는 동물들이 동물매개치료에 적합하다. 각각의 도우미동물들이 거쳐야 할 선발기준과 장점 및 단점을 알아보도록 한다.

표 1.3 치료도우미견의 선발기준과 장점 및 단점

<table>
<tr><td>• 사람을 좋아하는 개(사람을 싫어한다면 사고의 가능성이 있다)
• 다른 동물에 대해 지나친 관심을 갖지 않는 개(대상자에 대한 집중력을 키운다)
• 아프거나 병이 없는 건강한 개(도우미견이 아플 때는 그에 맞는 조치를 취해야 한다)
• 치료사와 호흡이 잘 맞는 개(치료사와 호흡이 잘 맞아야 대상자와의 라포 형성을 이끌어 낼 수 있다)</td><td>장점
• 감정소통과 상호접촉이 잘 일어남
• 높은 대중성
• 친숙하기 때문에 라포 형성이 용이함.
• 다른 동물들에 비해 지능과 활동성이 높아 다양한 활동이 가능</td></tr>
</table>

먼저 치료도우미견의 장, 단점을 살펴보면 개는 인간과 가장 오래된 공존의 역사를 가지고 있으며 그로 인해 인간에게 가장 친숙한 동물로 여겨지기도 한다. 도우미동물을 선발할 때 고려하는 사항 중에는 동물의 안전성과 인간과의 감정소통과 상호접촉성이다. 개는 인간과의 감정소통이 잘 일어나며 상호접촉성 또한 뛰어나다. 그렇기 때문에 도우미동물로 가장 활발하게 투입되고 있다. 치료도우미동물로서 도우미견은 단점보다는 장점이 더 많으며 뛰어난 감정소통과 상호접촉성, 높은 대중성, 친숙하기 때문에 라포 형성이 용이하고 다른 도우미동물보다 지능과 활동성이 높아 도우미견과 진행할 수 있는 프로그램의 다양성이 넓다.

다음 치료도우미견의 설발기준을 살펴보면 첫 번째 선발기준은 사람과의 친화력이 높은 개다. 동물매개치료는 대상자와 동물 간의 상호작용 및 감정소통을 나누며 치료효과가 나타나는데 도우미견이 사람을 무서워하거나 사람에 대한 불안감 및 두려움을 가지고 있는 친화력이 낮은 개의 경우에는 대상자의 작은 행동에도 쉽게 놀랄 수 있으며 자신을 공격한다고 받아들여 대상자를 물거나 다치게 할 수 있다. 동물매개치료에서 중요한 라포 형성을 하는데 사람에 대한 두려움이 방해요소로 작용이 될 수 있기 때문에 사람을 좋아하는 개가 동물매개치료도우미견으로서 적합하다.

두 번째는 다른 동물에 대한 지나친 관심을 갖지 않는 개다. 다른 동물에게 지나친 관심을 보이는 도우미견의 경우 대상자와의 라포 형성 및 동물매개치료 프로그램에 있어 낮은 집중력을 보이며 다른 동물에게 지나치게 관심을 보이는 탓에 싸움이 일어날 수 있어 주의가 필요하다.

세 번째는 아프거나 병이 없는 건강한 개가 동물매개치료에 적합하다. 질병이 있거나, 병에 노출되어 있는 환경에 놓여있거나, 예방접종이 제대로 되어 있지 않은 도우미견의 경우 그에 맞는 조치가 취해질 때까지 동물매개치료에는 투입이 되어서는 안 된다. 사람의 삶의 질과 정신적, 신체적, 정서적, 심리적 회복과 대상자의 문제해결에 도움을 주는 도우미동물이 질병과 위험에 노출되어 있는 상태에서 사람의 욕심으로 인해 대상자의 문제해결에만 집중한다면 동물과 더불어 살아가는 세상이 아닌 동물을 이용하는 것 또는 학대하는 것과 다름이 없기 때문에 동물매개치료에 투입이 될 동물이라면 건강한 것이 우선시 되어야 한다.

마지막 선발기준은 치료사와 호흡이 잘 맞는 개다. 동물매개치료사는 대상자와 동물 간에 라포 형성을 유도하여 동물이 주는 무조건적 사랑과 애정을 통해 대상자의 삶의 질을 향상시킨다. 그러기 위해서는 동물과의 호흡이 중요한데 자신이 키우는 반려견과 가장 호흡이 잘 맞을 것이라 생각된다. 동물매개치료에서 일어날 수 있는 사고(물림, 할퀴 등)를 예방하고 안전하게 대상자가 도우미견과 교감을 나누려면 기본 훈련부터 도우미견의 행동, 질병, 심리에 대해서 동물매개치료사가 가장 잘 파악을 하고 있어야 하기 때문에 동물매개치료사와 호흡이 잘 맞는 도우미견, 즉 치료사의 반려견이 있는 도우미견으로써 적합하다.

표 1.4 치료도우미 고양이 선발기준과 장점 및 단점

침착해야 하며 얌전한 고양이 • 사람과의 접촉에 덜 예민하고 스트레스에 대한 인내심이 높은 고양이 • 낯선 사람을 대면할 때 침착한 고양이 • 사람과 친숙하고 사람에 대한 두려움이 없는 고양이	장점 • 특별한 복종훈련이 필요 없다. • 체형이 작아 위협적이지 않다. • 얌전해 쉽게 다가갈 수 있다. 단점 • 털 빠짐이 심해 알레르기를 유발한다. • 장기가 없다.

치료도우미 고양이는 특성상 환경변화에 극도로 예민하기 때문에 침착하고 얌전한 고양이가 적합하다. 고양이는 자신이 낯선 상황에 놓여있거나 겪어보지 못한 상황에 크게 당황하기 때문에 돌발행동을 할 수 있다. 사람을 할퀴거나 무는 경우에 상처를 입을 수 있어 비교적 환경변화에 적응이 빠르고 침착하게 대응하는 고양이가 좋다. 또한 사람과의 상호접촉과 감정소통으로 치료효과가 나타나는 동물매개치료는 직접 동물을 만져야 하는데 사람과의 접촉에 스트레스를 받고 예민하게 반응하는 고양이의 경우는 역시 사람을 다치게 할 수 있어 사람이 만져주는 것을 좋아하고 사람에게 호의적인 고양이가 동물매개치료에 적합하다.

치료도우미 고양이가 동물매개치료도우미동물로서 가지고 있는 장점으로는 특별한 복종훈련이 필요 없기 때문에 사람에게 호의적이고 사람과의 접촉에 스트레스를 받지 않는 고양이라면 바로 동물매개치료 프로그램에 투입되어도 무방하다는 점이다. 하지만 그에 반해 단점으로는 복종훈련이 되어 있지 않기 때문에 도우미견들이 보여줄 수 있는 훈련들인 '앉아, 엎드려, 기다려' 같은 장기는 하지 못한다. 물론 고양이들도 훈련이 가능한 동물이다. 그렇지만 개에 비해 훈련 습득 속도가 느리고 많은 노력이 필요하기 때문에 굳이 필요하지 않다는 의미다. 다른 장점으로는 동물에 대한 공포심이 있는 대상자의 경우 치료도우미견이 크다고 느껴질 수 있고 무서워 다가가지 못하지만 개에 비해 고양이는 체격이 작기 때문에 비교적 쉽게 다가와 교감을 나눌 수 있다.

표 1.5 치료도우미 기니피그의 장점 및 단점

장점	단점
• 기니피그가 내는 다양한 소리를 대상자들이 재미있게 접할 수 있다. • 귀엽고 순한 성격과 외모 때문에 쉽게 다가갈 수 있다.	• 털 알레르기 유발 • 겁이 많아 돌발행동을 할 수 있다. • 짧은 시간 대상자와의 만남으로 스트레스를 받을 수 있다.

치료도우미 기니피그의 귀엽고 순한 외모는 동물매개치료 대상자를 충분히 행복하고 즐겁게 만들 수 있으며 상호접촉 또한 훌륭하기 때문에 도우미동물로 활용가치가 높다. 기니피그가 내는 다양한 소리(휘슬, 갸르릉 소리 등)는 대상자들이 재미있게 접할 수 있으며 특히 아동 대상자들의 흥미와 호기심을 자극해 프로그램 참여도를 높이기도 한다. 작고 약한 동물이며 초식동물로 사람의 작은 움직임, 또는 부주의나 작은 실수로 인해 상처를 입거나 생명에 위협을 받을 수도 있는 동물이다. 그렇기 때문에 이런 약한 동물을 동물매개치료에 투입을 시키려면 동물매개치료사의 각별한 주의가 필요하다.

표 1.6 치료도우미 토끼의 장점 및 단점

장점	단점
• 귀엽고 온순한 성격과 친근한 이미지 때문에 다가가기 쉽고 공격성이 낮아 안전하다. • 푹신푹신한 털의 촉감을 가지고 있어 아동의 상호접촉성이 뛰어나다.	• 스트레스에 약한 동물이라 주의가 필요하다.

토끼는 온순한 성격과 귀엽고 친근한 외모 때문에 대상자들이 부담 없이 다가갈 수 있는 동물로 공격성 또한 낮아 상호작용을 하는 데 큰 어려움이 없다. 그리고 푹신푹신하고 부드러운 털의 느낌이 감각적으로 발달이 필요한 아동들의 촉감을 발달시키는 데 좋은 영향을 준다. 또한 상호접촉성도 뛰어나 털을 만지면 다양한 느낌들을 느낄 수 있다.

하지만 주의해야 할 점은 토끼는 스트레스에 굉장히 취약한 동물이라 여러 상황에서 스트레스를 받을 수 있다. 다른 동물들과의 접촉으로도 스트레스를 받을 수 있으며 예민한 청각을 가지고 있어 시끄러운 소리, 자극적인 소리에도 스트레스를 받을 수 있고 대상자의 부주의 때문에 스트레스를 받을 수 있어 동물매개치료사의 주의가 필요하다. 스트레스를 심하게 받은 경우는 돌연사 할 가능성도 있어 토끼가 자극을 받지 않도록 주의해야 한다.

표 1.7 치료도우미 페럿의 장점 및 단점

장점	단점
• 특이한 생김새와 행동으로 대상자의 흥미를 유발할 수 있다. • 귀엽고 순한 성격으로 쉽게 다가갈 수 있고 공격성이 낮아 안전하다. • 소리를 내지 않아 조용하다.	• 몸의 기름샘이 있어 특유의 냄새가 난다. • 다른 도우미동물에 비해 지능이 낮아 훈련이 어렵다.

치료도우미 페럿은 널리 사랑받고 있는 반려동물이지만 특수동물 특성상 아직까지 동물에 대한 관심이 없는 사람들에게는 생소할 수 있는 동물이다. 동물매개치료에서 대상자들이 페럿을 만나게 되면 많이 접해보지 못했기 때문에 신기한 눈으로 바라보며 대상자들의 흥미와 호기심을 유발하게 된다. 페럿은 귀여운 외모와 순한 성격 덕분에 대상자들이 쉽게 다가 갈 수 있고 사람에 대한 공격성이 낮아 안전하게 교감을 나눌 수 있다.

반면 페럿의 단점으로는 몸에 있는 기름샘에서 나는 특유의 냄새가 있어 냄새에 예민한 대상자의 경우 불쾌감을 느낄 수 있고 라포 형성을 하는데 방해 요소로 작용할 수 있다. 페럿 전용 샴푸로 목욕을 시켜주면 어느 정도 냄새를 억제할 수 있지만 자주 목욕할 경우 피부에 문제가 생길 수 있어 목욕이 제한적이다. 또한 페럿은 다른 도우미동물에 비해 지능이 낮아 훈련이 어려워 개와 같은 장기를 보기가 힘들다. 하지만 페럿의 귀여움과 행동적 특징들을 통해 대상자들과의 상호작용이 일어날 수 있다.

표 1.8 치료도우미 햄스터의 장점 및 단점

장점	단점
• 작고 귀여워 대상자들에게 인기가 많고 햄스터의 행동에 호기심을 불러일으킨다. • 귀엽고 순한 성격과 외모 때문에 쉽게 다가갈 수 있다.	• 소동물이기 때문에 주의가 필요하다. • 짧은 시간 대상자와의 만남으로 스트레스를 받을 수 있다. • 야행성 동물이라 낮에는 잠을 잔다.

치료도우미 햄스터는 대상자 유형 중 아동에게 큰 사랑을 받는 도우미동물인데 기니피그와 마찬가지로 사람의 작은 움직임과 부주의로 인해 심한 상처와 목숨의 위험 또한 생길 수 있어 각별한 주의가 필요하다. 햄스터는 작고 귀여워 대상자들에게 인기가 많으며 햄스터가 보여주는 다양한 행동들이 대상자의 호기심을 불러일으키며 아동들의 경우 관찰력과 탐구심을 키우는데 좋은 효과를 줄 수 있다. 또한 강아지와 고양이와 비교해 작은 크기이기 때문에 동물을 무서워하는 대상자에게 친근한 이미지를 줄 수 있다.

단점으로는 위에 언급했듯이 작고 약한 동물이기 때문에 주의가 필요하다. 아동들의 경우 햄스터가 자는 모습, 먹는 모습, 움직이는 모습에 큰 관심을 기울이기 때문에 햄스터를 만져보고 싶어 혼자 햄스터를 만지다가 떨어트리거나 약한 힘에도 햄스터의 뼈 골절을 일으킬 수 있다. 그렇기 때문에 햄스터를 볼 때는 항상 동물매개치료사에게 물어보고 동물매개치료사의 지도하에 햄스터와 만나게 해야 하고 사람과 동물이 함께 행복한 시간을 나누기 위해서는 만남이 안전하게 이루어져야 한다. 다른 단점으로는 약한 동물이기 때문에 짧은 시간 대상자와의 만남으로도 스트레스를 받을 수 있어 동물매개치료 프로그램 시간 내내 노출이 되면 안 되고 15~20분 정도의 만남이 가장 안정적이다. 햄스터는 야행성 동물이기 때문에 낮에는 잠을 자고 밤에 움직이는 동물이다. 낮에 동물매개치료를 나가기 때문에 잠을 잘 시간에 대상자들에 의해 잠을 못자거나 스트레스를 받게 되면 물리는 사고가 일어날 수 있어 동물매개치료사의 주의가 필요하다.

② 대상자

동물매개치료의 일차적인 대상은 어린이부터 노인까지 신체적, 정신적, 정서적, 사회적, 심리적으로 어려움을 겪고 있는 모든 사람들이며 장애인, 비장애인, 아동, 청소년, 성인, 노인, 나이, 성별 관계없이 참여 가능하며 누구나 동물들과의 상호작용을 통해 긍정적인 효과를 얻을 수 있다.

가) 지적장애

청년기(18세) 이전에 시작되는 발달 장애로 2007년 개정된 장애인복지법시행령에서는 지적장애인을 '정신발육이 항구적으로 지체되어 지적 능력의 발달이 불충분하거나 불완전하고 자신의 일을 처리하는 것과 사회생활에 적응하는 것이 상당히 곤란한 사람'이라고 정의하였다(김수정, 2014 재인용). 지능의 발달이 정지된 것이 아닌 늦은 발달속도를 보이며 낮은 언어능력을 동반하여 의사소통에 어려움이 있어 대인관계 형성에 문제를 보인다.

판단능력과 학습능력 또한 떨어지며 학습에 대한 성취감이 낮다. 2019년 장애인복지법으로 인해 장애인등급제가 폐지되어 '장애정도가 심한 사람', '장애정도가 심하지 않는 사람'으로 분류가 되고 있지만 개정 전 1, 2, 3급으로 분류되었던 등급제를 살펴보도록 한다.

표 1.9 지적장애 등급

등급	내용
1급	지능지수(IQ) 34 이하로 일상생활과 사회생활이 매우 곤란한 상태이기 때문에 타인의 완전한 보호와 감독이 필요함.
2급	지능지수(IQ) 34~49 이하로 훈련이 가능한 경우 다른 사람의 도움을 받아 단순한 일상생활이 가능하고 훈련을 받고 다른 사람의 도움을 받으면 단순노동도 가능함.
3급	지능지수(IQ) 50~70으로 교육 속도는 느리지만 체계적인 교육 계획으로 교육의 효과를 볼 수 있고 교육을 통해 남의 도움을 받지 않아도 사회생활, 직업생활이 가능함.

(가) 지적장애의 특징

• 인지적 특징

– 지적발달이 느려 성인이 되어도 비장애인 평균 이하 지능지수가 예상된다.

– 지적발달의 정지가 아닌 지연으로 인해 학습과 인지 발달의 한계가 있다.

– 고착성이 강하고 추상적 사고가 어려워 과제수행이 느리고 논리적으로 말하는 데 어려움이 있다.

• 신체적 특징

– 개인, 장애 등급, 장애 원인에 따라 차이가 있지만 감각, 운동 기능면에서 많이 떨어지며 병에 대한 저항력이 낮고 쉽게 피로해진다.

– 경증은 운동능력과 균형적 발달이 비장애인에 비해 1~4년 정도 느려 눈과 손의 협응같은 여러 감각 간의 협응과 섬세한 운동능력에 있어 지연과 한계를 보인다.

• 정서적 특징

– 지적능력에 결함을 통해 학습으로 얻을 수 있는 성취감과 자신감 등을 감소시켜 동기유발에 부정적 영향을 끼친다.

- 이러한 영향은 자신의 능력에 대한 부정적 자아개념을 갖게 하고 어떤 과제나 미션이 주어졌을 때 쉽게 좌절 및 불안, 회피로 이어지며 남에 대한 의존도를 상승시킨다.

(나) 지적장애 대상 동물매개치료 효과

• 인지기능 향상

새로운 학습에 대해 자신감이 없거나 성취욕이 낮아 스스로가 지식습득에 대해 미리 포기하는 경우가 많아 이를 동물을 훈련하는 과정을 통해 성취감을 느끼고 동물에 대한 학습 욕구를 증가시키도록 유도할 수 있다(김태희, 2012). 동물과의 라포 형성을 통한 새로운 지식 습득의 적극성과 자신감을 향상시킬 수 있다.

• 정서적 안정

미리 실패를 예상하고 실패의 상황을 피하며 이로 인한 낮은 자존감과 부정적 자아개념이 형성되게 되는데, 이를 통해 동물과 함께 할 수 있는 프로그램 및 상호작용을 통한 스트레스 해소, 자존감 향상 그리고 동물과 함께 과제를 수행하여 타인에 대한 의존도를 낮추어 자립심을 키워준다.

• 사회성 향상

대부분 사회적 기술 발달이 크게 지체되어 사회적인 상황을 회피하고 대인관계에 있을 실패를 두려워하여 사회적으로 고립된다. 이런 다른 사람과의 교류 및 관계형성의 어려움을 동물과의 상호작용을 통해 극복하여 배려, 교감, 책임감 등을 경험하고 이러한 동물과 함께 한 긍정적인 감정들을 타인과의 관계까지 이어질 수 있도록 한다.

나) 자폐성 장애

지적장애와 함께 발달장애 중 하나로 일반적으로 자폐성 장애의 증상이 나타나는 시기는 3세 이전이며 타인과의 접촉을 피하고 정해진 일과에 강한 집착을 보인다. 또래와의 놀이에서도 다른 형태의 놀이를 보이며(김성미, 2008) 사회적 의사소통에 사용되는 언어, 상징, 또는 상상놀이에 있어 명백한 지체 및 증상과 특징들이 다양한 수준의 심각도와 조합을 나타내고 있어 스펙트럼 장애라고 불리기도 한다(조현춘 외, 2004).

원인에 대해서는 분명히 밝혀져 있지는 않지만 심리적 원인과 생물학적 원인일 가능성이 높으며 생물학적 원인의 비율이 더 높다. 자폐성 장애는 자기 고립적이고 단조로움을 고집하며 비정상적인 행동을 반복하거나 변화를 거부한다. 즉, 자폐성 장애는 사회적 관계의 결핍, 언어적 및 비언어적 의사소통의 질적인 장애, 계속적인 강박행동 등의 증상을 보이는 아동기의 증후군이다(최금란, 2009). 자폐성 장애는 DSM-5에 기준에 따라 1, 2, 3급으로 급수를 나누어 분류된다.

표 1.10 자폐성 자애 등급

등급	내용
1급	ICD-10의 진단기준에 의한 전반성발달장애(자폐증)로 정상발달의 단계가 나타나지 아니하고 지능지수가 70 이하이며 기능 및 능력장애로 인하여 GAS척도 점수가 20 이하인 사람
2급	ICD-10의 진단기준에 의한 전반성발달장애(자폐증)로 정상발달의 단계가 나타나지 아니하고 지능지수가 70 이하이며 기능 및 능력장애로 인하여 GAS척도 점수가 21~40 이하인 사람
3급	2급과 동일한 특징을 가지고 있으나 지능지수가 71 이상이며 기능 및 능력장애로 인하여 GAS척도 점수가 41~50 이하인 사람

※ ICD-10: 질병 관련 건강 문제의 국제 통계 분류 10차 개정판으로 WHO에서 질병과 증상을 분류 해놓은 것이다.

※ GAS척도: 발달장애척도점수

(가) 자폐성 장애의 특징

• 의사소통

– 언어적 표현이 가능한 자폐성 장애인의 경우 같은 말이나 상대방의 말을 반복적으로 따라 말하는 반향어가 관찰되며 대화를 하더라도 자신의 이익과 관심사에만 한정되도록 대화를 나눈다.

– 기능이 매우 낮은 자폐성 장애인 경우 언어의 발달이 부재하여 의사소통이 불가한 경우도 있다.

– 의사소통이 불가한 경우 소리로 표현을 하지만 타인이 이해하지 못했을 때 좌절을 경험한다.

• 사회적 상호작용

– 다른 사람과 눈을 마주치지 않고 얼굴 표정이 없으며 생후 2~3개월에 나타나는 사회적 미소도 없다.

– 몸자세나 몸짓으로 비언어적 행동을 나타내지 못하고(김은정, 2000) 환경적 변화를

싫어하여 사회적 환경에 대해 무감각하고 반응이 없다.

– 사회적 상호작용의 기초인 모방능력이 결여되어 있다.

• 행동적 특징

– 타인과의 상호작용이나 교제가 부재하고 자신의 요구를 표현하는 데 어려움이 있다.

– 새로운 변화에 적응을 거부하며 기존의 것을 추구하고 새로운 변화가 다가오면 극도로 예민해지는 성향을 보인다.

– 손을 눈앞에 대고 흔들며 자기 자신을 자극한다든가 귀를 막거나 손을 흔든다거나 몸을 흔드는 사회적으로 적절한 기준을 벗어난 부적응 행동(김미희, 2012), 즉 상동행동을 반복한다.

(나) 자폐성 장애 대상 동물매개치료 효과

• 사회적 행동 변화

타인과의 의사소통과 관계형성에 관심이 없는 자폐성 장애인들이 동물과의 상호작용(스킨십, 훈련, 간식주기) 등의 프로그램으로 동물과의 관계형성을 경험하고 나아가 사람과의 관계형성으로 이어질 수 있다. 또한 동물과의 상호작용을 통해 타인에 대한 인식 증가, 사회적 규칙 습득 그리고 자립심을 키워 줄 수 있다.

• 언어적 발달

언어적 표현이 가능한 자폐성 장애인의 경우 동물들과 많은 교감과 상호작용을 할 수 있는 훈련 프로그램, 간식 주기, 눈 마주침 등으로 언어적 및 비언어적 의사소통을 유도할 수 있다. 언어적 표현이 불가한 자폐성 장애인의 경우는 자신의 욕구 및 자기표현을 행동이나 제스처로 할 수 있도록 프로그램 시간에 치료사의 유도로 교육할 수 있어 자신이 원하는 의사소통의 벽을 허물도록 할 수 있다.

• 사회성 향상

대부분 사회적 기술 발달이 크게 지체되어 사회적인 상황을 회피하고 대인관계에 있을 두려움으로 사회적으로 고립되어 있어 다른 사람과의 교류 및 관계형성의 어려움을 먼저 동물과 상호작용을 통해 극복하여 배려, 교감, 책임감 등을 경험하고 이것을 타인과의 관계까지 이어질 수 있도록 한다.

다) ADHD(주의력 결핍 과잉행동 장애)

학령 전기 아동들이 한자리에 가만히 앉아있지 못하고 주위를 산만하게 돌아다니거나, 한 가지 과제를 끈기 있게 하지 못하는 등의 행동은 발달 측면에서 볼 때 자연스러운 행동이라고 볼 수 있으나 또래 아이들에 비해 과하게 나타나는 아동들 중 몇몇은 ADHD를 나타낸다. ADHD는 인지, 정서, 행동 면에서 결함을 동반하는 아동기 발달장애 중 하나로(Barkely, 1990) 적절한 시기에 제대로 치료되지 않으면 학령기에 접어들면서 학습 부진, 또래 관계 문제, 낮은 자존감, 우울감, 불안감, 위축감을 갖게 되며 청소년기와 성인기까지 지속되고 인지적, 사회적, 정서적인 문제가 나타나게 된다.

(가) ADHD의 특징

• 주의력 결핍

부주의와 같은 의미로 적절한 환경 자극에 주의를 기울이고 부적절한 자극을 무시할 수 있는 능력인 '선택적 주의'와 오랜 시간에 걸쳐 어떤 과제에 주의를 기울이는 '지속적 주의'에서 문제를 보이며(정명숙 외, 2001) 지시를 따르지 않고 맡은 일을 끝내지 못하며 필요한 물건들을 자주 잊어버린다.

• 과잉행동

앉아있어도 손이나 발, 몸을 움직이며 안절부절 못하고 가만히 앉아 있어야 하는 상황에서 자리를 이탈하며 지나치게 수다스럽다. 또한 또래에 비해 부산스럽고, 많이 뛰어다니며 낮은 자기통제력을 보여 학교생활에서 또래들과의 원만한 관계를 맺는 데 방해요소가 된다.

• 충동성

ADHD 아동들은 자신의 감정을 조절하지 못하고 특정 상황에서의 반응을 제재할 수 없다. 차례를 기다리지 못하고 타인을 방해하거나 간섭하며 질문이 끝나기 전에 대답을 한다. 과잉행동과 항상 연계되어 나타나기 때문에 DSM－IV에서도 행동억제불능을 의미하는 하나의 행동특성으로 서술되어 있다(이효신, 2000).

(나) ADHD 대상 동물매개치료 효과

• 사회기술 향상

낮은 자기 통제력으로 타인과의 관계에 있어 충동적이고 공격적인 행동을 보이며 쉽게 짜증을 내고 규칙을 지키기 어려워 한다. 이러한 증상들로 또래와의 원만한 관계를 유지하지 못하고 시끄럽고 제멋대로라는 평가를 들으며 따돌림 당하는 경우가 많다. 동물과의 지속적인 만남으로 통해 예측할 수 없는 동물 행동을 이해하고 받아들이며 타인관의 관계에서 이해할 수 없는 행동들을 수용할 줄 아는 마음을 배워 배려심으로 인해 대인관계 능력이 향상될 수 있다.

• 자기통제력

자기통제력이 부족한 아동은 분위기에 맞지 않는 소리를 내거나, 타인을 방해하고, 자기의 기분대로 행동하며 쉽게 화를 내는 경우가 많다. 동물 또한 예측 불가능한 행동들을 많이 하는데 이런 동물들의 예측 불가능한 행동을 통해 ADHD 아동의 자기 통제력을 키울 수 있다.

예측하기 어려운 동물들의 행동은 ADHD 아동에게 있어 새로운 자극제인 동시에 지속적인 주의를 요구하는 사항이기에 동물에게 관심을 가지게 하고 아동의 충동성이나 민감성을 감소시켜 증상을 연장시키는 효과가 있다(Katcher & Wilkinson, 2000 재인용).

• 긍정적 자아개념 형성

ADHD 아동은 행동적 특성으로 인해 또래로부터의 고립, 낮은 학업성취도, 주위의 부정적 피드백, 반복되는 실패 등으로 불안감과 낮은 자존감을 형성하여 좌절감 및 우울감을 경험한다. 이로 인해 자신의 존재 가치를 낮게 평가하여 부정적 자아개념을 형성하게 된다.

동물은 차별하지 않고 비판 없는 무조건적인 수용을 해주며 동물과 함께 있으면 ADHD 아동은 자신의 모든 감정과 문제들이 수용되는 경험을 하게 되고 부정적 피드백이 아니라 자신이 받아들여지는 것을 느끼게 된다. 이를 통해 자신의 존재 가치를 깨닫게 되고 긍정적 자아개념을 형성하는 데 도움을 준다.

라) 정신장애

급변하는 현대사회에 인간은 환경의 변화에 적응하는 데 어려움을 겪고 사회에서 소속감이나 공동체의식을 느끼기보다는 소외감과 단절감을 느끼면서 정신적인 스트레스가 많아짐에 따라 인간의 정신병리적 현상이 증가하게 되었다. 이에 따라 정실질환은 점점 더 증가하고 있으며 증상 또한 다양화 되고 있다. 정신질환은 의학적으로 광범위해서 생물학적, 심리적 이유로 지능, 인지와 지각, 생각, 기억, 의식, 감정, 성격 등에서 병적 현상이 나타나는 모든 질환을 포괄하고 있으며 정신질환이 만성화 되어 고착 현상을 보이면 정신장애로 판정 받게 된다(이준우 외, 2007).

(가) 정신장애의 종류

• 정신분열병(Schizophrenia)

조현병이라고도 부르며 정신과적 질환 중 90%를 차지하고 있는 질병으로 만성 정신분열 환자들의 경우 완전한 회복이 어려워 오랜 기간 병원 입원과 퇴원을 반복하며 약물치료와 치료들을 병행하며 장기적 치료를 받는다. 정신분열병의 주요 증상은 양성증상과 음성증상으로 나뉘며 양성증상은 모든 기능이 비정상적으로 확대되는 증상을 말하며 환각증상(환청, 환미, 환촉, 환시, 환후)과 망상(피해망상, 과대망상, 관계망상, 부정망상)이 있다. 음성증상은 모든 기능이 축소된 것으로 의욕결핍, 무감동, 무기력, 무표정, 무의욕을 보이며 이로 인한 자기관리 실패, 정서적 위축, 느리거나 공허한 언어를 특징으로 보인다.

표 1.11 조현병의 양성증상

양성증상	
환각	망상
환청: 아무것도 없음에도 불구하고 소리를 듣는 것으로 욕이나 명령, 울음, 웃음소리 등 환자에 따라 다르다.	피해망상: 타인에게 누군가에게 감시 당하고 미행당하며 피해를 받고 있다고 믿는다.
환시: 존재하지 않지만 보이는 것으로 사람, 동물, 물건 등이 있다.	과대망상: 자신이 매우 특별한 인물이라고 믿으며 초능력을 가졌거나 신적인 존재라고 생각한다.
환미: 음식의 맛이 이상하거나 불쾌하며 맛이 느껴지지 않음에도 맛이 난다고 한다.	관계망상: 모든 것이 자신과 관련이 있다고 믿는 것이다.
환촉: 느껴지지 않는데도 촉각을 느끼는 것으로 벌레가 기어 다니거나 무언가 닿은 것 같거나 통증을 느끼기도 한다.	애정망상: 다른 사람이 나를 사랑한다고 믿는 것이다.
환후: 냄새가 나지 않음에도 냄새를 맡는 것으로 악취나 타는 듯한 냄새를 맡는다.	신체망상: 의학적으로 아무 이상이 없음에도 불구하고 신체에 큰 질병이나 이상이 있다고 믿는다.

• 정동장애(Affective Disorder)

기분장애라고도 부르며 말 그대로 기분과 관련된 장애이다. 극단적인 우울 상태와 고양된 상태의 조증 상태가 지속되어 일상생활을 하는데 심각한 어려움을 겪는 장애이다.

그 중 반복성 우울장애는 기분이 지나치게 저조하여 극단적으로 우울한 상태가 지속되어 장기화된 장애를 말하며 무기력, 상실감, 심한 경우 자살기도나 피해망상 등 다양한 양상을 보인다. 양극성 정동장애는 고조된 감정의 조증상태와 슬픈 감정의 우울상태가 교대로 나타나거나 간헐기를 두고 나타나는 장애로 조울증이라고도 불린다. 분혈형 정동장애는 정신분열병과 정동장애가 함께 나타나는 장애로 정신장애 중 가장 치료 기간이 긴 장애로 알려져 있다.

• 불안장애(Anxiety Disorder)

불안감은 스트레스나 걱정, 위협 등에 받아들이는 반응이 매우 심각하거나 오랫동안 지속되며 개인의 감정, 사고, 행동에 영향을 미치므로 가정이나 직장, 학교에서의 일상생활이나 사회생활에 어려움을 줄 수 있다. 불안장애에는 범불안장애, 공황장애, 강박장애, 외상후스트레스장애(PTSD), 공포증 등이 있다.

– 범불안장애(Generalized Anxiety Disorder)

범불안장애는 다양한 상황에서 만성적 불안과 과도한 걱정을 나타내는 불안장애로 일상 속에서 겪게 되는 여러 가지 사건이나 활동에 대해서 지나치게 걱정함으로써 지속적인 불안과 긴장을 경험한다. 범불안장애를 가지고 있는 사람들은 늘 불안하고 초조해하며 사소한 일에도 잘 놀라고 긴장한다. 항상 예민한 상태에 있고 짜증과 화를 많이 내며 쉽게 피로감을 느낀다.

지속적인 긴장으로 인한 근육통, 만성적 피로감, 두통, 수면장애, 소화불량, 과민성 대장 증후군 등의 증상이 함께 나타나기도 하며 이러한 불필요한 걱정과 불안 등으로 인해 현실적인 업무의 처리가 지연이 되는 경우가 많아 사회생활에 문제가 생기기도 한다.

– 특정 공포증(Specific Phobia)

특정 공포증은 불안장애(anxiety disorder)의 하위범주 중 하나이다. 불안이라고 하는 것은 어떤 특정한 상황에 대하여 자신이 위협을 받는다고 받아들임으로써 야기되는 불쾌한 감정적인 반응이라고 정의될 수 있다(조수철, 2000).

특정 공포증은 단순 공포증이라고도 하는데 특정한 상황이나 대상에게 심각한 불안함을 느끼고 공포심을 가지게 되며 이것이 일상생활이나 사회생활에 영향을 주는 것을 말한다. 우리는 누구나 불안해하는 것이 있고 다양한 공포를 경험한다. 하지만 특정 공포증을 가진 사람들은 두려움의 대상이나 상황에 즉각적인 공포를 경험하며 일상생활이나 사회생활에 명백한 지장을 받는다. 심한 경우에는 공황발작을 일으키기도 한다.

공포증은 크게 동물형, 자연 환경형, 혈액－주사 손상형, 상황형 등 네 가지 유형으로 나뉜다. 동물형은 개, 비둘기, 쥐, 거미, 벌레 등에 대한 공포를 가지는 것이고 자연 환경형은 강이나 산과 같은 자연환경을 두려워하며 고소공포증, 물 공포증을 예로 들 수 있다. 혈액－주사 손상형은 피나 주사에 공포감을 가지는 것을 말하며 상황형은 교통수단, 터널, 다리 또는 폐쇄된 공간에 대한 공포로 폐쇄공포증을 예로 들 수 있다.

– **공황장애**(Panic Disorder)

공황장애는 갑자기 엄습하는 불안, 즉 공황발작을 반복적으로 경험하는 장애이며 공황발작은 예상치 못한 상황에서 갑작스럽게 오는 극심한 공포, 곧 죽지는 않을까 하는 극도의 불안을 경험한다. 대부분의 경우 공황발작은 갑자기 예기치 못하게 찾아오며 공황발작을 경험하게 되면 죽을 것 같은 공포로 인해 응급실을 찾기도 하며 매우 당황해 아무것도 못하는 상황이 된다. 공황장애는 공황발작과 더불어 그에 대한 예기불안을 주된 특징으로 하며 공황장애를 경험하는 사람들은 공황발작이 일어나지 않을 때도 또 다시 공황발작이 생기지 않을까 하는 예기불안을 가진다.

공황발작과 함께 동반되는 증상들로는 심장박동 빨라짐, 손과 발의 떨림, 질식감, 가슴 통증, 복부 통증, 비현실감, 이인증, 컨트롤 상실감, 죽음에 대한 공포감 등이며 치료 방법으로는 약물치료와 심리치료가 적용이 된다. 항불안제와 세로토닌을 억제하는 항우울제를 주로 처방하여 심리적 불안감과 두려움을 줄여주며 인지행동치료를 통해 불안을 조절하는 훈련과 호흡법, 긴장이완훈련을 통해 증상을 줄일 수 있다.

– **강박장애**(Obssessive Compulsive Disorder)

반복적이고 원하지 않는 강박적 사고와 강박적 행동을 특징으로 하는 정신질환으로 잦은 손 씻기, 숫자 세기, 확인하기, 청소하기 등과 같은 행동을 반복적으로 한다. 개인의 의지와 상관없이 어떤 생각이나 충동이 자꾸 의식에 떠올라 집착하며 그와 관련된 행동을 반복하게 되는 문제가 생기는데 집착과 반복적 행동이 주된 특징으로 나타난다. 강박장애의 주요 증상은 강박사고와 강박행동으로, 강박사고는 반복적으로 의식에 침투하는 고통스러운 생각, 충동 또는 걱정을 말한다. 이러한 강박사고는 대개는 위험한 일이 생길 것 같은 느낌을 주며 경우에 따라서는 불쾌하고 무섭고 심지어는 비위가 상하는 내용일 수도 있다. 강박사고의 예는 다음과 같다.

– 사랑하는 가족을 해칠 것 같은 반복적 충동

– 더러워지거나 오염, 병균이 옮겨 감염되는 것에 대한 지나친 걱정

- 일이 제대로 진행되었다는 것을 알지만 계속적으로 의심하는 생각
- 물건들이 제자리에 정돈되어 있는지 또는 순서대로 나열되어 있는지에 대한 걱정
- 몸의 신체기능에 대한 지나친 걱정

실생활에서 어느 정도의 걱정과 불안을 느끼지만 강박사고는 걱정하는 양과 심각도에서 차이를 보인다. 강박사고를 경험할 때는 불안감과 불쾌감, 스트레스가 동반되므로 이러한 고통을 줄이기 위해서 생각을 억누르거나 무시하는 등 부정적인 감정들이 떠오르지 못하도록 하려는 노력을 하게 된다.

강박행동은 불편할 때나 이를 통제하고자 하는 강한 욕구를 느껴서 하게 되는 반복적 행동이다. 보통 강박사고가 사람을 불편하게 하면 그 상황에서 벗어나고자 강박행동을 하게 되는데 이런 행동을 통해 강박적 사고를 막거나 그 생각을 머리에서 지우려고 하는 경우가 많지만 일시적 편안함을 제공할 뿐 결과적으로 불안을 증가시키기도 한다. 강박사고에서 벗어나기 위한 강박행동의 예는 다음과 같다.

- 더러운 것을 만져 오염이 되었다는 생각을 제거하기 위해 지나치게 손을 자주 씻거나 오래 샤워를 하거나 집 청소를 반복적으로 하는 행동
- 문이 제대로 잠겼는지 또는 가스레인지의 불이 켜지지는 않았는지를 반복적으로 확인하는 행동
- 어지럽혀져 있거나 자신의 생각대로 정리가 되어있지 않으면 순서대로 제자리에 맞춰 놓으려고 하며 어떻게든 대칭을 만들려고 하는 행동

강박장애는 쉽게 말해 '의심하고 확인하는 병'이라고 생각을 하면 된다. 어떤 것이 제대로 되어 있는지, 제대로 되어 있지 않으면 어떡하지에 대한 의심이 환자들을 극도로 예민하고 불안한 상태로 만들어 그것을 해소하기 위해 강박행동을 반복적으로 하게 되는 것이다. 강박장애의 주된 치료법은 약물치료와 인지행동치료이며 약물치료는 뇌의 전달물질에 변화를 일으켜 강박사고를 완화시키며 인지행동치료는 환자의 증상에 맞추어 강박사고와 강박행동을 줄일 수 있는 방법을 습득하도록 도와 불편감을 가라앉히는 치료법이다.

- 외상 후 스트레스 장애(Post Traumatic Stress Disorder)

자연재해, 전쟁, 살인, 교통사고, 폭행 등의 심각한 사건을 경험한 후 그 사건에 공감을 느껴 사건 후에도 계속적인 재경험을 통해 고통을 느끼며 벗어나기 위해 에너지를 소비하는 질환으로 개인의 경험뿐 아니라 타인에게 일어난 사건을 간접적으로 경험하여

생길 수도 있다. 외상 후 스트레스 장애는 아동기를 포함한 어느 연령대에서도 발생 가능한 장애로 증상은 대부분 사건 발생 후 3개월 이내에 일어나며 증상이 지속되는 기간은 몇 개월에서 몇 년까지 지속될 수 있다.

치료법은 약물치료(항불안제 1년 이상 복용) 또는 인지 행동 치료를 통해 환자의 환경, 부정적인 생각을 긍정적인 생각으로 바꿀 수 있도록 도와주고 당시의 상황 또는 트라우마를 조금조금씩 재경험하도록 하여 사건에 대한 불안이 무뎌질 수 있도록 오랜 기간 동안 치료가 필요하다.

(나) 정신장애 대상 동물매개치료 효과

• 스트레스 해소

작은 사건에도 민감하고 과민반응을 보여 이로 인한 스트레스가 심각하고 스트레스를 느끼는 사건의 수보다 스트레스를 받는 사건에 대한 영향을 비장애인에 비해 크게 받기 때문에 반려동물과의 상호작용으로 인한 긴장 완화와 정서적 평안을 유도하여 불안의 감소 효과를 이끌어 낸다.

• 대인관계 능력 향상

입원, 퇴원, 재입원의 악순환으로 인한 대인관계 형성 불가 및 사람과의 의사소통에 어려움이 있어 타인과의 관계 형성을 위해서는 관심을 기울여야 하는데 타인의 행동, 태도 등에 관심을 가질 수 있도록 동물로 유도를 하고 동물과의 감정소통을 통해 사람과의 감정소통으로 이루어지도록 할 수 있다.

• 자기표현 기술 확대

자신이 현재 어떠한 느낌을 받고 있고 자신의 정서를 인식하고 표현하는 데 어려움이 있다. 이런 어려움들을 동물과의 소통 및 관계 형성을 통해 칭찬, 스킨십, 긍정적 감정, 섭섭함 등 여러 표현으로 스스로 표현할 수 있다.

③ 비장애 대상자

가) 가족유형 대상자

(가) 한 부모 가정

부모 중 어느 한 쪽이 사망, 이혼, 유기, 장애, 별거 등의 이유로 인해 한쪽 부모로만 구성된 가정을 말한다(김영아, 2006). 한 부모 가족은 배우자들과 사별 혹은 이별 직후 직면하는 여러 가지 문제를 극복하는 과정에서 자녀들은 양부모 가족의 자녀보다 정서적으로 불안정하고 성취도가 낮으며 성역할 동일시에서 혼란스러움을 겪으며 비행을 저지르는 경우가 많다.

(나) 다문화 가정

국적과 문화가 다른 남녀의 결혼으로 이루어진 가정을 의미하며 다른 인종과 국적, 문화로 인해 언어에서부터 식생활 등에 여러 가지 문화의 차이를 겪고 대부분의 다문화 가정은 빈곤한 한국 남성이 국제결혼을 하는데 이에 따른 경제적 문제, 자신의 생각을 정확하게 표현하지 못하는 의사소통의 장벽, 양육방식의 차이의 갈등을 경험한다. 이로 인해 자녀들은 부모 각각의 다른 가치관과 문화적 차이로 인해 큰 혼란을 겪게 되고 낮은 자존감과 대인관계 형성의 문제가 생길 수 있다.

(다) 맞벌이 가정

맞벌이 가정은 부와 모 모두 취업을 하고 있어 일상적인 출퇴근을 하는 상황에서 자녀의 가정생활이나 학습을 돌보아 주는 시간이 퇴근 후에만 가능한 가정을 의미한다(김희수, 2003). 자녀의 경우 혼자 남게 하는 시간이 많아지며 부모는 자녀에 대해 잘 알지 못하여 자녀와의 의사소통과 극심한 스트레스를 받을 수 있다. 또한 자녀는 부모에 대한 애정과 사랑이 부족해 정서장애와 다양한 발달이상이 나타날 수도 있다.

나) 가족유형 대상 동물매개치료 효과

(가) 자존감 향상

다른 가족과의 다름에 대한 상처를 입고 경제적인 문제로 인한 열등감, 사회적 위축으로 인해 정서적 불안을 경험하면서 자존감이 낮아진다. 반려동물의 무조건적인 수용, 차별 없는 사랑을 경험하고 반려동물에게 훈련을 시키면서 자신이 누군가에게 존중받고 반려동물을 보살핌으로써 누군가에게 필요한 존재임을 재확인하면서 긍정적 자아개념과 자존감 향상을 도울 수 있다.

(나) 자녀의 우울개선

다양한 가정의 자녀들의 경우 우울증에 걸릴 수 있는데 유년시절에 원만하지 못한 가족 생활이 자녀에게는 큰 상처를 줄 수 있다. 부모의 따뜻한 사랑과 보호를 받기 원하며 누군가에게 의존하고 싶지만 그렇지 못한다. 반려동물이 주는 무한적인 애정을 받으며 반려동물에게 의지하면서 누군가를 의존하는 방법을 배우고 사랑을 주고 받는 법을 자연스레 배우며 이를 통해 부모에게서 받지 못한 사랑을 충족시킬 수 있는 기회를 얻을 수 있다.

(다) 부모의 스트레스 최소화

자녀와 함께 있지 못하는 부모의 경우 자녀에게 미안하고 죄책감을 느껴 스트레스를 받기도 하고 자신이 감당해야 할 업무나 여러 상황들이 넘칠 때 스트레스를 받기도 한다. 이런 경우 반려동물과 친밀감을 나누고 감정교류를 하면서 누군가에게 기대지 못하고 혼자 끙끙 앓던 것들을 동물에게 의지하여 우울이나 외로움의 증상을 최소화 시킬 수 있도록 도와줄 수 있다.

4) 동물매개공예치료(Animal Assisted Craft Therapy)

동물매개치료는 치료도우미동물의 관여도에 따라 프로그램의 유형이 다르게 진행된다. 국외에서 국내로 유입된 동물매개치료는 동물에게 오로지 집중되어 있는 형태였지만 다양한 치료적 요소들이 한국의 정서에 맞게 융합되면서 현재 국내 동물매개치료는 동물에게 높은 비중의 역할을 부여하기보다는 동물의 큰 개입이 없이도 동물매개치료를 진행할 수 있도록 발전되고 있다. 동물매개공예치료는 동물을 소재로 '공예적' 방법을 접목시켜 다양한 조형 활동 프로그램을 통해 내담자의 신체적, 정서적, 행동적 기능을 발달시키기 위한 프로그램이다(한국반려동물매개치료협회).

동물매개공예치료 프로그램은 동물의 관여도가 비교적 낮게 운영될 수 있으며 프로그램에 참여하는 동물의 복지도 개선시킬 수 있다. 치료도우미동물의 관여도가 높으면 높을수록 동물의 스트레스는 증가할 수 있다. 사람과 함께 즐거운 시간을 보낸다고 하지만 프로그램 진행 시간 동안 내내 사람에게 노출되어 있으면 스트레스를 받기 마련이다. 그렇기 때문에 프로그램에 투입되는 동물들의 스트레스 관리는 필수적이다. 다양한 프로그램별 도우미동물의 관여도를 설정하여 이에 맞춰 도우미동물을 투입하거나 투입을 하지 않아 프로그램의 효과를 높일 수 있다.

도우미동물의 개입 정도에 따라 무관여, 최소관여, 저관여, 중관여, 고관여 프로그램, 이렇게 다섯 가지 유형으로 구분할 수 있다. 관여도에 대해 하나씩 살펴보면 첫째, 무관여 프로그램은 현장에 동물의 개입 없이 사진이나 영상 등의 시청각 자료들을 통해 프로그램을 전개하는 방식이며, 동물공포나 감염의 우려가 있는 환자 등을 대상으로 한다. 둘째, 최소관여 프로그램은 동물이 특별한 역할을 하지 않고 단순히 현장에 있기만 하는 방식으로 굳이 투입되지 않아도 되는 상황에서는 현장에 있는 것만으로 내담자들의 관심을 유도할 수 있다. 셋째, 저관여 프로그램은 동물이 현장에 있고 프로그램의 일부에만 개입되는 방식, 넷째, 중관여 프로그램은 동물이 프로그램의 전체에 개입되는 경우로 동물에 대한 의존도가 비교적 높은 프로그램이며, 다섯째, 고관여 프로그램은 동물에게 전적으로 의존되는 프로그램 방식으로 설명할 수 있다.

동물매개공예치료 프로그램에서 활용되는 기법들은 예술적 기법들을 접목시켜 다양한 신체의 기능을 작동하게 하며 구체적인 결과물을 만들어 내기 때문에 내담자의 자기효능감 또는 자아존중감을 높이는 데 충분한 기대효과가 있다. 다양한 재료들을 사용하는 과정과 자신이 만든 만족스러운 결과물을 보며 내담자들은 동물의 개입 없이도 동물매개치료에서 얻을 수 있는 효과들을 획득할 수 있다.

동물과 직접적인 접촉이 없어도 동물이 옆에서 자신이 하고 있는 행동, 모든 진행 과정을 지켜보고만 있어도 내담자는 수용 받는 느낌, 관심을 받게 되면서 누군가에게 사랑받을 자격이 있는 존재로 인식하게 되고 그로 인해 자아존중감의 향상과 자신감 향상 등의 효과로 이어질 수 있다. 또한 치료도우미동물을 위해 내담자 자신이 직접 만든 결과물을 사용해 보는 것으로도 성취감과 만족감을 획득하여 일상생활에서의 스트레스, 우울 등의 부정적인 정서를 극복할 수 있다.

내담자가 직접 만든 도우미동물 간식통을 사용하여 동물에게 간식을 주었을 때 도우미동물이 받아먹는 모습을 보면 굉장히 뿌듯할 것이다. 물론 동물은 내담자가 만들지 않은 간식통에 간식을 주어도 간식은 잘 먹을 것이다. 하지만 자신이 만든 간식통으로 도우미동물에게 간식을 주었을 때는 자부심도 생기게 되고 이는 일상생활에서 생기게 되는 다양한 상황들을 통해 자신에 대해 긍정적으로 바라보고 평가할 수 있는 자아존중감이 향상되는 것이다.

5) 반려동물매개치료(Companion Animal Assisted Therapy)

반려동물매개치료는 동물매개치료와 마찬가지로 심리치료의 한 분야로서 동물매개치료와는 동일한 개념과 정의, 특징, 효과들을 가지고 있지만 매개체가 되는 도우미동물에게서 차이점을 찾을 수 있다. 동물매개치료는 다양한 동물들 예를 들어, 돌고래와 말 같은 큰 동물로 시작하여 소, 돼지, 양과 같은 농장동물, 새, 곤충에 이르기까지 넓은 범위에 동물들을 도우미동물로 투입할 수 있다.

단, 안전한 치료를 위해서는 도우미동물의 훈련은 선택이 아닌 필수이다. 동물매개치료에 투입되는 다양한 동물들은 훈련이 가능하지만 돌고래, 말과 같은 큰 동물들은 훈련의 속도나 훈련을 위해 투자해야 하는 시간도 길고 동물의 크기나 사는 환경, 특성, 특징들을 고려했을 때 훈련하는 사람의 안전이나 동물의 안전이 100% 보장되어 있다고 볼 수 없다. 농장동물인 소, 돼지, 양 등은 본능적으로 겁이 많고 경계심이 높아 사람과의 높은 유대관계가 형성되어 있지 않을 시 훈련이 어렵고 이를 고려하지 않고 동물매개치료에 투입을 시키게 된다면 치료 과정에서 내담자의 안전과 치료사 또는 상담사의 안전은 보장될 수 없다.

그러나 반려동물매개치료는 반려동물을 매개로 하는 치료로 6종류의 반려동물인 강아지, 고양이, 토끼, 페럿, 기니피그, 햄스터와 같은 사람들과 가장 친숙한 반려동물들과의 관계형성을 통해 인지적, 정서적, 사회적, 심리적 이유 등으로 어려움과 고통을 겪는 사람에게 목적과 목표에 맞게 문제해결과 기능향상에 도움을 주는 심리치료이다. 그렇기 때문에 다양하고 일상생활에서 접할 수 없는 동물들을 만나며 상호작용을 통해 긍정적 효과를 획득할 수 있지만 안전성에 있어 많은 것들을 고려해야 하고 준비하고 예방해야 하는 동물매개치료와 달리 반려동물매개치료는 안전성에 있어 한 단계 높은 수준이라고 볼 수 있다.

반려동물을 매개로 하기 때문에 100% 안전하다고 말하려는 것은 아니다. 법적으로 반려동물로 지정된 이유는 분명히 있을 것이다. 반려동물의 기준으로 강아지, 고양이, 토끼, 페럿, 기니피그, 햄스터와 같은 반려동물들이 인간과 가장 친숙한 이유는 인간과의 상호작용, 상호접촉성이 뛰어나며 인간에게 호의적이고 감정교류가 활발히 일어나기 때문에 반려동물을 통한 동물매개치료가 효과적일 수밖에 없다. 또한 강아지의 경우 사람과 친숙한 동물이라는 장점과 더불어 훈련 방법과 행동 교정 방법이 가장 체계적으로 잘 발달되어 있고 대중에게도 널리 알려져 있다는 이점을 가지고 있다.

또한 반려동물매개치료에 투입되는 도우미동물들은 동물매개치료사가 직접 키우는 반려동물들로써 현장에서 주인(동물매개치료사)과 함께 호흡을 맞추게 되면 심리적으로 안정된 상태에서 프로그램을 진행할 수 있으며 도우미동물의 심리적 안정은 프로그램 진행 과정에서 내담자와 치료사의 안전, 내담자와의 라포 형성, 프로그램의 집중도 및 참여도, 그리고 반려동물매개치료 프로그램의 질을 높일 수 있는 중요한 요소이다. 주인(동물매개치료사)의 부재는 도우미동물들에게 스트레스와 불안감 그리고 낮은 집중력과 통제력을 보일 수 있기 때문에 도우미동물이 불안정하고 불안에 떨게 되면 내담자 또한 불안해질 수 있으며 라포 형성 촉진에 방해 요소가 될 수 있기 때문에 주인과 함께 하는 것이 가장 안정적이며 효과적이다.

전문적인 교육과 지식을 갖춘 반려동물매개심리상담사 또는 치료사에게 교육받은 치료도우미동물과 의도적이고 계획적이며 체계적인 내담자 맞춤형 프로그램을 통해 내담자의 정서적 안정 도모, 심리적 회복 등을 추구하는 전문적인 분야이고 반려동물이 주는 친숙함과 대중성으로 내담자가 상처 입은 마음, 닫혀 있는 마음을 보다 빠르게 열어 편안하고 자유로운 상황에서 치료를 받을 수 있도록 돕는다. 이것이 동물매개치료와 반려동물매개치료의 차이점이며 내담자가 동물의 다양성을 원한다면 동물매개치료가 적합할 것이다. 그리고 보다 안전하고 높은 강도의 상호교감과 빠른 전개의 치료과정을 원한다면 반려동물매개치료가 적합할 수 있다.

6) 동물매개교육(Animal Assisted Education)

(1) 동물매개교육의 개념

동물매개교육은 일반 초등학교나 특수학교 등의 교육기관 또는 사회복지 단체에서 진행되는 프로그램으로 반려동물이 프로그램의 한 구성요소이자 매개체로 활용되는 동물매개프로그램들 중 하나이다. 동물매개 유형 중 동물매개치료는 동물과의 상호작용을 통한 인지적, 정서적, 사회적, 심리적 회복을 돕는 치료적 목적을 가지고 있다면, 동물매개교육은 올바른 반려문화, 생명의 소중함을 인지하고 학습하는 교육적 프로그램이다. 동물매개교육 프로그램의 진행 과정에서 참여자가 반려동물과 관계형성 또는 또래와의 관계형성 및 상호작용으로 느끼는 감정, 일어날 수 있는 다양한 상황에 대한 인지-정서적 반응들을 통해 학습의 참여도, 적극성, 호기심을 이끌어 낼 수 있는 동물매개 유형이다.

동물매개교육에 투입되는 동물들은 일상생활에서도 쉽게 만나볼 수 있는 반려동물이 매개체로 활용되는데 야생동물, 농장동물, 특수동물 등은 안정성의 문제, 위생관리의 문제가 있을 수 있지만 반려동물은 동물보호법에서 지정된 6종류의 동물(개, 고양이, 기니피그, 페럿, 토끼, 햄스터)을 활용하여 높은 친밀감과 위생적 관리가 되어 있고 가장 중요한 사고로부터의 안전성을 가지고 있다. 인간과도 친숙함을 가지고 있는 동물들이기 때문에 공격성이나 과잉행동이 적게 나타나고 인간에게 전염될 수 있는 질병 또한 관리하기 쉽기 때문에 안전하게 프로그램에 투입될 수 있다.

교육에 참여하는 참여자는 자신 이외에 심장이 뛰는 안전한 생명체와 함께 다양한 주제의 교육 프로그램들을 참여하며 동물들과 올바른 교감을 나눌 수 있도록 교육을 받고, 동물과 함께 있을 때 지켜야 할 에티켓에 대한 교육과 모든 생명에 대한 존엄성과 중요성을 배우고 이것을 보호하고 지키고자 하는 책임감을 갖게 된다. 교육의 대상은 비장애 아동과 청소년부터 장애 아동, 청소년, 성인에게까지 적용될 수 있으며 특히 아동, 청소년에게 교육 효과가 높은 프로그램이다.

(2) 동물매개교육의 필요성

동물매개교육은 일반 초등학교나 특수학교 등의 교육기관 또는 사회복지 단체에서 반려동물을 대하는 바람직한 반려문화 방법이나, 반려동물을 통한 생명을 존중하는 방법, 생명의 소중함, 존엄성, 중요성 등을 아동 및 청소년들에게 교육하여 자신보다 약한 동물을 돌보며 배려심을 키우고 지켜주는 마음을 키울 수 있도록 진행되는 동물매개 유형이다. 이러한 생명을 다루는 유형의 교육 또는 경험은 자라나는 아동들의 안정된 '정서' 발달에 크게 기여하며 이로 인해 안정된 아동기 및 청소년기 시절을 보내도록 돕는다.

동물매개활동, 동물매개치료, 동물매개교육과 같이 동물과 함께 진행되는 프로그램들의 공통된 효과는 정서적 효과이다. 동물을 매개로 진행되는 프로그램들을 주제로 다루고 있는 연구 및 논문들에 따르면 인간은 동물과 함께 있을 때 정서적 교감이 이루어지며 자신의 생각과 감정을 표현하는 데 주저하지 않고 다양한 방식으로 자기표현을 하며 내재되어 있는 부정적 감정들을 무의식적으로 방출하고 그로 인해 긍정적 자아개념과 정서적 발달이 이루어진다고 한다. 동물 역시 인간과 마찬가지로 학습과 생각을 하고 다른 생명체의 감정을 느끼고 자신의 감정을 표현하는 생명체이기 때문에 가능한 것이다.

'정서'는 모든 생애주기에 해당하는 개념으로 개인의 삶의 질과 직결될 수 있는 중요한 개념이다. 미국 최초의 소아정신분석가이자 심리사회적 발달이론을 탄생시킨 에릭 에릭슨은 인간의 삶을 부정적 정서와 긍정적 정서로 나누어서 이해했을 정도로 전 생애에 걸쳐 정서를 중요시 다루고 있다. 아동과 청소년은 가족과의 관계에서부터 시작해서 학교에서 또래 친구들과의 관계에 이르기까지 다양한 장소, 상황에서 다양한 감정들을 경험하게 된다. 슬픔, 분노, 공포, 근심, 걱정, 혐오와 같은 부정적 정서부터 즐거움, 사랑, 자신감, 흥분과 같은 긍정적 정서까지 이러한 정서 경험을 통해 감정을 느끼고 표현하며 대처한다. 그리고 타인에 대해 이해하고 공감을 나누며 의사소통할 수 있는 사회적 기술까지 발달시키게 된다.

인생의 초기단계에서 부정적 정서를 과하게 경험하게 되면 삶의 균형을 불안정하게 만들며 모든 것을 부정적으로 받아들이게 하고 일상생활과 사회생활에서 무의욕, 무력감을 경험하게 만든다. 그로 인해 야기되는 정서적 부적응을 초래하게 되며 더 나아가 이러한 부정적 정서가 만성적으로 이어지고 지속된다면 결과적으로 정서장애 또는 정신장애로 인해 낮은 삶의 질을 형성하게 된다. 인생의 초기 단계인 아동기와 청소년기에는 다양한 감정, 즉 긍정적, 부정적 정서를 골고루 경험해야 한다. 그러나 부정적 정서보다는 긍정적 정서를 더욱 경험해야 세상을 긍정적인 곳으로 받아들이고 인식하게 된다.

즐거움, 사랑, 자신감, 흥분과 같은 긍정적 정서는 인간을 일상생활 속에서는 의욕적이며 활기차고 편안함을 경험할 수 있고 사회생활에서는 일의 능률과 에너지 넘치는 모습과 자신감으로 인한 동료들의 인정을 받을 수 있게 된다. 이렇게 정서는 인간의 삶을 긍정적 또는 부정적으로 이끌 수 있는 중요한 요소이며 성인과 마찬가지로 아동과 청소년에게 있어 정서는 생애초기에 세상을 받아들이는 데 중요한 역할을 하는 기능이며 앞으로의 인간적 성장과 발달에 있어서도 중요한 기능이라고 할 수 있다.

(3) 동물매개교육의 목적

동물매개교육은 세 가지 목적을 가지고 있으며 첫째는 동물과의 직접적인 상호작용을 통한 동물과의 올바른 교감 교육, 둘째로 동물과 함께 있을 때 지켜야 할 에티켓에 대한 교육 그리고 셋째, 동물과의 교감을 통한 동물에 대한 소중함과 중요성 더 나아가 자연의 소중함과 중요성 그리고 모든 생명에 대한 존엄성과 중요성을 배우고 이것을 보호 할 수 있도록 일깨워 주는 목적을 가지고 있다.

① 동물과의 올바른 교감 교육

동물매개교육은 동물과의 적극적인 상호작용을 통해 반려동물과 올바른 교감을 할 수 있도록 교육하는 프로그램이다. 동물과 올바른 교감을 하도록 교육하는 것은 결국에는 동물의 감정을 이해하고 배려해주는 마음과 자세를 갖는 것에 있다. 동물에 대한 경험과 지식, 인간에 대한 경험과 지식을 전문가, 동물매개교육지도사 또는 동물매개치료사/반려동물매개심리상담사가 동물매개교육을 진행하며 참여자들이 동물들과 교감을 나누고 돌봐주는 과정, 즉 부모와 어른이라는 대상에게 보호와 관리를 받던 아동 및 청소년들이 반대의 입장으로 누군가를 돌봐주는 돌봄의 주체를 경험하도록 한다.

누군가를 돌봐준다는 것은 돌봄을 받는 존재가 느끼고 있는 불편함을 제거하고 개선해주는 과정도 포함이 된 것이라고 볼 수 있는데 밥 주기, 물 주기, 간식주기, 배변, 배뇨 치우기, 산책 등 반려동물이 혼자서 할 수 없는 것을 아동과 청소년들이 챙겨주고 돌봐주며 올바른 교감에 대해 배우게 된다. 동물매개교육지도사가 먼저 돌보는 과정을 보여준 후 참여자들이 따라서 하도록 하여 올바른 돌봄 학습을 유도한다.

전문가가 동물을 돌봐주는 방법을 올바르지 않게 설명을 해주면 참여자들은 그 방식을 따라하게 되면서 동물들이 불편감 또는 불안감을 경험하게 된다. 그렇기 때문에 동물매개교육지도사가 올바른 교감의 예를 보여주는 모델링을 통해 참여자들이 프로그램 과정에서 보다 효율적으로 라포 형성을 하도록 돕는다. 사람과의 관계형성은 동물과 관계형성하는 것과 다르지 않기에 자신 외의 다른 존재를 배려하고 이해하는 방식 또한 배울 수 있다.

그림 1.2 동물매개전문가의 분류

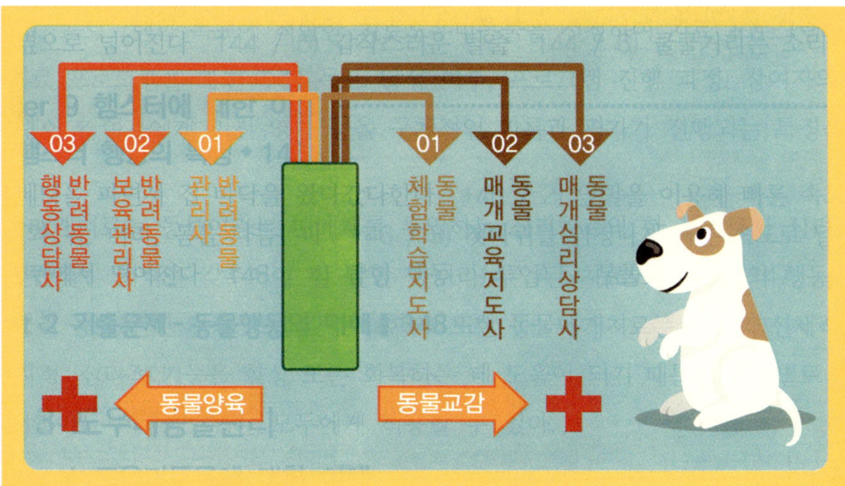

② 에티켓을 통한 올바른 반려문화 교육

에티켓은 예의범절을 이르는 말로 상황과 장소에서 취해야 할 바람직한 행동 양식이며 사회적으로 지켜져야 할 규칙들을 뜻한다. 사람과 사람이 서로에 대한 존중을 하기 위해 지켜야 하는 기본적 예의이며 에티켓을 지키지 않을 시에는 상대방에게 실례를 범하게 되면서 본의 아니게 민폐를 끼치게 된다. 한국 사회에서 반려동물을 키우는 인구가 급증하고 반려동물 산업이 급성장함에 따라 반려동물을 동반하여 즐길 수 있는 문화 콘텐츠 또한 발전하고 있다.

애견 펜션을 시작으로 캠핑장, 쇼핑몰, 카페, 식당, 호텔 등등 반려동물과 동반이 가능한 공간들이 증가했고 반려동물을 키우는 사람과 키우지 않는 사람 모두가 함께 사용하는 공간이기 때문에 지켜야 할 에티켓 또한 다양화되었다. 사람마다 동물에 대한 생각은 다르다. 누구는 동물을 자신의 가족의 구성원처럼 생각하여 아껴주고 애정을 아낌없이 준다면 누군가에게는 두려움의 존재, 관심 밖의 존재, 그리움의 존재, 폐를 끼치는 존재일 수 있다. 동물에 대한 생각이 다양한 사람들로 구성된 사회에서 함께 더불어 살아가기 위해서는 지켜야 할 에티켓을 지키는 것이 중요하다.

동물매개교육의 참여자들에게 반려동물과 함께 있을 때 지켜야 할 에티켓들에 대해 교육하여 올바른 반려문화에 대한 인식을 강화시키도록 하고 실제 일상생활에서 에티켓을 배운 상황이 일어난다면 실천하도록 연습이 필요하다.

반려동물 중 반려견과 함께 있을 때 지켜야 할 에티켓들은 아래와 같다.

표 1.12 반려동물 에티켓

내용
1. 반려견과 외출 시 목줄 및 입마개 하기
2. 공동시설에서 조심하기(비반려인에 대한 배려)
3. 대중교통 이용 시 이동장에 넣어 탑승하기
4. 배설물 치우기
5. 반려견을 만지기 전 견주에게 물어보기

③ 생명존중사상 교육

아동과 청소년들은 일상생활 속에서 자신이 살고 있는 환경과 자연을 관찰하고 탐험하며 경험할 수 있는 기회가 부족하다. 인간의 초기발달단계인 아동기과 청소년기의 아이들은 인지적, 정서적, 사회적, 행동적 발달이 이루어져야 하며 누군가의 보호가 필요한 시기이다. 위험한 사고와 상황으로부터, 환경으로부터, 경험으로부터 보호받아야 하고 부모와의 관계, 또래와의 관계 속에서 자아정체성을 확립하고 자신이 속한 사회의 구성원으로서 자신을 형성하게 된다. 그러나 부모의 과잉보호로 인해 자신이 살고 있는 환경과 자연을 관찰, 탐험, 경험하지 못하게 된다면 중요성과 소중함, 존중하는 마음 또한 형성되지 못하게 된다.

지금 현재 아동, 청소년들이 살아가는 시대는 물질문명의 폐해로 인해 인간의 본성에 대한 상실 가능성이 높아질 수 있는 시대이다. 모든 관계를 돈과 연관시켜 생각하려는 황금만능주의, 자본우선주의, 그로 인해 야기되는 인격의 파괴와 경쟁에서 오는 피로감, 관계의 단절은 현재의 아동, 청소년들이 둘러쳐진 환경과 우리의 자연을 인식하고 깨닫는 데 명백한 방해요소가 된다.

4차 산업혁명으로 인한 정보화 시대에 살아가며 아동 및 청소년들은 대중매체 또는 스마트폰을 통해 동물학대 및 생명을 우습게 여기는 생명경시 현상들을 쉽게 접하게 된다. 이러한 장면들에 지속적으로 노출될 경우에는 어른들이 하는 행동을 학습하고 똑같이 따라하게 되며 결국에는 생명경시 현상이 다음 세대에게도 나타나게 된다. 그렇기 때문에 아동, 청소년들은 동물과의 상호교감 및 상호작용, 동물을 보살피고 돌봄의 주체가 되어보는 경험을 통해 따뜻한 감수성을 배우고 정서적 발달을 이룰 수 있다.

Chapter 4

반려동물매개의 활용 및 적용의 예

1 생물치유

생물치유의 대표적 예로는 웰니스(Wellness) 산업을 들 수 있다. 웰니스(Wellness)란 웰빙(Well-bing)과 행복(Happiness), 건강(Fitness)의 합성어로 신체적, 정신적, 사회적으로 건강한 상태를 의미한다. 웰니스 산업은 삶의 질 향상과 적극적인 건강증진 등을 위한 제품, 시스템 및 서비스 등을 생산, 유통하여 부가가치를 창출하는 산업으로 건강을 위한 여러 분야로 구분되어 있다. 셀프케어, 리빙케어, 엔터테인먼트 등 여러 분야로 나뉘어져 있으며 반려동물매개치료는 엔터테인먼트 분야로 말을 활용한 승마, 수목원 등 친환경 관광을 통한 건강 관련 사업, 건강 관련 리조트 등 다양한 시장이 존재한다.

2 산림치유

산림치유는 '산림'이라는 용어와 '치유'라는 용어의 합성어로 의료 및 복지 분야에서 산림공간을 이용해 건강을 유지, 관리하는 활동이라고 할 수 있다. 산림치유는 의학적인 수단을 통해 질병상태를 건강 상태로 회복시켜주는 치료의 의미가 아닌 향기, 경관 등 자연의 다양한 요소를 활용하여 인체의 면역력을 높이고 건강을 증진시키는 활동이며 휴식과 치료의 기능이 결합된 것이라 볼 수 있다.

국내외 학자들의 산림치유에 대한 정의를 살펴보면 일본의 우에하라는 '산림치유와 같은 개념의 산림요법이란 산림욕 중심의 산림레크리에이션, 수목이나 임산물을 활용한 작업요법, 산림 내를 걸으면서 하는 카운슬링이나 산림에서 하는 단체작업, 산림의 지형이나 자연을 이용한 의료갱생 및 생활 습관 병 예방활동, 산림에서 유아교육 등 산림환경을 종합적으로 이용하여 건강을 증진시키는 모든 행위'라고 정의하였다(이정희 등, 2013).

그리고 '숲이 가지고 있는 다양한 물리적 환경요소를 이용하여 인간의 심신을 건강하게 만들어 주는 자연요법의 부분으로 난치병이나 불치병의 치료 장소로서의 산림을 활용하는 것뿐만 아니라 일반 국민이 도시화 된 생활 속 스트레스에서 벗어나 산림 안에서 심신의 쾌적함을 느끼고 이를 통해 면역력을 향상시킴으로써 궁극적으로 질병을 예방하고 건강을 증진시키는 일련의 과정'(정성애, 2009)이라고 정의 내렸다.

종합하여 보면 산림치유는 생물치유의 한 종류로 숲 해설, 숲 치유, 허브 테라피, 원예치료, 명상음악 등 산림과 관련되어 숲에 존재하는 다양한 환경요소들을 활용하여 인체의 면역력을 높이고 신체적, 정신적 건강을 회복시키는 활동이며 질병의 치료 행위가 아닌 건강의 유지를 돕고 면역력을 높이는 치유활동이라고 볼 수 있다. 산림치유를 통해 얻을 수 있는 효과는 우울증, 고혈압, 아토피를 치유할 수 있으며 면역력을 높이는 세포를 증가시키고 노화방지에 도움을 주는 항산화효소를 증가시켜 준다.

표 1.13 산림치유의 다양한 요법

구분	내용	시설
식물요법	야외식물원 관찰, 목공체험	약용, 방향식물원, 압화식물관찰원, 공작 체험실
물요법	물 치유, 탁족, 발 온천	물 치유 시설, 소연못, 분수, 벽천, 탁족
기후요법	숲속 일광 및 풍욕	일광욕장, 풍욕장, 산책로, 잔디마당
식이요법	식·약용 실물 요리강습 및 체험	요리 강습장, 식·약용 식물원
운동요법	모험 및 체험, 맨발걷기, 산림체조	나무 오르기, 맨발걷기 숲길, 체조장, 등산로
정신요법	쉼터, 전망, 광장	전망대, 명상장소, 평상, 쉼터, 야외무대, 흔들의자

3 그린 케어

그린 케어는 치료적 목적으로 자연활동을 접목시킨 치료법을 말하며 광범위한 자조 및 치유프로그램을 모두 요약하는 복합용어이다. 실제 현장에서는 사회 및 치료원예, 동물치료, 치유농업, 녹색운동(Green Exercise), 생태치료, 야생치료 등의 형태로 전개된다. 대상자는 일상생활의 스트레스 해소, 정신장애인, 청소년 및 가족, 학습 장애, 기타 질환자(알코올 및 약물 중독자, 어린이 및 노약자 등) 등으로 매우 다양하다. 그린케어는 대상자에게 건강과 사회적, 교육적 편익을 제공하고, 삶의 질을 개선할 수 있도록 도움을 주는 지역기반의 혁신적인 서비스 제공 사례라고 평가받고 있다(Hine et al., 2008; Hassink et al., 2008).

국내에서는 그린케어를 '농업, 농촌자원 또는 이와 관련된 활동 및 산출물, 농촌지역 사회와 문화 등을 활용하여 보호서비스를 제공함으로서 국민의 심리적, 사회적, 인지적, 신체적 건강을 활용하여 회복 또는 증진하는 산업이나 활동'이라 정의 내렸다. 치유활동에 포함되는 다양한 프로그램들로는 원예치료, 동물매개치료, 농업치료, 야생치료, 숲 치유, 정신치료 등이 있으며 자연과 접촉하면서 신체적, 정신적, 건강과 웰빙을 촉진하는 여러 가지 활동으로 신체적, 정신적으로 힘든 성인, 아동, 청소년을 위한 농장, 정원, 숲 등 친환경적인 요소들을 적극 활용한다.

4 치유농업

농업은 식량을 생산하여 경제적 이득을 얻는 생업이지만 그 이전에 인간이 자연과 함께 호흡하는 과정이라고도 할 수 있다. 그 과정에서 인간은 삶의 모든 측면에서 유익을 얻으며 결과물로서 식량과 경제적 도움을 받고 생태적으로 적합한 환경, 안정되고 건강한 사회, 그리고 보다 균형 잡힌 경제발전의 바탕에는 농업이 있다. 농업은 흔히 시골, 넓은 땅이 존재하는 지역, 녹지가 존재해야 가능하다고 생각하지만 현대에 도시에서 농업활동을 하는 도시농업이 이루어지고 있다. 도시민들은 도시농업활동을 통해 자연에서 스트레스를 풀고 농업활동을 통해 건강한 체력과 정신을 유지할 수 있게 되며 자연과 인간이 공존, 공생한다는 점을 깨달을 수 있다. 현재 도시농업활동을 건전한 여가 활동으로 즐기는 사람들이 많이 늘고 있다.

이러한 농업의 이점들과 치유의 이점들을 합친 것을 치유농업이라고 할 수 있다. 유럽 등 국외에서 치유농업은 치유농업, 사회적 농업, 녹색 치유농업 등의 용어로 불리기도 하며 용어는 다를 수 있으나 종합적으로 의미를 살펴보면 '치유를 제공하기 위한 농업의 활용'으로 이해할 수 있다. 즉, 농장 및 농촌의 경관들을 활용하여 정신적, 육체적 건강을 회복 및 치유하기 위해 이루어지는 농업활동을 치유농업이라고 할 수 있다.

농업활동은 도시에서 생활하는 직장인들의 스트레스 및 건강이 좋지 않은 사람들만이 대상이 아닌 의학적 치료와 심리, 정서적으로 다양한 어려움으로 힘든 시간을 보내는 사람, 치료가 필요한 사람들에게도 적용할 수 있다. 치유농업의 다양한 프로그램들을 통해 정신질환, 아동 및 청소년들에게서 찾아올 수 있는 문제들 또한 해결이 가능하다. 치유농업은 프로그램 참여자, 농장주, 사회복지기관, 관련 부처 및 연구기관 간에 파트너십이 중요하며 농업을 통해 건강증진, 교육적, 사회적 이익을 제공하는 활동을 말한다.

치유농업은 농업활동을 통한 치료, 재활, 교육, 사회적 서비스를 제공하는 활동으로 여러 특징들을 보이게 되는데 치유 농장 전체 혹은 일부를 활용하는 활동으로 개인농가, 법인, 공공기관, 민간조직 등의 형태로 운영된다. 또한 건강, 사회적, 교육적 치유 서비스를 제공하며 가축, 채소, 작물, 산림 등 다양한 농업 관련 분야에 대한 구조화되고 구체적인 프로그램을 제공하는 활동이다.

유럽 또는 미국, 특히 네덜란드와 같이 농업이 발전한 나라의 경우 치유농업의 역사가 오래되었으며 네덜란드의 경우 2013년 11월 기준 치유농장의 수가 1100개를 넘어선 것으로 통계가 나왔다. 네덜란드뿐만 아니라 벨기에, 독일, 영국, 아일랜드, 프랑스, 오스트리아 등 세계 많은 나라들이 농업을 활용한 치유 산업을 확장하고 있으며 그에 따라 치유농장 또한 발전하고 있다.

우리나라의 경우 치유농업은 2013년 농촌진흥청에서 전문가들과 협의하여 처음으로 사용하기 시작하였고 1980년대부터 원예치유, 1990년대부터 숲이라는 환경을 활용한 산림치유, 동물과의 교감 및 상호작용을 활용한 동물매개치유가 발전해왔다. 원예와 산림은 식물로, 동물과 곤충, 음식, 농작업, 환경과 문화의 치유적 기능을 활용하면서 각각 발전해오던 이들 자원을 통합적으로 연계하여 '농업의 치유적 기능'이라는 큰 틀에서 종합적으로 접근하게 된 것이 치유농업의 개념이다.

표 1.14 치유농업의 개념

아동 및 청소년	정신질환	일반 성인
• 안정감 • 책임감 형성 • 신체능력 발달 • 현실감각 학습 • 소속감 • 대인관계 • 부모와의 유대감 • 자아존중감 향상 • 직업능력 향상 • 감각활용 향상	• 약물 및 알코올 의존성 감소 • 안정감 • 책임감 • 대인관계 • 자아존중감 향상 • 협업능력 증진 • 집중력 향상	• 안정감 • 스트레스 감소 • 운동량 증진

표 1.15 치유농업의 대상별 효과영역

용어	개념	특징
• 치유 농업 • 건강을 위한 농업	• 치유를 제공하기 위한 농업의 활용 • 농장 및 농촌 경관을 활용하여 정신적, 육체적 건강을 제공하는 모든 농업활동	• 농장 전체 또는 일부 활용 • 건강치유 서비스, 사회적 치유 서비스, 교육적 치유 서비스 제공 • 가축, 작물, 채소, 산림 등 다양한 관련분야 프로그램 제공 • 치유, 갱생, 치료, 교육의 일환으로 정규적인 치유농업 프로그램 제공

5 동물교감치유농장

우리나라는 현재 치유농장의 개념이 명확히 잡혀있지 않아 농업인, 협동조합, 병원, 복지회관, 건강증진센터, 상담센터, 시민농장 등 다양한 곳에서 농업이 가지고 있는 치유적 기능을 활용하는 형식으로 진행되고 있다. 치유농장은 지원, 치유 또는 지도가 필요한 사람들에게 가능성을 제공하는 일종의 농업회사를 의미하는데 치유농장에서는 치유와 농업이 결합되어 있으며 치유농장주는 자신의 의지로 치유농업을 선택할 수 있고 그들의 농장으로부터 얻는 좋은 점들을 다른 사람들과 공유하며 나아가 도움이 필요한 사람들과 함께 감정을 느낀다.

치유농장은 작물 농장, 돼지 또는 낙농업 농장, 과일 재배 농장 또는 2개지 이상의 혼합된 농장이 될 수 있으며 동물이나 작물들을 관리하는 친환경적인 작업들을 참여자가 하게 된다. 참여자들은 일을 하면서 내면의 평안을 얻을 수 있으며 개인적 욕구, 정신적/신체적 장애를 가진 사람들, 사회적으로 고립되어 있는 사회적 약자들에게 서비스를 제공해 재사회화를 위한 기회를 제공하기도 한다.

해외 사례를 살펴보면 농업 선진국들, 특히 네덜란드에서는 지난 20년 동안 등록된 치유농장의 수는 크게 증가했으며 1990년 말부터 20년간 약 13배 수준의 치유농장들이 생겨났고 연간 이용자는 20,000명에 육박한다. 우리나라는 치유농장의 개념이 명확히 잡혀있지 않지만 현재 원예, 동물매개, 음식, 농촌, 환경 등 개별 소재별로 치유 프로그램에 대한 접근이 이루어지고 있다.

한국에서 많은 치유농장들이 '동물과의 교감을 통한 심리적, 정신적 치유활동'을 중심으로 운영되고 있다. 이것을 '동물교감치유농장'이라고 칭하는데 동물이 치유의 자원으로 활용되는 농장의 형태로 당나귀, 토끼, 양, 닭 등을 활용한 다양한 체험 프로그램을 제공한다. 동물과 함께 교감을 나누며 생명의 소중함, 존엄성 및 배려심에 대해 학습하고 심리-정서적으로 치유되는 효과를 경험하게 된다. 치유농장들의 발전을 위해 치유농업, 동물복지, 동물매개프로그램, 사육환경 및 시설 전문가들이 협업하여 컨설팅을 진행해 동물들의 스트레스 관리, 위생관리, 사육 환경이 올바르게 형성될 수 있도록 운영되고 있다.

PART 01 기출문제

동물매개치료 및 동물매개교육

01 심리적 고통이나 해결하고 싶은 문제를 가진 사람에게 심리학적 전문 지식을 활용하여 문제 해결, 삶의 질을 향상시키도록 돕는 전문적 활동은?

① 재활치료 ② 심리치료 ③ 지식치료 ④ 해결치료

02 매개치료에 대한 설명으로 옳은 것은?

① 매개의 사전적 의미는 '어떠한 둘 사이에서 관계를 맺는 데 방해가 되는 요소'이다.
② 매개치료에서 매개체는 치료사와 대상자 간의 관계를 이어주는 다리 역할을 한다.
③ 매개치료는 심리치료와 같이 상담 이론을 기반으로 하지만 치료목표는 다르다.
④ 매개치료들이 가지고 있는 공통점은 내담자의 문제 해결 지연이다.

03 놀이치료에서 놀이가 가진 역할이 아닌 것은?

① 아동들의 불안, 긴장, 좌절감 같은 부정적 감정 표현 유도
② 새로운 자아상을 형성하여 건강한 성장에 도움을 줌
③ 아동의 자기 성취의 매개체 역할
④ 치료사에게 놀이는 아동 부모의 경제적 수준을 파악하도록 돕는 도구

04 미술치료에 대한 설명으로 틀린 것은?

① 미술치료는 예술치료 중에 하나이다.
② 미술치료는 결과보다 과정을 중요시한다.
③ 미술치료는 미술의 힘을 통해 내담자의 심신의 안정과 창조적인 삶을 유도한다.
④ 미술치료는 작품의 완성도가 중요하며 완성도가 높을수록 치료효과가 높다.

05 다음 중 공예치료의 효과에 해당하지 않는 것은?

① 심리적 만족감　② 자아존중감의 저하
③ 정서적 안정감　④ 잠재능력의 실현

06 인간이 농경생활을 시작하면서 사냥을 위해 가장 먼저 가축화된 동물은 무엇인가?

① 소　② 돼지　③ 개　④ 늑대

07 전문적인 치료활동의 의미보다는 반려동물과 함께 즐거운 시간을 보내는 간단한 수준의 동물매개 유형은?

① 동물매개활동　② 동물매개치료
③ 동물매개놀이　④ 동물매개교육

08 동물매개활동에 대한 설명 중 잘못된 것은?

① 사람과 동물의 상호작용을 통해 사람들의 정신적인 안정과 심리적 안정, 신체적인 발달을 촉진시켜 삶의 질을 향상시킨다.
② 전문적인 치료활동이라기 보다는 반려동물과 함께 즐거운 시간을 보내는 정도의 오락적, 교육적, 예방적 기능에 중점을 두고 있다.
③ 동물매개활동을 하는 자원봉사자들은 특별한 교육과 지식이 없어도 봉사정신이 있는 사람이라면 누구나 참여할 수 있다.
④ 동물매개활동을 진행하면서 대상자에게 긍정적인 효과가 나타날 수 있다.

09 동물매개교육을 뜻하는 것은?

① Animal Assisted Therapy
② Animal Assisted Activity
③ Animal Assisted Craft Therapy
④ Animal Assisted Education

10 반려동물을 매개로 의도적이고 계획적으로 인지적, 정서적, 사회적, 교육적, 신체적 발달과 적응력을 향상시키는 전문적인 동물매개 유형은?

① 동물매개활동 ② 동물매개치료
③ 동물매개교육 ④ 동물매개놀이

11 동물매개치료에 대한 설명 중 옳은 것은?

① 동물매개치료는 치료도우미동물에 대한 지식만 갖고 있어도 활동이 가능하다.
② 동물매개치료는 반려동물과 함께 즐거운 시간을 보내는 정도의 오락적, 교육적, 예방적 기능에 중점을 두는 활동이다.
③ 동물매개치료는 전문적인 치료활동이다.
④ 동물매개치료를 통한 치료 효과는 의도한 효과가 아닌 부수적인 효과일 뿐이다.

12 동물매개치료의 특징이 아닌 것은?

① 동물은 누구에게나 평등하다. ② 비전문적 분야이다.
③ 상호역동적 작용이 일어난다. ④ 생명체를 매개로 한다.

13 동물매개치료를 성공적으로 진행하는 필수적인 요인으로 매개동물과 대상자 관계, 그리고 치료사와 대상자 간에 친밀감을 뜻하는 단어는?

① 라포 형성 ② 친구관계 ③ 대인관계 ④ 이중관계

14 다음 중 동물매개치료의 신체적 효과에 해당하는 것은?

① 흥미 유발 ② 이해심 향상
③ 운동량 증진 ④ 성취감/만족감 획득

15 다음 중 동물매개치료의 인지적 효과에 해당하는 것은?

① 정신적 흥미 유발
② 스트레스 해소
③ 기억력의 향상
④ 규칙적인 운동습관 형성

16 다음 중 동물매개치료의 사회적 효과에 해당하는 것은?

① 운동습관 형성
② 협동능력 향상
③ 기억력 향상
④ 생명존중 인식 증가

17 다음 중 동물매개치료의 구성요소로 적합하지 않은 것은?

① 치료대상(대상자)
② 반려동물(도우미동물)
③ 치료사(전문가)
④ 보호자(대상자의 보호자)

18 치료도우미동물 선발기준에 해당하는 것은?

① 외모가 화려하고 주의를 끌 수 있는 동물
② 병에 노출되었지만 외관상 괜찮은 동물
③ 활동성이 높고 체력이 높은 동물
④ 완벽한 훈련과 자격요건을 갖춘 동물

19 다음 중 치료도우미 동물에 대한 설명으로 틀린 것은?

① 동물매개치료에서 가장 많이 투입되는 동물은 개다.
② 치료도우미 고양이는 얌전해야 하며 사람과 친숙해야 한다.
③ 기니피그는 귀여운 외모를 가지고 있지만 난폭한 성격을 가지고 있다.
④ 페럿은 기름샘 때문에 몸에서 특유의 냄새가 난다.

20 지적장애에 대한 설명으로 옳은 것은?

① 3세 이전에 시작되는 발달장애이다.
② 지적 능력의 발달이 불완전하여 사회생활 적응이 곤란한 장애이다.
③ 지능의 발달이 정지가 되어 낮은 지능지수(IQ)를 보인다.
④ 지능지수(IQ)는 낮지만 높은 언어능력을 가지고 있다.

21 지적장애의 정서적 특징으로 틀린 것은?

① 학습으로 얻을 수 있는 성취감과 자신감이 낮다.
② 학습에 대한 자신감이 낮아 동기유발에 부정적 영향을 끼친다.
③ 자신의 능력에 대한 부정적 자아개념을 가지고 있다.
④ 자립심과 독립심이 높아 남에 대한 의존도가 낮다.

22 지적장애 대상 동물매개치료 효과에 대한 설명으로 틀린 것은?

① 인지기능 향상: 새로운 학습에 대해 자신감이 낮아 지식 습득에 어려움이 있다.
② 정서적 안정: 낮은 자존감과 부정적 자아개념을 동물과 함께 과제를 수행하며 높일 수 있다.
③ 사회성 향상: 동물과의 관계형성 및 교류를 통해 타인과의 교류를 유도할 수 있다.
④ 신체기능 향상: 동물과 함께 있는 것만으로도 신체적 기능들이 향상된다.

23 다음에 해당하는 지적장애 등급은?

> 지능지수 (IQ) 34~49 이하로 훈련이 가능한 경우 다른 사람의 도움을 받아 단순한 일상생활이 가능하고 훈련을 받고 다른 사람의 도움을 받으면 단순 노동도 가능함.

① 1급 ② 2급 ③ 3급 ④ 4급

24 지적장애의 신체적 특징으로 옳은 것은?

① 장애 등급과 상관없어 운동 기능면에서는 모두가 뛰어나다.
② 병에 대한 저항력이 낮고 쉽게 피로해진다.
③ 감각이 발달되어 다양한 감각의 협응 능력이 높다.
④ 경증의 경우 운동능력과 균형적 발달이 비장애인보다 1~4년 정도 빠르다.

25 동물매개치료의 대상자 중 발달장애들을 알맞게 연결한 것은?

① 정신장애 – 지적장애 ② 지적장애 – 자폐성 장애
③ 불안장애 – ADHD ④ 공황장애 – PTSD

26 다음 설명에 해당하는 자폐성 장애 등급은?

> 지능지수가 70 이하이며 기능 및 능력 장애로 인하여 주위의 많은 도움이 없으면 일상생활을 영위하기 어려운 사람

① 1급 ② 2급 ③ 3급 ④ 4급

27 자폐성 장애의 등급을 분류할 때 사용되는 척도점수의 이름은?

① ICD-10 ② DSM-IV ③ GAS ④ WHO

28 자폐성 장애 진단이 가능한 나이는 몇 세인가?

① 0~1세 ② 2~3세 ③ 4~5세 ④ 나이 제한 없음

29 자폐성 장애의 행동적 특징에 대한 설명으로 틀린 것은?

① 자신의 요구를 정확하게 표현한다.
② 새로운 변화에 예민하며 기존의 것을 추구한다.
③ 상동행동을 반복한다.
④ 타인과의 상호작용과 교제가 부재하다.

30 자폐성 장애의 사회적 상호작용에 대한 설명으로 옳은 것은?

① 사회적 미소를 통해 타인과의 관계를 형성한다.
② 타인의 행동에 관심이 많아 모방능력이 뛰어나다.
③ 사회적 환경에 무감각하고 반응이 없다.
④ 환경적 변화에 무감각하다.

31 자폐성 장애의 특징에 대한 설명 중 밑줄에 들어갈 알맞은 단어를 고르시오.

> 언어적 표현이 가능한 자폐성 장애인의 경우 같은 말이나 상대방의 말을 반복적으로 따라하는 ____________ 이/가 관찰된다.

① 반향어 ② 반양어 ③ 비언어 ④ 의사소통

32 자폐성 장애에 대한 설명으로 틀린 것은?

① 자폐성 장애의 원인으로 심리적 요인이 가장 높은 비율을 가지고 있다.
② 사회적 관계의 결핍과 반복적인 강박행동을 보인다.
③ 자폐성 장애는 타인과의 접촉을 피하고 정해진 일과에 집착을 보인다.
④ 다양한 수준의 심각도와 조합을 나타내어 '자폐 스펙트럼 장애'라고도 불린다.

33 학령 전기 아동들이 한자리에 앉아있지 못하고 주위를 산만하게 돌아다니며 한 가지 과제를 끈기 있게 하지 못하는 장애의 올바른 명칭은?

① ADHD / 주의력결핍 과잉행동장애
② AHDH / 주의력결핍 과잉행동장애
③ ADHD / 주의력과잉 결핍행동장애
④ AHDH / 주의력과잉 결핍행동장애

34 정신분열병의 양성증상에 속하지 않는 것은?

① 환각증상 ② 음성증상 ③ 피해망상 ④ 부정망상

35 다음 설명에 해당하는 불안장애를 고르시오.

> 갑자기 엄습하는 불안, 즉 예상치 못한 상황에서 갑작스럽게 찾아오는 극심한 공포, 곧 죽지 않을까 하는 극도의 불안을 경험하며 질식감, 가슴 통증, 복부 통증, 이인감과 같은 증상을 동반한다.

① 공황장애 ② 범불안장애 ③ 강박장애 ④ 외상후스트레스장애

36 정신장애 유형 대상 동물매개치료의 효과로 올바르지 않은 것은?

① 스트레스 해소 ② 대인관계 능력 향상
③ 자기표현기술 확대 ④ 장애의 완치

37 부모 중 어느 한쪽이 사망, 이혼, 유기, 장애, 별거로 인해 자녀의 정서적 불안정과 성취도를 낮추고 혼란스러움을 겪게 하는 가정 유형은?

① 다문화 가정 ② 한부모 가정 ③ 조부모 가정 ④ 맞벌이 가정

38 다음 중 다양한 가족 유형의 자녀들이 겪을 수 있는 문제가 아닌 것은?

① 성역할 동일시에서 혼란스러움을 겪어 비행을 저지를 수 있다.
② 부모에 대한 애정과 사랑이 부족해 정서적으로 불안정할 수 있다.
③ 가족의 불화로 인해 낮은 자존감과 대인관계의 형성에 문제가 생길 수 있다.
④ 대부분의 가족 유형 대상자의 자녀들은 경제적으로 풍족하다.

39 동물매개공예치료의 도우미동물 개입 정도에 따른 관여도가 올바르게 연결되지 않은 것은?

① 무관여: 동물의 개입 없이 시청각 자료를 사용하는 프로그램 방식
② 최소관여: 동물이 현장에 있으며 프로그램의 일부에만 개입하는 프로그램 방식
③ 중관여: 동물이 프로그램 전체에 개입되는 프로그램 방식
④ 고관여: 전적으로 동물에게 의존하는 프로그램 방식

40 반려동물을 매개체로 투입하는 반려동물매개치료의 특징이 아닌 것은?

① 반려동물은 다른 동물들에 비해 위생적 관리가 수월하다.
② 쉽게 접할 수 있는 반려동물들과 상호작용을 통한 긍정적 효과를 획득할 수 있다.
③ 치료에 가장 많이 활용되는 동물은 고양이로, 이유는 가장 위생적이기 때문이다.
④ 반려동물은 사람에게 친화적이기 때문에 사고의 위험성이 낮다.

41 동물매개교육에 대한 설명 중 빈칸에 들어갈 알맞은 단어를 고르시오.

> 교육을 참여하는 참여자는 자신 이외에 심장이 뛰는 안전한 생명체와 함께 다양한 주제의 교육 프로그램들을 참여하며 동물들과 ____________을 나눌 수 있다.

① 올바른 교감　② 인지–정서적 교감　③ 강압적 교감　④ 사회적 기술

42 모든 생애주기별 발달단계에 해당하는 개념인 '정서'에 대한 설명으로 옳은 것은?

① 부정적 정서를 반복적으로 경험하게 되면 균형 잡힌 삶을 살게 된다.
② 긍정적 정서와 부정적 정서를 적절히 경험하게 되면 감정의 표현과 대처, 타인에 대한 이해 및 사회적 기술까지 발달시킬 수 있다.
③ 긍정적 정서는 일상생활에서는 활력소가 될 수 있지만 사회생활에 도움이 되지는 않는다.
④ 노년기에는 긍정적 정서가 반복적이어도 괜찮다.

43 동물매개교육 프로그램을 운영할 수 있는 전문가가 아닌 사람은?

① 동물매개교육지도사
② 동물매개치료사
③ 반려동물매개심리상담사
④ 사회복지사

44 반려견과 함께 있을 때 지켜야 할 에티켓이 아닌 것은?

① 반려견과 외출 시 목줄을 착용한다.
② 공동시설에서는 비반려인을 배려해야 한다.
③ 대중교통 이용 시 목줄을 사용한다.
④ 반려견을 만지기 전 견주에게 물어봐야 한다.

45 생명존중사상 교육이 아동과 청소년에게 필요한 이유로 옳은 것은?

① 생명존중사상 교육은 아동과 청소년에게만 해당되기 때문이다.
② 동물을 보살피고 돌봄의 주체가 되어 따뜻한 감수성을 키우기 위해 필요하다.
③ 물질문명의 폐해로 인해 인간의 본성에 대한 상실 가능성이 낮기 때문이다.
④ 자신이 속한 사회에서 관계의 단절은 아동과 청소년의 정서적 발달에 중요하다.

46 생물치유의 대표적 예인 웰니스 산업은 어떤 단어들의 합성어인가?

① Welldone + Happiness + Fitness
② Wellbeing + Fitness + Happiness
③ Wellness + Fitness + Happiness
④ Well + Fitness + Happiness

47 산림치유에 대한 설명으로 틀린 것은?

① 숲이 가지고 있는 물리적 환경요소를 통해 인간의 심신을 건강하게 만들어 주는 자연요법이다.
② 산림치유에는 식물요법, 물 요법, 기후요법, 식이요법, 운동요법, 정신요법으로 구성되어 있다.
③ 산림치유는 의학적 수단을 통한 치료의 의미가 아닌 자연의 다양한 요소를 통해 건강을 증진시키는 활동이다.
④ 산림치유는 생물치유의 상위 개념으로 숲 해설, 숲 치유, 원예치료, 명상음악 등을 활용하여 인체의 면역력을 높이고 신체, 정서적 건강을 회복시키는 활동이다.

48 치유농업의 특징이 아닌 것은?

① 건강치유 서비스, 사회적 치유 서비스, 교육적 치유 서비스를 제공한다.
② 가축, 작물, 채소, 산림 등의 다양한 전문적 분야의 프로그램을 제공한다.
③ 치유농업은 치유농장의 전체 자원을 사용할 때 효과가 있다.
④ 치유, 갱생, 치료, 교육의 일환으로 정규적인 치유농업 프로그램을 제공한다.

49 다음 중 빈칸에 들어갈 단어들이 알맞게 짝지어진 것을 고르시오.

> 한국에서는 많은 치유농장들이 '동물과의 교감을 통한 _____ / ______ 치유활동'을 중심으로 운영되고 있으며 이러한 농장들을 동물교감치유농장이라 부른다.

① 심리적 / 정신적　　② 경제적 / 정신적
③ 심리적 / 시각적　　④ 시각적 / 정신적

50 동물매개치료사 또는 동물매개교육지도사가 갖추어야 할 지식들이 알맞게 짝지어진 것은?

① 심리학, 상담학, 인간행동과 사회 환경, 장애인복지론
② 동물행동, 동물관리, 수술실무, 동물훈련학
③ 심리학, 상담학, 장애인복지론, 동물의류디자인
④ 동물유통, 동물관리, 동물행동

정답

01. ②	02. ②	03. ④	04. ④	05. ②	06. ③	07. ①	08. ③	09. ④	10. ②
11. ③	12. ②	13. ①	14. ③	15. ③	16. ②	17. ④	18. ③	19. ③	20. ②
21. ④	22. ④	23. ②	24. ②	25. ②	26. ②	27. ③	28. ②	29. ①	30. ③
31. ①	32. ①	33. ①	34. ②	35. ①	36. ④	37. ②	38. ④	39. ②	40. ③
41. ①	42. ②	43. ④	44. ③	45. ②	46. ②	47. ④	48. ③	49. ①	50. ①

Part 2

동물행동의 이해

동물매개교육지도사

Chapter 1

동물행동학의 이해

1 동물행동학의 개념

1) 동물행동학이란?

'행동'은 인간이나 동물이 내적 또는 외적인 자극에 대하여 보이는 반응을 의미한다. '동물행동'은 모든 동물이 먹이를 찾거나 포식자로부터 도망가거나 정상적인 신체 상태를 유지하려는 등 자신의 생명을 유지하기 위한 것뿐만 아니라 외부에서 온 다양한 자극을 대응할 때 나타나는 모든 움직임이나 변화도 행동에 속한다. 즉, 동물의 행동은 동물이 살아가는 하나의 생활방식이라고 볼 수 있다.

동물행동학(動物行動學, ethology)은 그리스어의 'ethos', 즉 습성 혹은 형태라는 말에서 유래되었고 자연환경에서 볼 수 있는 동물의 행동을 과학적인 방법으로 연구하여 각각의 행동이 가지고 있는 의미를 탐구하는 학문이다. 동물행동학은 단순히 행동의 기제, 생태학적 연구에만 한정하는 것이 아니라 행동의 포괄적이고 종합적인 이해를 의미하고 있다. 다시 말하자면, 동물행동학은 생물의 본능과 습성뿐만 아니라 일반적으로 생물이 나타내는 행동과 외부환경과의 관계를 연구하는 것으로 정의할 수 있다.

2) 동물행동학의 발전 과정

동물행동학은 20세기 초반에 동물학의 한 연구 분야로서 동물의 행동, 행태, 습성 등을 관찰함으로써 동물에 관한 일반적인 지식을 넓히고자 했다. 일반 대중과 학계에 동물행동학에 대한 이해와 관심을 높이는 데 기여한 대표적인 학자로는 1973년 동물행동 연구로 노벨상을 수상한 네덜란드 동물학자이자 동물행동학자 니콜라스 틴베르헨(Nikolaas Tinbergen), 오스트리아 동물학자 카를 폰 프리슈(Karl von Frisch)와 콘라트 로렌츠(Konrad Lorenz)를 들 수 있다.

20세기 초에는 틴베르헨, 프리슈, 로렌츠 등과 같은 동물행동학자들은 동물의 행동을 '본능'으로 설명했고 동물의 행동을 객관적으로 관찰할 것을 주창했다. 한편으로 미국의 왓슨, 손다이크, 스키너와 같은 행동주의 심리학자들은 동물행동의 기초를 반사에 있다고 믿으면서 전혀 다른 측면에서 동물행동에 관한 연구를 실시하였다. 그들은 '행동이란 학습의 산물이며, 본능에 의한 것이 아니다'라는 전제하에 실험실에서 동물에 관한 학습 실험을 했고 이를 기초로 인간의 심리를 이해하려고 했다. 다시 말하자면, 유럽의 동물행동학자들은 생득적인 행동이 유전자에서 이미 프로그래밍이 되어 있으므로 학습은 필요하지 않다고 주장했고 미국에 있는 행동주의 심리학자들은 동물행동은 환경 내의 자극에 대한 조건부여의 결과이므로 유럽에 있는 동물행동학자들의 주장을 부인하며 학습을 더욱 중요시했다.

2 동물행동의 연구

1) 동물행동학에서는 무엇을 연구하는가?

동물들이 먹이를 찾는 방법, 포식자로부터 도망가는 방법, 이동 방향이나 경로의 선택, 동물 간의 의사소통 방법, 구애행동이나 공격행동, 새끼를 양육하는 방법 등이 모두 다 동물행동에서 연구하는 대상이다. 그뿐만 아니라 동물의 행동이 어떻게 진화되어 왔는지, 즉 유전적 요인과 학습적 요인을 포함한 행동의 진화, 행동의 발생 등도 연구한다. 즉, 동물행동학은 동물들이 살아가는 동안 나타나는 모든 행동들을 연구하는 것이다.

2) 동물행동 연구의 필요성

동물들은 인간의 일상생활에 다양한 영향을 주고 있고 인간과 동물은 서로 밀접한 관계를 가지고 있다고 해도 과언이 아니다. 역사를 살펴보면 인간과 동물은 생각했던 것 이상으로 오래 전부터 공존해왔음을 알 수 있는데 예를 들어, 인간이 정착생활을 하면서 스스로 사냥이 어려워지자 개 행동의 특성을 이용하여 사냥에 도왔고, 농작물이나 사람을 해치는 동물의 수를 줄이기 위해 동물의 행동을 알아야 했으며 동물행동을 연구하고 이해함으로써 인간에게 유익한 동물로도 만들 수 있다. 그것이 안내견, 구조견, 경찰견, 동물매개치료도우미동물 등으로 예를 들 수 있다.

농경생활이 시작됨에 따라 안정적인 단백질 공급원이 필요하게 되며 가축을 사육하기 시작했다. 건강하고 질이 높은 육류를 먹기 위해 그들에게 최적의 환경에서 생활할 수 있도록 배려해주는 것이 중요하고 그렇기 때문에 가축동물들의 습성과 행동을 연구하고 이해하는 것이 필요하다. 또한 동물행동의 연구는 자연보호의 관점에서도 아주 중요한 역할을 맡고 있다. 인간의 개발과 과학 발전으로 인해 여러 가지의 서식환경이 급속도로 파괴되고 있고 그에 수반하여 많은 동물이 멸종위기에 처해 있다. 이러한 동물들을 보호하기 위해 확실한 방법을 찾아야 하므로 그들의 생태와 행동에 대한 자세한 이해 또한 필요하다.

3) 동물행동 연구 방법

동물의 행동을 관찰하고 연구하는 데 다양한 방법이 있다. 첫째, 자연상태에서의 관찰방법은 동물행동을 설명하는 데 있어서 가장 이상적인 방법이다. 야생동물들이 자연에서 사는 모습을 비교적으로 정확하게 관찰하고 설명할 수 있기 때문이다. 그러나 연구하는 과정에서 많은 시간을 투자할 뿐만 아니라 비용도 많이 들여야 하는 관점에서 보았을 때 비효율적인 것으로 인식되고 있다. 둘째는 준자연 상태에서의 관찰이다. 이 연구방법은 넓은 면적의 땅을 최대한 자연상태로 조성한 후 그곳에서 다양한 동물들을 사육하며 관찰하는 방법이다. 동물행동학자인 카를 폰 프리슈나 콘라트 로렌츠도 이 방법으로 벌과 조류를 관찰하고 연구했다고 하였다. 셋째, 실험실에서의 연구방법은 한 마디로 자연과 같은 환경을 만들거나 관련된 실험장치를 설치하여 동물들을 연구하는 것이다. 넷째, 동물을 포획한 상태에서 연구하는 것인데 주로 어류나 파충류에 많이 사용하는 연구방법이다. 그러나 이 방법은 동물에게서 얻을 수 있는 자료가 한계적이기 때문에 일반적으로 자연상태에서 보조방법으로 많이 쓰인다. 마지막으로는 제인 구달의 방법인데 이 방법은 제인 구달이라는 동물행동학자가 사용하는 방법으로 그는 침팬지를 연구할 때 멀리서 관찰하는 것이 아니라 침팬지 무리에 접근하여 함께 생활을 하며 연구하였다. 즉, 연구자가 연구대상에 해당된 동물의 무리에 접근하여 그들의 일원이 되어 행동을 연구하는 방법을 의미한다.

연구 방법	내용
자연상태에서의 관찰	이 방법은 동물행동설명에 이상적이나 시간과 경제의 관점에서는 비효율적인 것으로 알려져 있다.
준자연 상태에서의 관찰	넓은 면적에서 최대한 자연상태를 유지하고 동물을 사육하여 관찰하는 방법이다. 로렌츠와 프리슈는 이 방법을 통해 동물을 연구하였다.
실험실에서의 연구	실험실에서 자연과 같은 환경을 만들어 놓고 관찰하고 또 관련된 실험 장치를 설치하여 연구한다.
포획상태	동물을 포획해서 연구하는 방법으로서 어류나 파충류 연구에 많이 사용된다. 그러나 이 방법을 통해 얻은 자료가 빈곤하기 때문에 자연상태에서 보조방법으로 쓰인다.
제인 구달의 방법	제인 구달이 침팬지를 연구할 때 사용하는 방법으로 멀리서 관찰하는 것이 아니라 침팬지 무리에 접근해서 그들의 일원이 되어 연구를 하는 것이다.

3 동물행동학 연구의 실제

1) 카를 폰 프리슈(Karl von Frisch, 1886~1982)

카를 폰 프리슈는 비엔나에서 태어났지만 생애의 많은 시기를 독일에서 보냈다. 그는 매우 복잡한 꿀벌의 행동에 대해 60년 이상의 시간으로 준자연 상태에서 꿀벌을 대상으로 연구했고 그가 '꿀벌의 언어'를 규명하였다. 꿀이 있는 곳을 발견한 일벌들이 벌집에 돌아오면 일정한 모양의 춤을 추면서 꿀의 위치와 거리를 다른 일벌들에게 알려준다는 것을 발견하였다. 프리슈는 꿀벌의 행동을 좀 더 확인하기 위해 일정한 모양의 춤이 먹이와 관계가 있다는 것을 가정하여 먹이의 거리와 벌집의 거리를 변화시켰고 특정한 꿀벌들의 등에 페인트를 칠해 표시한 후 그 벌들이 꿀을 발견했을 때 어떻게 행동하는지 관찰하였다. 그 결과는 꿀벌들이 원형 춤과 8자 춤을 추어서 다른 일벌들에게 정보를 전달한다는 것을 알아냈다.

그림 2.1 원형 춤과 8자 춤

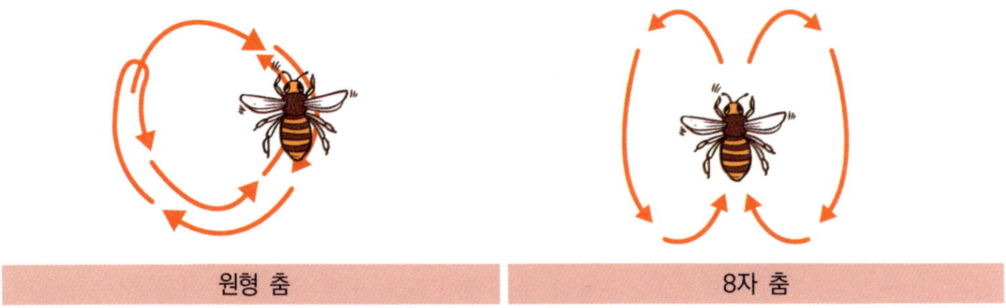

먹이가 100m 이내에 있는 경우에는 원형 춤을 추고 100m 이상에 있는 경우에는 8자 춤을 춘다는 것을 알아냈고 8자 춤의 경우는 거리가 가까울수록 춤을 추는 속도가 빨라지고 거리에 따라 회전수가 달라지는 것 또한 알아냈다. 그뿐만 아니라 꿀을 찾아다니는 꿀벌들은 하늘에서 내리쬐는 자외선으로 음식의 위치를 알아내는 능력을 가지고 있다는 것을 발견하였다. 하지만 꿀벌들이 춤을 추는 것과 춤의 신호를 이해하는 것을 따로 학습하는 것이 아니라 유전적으로 계획된 고정적인 행동 양식이라고 설명하였다.

그림 2.2 카를 폰 프리슈 – 꿀벌 행동의 연구

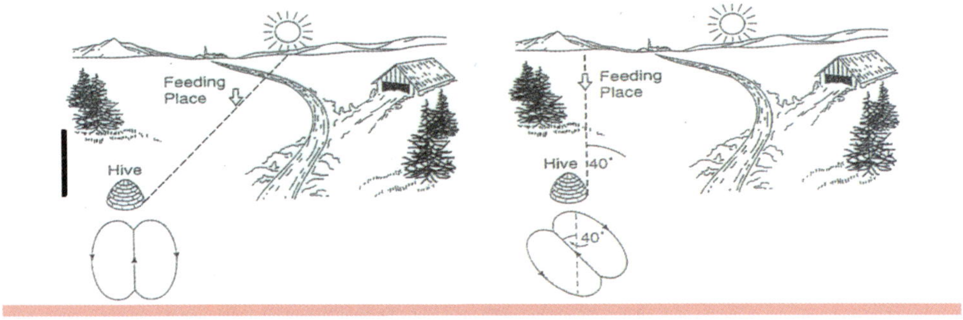

2) 콘라트 로렌츠(Konrad Lorenz, 1903~1989)

로렌츠 박사는 행동학의 창시자라고 자주 불렸고 다윈과 그의 시대 사이에서 동물행동의 연구를 한 사람들이 몇 명 있었지만 로렌츠의 공헌은 훨씬 폭넓은 것이었다. 로렌츠는 주로 조류의 행동을 연구하였고 그가 한 연구에 기초를 두고 동물행동의 유전을 강조하는 이론을 발전시켰다. 그의 가장 유명한 연구 중에 하나는 갓 부화된 새끼 회색기러기가 처음으로 본 움직이는 물체를 보고 따라 다니는 행동을 하는 것을 발견한 것이었다. 로렌츠는 거위의 둥지에서 알을 몇 개 꺼내 부화기에서 인공적으로 부화를 시켰고, 나머지 알은 그대로 거위 둥지에서 어미가 품게 했다. 거위 어미가 직접 품은 새끼들은 부화된 후에 어미를 따라 다니며 정상적인 행동을 보였으나 인공적으로 부화된 새끼들은 부화되자마자 처음 몇 시간 동안 어미가 아닌 로렌츠와 같이 있었다. 그랬더니 이들은 로렌츠를 졸졸 쫓아다녔고, 어미 혹은 어미에 의해 부화된 다른 형제들을 전혀 알아보지 못하였다. 로렌츠는 갓 부화된 회색기러기는 처음 본 움직이는 대상을 어미로 인식하고 따라 다니고 또한 이를 기억한다는 사실을 밝혀냈으며 이러한 현상을 '각인(imprinting)'이라고 불렀다.

3) 이반 파블로프(Pavlov, Ivan Petrovich, 1849~1936)

러시아의 생리학자인 Ivan Pavlov의 조건반사의 연구는 가장 잘 알려졌고 그 후 학습에 관한 수많은 연구의 기초가 되었다. 그의 가장 유명한 실험은 개에게 음식을 제공했을 때의 타액분비를 연구한 것이었는데 그는 개의 소화과정을 연구하던 중 개가 음식을 입에 넣기도 전에 침을 흘리는 현상을 발견했고, 처음에 개가 조교의 발자국 소리에 아무 반응이 없었는데 조교가 항상 먹이를 들고 실험실에 들어오니 시간이 지나 개가 조교의 발자국 소리를 들어도 침을 흘렸다는 것을 발견했다. 이러한 계기로 파블로프는 실험에서 개에게 먹이를 주기 전에 종소리를 들려주었고 그것을 일정 시간에 반복했더니 나중에 개가 종소리만 들어도 침을 분비하는 현상이 나타났다. 이 실험에서는 먹이와 종소리의 두 자극을 연합해서 조건화가 되었고, 그 이후 개는 종소리만 듣고도 침을 분비하였는데 이러한 관점을 통해 개는 학습된 자극에 의해 학습된 반응을 나타낸 것이라고 파블로프가 설명하였고 이 학습과정을 '**고전적 조건형성**(classical conditioning)'이라고 정의하였다.

그림 2.3 '파블로프의 개' 고전적 조건형성 실험장치

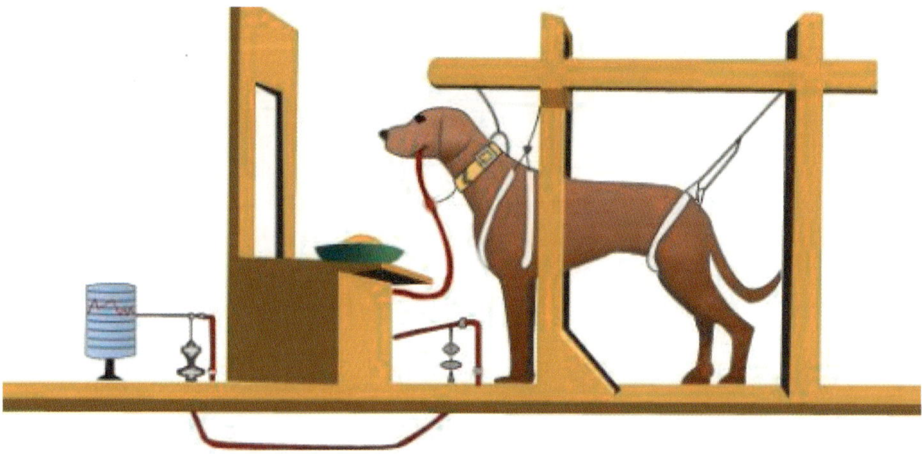

4) 스키너(B. F. Skinner, 1904~1990)

미국의 행동주의 심리학자인 스키너는 영향력이 있는 행동주의학자 중의 한 사람이다. 그는 쥐를 이용한 학습실험(스키너 상자)을 통해 인간이나 동물의 행동이 자극－반응의 관계에 있고 보수에 의한 학습(강화)을 탄생시켰다.

스키너는 지렛대를 누르면 먹이가 한 조각씩 나오거나 살짝 전기충격이 나오도록 만들어진 실험상자 안에 배고픈 쥐를 넣고 쥐의 행동을 관찰해보았는데 쥐가 상자 안에 배회하다 우연히 지렛대를 누르자 먹이 한 조각이 나왔고 또 배회하다 우연히 다른 지렛대를 누르면 전기충격이 나왔다. 이러한 상황이 반복되면서 쥐는 지렛대를 누르면 먹이가 나오거나 전기충격이 나온 것을 학습하게 되었고 배가 고플 때 간식이 떨어지는 지렛대를 누르는 행동을 보였고 전기충격이 나오는 지렛대를 잘 누르지 않았다. 이처럼 행동은 그 결과에 따라 증가 또는 감소하게 되는데 보상이 따르는 행동은 증가하고 처벌이 따르는 행동은 감소한다는 것이 바로 '**조작적 조건형성**(operant conditioning)'의

그림 2.4 '스키너 상자' 조작적 조건형성 실험

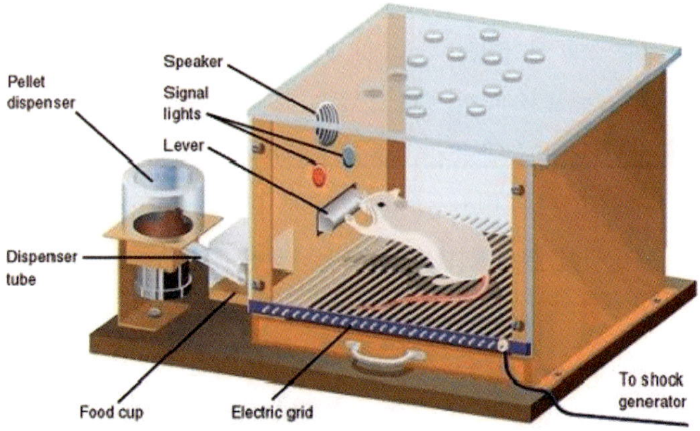

원리다. 스키너는 다양한 연구들을 실험실 동물들을 대상으로 하였고 이러한 연구에서 생기는 원리는 일반적으로 응용할 수가 있어 인간의 행동마저도 이 원리로 이해된다고 믿었고 그 의미를 확대하고자 하였다.

5) 템플 그랜딘(Temple Grandin, 1947~)

현재 미국 콜로라도주립대학교에서 교수를 하고 있는 동물학자 템플 그랜딘은 어린 시절부터 자폐증 진단을 받았고 일반적인 학교생활을 하기 힘들만큼 사회성이 결여되어 있었다. 그렇기 때문에 사람들과 소통하지 못했고 동물들에게 더 많은 관심을 가지게 되었다. 타고난 시각과 지각 능력, 기억력 등 그의 특별한 재능으로 대학에 진학해 동물학으로 박사학위를 받게 되었고, 동물행동학 연구를 통해 그 당시로서는 획기적이었던 가축시설을 개발해냈다.

템플 그랜딘은 1990년대 미국 축산업계에 동물복지와 식품안전성 개선을 요구했고 동물복지가 향상된 환경에서 자란 가축들이 질병에 강하고 더 나은 식품을 제공한다는 점을 강조했다. 동물복지라는 단어조차 없었던 당시에 그는 무자비한 가축시설에서 고통과 학대를 받은 동물들을 바라보고 동물행동을 연구하고 동물을 배려하며 생명의 존엄성을 위할 수 있는 시설들을 개발하려고 노력하였다. 현재 미국과 캐나다, 뉴질랜드 등 거의 70%의 농장에서 그랜딘이 설계한 시설을 사용하고 있다.

그림 2.5 템플 그랜딘이 설계한 농장 시설

4 동물행동의 분류

1) 개체유지 행동과 사회적 행동

동물의 행동은 크게 개체유지 행동과 사회적 행동으로 구분할 수 있다. 개체유지 행동은 말 그대로 각각의 동물이 스스로의 생존을 위해서 하는 행동을 말한다. 즉, 섭식행동, 배설행동, 몸단장행동, 휴식행동, 포식자로부터 도망가는 행동 등이 개체 유지행동에 포함된다. 반면 사회적 행동은 자신 이외에 다른 동물과 상호영향을 주고받으면서 하는 행동을 말한다. 이성으로부터 사랑을 얻기 위한 과시, 다른 동물에 대한 공격, 새끼를 돌보는 행동, 여러 개체들이 무리를 이루어 생활하는 행동, 자신의 세력권을 다른 개체로부터 지키기 위한 방어 행동 등이 사회적 행동에 속한다.

표 2.1 개체유지 행동과 사회적 행동

개체유지 행동	사회적 행동
섭식하기	과시 및 짝짓기
배설하기	무리형성
몸단장하기	공격
휴식 또는 잠자기	세력권 방어
몸을 지키기	새끼 양육
탐색하기	놀이와 투쟁

또한 동물의 행동을 쉽게 이해하기 위해 아래와 같이 선천적 행동, 학습행동, 조정행동, 공격행동, 이상행동 등으로 구분하여 설명하였다.

2) 선천적 행동(innate behavior)

동물이 태어나면서부터 하는 행동, 즉 신생아들이 배고플 때나 아플 때 또는 불편할 때 울음으로써 부모나 주변 사람들에게 알려주는 것처럼 누구에게 배우는 것이 아니라 태어나면서부터 행하는 행동이 바로 선천적 행동이라고 한다. 널리 알려져 있는 뻐꾸기는 자신이 만든 둥지가 아니라 다른 새의 둥지에 몰래 알을 낳고 새끼 뻐꾸기가 부화되자마자 눈도 뜨지 못한 채 누가 시키지도 않았는데 의붓어미가 둥지에 낳아 놓은 알을 둥지 밖으로 밀어 떨어뜨린다. 경쟁자가 될 수 있는 의붓어미의 알들을 모두 제거함으로써 자신의 생존율을 극대화하는 것인데 이러한 행동은 의붓어미의 알이나 새끼들과 직접적으로 먹이나 공간을 차지하기 위한 경쟁이나 필요에 의한 것이 아닌 선천적인 행동이라고 학자들이 설명하였다.

3) 학습행동(learned behavior)

학습행동이란 어미 혹은 다른 동물들로부터 살아가는 과정에서 필요한 기술이나 처신 방법, 먹이 찾는 방법 등을 배워서 하는 행동을 말한다. 일란성 쌍둥이를 예로 들자면, 태어날 때 똑같은 유전자를 가지고 있어도 환경과 학습의 차이가 있을 수 있기 때문에 성장하는 과정에서 성격이나 개성이 차이가 날 수 있다.

모든 동물들은 태어날 때부터 죽을 때까지 주변 환경에서 많은 영향을 받으면서 생활하고 같은 종의 동물이라 할지라도 살고 있는 서식지의 환경 특성이 다를 수 있으므로 각각의 동물들은 자신에게 주어진 주변 환경에 맞추어 생활하는 것이 바람직하다. 이러한 환경이나 상황에 적합한 행동을 어미나 동료들로부터 배우는 것은 살아가는 데 있어서 매우 중요한 과정이다.

4) 조정행동(modified behavior)

동물들을 둘러싸고 있는 주변 환경은 언제나 똑같은 것이 아니라 시기별로, 자연재해나 인위적인 환경 파괴 등의 원인으로 변화가 된다. 이러한 원인 때문에 먹이, 잠자리, 물, 피난처, 경쟁자, 포식자 등 동물이 살아가는 데 영향을 주는 많은 요인들이 변화하게 된다. 따라서 동물들은 살아남기 위해 변화된 주변 환경에 적응해야 하는데 주변 환경에 적응해서 행동을 조절하는 것을 조정행동이라고 한다.

5) 공격행동(aggressive behavior)

먹잇감을 사냥할 때, 경쟁자로부터 먹이를 뺏거나 지킬 때, 마음에 드는 암컷을 차지하려고 할 때, 공포감을 느낄 때 등에 공격행동이 나타날 수 있다. 무리를 이루어 생활하는 사회적 동물의 경우, 무리 내에서 서열이나 순위를 결정하기 위해 공격행동을 보이고 짝짓기 시기에 수컷이 암컷을 차지하기 위해서도 공격행동을 보인다.

육식동물들이 먹잇감을 사냥할 때에도 매우 적극적인 공격행동을 보이는데, 이러한 예는 맹수들이 사냥을 하는 과정에서 쉽게 발견할 수 있다. 그 밖에 배가 고프거나 피로할 때, 새끼들을 돌보거나 먹이를 먹고 있는 동안 방해를 받을 때도 공격행동을 보인다.

6) 이상행동(abnormal behavior)

동물이 본래 가지고 있는 행동양식을 벗어나는 경우, 즉 동물들이 정상적인 범위를 넘어선 행동을 보이는 경우를 이상행동이라고 한다. 이상행동은 다양한 원인들이 복합적으로 작용해서 나타나는데 특히 동물원에서 사육되고 있는 동물이나 경제적인 이용의 목적으로 사육되고 있는 산업동물에게 많이 발생하고 있는 것으로 알려져 있다.

특히 동물원에서 사육하고 있는 동물들의 이상행동으로 인해 사육사들이 어려움을 겪기도 하는데 이들이 보이는 갑작스러운 공격적 성향, 다른 개체들과의 관계 악화, 번식률 감소 등은 스트레스가 원인으로 나타나는 이상행동이라고 많은 학자들이 주장하고 있다. 이상행동의 일반적인 특징은 단조롭고 규칙적이지만 매우 무의미한 행동을 반복적으로 하는 것이다(예: 정형행동).

5 동물의 의사소통

1) 시각에 의한 의사소통

시각에 의한 의사소통에 대해 알아보면 주간 활동형 동물이 야간 활동형 동물보다 시각의 의존도가 높다고 볼 수 있고 동물들은 소리를 내지 않고 몸의 색이나 행동을 통해 의사소통을 하기도 한다. 예를 들어, 화려한 색깔이나 다양한 행동으로 짝을 유혹하기 위한 구애 행동이 있고 적이 오고 있다는 것을 알리는 경고 행동이 있으며, 말이 위협적인 행동을 받았을 때 귀를 뒤로 빼는 자세를 보이는 등은 모두 시각적인 의사소통에 속한다.

① **장점**: 다른 방법보다 더 정확하고 빠르며 형태, 움직임, 색깔 등 다양한 정보를 전달할 수 있다.
② **단점**: 나무가 빽빽한 숲이나 어두운 밤, 동굴, 바다 속에서는 효과가 떨어진다.

2) 후각에 의한 의사소통

후각에 의한 의사소통은 화학적 신호를 통한 의사소통 방법이고 후각과 냄새 묻히기는 동물의 중요한 의사 전달 수단이다. 동물의 분비물, 페로몬 등이 같은 종의 동물의 후각을 자극하는데 이러한 냄새는 상당 기간 지속될 수 있다. 또한 냄새는 멀리 퍼지기 때문에 어두운 곳에서는 의사소통을 하지 못하는 시각을 통한 의사소통의 단점까지도 해결할 수 있고 냄새는 암컷인지 아닌지, 서열이 높은지 낮은지, 지금 기분은 어떠한지 등의 여러 가지 정보를 다 전달할 수 있다.

3) 청각에 의한 의사소통

많은 동물은 소리로 의사소통을 함으로써 자신의 텃세권을 표시하고 짝을 찾거나 경쟁자들에게 경고를 보내며 새끼와 어미가 서로를 알아보기 위해 소리를 이용한다. 또한 힘이 약한 동물은 먹이를 먹거나 휴식을 취할 때 망을 보는 파수꾼이 있는데 포식자가 나타났을 때 파수꾼이 경계하라는 뜻의 울음소리를 내면 나머지 무리들은 재빨리 안전한 곳으로 숨는다.

① **장점**: 소리는 나무가 빽빽한 숲이나 멀리 떨어진 곳, 어둠 속에서도 전할 수 있다.
② **단점**: 소리가 오래 지속되지 않아서 계속해서 소리를 내야 한다는 점이 있다.

Chapter 2

행동풍부화에 대한 이해

1 동물의 다섯 가지 자유(Five Freedoms for Animal)

동물복지에 관해 가장 높은 수준의 원칙을 정한 곳인 유럽연합(EU)은 동물에게 다섯 가지자유를 보장하는 것을 동물복지의 기본조건으로 정의하였고 현재 동물의 복지를 평가하는 데 가장 널리 쓰이고 있는 기준이다.

표 2.2 동물의 5가지의 자유

① 먹이섭취의 자유	동물은 신선한 물과 음식을 쉽게 섭취할 수 있도록 제공해줌으로써 목마름, 배고픔, 영양실조에서부터 자유로워야 한다.
② 불편함으로부터의 자유	동물은 적합한 피난처나 안락한 쉼터를 제공함으로써 불편함에서부터 자유로워야 한다.
③ 건강의 자유	동물은 예방과 진단을 통해 빠른 치료를 함으로써 통증이나 부상, 질병에서부터 자유로워야 한다.
④ 정상적인 행동 표출의 자유	동물은 충분한 공간과 적절한 시설과 동종의 친구를 어울릴 수 있게 함으로써 정상적인 행동을 표출할 수 있게 해야 한다.
⑤ 불안과 두려움으로부터의 자유	동물은 육체적, 정신적 고통을 피할 수 있는 환경을 제공함으로써 불안과 두려움에서부터 자유로워야 한다.

2 행동풍부화의 이해

1) 행동풍부화의 의미와 중요성

풍부화는 '행동풍부화'와 '환경풍부화'로 나뉘어 있지만 우리나라에서는 모든 것을 포괄해서 행동풍부화로 말하는 것이 통상적이다. 야생동물은 자연에서 대부분의 시간과 에너지를 먹이 찾기, 영역 지키기, 포식자로부터 도망 다니기, 집짓기에 소모하는 등 본능 그대로의 행동을 할 수 있지만 집에서 사는 반려동물의 경우는 정해진 시간에 먹이를 공급받게 되고 안전적인 공간에서 생활하기 때문에 야생동물과 달리 먹이를 찾거나 포식자로부터 도망 다니는 등의 행동을 할 필요가 없어진다. 즉, 집에서 지내는 반려동물들은 경험할 수 있는 것들이 상대적으로 제한되어 있고 다양하지 못하기 때문에 그들에게 다양한 행동풍부화를 제공해주지 않으면 많은 스트레스가 쌓일 수 있고 이로 인해 많은 문제행동들도 생길 수 있다. 따라서 행동풍부화는 반려동물에게 매우 중요하고 필수적인 요소이다.

2) 풍부화의 다섯 가지의 요소

(1) 먹이 풍부화

자연에서 생활하는 동물들은 먹이를 찾아다니는 데 많은 시간과 에너지를 소모하지만 집에서 사는 반려동물들은 정해진 시간에 그릇에 담겨 나오는 먹이나 간식을 먹기 때문에 무료함을 느낄 수 있다. 따라서 급여하는 사료의 종류 혹은 급여하는 방식을 달리하거나 사료의 형태나 질감 등에 변화를 주는 방법이 있고 반려동물들이 스스로 노력을 통해 먹이를 얻을 수 있게 하는 것도 좋은 방법이다. 예를 들어, 간식이나 사료를 숨겨 놓고 반려동물이 스스로 찾아 먹을 수 있게 하거나 쓰지 않는 양말이나 장난감에 간식을 넣어 그것을 뜯어 먹는 과정에서 많은 즐거움을 얻을 수 있어서 스트레스 해소에 도움이 될 수 있다.

(2) 감각 자극 풍부화

다양한 감각기관을 자극해줄 수 있는 매개물이나 환경을 제공하는 것을 말한다. 예를 들어, 냄새를 이용한 후각자극, 다른 동물의 소리나 자연에서의 소음을 이용한 청각자극, 다양한 색의 매개물을 이용하는 시각자극, 질감과 맛이 다양한 음식을 제공하는 미각자극이 있다.

(3) 환경 풍부화

동물원의 경우는 사육장에 다양한 요소를 추가하여 동물이 원래 있던 자연 환경과 최대한 비슷하게 만들어 동물이 여러 활동을 할 수 있도록 하는 것을 말한다. 반려동물의 경우는 생활하는 공간의 환경적인 요소에 변화를 주어 다양한 행동양상을 유도하게 하는 것을 말한다.

(4) 사회그룹 풍부화

다른 개체를 만나서 각 개체의 사회행동을 유도하고 사회성을 기르는 것을 말하는 것이다. 여러 동물들을 합사할 때는 그 동물들에 대한 충분한 이해가 필요하고 다른 종과 평화롭게 지낼 수 있는지, 그들 간의 갈등관계나 배타적인 습성을 갖고 있지 않은지 등등 여러 가지 문제들을 고려해야 한다.

(5) 놀이 풍부화

다양한 매개물을 통해 스스로 생각하고 판단할 수 있는 자극을 제공해주는 것을 말한다. 즉, 제한된 공간에 동물들이 심심하지 않도록 다양한 놀이 풍부화를 제공해주는 것이다.

Chapter 3

반려동물의 학습원리

1 반려동물 학습원리의 분류

우리나라에서는 반려동물을 키우는 가구의 수가 매해 증가하고 있고 이것은 반려동물에 대한 관심도가 높아지고 있다는 것을 의미한다. 그러나 반려동물에 대한 교육이 제대로 이루어지지 못해 다양한 문제행동이 나타나면서 보호자와 반려동물 간의 부정적인 상호작용만 생길 뿐만 아니라 타인에게 피해를 입히는 일도 종종 발생되고 있다. 이러한 문제들로 인해 결국 동물학대, 파양, 유기, 물림사건 등과 같은 사회적인 문제까지 초래하게 된다. 따라서 문제를 예방하는 차원에서 올바른 교육이 보호자와 반려동물에게 매우 중요한 과제이고 이러한 교육이 잘 이루어지려면 반려동물을 교육시킬 때 알고 있어야 할 학습원리를 이해하는 것이 필수적이다.

반려동물 학습원리의 분류는 크게 네 가지의 영역으로 살펴볼 수 있는데 우선 반려동물에게 교육을 시킬 때 그들의 종류, 품종, 습성, 능력, 교육의 필요성 등을 고려하여 학습에 맞는 맞춤형 목표와 계획을 수립하고 교육을 실행하는 것이 적절하다. 즉, 반려동물을 개별화시켜 교육 목표와 계획을 세우고 실행하는 것이 더욱 효과적이다. 둘째는, 반려동물이 학습과정에 자발적이고 능동적으로 참여할 수 있도록 하는 것이다. 학습시간이 되었을 때 지루한 시간이 아닌 즐거운 시간을 보호자와 함께 보낸다는 인식을 심어준다면 자발적이고 능동적으로 학습에 참여하게 되고 이로 인해 학습의 효과가 극대화될 수 있으며 보호자와의 긍정적인 상호작용을 통한 교감도 함께 경험할 수 있을 것이다. 셋째는 반려동물에게 학습에 대한 동기를 부여하는 것이다. 학습하는 과정에서 긍정적인 강화물이나 보상을 활용함으로써 반려동물의 집중력을 유지시킬 수 있고 교육효과를 극대화할 수 있으며 학습에 대한 동기를 강화시킬 수 있다. 마지막으로는 반려동물의 사회화이다. 일부의 보호자들은 반려동물 특히 반려견에게 사회화의 중요성을 잘 인지하지 못하고 그것을 놓치는 경우가 있고, 또는 사회화의 중요성을 인지하고 있지만 잘못된 방법으로 교육을 하여 오히려 역효과를 초래하는 경우도 있다. 사회화는 무리생활의 특성을 가진 반려동물에게는 더욱 중요한데 사회성이 부족하면 스트레스를 쉽게 받을 수 있다. 이러한 스트레스로 인해 분리불안, 공격성 행동, 질병 등과 같은 문제들이 발생될 수 있으므로 반려동물 학습에 있어서 기본적인 사회적 경험을 반려동물에게 제공할 필요가 있다.

2 파블로프의 고전적 조건화

'고전적 조건화'는 러시아의 생리학자인 Ivan Pavlov에 의해 만들어진 이론이다. 개를 이용한 파블로프의 생리학 실험 과정에서 침 분비는 먹이가 개의 입속에 들어갈 때마다 자동적으로 일어나는 반사적인 반응임을 발견하였다. 개가 이런 실험을 여러 번 경험하였더니 나중에 먹이가 없어도 실험자나 조교의 발자국 소리나 먹이 그릇만을 접했을 때도 침을 흘리는 현상을 관찰하였고, 그는 이러한 현상을 체계적으로 연구하기 시작하였다.

파블로프는 개의 실험에서 종소리와 같은 중립자극은 처음에는 개의 타액분비 반응을 유발하지 못했지만 종소리를 들려주고 음식을 주는 행위를 일정 시간 동안 반복하여 실행하였더니 나중에 개에게 음식을 제공하지 않고 종소리만 들려주어도 타액분비를 하게 되었다. 이 실험 과정에서 무조건 자극(음식)과 조건 자극(종소리)이 조건화하여 나중에는 조건 자극만으로도 유기체의 반응을 유발하는 현상이고 이것을 '고전적 조건형성'이라고 하는데 조건형성이라는 말이 어렵다면 습관화, 학습화라고 쉽게 생각하면 된다.

반려동물에게 어떠한 행동이나 반응을 학습화시킬 때 시간, 강도, 일관성 그리고 계속성의 원칙을 지켜야 한다. '파블로프의 개'의 실험으로 예를 들자면, 종소리는 먹이에 시간상 조금 앞서서 혹은 동시에 주어져야 하고 먹이의 자극강도는 종소리의 이상이어야 한다. 그리고 종소리는 일관되게 주어져야 하며 자극과 반응의 결합은 계속적으로 반복되어야 조건화가 잘 형성될 수 있다. 다시 말하면, 반려동물을 교육시킬 때 조건자극은 무조건자극이 제공됨과 동시에 조건이 이루어져야 하고, 무조건자극의 강도가 강할수록 조건형성이 보다 쉽게 이루어질 수 있으며 보호자가 반려동물에게 일관적인 조건자극을 제공해주어야 하고 마지막으로 반려동물이 조건자극에 대한 반응이 생길 때까지 조건화를 반복해서 시켜야 한다.

그림 2.6 파블로프의 개

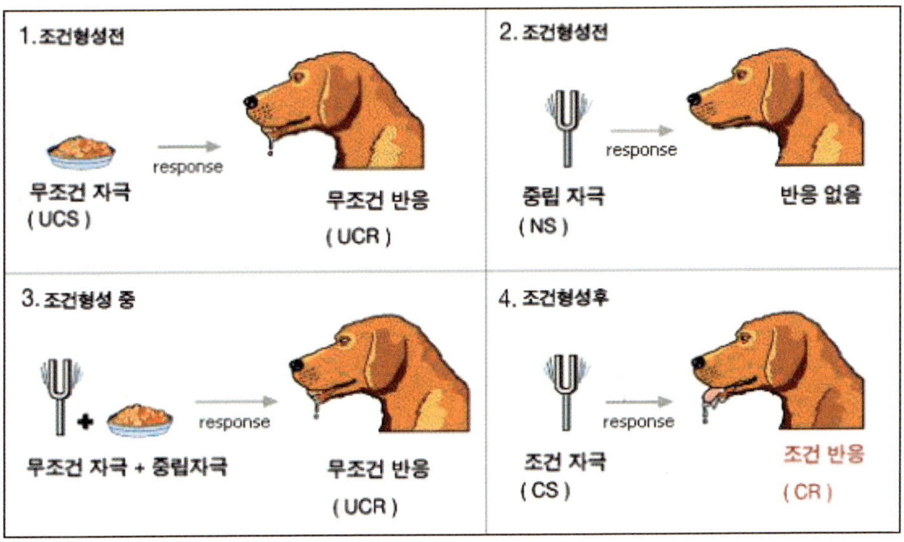

출처: http://suakii.egloos.com/m/2436816

1) 고전적 조건화의 현상

(1) 자극일반화

조건반응을 성립시킨 원래의 조건자극과 유사한 자극이 주어졌을 때 조건화된 반응이 계속 일어나는 현상을 말한다. 두 자극이 유사할수록 일반화의 정도가 크다는 자극일반화 법칙이 수립되었다. 자극 일반화 현상은 행동치료에서 인간의 불합리한 행동의 원인을 찾아 이를 치료하는 데 이용되고 있다.

(2) 자극변별

자극 일반화를 막기 위해 동물로 하여금 두 개의 자극을 변별하도록 조건형성을 하는 것이다. 어떤 특정한 소리를 들려줄 때만 보상을 주고 그렇지 않을 때는 보상을 주지 않으면 동물이 그 특정한 소리를 들을 때만 반응을 하게 된다.

(3) 자발적 회복

얼마간의 휴식기를 가진 후, 조건형성에 사용되었던 조건자극을 제시하면 다시 조건반응이 나타나게 되는 현상을 말한다.

(4) 고차적 조건형성

고전적 조건화가 일어난 다음 두 번째 조건자극을 첫 번째 조건자극과 결합시킨다. 이와 같이 몇 차례 반복하면 두 번째 조건자극도 역시 조건반응을 유발할 수 있는데 이것을 2차적 조건화라고 부른다. 같은 방법으로 세 번째 조건자극을 두 번째 조건자극과 결합시켜서 나중에 세 번째 조건자극도 조건반응을 유발할 수 있게 하는 과정을 고차적 조건형성이라고 부른다.

3 스키너의 조작적 조건화

스키너는 동물은 환경이 보내오는 자극에 단순히 반응만 하는 존재가 아니라 환경에 대해 자발적이고 능동적으로 행동하는 것이 가능하다고 했다. '스키너 상자'의 실험을 통해 동물이 행동에 보상이 따르면 그 행동이 더 강해지고 보상이 없거나 처벌이 뒤따르면 그 행동은 약해지거나 없어진다는 것을 알 수 있다.

1) 정적강화와 부적강화

정적강화는 반려동물이 좋아하는 자극 또는 강화물을 제공함으로써 올바른 행동의 빈도수를 증가시키는 것을 말하고 부적강화는 반려동물이 싫어하는 자극 또는 강화물을 제거함으로써 올바른 행동의 빈도수를 증가시키는 것을 말한다. 즉, 강화의 원리는 긍정자극을 제공하거나 혐오자극을 제거할 때 반응(행동)의 빈도가 증가하는 것을 말한다. 예를 들어, 반려동물이 정해진 장소에서 배변을 할 때마다 강화물이나 보상을 제공함으로써 보호자가 원하는 장소에서 계속 배변하도록 하는 것이 정적강화에 해당되고, 이동장에 갇혀 있는 반려동물이 얌전해지면 다시 밖으로 나올 수 있게 하는 것이 부적강화에 해당된다.

2) 정적처벌과 부적처벌

강화처럼 처벌에도 정적처벌과 부적처벌이 있다. 정적처벌은 반려동물이 싫어하는 혐오자극이나 강화물을 제공함으로써 올바르지 않은 행동의 빈도수를 감소시키는 것을 말하고 부적처벌은 반려동물이 좋아하는 자극이나 강화물을 제거함으로써 올바르지 않은 행동의 빈도수를 감소시키는 것을 말한다. 즉, 처벌의 원리는 혐오자극을 제공하거나 긍정자극을 제거할 때 반응(행동)의 빈도가 감소하는 것을 의미한다. 예를 들어, 반려동물이 짖을 때마다 신문지로 때리거나 소리를 질러 짖는 것을 감소시키는 것이 정적처벌에 해당되고, 떼를 쓰는 반려동물에게 관심을 주지 않고 무시함으로써 떼를 쓰는 행동을 감소시키는 것이 부적처벌에 해당된다.

표 2.3 강화와 처벌

	강화	처벌
정적	정적 강화	정적 처벌
부적	부적 강화	부적 처벌

3) 소거

스키너의 학습이론에서 또 하나 중요한 개념이 소거이다. 소거는 더 이상 강화를 주지 않으면 그 학습된 행동이나 반응들이 약화되거나 없어지는 것을 말한다. 따라서 동물의 바람직하지 못한 행동을 없애고 싶을 때는 그 행동을 강화시켜 주고 있던 요인을 찾아서 없애면 된다. 하지만 소거의 초기 단계에는 그 행동이 급격히 더 증가하는 '소거 격발'이라는 부작용이 일어나기 때문에 문제가 해결되기는커녕 훨씬 더 악화되었다는 인상을 준다. 이때의 주인은 흔들리면 안 되고 소거 격발 단계를 지나면 문제 행동은 빠른 속도로 사라진다.

4) 간헐적 강화

스키너는 강화를 어떻게 주는 것이 학습에 효과적인지를 놓고 많은 연구가 이어졌는데 처음에는 그 행동을 할 때마다 강화를 해 주어야 학습이 되지만 일단 학습이 되고 나면 간헐적으로 강화를 주는 것이 그 행동을 유지시키는 데 훨씬 효과적이라는 것이 밝혀졌다.

5) 행동형성 기법

행동형성이란 현재 동물이 할 줄 모르는 새로운 행동을 학습시키는 방법으로 원하는 목표 행동을 해내기까지 그 행동에 근접해 가는 행동들을 여러 단계로 쪼개어 차츰차츰 완성시켜 나가는 방법을 말한다. 애초에 나타나지도 않은 행동은 강화나 처벌을 할 수 없어서 반려동물이 내가 원하는 행동을 할 때까지 무작정 기다릴 수도 있지만 이 행동형성 기법을 사용하면 기다리는 시간을 단축시킬 수 있다.

4 반려동물 행동의 처벌

반려동물 처벌의 가장 중요한 것은 일정한 타이밍이다. 여기서 처벌이라는 것은 반려동물이 잘못한 행동을 했을 때 소리를 질러 혼을 내거나 때리는 등의 의미가 아니라 반려동물이 이해할 수 있는 표현으로 자신이 잘못한 행동을 하고 있다는 것을 즉시 인지할 수 있도록 하는 것이다. 예를 들어, 반려동물의 시선을 피하거나 관심을 주지 않거나 바디 블로킹을 하는 것이 있다.

반려동물 처벌에서 두 번째 중요한 것은 보호자의 일관성이다. 보호자가 반려동물에 미치는 영향이 매우 크므로 항상 정확하고 동일한 신호를 반려동물에게 전달을 해야 한다. 그렇지 않고, 목소리의 톤이나 패턴을 바꾸어 가면서 혼을 내거나 불필요한 액션이나 폭력 행위를 하게 되면 서로 불편한 관계를 형성하게 될 뿐만 아니라 보호자의 교육에 두려움과 거부감을 표출할 수 있고 서로의 신뢰관계가 깨질 수 있다.

Chapter 4

개에 대한 이해

1 개의 성장 과정

1) 신생아기(출생~2주간)

이 기간에 자견들은 눈도 보이지 않고 귀도 들리지 않으며 스스로 배설하지도 못해서 어미에게 모든 것을 의존할 수밖에 없다. 그리고 이 시기의 새끼 강아지들은 살아남기 위해 어미와의 관계를 계속 요구하고 어미개의 모성본능과 모성애를 보다 강하게 키워주기 위해 사람의 간섭은 자제해야 한다.

2) 이행기(생후 3주령)

어미개가 음부나 항문을 자극하지 않아도 스스로 배설할 수 있고 눈이 보이고 귀가 들리며 서서 걷기 시작한다. 이미 걸을 수 있으므로 강아지들은 활발하게 돌아다니고 서로 접촉하기 시작하는데 어미 개뿐만 아니라 강아지들 사이에서 생기는 접촉에 의해 개끼리의 관계가 형성되며 견고해진다. 이 시기에 강아지를 형제들로부터 떼어놓으면 장래 다른 개들과 정상적으로 사귀지 못하게 되는데 그 이유는 강아지들끼리의 접촉이나 교류하는 방법을 모르기 때문이다.

3) 사회화기(4주~12주)

강아지는 이 세상에 태어나서부터 처음에는 엄마에게 의존한 다음에 형제와의 교류를 체험하고 드디어 외부의 세계에 있는 사람을 알게 되는데 이 시기에는 사람과의 관계가 매우 중요하다. 사회화라는 것은 강아지가 자신의 세계를 넓혀 가는 과정을 가리키는 것이고 강아지는 인간은 어떤 동물인가를 이해하기 시작하는 시기이다. 따라서 강아지의 안정적인 정서를 얻기 위해 다른 강아지를 만나게 할 수 있는 것도 중요하지만 다양한 사람들과 접촉하도록 하는 것 또한 매우 중요하다.

사회화기의 강아지에게는 자극이 많은 환경에 적응하게 만들고 울타리나 사육장에서 꺼내 실내를 자유롭게 걷게 하며 다양한 물건, 냄새, 소리 등에 대해 탐색할 수 있는 기회를 충분히 제공해주어야 한다. 그리고 이 시기의 강아지는 순응성이 높고 새로운 환경이나 사람에게도 금방 친해질 수 있어서 강아지에게 생활의 기본이 되는 교육을 가르쳐주는 것도 좋다.

4) 성장기(4개월~12개월)

4개월 즈음 되면 강아지의 자립심이 높아져 어미로부터 떨어져 행동하는 일이 많아지고 경계심이 많아지며 바깥세상과 자신이 있는 세계와 구별이 가능해져 모르는 사람에 대해 경계한다. 그리고 사회화기와 성장기를 통한 놀이는 강아지의 정상적인 행동발달에 매우 중요한 역할을 하고 놀이를 통해 강아지는 복잡한 운동패턴을 학습하여 신체능력을 갈고닦음과 동시에, 개 특유의 보디랭귀지를 이해할 수 있게 된다.

2 개의 본능적인 행동

1) 한쪽 다리를 들고 소변한다

한쪽 뒷다리를 올리고 오줌을 싸는 것은 수컷에게서 많이 볼 수 있는 현상인데 그렇다고 신체 구조적으로 한쪽 다리를 들지 않으면 오줌을 못 싸는 것은 아니다. 그럼 수컷들이 왜 다리를 들고 오줌을 싸는 것일까? 수컷에게 오줌은 단순한 배설물이 아니다. 자

신이라는 존재를 다른 개들에게 알려주기 위한 중요한 소통의 수단인 것이다. 개는 후각이 발달해 개들 서로의 오줌냄새를 구분할 수 있고 암컷에 비해 영역의식이 강해서 자신의 행동권을 오줌으로 표시한다. 이러한 행동을 '마킹(marking)'이라고 부른다. 그러나 지면에 배설을 하면 자신의 오줌 냄새가 멀리까지 퍼뜨리지 못해서 가로등, 건물 벽, 나무 등 지면보다 높은 곳에 오줌을 싸는 것이다. 즉, 개가 한쪽 다리를 들고 오줌을 싸는 것은 오줌을 보다 높은 곳에 싸기 위한 수단이라고 볼 수 있다.

개들의 행동권은 중복되기 마련이다. 그래서 자신이 속한 무리의 존재를 보다 강력하게 어필하기 위해 산책길에 있는 다른 개의 오줌 냄새가 나면 그 위에 자신의 오줌을 싸서 이전의 냄새를 지워버린다. 어린 수컷은 성숙이 미숙하기 때문에 한쪽 다리를 들고 오줌을 싸는 행동을 잘 하지 않고 대략 생후 10~12주가 되면 점차 마킹을 하기 시작한다. 이 수컷 특유의 행동은 남성 호르몬에 의해 지배되므로 누가 가르쳐주지 않아도 성장함에 따라 한쪽 다리를 들고 오줌을 싼다.

2) 개가 보호자에게 뽀뽀할 때

갓 태어난 자견은 모견의 젖을 먹고 자라지만 일정 기간이 지나면 이유식을 먹게 된다. 개의 이유식은 모견이 음식을 먹은 후 위에서 약간 소화시킨 것인데 자견이 배가 고프면 모견의 입술 주위를 핥고 모견은 그때 위 속에 있는 음식을 토해내 자견에게 먹인다. 이렇게 자견이 모견의 입술 주위를 핥는 것은 먹을 것을 달라는 신호이고 모견이 먹은 음식을 토해내 자견에게 먹이는 것은 야생에서 사는 개의 선조인 늑대들의 사냥법과 관계가 있다.

늑대들이 사냥을 할 때 도망치는 사냥감을 완전히 지칠 때까지 추적하고 공격하는데 사냥감의 크기가 클 경우에는 멀리 떨어진 무리까지 운반하기 어려워 사냥감을 커다란 위 속에 저장해 무리까지 운반하였다. 이 때에도 역시 무리에 있는 새끼들이 배가 고프면 어미나 다른 늑대의 입 주위를 핥아 배고픔의 신호를 보내 음식을 얻어먹는다.

사람과 함께 생활하는 자견뿐만 아니라 성견에게도 이러한 습성이 아직도 남아 그대로 표현하는 경우가 있다. 먹이를 주는 보호자와의 관계에 있어서 반려견이 보호자의 입 주위를 핥는 행동이 나타날 수 있는데 그렇다고 이러한 행동을 한다고 해서 반려견이 꼭 배가 고픈 것은 아니다. 반려견은 옛날부터 자신보다 위의 존재에 대한 존경과 애정을 전하고 싶을 때 입을 핥는 습성이 있어서 자신보다 위에 있는 리더인 보호자에게 애정을 전하기 위해 보호자의 입을 핥는다.

3) 개는 잘 짖는다

가축화된 동물 중에서도 개는 특히 잘 짖는다. 사람들은 맹수나 적의 습격을 미리 알기 위해 개를 번견(番犬)으로 사육되었는데 이러한 역할을 위해서 개는 잘 짖어야 했다. 또한 개는 원래 잘 짖는 습성을 가지고 있었고 무리를 이루는 동물이라 위험이 닥치면 짖어서 동료들에게 알려야 했다. 가축화된 반려견은 보호자나 가족을 무리라고 인식하기 때문에 위험이 다가왔을 때 짖어서 보호자에게 알리는 일이 자신의 습성에도 부합하는 것이다. 이처럼 개의 습성을 이용한 사람들이 자신의 생활에 도움이 되도록 잘 짖는 개를 개량했다.

한편으로는 낯선 사람이나 다른 개가 접근했을 때 잘 짖는 개가 있다. 이것은 보호자에게 이상한 사람이 있다는 것을 알리기 위한 것일 수도 있고 짖는 것이 상대를 위협하는 것으로 보이지만 실은 혼자서는 불안하기 때문에 동료에게 와달라고 하는 신호일 수도 있다. 따라서 개가 짖을 때 그것을 무시하고 자나가는 것이 좋은데 짖고 있는 개가 사람에게 겁을 주려는 의도가 아니라 겁을 먹어서 짖는 것일 수도 있기 때문이다.

반려견에게 있어 보호자는 무리의 리더라고 생각해서 그런 존재가 가까이 있으면 짖고 있는 상대가 강하다 해도 자신을 지켜 줄 대상이 있는 만큼 안심하게 된다. 그래서 약한 반려견도 보호자가 가까이 올수록 낯선 사람이나 다른 개에게 더욱 짖어댈 수 있다.

4) 개가 배를 보여준다

동물의 방어 자세는 기본적으로 몸을 둥글려 상대에게 등을 향하는 자세이다. 배를 보이는 것은 내장이나 경동맥 등 자신의 약점을 상대에게 드러내는 행동이기 때문에 여기를 공격당하면 치명상을 당할 것이 분명하므로 일반적으로 배를 잘 드러내지 않는다. 그럼 반려견은 왜 배를 드러내는 것일까? 자신의 약한 부분을 일부러 보임으로써 전혀 싸울 의사가 없음을 상대에게 확실히 전달하는 것이다. 자신보다 강한 상대를 만났을 때 자신을 낮추고 귀를 눕히며 꼬리를 뒷다리 사이에 감아 넣는 자세를 취하기도 한다. 이것은 두려움을 뜻하는 것으로 두려움이 공격으로 바뀔 수는 있으나 배를 보이는 행동은 이것과는 근본적으로 다르며 공격으로 전환되지 않는다.

또한 반려견들 중에 처음부터 배를 보이는 반려견이 있는데 이럴 때는 복종의 표시보다는 인사 대신 사용하는 경우도 있다. 상대와 사이좋게 지내려면 처음부터 배를 보이는 것이 빠른 방법이기 때문이다. 그리고 보호자에게 배를 보일 경우 혼날 때뿐만 아니라 함께 놀고 싶다는 애정의 표시이기도 해서 반려견들이 배를 보인다고 하여 반드시 복종하는 것을 표현하는 것은 아니다.

3 개의 스트레스

동물 중에서 반려견은 머리가 매우 좋은 동물이라는 것을 널리 알려져 있다. 수의학의 연구를 통해 인간의 뇌와 반려견의 뇌를 비교해보았을 때 정보를 기억하거나 사고를 담당하는 대뇌신피질은 차이가 있지만 정동을 담당하는 대뇌변연계는 거의 차이가 없다고 알 수가 있다. 즉, 반려견도 인간과 거의 똑같은 감정(기쁨, 슬픔, 두려움, 싫음, 좋음 등)을 가지고 있고 단, 인간과 같이 언어로 감정을 표현하지 못하고 자신의 행동 때문에 일어나는 미래의 결과를 예측하지 못할 뿐이다. 따라서 인간과 같이 다양한 감정을 가지고 있을뿐더러 인간과 같이 자신이 원하지 않은 일을 해야 하거나, 원하지 않은 상황에 처해 있거나 자신의 욕구나 에너지를 제대로 충족을 시키지 못하고 해소하지 못한다면 스트레스를 받을 수 있다.

'배가 고프다', '목이 마르다', '덥다', '소란스럽다' 등의 문제가 해결되지 않거나 주인이 관심을 가져주지 않을 때 받은 외로운 감정이나, 타고난 사냥본능을 충분히 발휘하지 못하거나, 질병이나 상처에 의한 고통을 받는 등 이 모든 원인들이 반려견의 스트레스를 초래할 수 있다. 물론 반려견과 인간도 스트레스를 완전히 없앨 수 없다. 그러나 사람을 포함한 동물은 어느 정도의 스트레스를 견뎌낼 수 있는 능력을 갖고 있기 때문에 경미한 스트레스를 받는다고 해서 큰 문제가 생기지는 않는다. 문제는 스트레스가 장기화되고 그 상태가 오래 지속되면 반려견의 육체적, 정서적, 심리적인 균형이 깨져버린 것이다. 동물매개교육 현장에서 도우미동물의 스트레스 관리가 매우 중요하다. 그들이 스트레스를 제대로 관리하지 않으면 면역력이 낮아지고 질병에 약해질 뿐만 아니라 공격행동이 나타날 수 있기 때문에 현장에서 안전사고가 발생될 수 있다. 따라서 도우미동물이 스트레스를 받고 있는지 수시로 확인할 필요가 있고 스트레스를 최소화시키기 위해 꾸준히 교육을 시켜야 한다. 만일, 프로그램을 진행하는 과정에서 도우미동물들에게 스트레스 반응을 보인다면 적당한 휴식시간을 제공해주어야 하고 필요 시 프로그램에서 제외시켜야 한다.

스트레스를 받고 있는 반려견에게는 다양한 징후가 나타나는데 크게 신체적 징후와 행동적 징후로 나눌 수 있다. 신체적인 징후는 구토, 용변 실수, 부적절한 배뇨량, 피부병, 과도한 탈모, 식용부진 등이 있고 행동적인 징후는 떨기, 심하게 낑낑거리기, 계속 짖기, 물건을 물어뜯기, 사람이나 동물을 물기, 활동량의 증가나 감소, 상동행동 등이 있다. 처음에는 스트레스나 불안감 때문에 시작된 행동들이지만 시간이 지날수록 그 행동들이 점차 버릇이 되고 나중에 그 행동들을 하지 않으면 불안해지는 강박신경증을 갖게 된다.

만성적인 스트레스는 반려견의 여러 가지의 질병과 문제행동을 일으킬 수 있다. 특히 긴장을 잘 하는 반려견의 경우에는 스트레스에 약하기 때문에 식욕부진이나 장염(만성설사) 등에 걸릴 수 있고 스트레스가 많이 쌓이다 보면 전반적인 면역기능도 떨어질 수 있다. 그러므로 보호자가 자신의 반려견에게 이러한 징후가 발견하게 되면 반려견이 스트레스를 받고 있는지 확인할 필요가 있다.

반려견에게서 나타나는 신체적인 징후는 단순히 질병의 문제인지 아니면 스트레스로 인한 문제인지 먼저 확인해야 하므로 가까운 동물병원에 의뢰하는 것이 좋고 스트레스 반응이 신체적인 문제로 나타나는 것이라면 전문가에 의뢰하여 해결방안을 찾아보는 것도 하나의 방법이다.

4 카밍 시그널(calming signal)

1) 카밍 시그널이란?

‘카밍 시그널’이란 글자 그대로 상대를 온화하게 하고 진정시키며 조용하게 만드는 반려견들의 신호를 말하며 다른 반려견과 소통할 때 사용하는 몸짓 언어이다. 반려견들은 자신이 공포를 느끼거나 스트레스 혹은 불안감을 느낄 때, 다양한 신호를 통해 자신과 주위의 동료를 진정시키고 무리를 안정시키는데 이러한 신호를 주인이 알아차리고 이해할 수 있다면 그리고 그 신호를 응용하여 반려견에게 보낼 수 있다면 반려견의 불안감이나 스트레스를 더욱 빨리 해소시킬 수 있고 진정시킬 수 있을 것이다.

카밍 시그널과 보통 행동을 구별하는 것이 중요한데 위 내용에서 언급했듯이 '하품한다'는 전형적인 카밍 시그널이지만 정말 졸리거나 심심할 때도 하품을 할 경우가 있기 때문에 주인이 현재 자신의 반려견이 스트레스나 불안감으로 인해 하품을 하는 것인지 아니면 단순히 무료해서 하품을 하는 것인지 구별할 수 있어야 한다. 따라서 처음 한동안은 상당한 주의력과 관찰력을 발휘하여야 카밍 시그널과 보통 행동을 구별할 수 있고 카밍 시그널을 이해할 수 있게 된다면 한층 더 반려견과 친밀한 관계를 쌓을 수 있으며 보다 행복한 삶을 함께 보낼 수 있을 것이다.

2) 대표적인 카밍 시그널

(1) 고개 돌리기(head turn)

순간순간 급박한 상황이나 놀랄 만한 상황이 벌어졌을 때, 그리고 상대 강아지가 불안해 할 때 강아지하고 눈이 마주치는 순간에도 이러한 행동을 보인다. 상대에게 불안해하지 말라고 "나 너한테 다가가지 않을게~ 나 그냥 지나갈게~"라는 표현이다. 또한 사람이 반려견과 눈이 마주칠 때 정면으로 다가가 높은 톤으로 "아이고, 예쁘다"라고 하면서 손을 뻗어 머리를 만지려고 할 때도 이러한 행동을 보이고 정면에서 시선을 받는 것을 위협받는다고 느낀 반려견이 불안하다는 것을 표현하는 것이다. 따라서 사람이 반려견과 눈이 마주칠 때 가볍게 고개를 돌려주거나 눈을 감거나, 다른 곳을 살짝 보고 다시 보는 행동을 해준다면 반려견이 조금은 편해질 수 있을 것이다.

사람이 무서워서 짖거나 으르렁거리는 반려견을 만나게 되면 그 자리에 멈추어 서서 얼굴을 돌리며 적대감이 없다는 것을 표현하고, 반려견이 냄새를 맡고 가까이 다가오기를 기다려 주는 것이 좋다. 또한 반려견은 정면으로 시선을 받는 것 자체를 위협으로 느낄 수 있기 때문에 정면으로 눈을 마주치는 것을 피하는 것이 좋고 눈을 감거나 시선을 피함으로써 "나는 적대감이 없어"라는 의사를 표현하는 방법도 있다.

(2) 등 돌리기(turning away)

다른 개가 으르렁거리거나 주인에게 야단을 맞을 때 상대를 진정시키기 위해 등을 돌리기도 하고 같이 놀면서 흥분한 상대나 끈질기게 계속 놀자고 하는 강아지에게 등을 돌림으로써 상대의 흥분된 감정을 진정시키기도 한다.

달려드는 행동을 멈추지 않거나 끈질기게 몸에 달라붙는 반려견에게 등을 돌려봄으로써 반려견의 행동은 주인이 즐겁게 생각하지 않고 느끼지 않다는 것을 전달할 수 있고 이러한 행동을 보는 반려견은 점차 안정을 찾을 수 있고 반복하다 보면 달려들거나 달라붙는 행동의 횟수도 감소시킬 수 있다. 또한 사람을 무서워하는 처음 보는 반려견에게 등을 돌려 보여주는 것을 통해 공격의사가 없다는 것도 전달할 수 있다.

(3) 돌아가기(curving)

반려견들은 정면으로 상대방에게 다가가지 않다(사회성이 낮은 반려견 중에 다른 강아지를 만날 때 정면으로 달려가는 경우가 있다). 특히 모르는 개를 발견할 때 정면으로 다가가기보다는 멀리 돌아가면서 커브를 그리듯이 스쳐 지나가고 이러한 행동은 상대에게 적의가 없다는 것을 표현하는 것이다. 따라서 불안감을 느끼고 있는 반려견을 만날 때 되도록 가까이 가지 말고, 시선을 피하면서 커브를 그리듯 돌면서 지나치면 반려견은 상대가 적의가 없다는 것을 알고 진정해질 수 있다.

만약 커브를 그리면서 멀리 돌아갈 수 없는 좁은 길을 지나가야 할 때 주인이 반려견들 사이에 들어가 반려견의 시선을 밖으로 돌리면서 스쳐 지나가도록 하는 것이 좋다. 다른 반려견을 볼 때 공격적인 행동이 보이거나 쉽게 흥분할 수 있는 반려견이면 목줄을 놓치지 않도록 주의해야 하고 필요할 시 입마개를 사용하는 것이 좋다.

(4) 하품하기(yawning)

감정이 격한 상대나, 불안을 느끼는 상대를 진정시킬 때, 가족이 싸우거나 시끄러운 잔소리로 반려견을 야단칠 때, 또는 흥분하고 긴장된 자신의 기분을 달래기 위해 하품을 한다. 그래서 긴장하고 흥분한 반려견에게 하품을 하는 것이 반려견을 진정시키는 데 도움이 될 수가 있다. 특히 익숙하지 않은 장소(동물병원, 사람이나 개가 많은 곳 등)에서 긴장하고 있는 반려견을 안아주고 토닥토닥하면서 말로 달래주는 주는 것이 아니라 반려견과 눈을 마주치지 않은 상태에서 크게 하품을 해야 반려견의 긴장도를 완화시킬 수 있다. 또한 흥분해 있는 반려견의 경우에도 반려견을 향해 하품을 하면 "너 지금 너무 흥분했어, 진정 좀 해~"라는 신호를 전달할 수 있다.

즉, 반려견들이 불안해하거나 공포를 느낄 때, 스트레스를 받거나 보호자의 표정이 어두울 때 그리고 반려견이 자신의 흥분을 가라앉히려고 할 때 하품하는 카밍 시그널을 사용할 수 있다.

(5) 끼어들기(split up)

긴장된 상태에서 싸움의 기미가 보이는 사람 또는 강아지의 사이에 끼어듦으로써 싸움을 막으려는 행동이다. 끼어들기는 다투는 반려견 사이에 끼어들어 그들의 싸움을 막고 멈추게 하는 데 많이 쓰이는 방법이기도 한다. 그러나 공격성이 매우 높거나 모르는 처음 보는 반려견 사이에 끼어들다가 물릴 수도 있기 때문에 무작정 반려견 사이에 끼어들지 않는 것이 좋다. 또한 가끔 사람이 소파에 앉아 아이와 소란스럽게 놀고 있거나 사람이 누군가의 옆에서 춤을 출 때 반려견이 그 사이에 끼어들려 할 수 있다.

(6) 코 핥기(licking the nose)

반려견이 재빨리 코를 핥는 모습을 자주 볼 수 있을텐데 가끔 속도가 너무 빨라서 놓칠 때가 많다. 반려견들이 다른 반려견이 자신에게 다가 올 때나 사람이 화난 목소리로 말할 때 또는 손으로 꽉 잡을 때 코를 핥는 카밍 시그널을 사용할 수 있다. 또한 자신을 향한 카메라를 보고 놀란 나머지 스스로를 진정시키기 위해 코를 핥을 수도 있고 가까운 곳에서 여러 사람이 손을 움직일 때 긴장이 되어 코를 핥을 수도 있으며 너무 직선으로 반려견을 향해 접근하거나 손을 쫙 벌리는 행동은 반려견을 불편하게 할 수 있어서 이럴 때도 반려견이 코를 핥을 수 있다.

5 개의 문제행동

1) 문제행동의 정의

일반적으로 문제행동이라는 것은 세 가지의 유형으로 나누어 볼 수 있는데 첫째, 반려견 건강의 문제로 본래 가지고 있는 행동양식(behavior patten)을 일탈하는 경우가 있다. 예를 들어, 스스로 털을 뽑거나 피부가 상처 날 때까지 핥거나 고통으로 인한 이상

행동 등이 여기에 해당된다. 즉, 문제행동의 원인이 질병에 있을 수도 있기 때문에 이러한 모습을 발견했을 때 반드시 통제하려고 하거나 행동을 교정하려고 하는 것이 아니라 건강문제가 없는지, 보호자의 꼼꼼한 체크와 반려견에 대한 이해가 선행되어야 하고 필요시 바로 동물병원에 데려가 치료를 받도록 해야 한다.

둘째는 동물이 본래 가지고 있는 행동양식의 범주에 있으면서도 그 많고 적음이 정상을 일탈하는 경우로 성행동이나 섭식해동 등에서 많이 발견할 수 있다. 반려견이 어떤 생활양식을 가지고 있는지 보호자가 함께 생활하면서 면밀하게 체크하고 이해하는 것이 중요하다. 성행동이나 섭식행동에서 나타나는 이상행동들은 질병적인 측면과 문제행동에 대한 두 가지의 측면을 모두 포함하므로 이러한 행동들이 발견했을 때 반드시 전문가에게 의뢰하는 것이 적절하다.

마지막으로는 그 많고 적음이 정상 범위를 일탈하지 않더라도 인간사회와 협조되지 않으면 문제행동이라고 본다. 즉, 반려견에게는 지극히 정상적이고 본능적인 행동임에도 불구하고 인간과 공존하면서 반려견으로 인해 보호자 또는 다른 사람이 불편함을 느끼거나 보호자와 함께 행복한 삶을 유지할 수 없다면 그 모든 행동들을 문제행동으로 삼고 있다. 안타깝게도 마지막 범주로 분류되는 문제행동이 대부분이고 이로 인해 안락사, 파양, 유기, 다른 사람에게 입양을 보내는 등과 같은 심각한 문제들이 끊임없이 발생되고 있다. 반려견이 생득적으로 가지고 있는 행동들을 문제행동으로 정의하는 것은 어떻게 보면 에고이즘(egoism)일지도 모르겠지만 반려견이 안락사나 파양 등을 당하지 않고 보호자와 함께 행복한 삶을 영위할 수 있으려면 이러한 문제행동들을 수정할 필요가 있다. 그러나 일반적으로 보호자와 반려견 간의 관계와 생활환경을 객관적으로 살펴보고 이해하게 되면 실제로 보호자에 의해 만들어진 문제행동들이 많다. 따라서 반려견의 문제행동의 발생 원인이 무엇인지 그리고 그것이 보호자와 관련이 있는지를 알아봐야 하고, 보호자의 의식이나 행동을 바꾸는 것을 통해 반려견의 문제행동 개선에 있어서 도움이 된다는 것도 인지하도록 해야 한다. 또한 보호자가 반려견의 행동을 본래 있는 그대로 수용해주는 것도 잊지 말아야 한다. 단순히 보호자의 개인적인 불편함 때문에 생활에 방해가 될 정도로 짖지도 않았는데도 강한 처벌(예: 짖음 방지 목걸이)을 내리거나 성대제거 수술을 시키는 등 반려견에게 학대적인 행위는 결코 해서는 안 되는 것이다.

2) 공격행동

선천적으로 겁이 많거나 어렸을 때 무서운 경험을 했거나 사회화 기회가 충분히 주어지지 못한 반려견은 겁이 많고 겁이 많은 반려견은 으르렁거리거나 짖거나 하지만 무는 경우는 드물다. 그러나 자신이 두려워하는 상황에서 벗어날 수 없다는 것을 깨달으면 공격적인 행동이 나타날 수 있다. 과도한 처벌을 받거나 별안간 발을 밟히거나 자동차 문에 꼬리가 끼는 경우처럼 통증을 느끼거나 상처를 입었을 때 무는 행동을 보이고 자신의 영역이나 밥그릇, 뼈, 장난감 등과 같은 것을 지키려고 하는 경우에도 무는 행동을 보인다.

또한, 단순히 재미있어서 무는 반려견도 있고 강아지가 어렸을 때 무는 행동을 방치하거나 반려견의 무는 행동을 정상적인 활동이라고 생각하는 보호자도 있다. 이러한 보호자는 사람이나 다른 개를 물어서는 안 된다는 것을 반려견에게 가르쳐 주지 않아 성견이 되어도 무는 행동은 지속되는 경우가 많다.

물지 못하게 하려면 강아지 때 응석으로 무는 버릇을 그대로 방치하지 않는 것이 중요하고 무는 행동을 그냥 내버려두면 성견이 되어도 입을 사용해서 놀기 때문에 물리는 상대는 참기 어려울 정도로 아프다. 또한 무는 버릇이 있는 성견인 경우 이미 "상대를 물었을 때 자신이 원하는 것을 얻었거나 상황이 좋아진다"는 것을 학습했기 때문에 그것을 고치려면 행동치료를 전문으로 하는 행동교정 전문가와 상담하는 것이 좋다.

3) 심하게 짖는 행동

반려견이 심하게 짖는 소음 공해는 반려견을 키우고 있는 사람뿐만 아니라 근처의 이웃 사람들에게도 피해를 준다. 그러나 짖는 행동을 고치기 위해 보호자들이 하는 큰 실수 중에 하나는 반려견의 짖는 행동을 올바른 교육을 통해 수정하려고 하는 것이 아니라 짖는 행동 그 자체를 완전히 못하게 하려고 하는 것이다.(예: 성대제거) 우리는 아이가 수다쟁이라고 해서 성대를 자른다거나, 운전하고 있는 사람이 노래를 부른다고 해서 신문지를 말아 때리는 행동은 아무도 하지 않을 것인데 짖는 반려견에게는 이러한 행동을 가한다. 반려견이 본능적으로 짖는 행동을 무차별하게 처벌하거나 성대를 제거하는 것은 상당히 비인도적인 방법이고 반려견에게 절대 짖지 말라고 요구하는 것은 사람에게 절대 말을 하지 말라고 요구하는 것과 같이 무리한 일이다.

또한 흔히 “우리 강아지는 쓸데없이 짖는다”고 고민하는 보호자가 있다. 그러나 쓸데없이 짖는다고 보는 것은 어디까지나 사람의 관점이고 반려견에게는 쓸데없이 짖는 것은 존재하지 않고 짖는 행동 뒤에는 반드시 어떤 이유가 있는 것이다.

반려견이 짖는 이유는 다양한데 낯선 사람이나 다른 개, 자동차나 벨소리 등 자극에 대해 반응하거나 영역 침범에 대한 경계심 때문에 짖을 수도 있다. 그리고 주인의 관심을 끌려고 짖거나 무료해서 짖거나 주인과 떨어지는 분리불안 때문에 짖는 반려견도 있다. 심하게 짖는 행동을 수정하게 하려면 반려견이 왜 짖는지 그 원인을 먼저 찾아내야 한다. 그 원인에 따라서 짖는 것을 수정하는 방법도 다르기 때문이다. 또한 못 짖도록 잘 길들여진 반려견도 지속적으로 짖는 것을 참게 하는 것은 반려견에게 상당한 스트레스를 줄 수 있기 때문에 ‘짖어’라는 명령어를 기억시켜서 짖어도 될 때 마음껏 짖게 해주는 것도 반려견의 스트레스 해소에 도움이 될 수 있다.

4) 분리불안

보호자와 떨어졌을 때 또는 보호자가 외출하고 반려견이 집에 혼자 남겨질 때 불안을 느끼고 스트레스를 받아서 여러 가지 문제 행동을 하는 경우를 ‘분리불안’이라고 한다. 분리불안이 심해지면 아무 데나 배변을 한다거나 이리저리 뛰어다니거나 걷기, 씹기, 울기, 짖기 등의 빈도가 정상적인 반려견보다 훨씬 잦아진다.

또한 보호자가 반려견에게 지나친 애정을 표현하는 것이 자신의 의도와 달리 반려견에게 많은 불안과 스트레스를 느끼게 하는 경우가 많다. 보호자가 집에 있을 때 반려견에게 보여 주는 지나친 관심과 애착이 오히려 부재중일 때 반려견에게 매우 큰 빈자리를 느끼게 할 수가 있고 보호자가 외출 시나 귀가 시 반려견에게 강한 애정표현과 스킨십을 보임으로써 반려견에게 보호자가 있을 때와 없을 때의 차이를 강하게 인식시키게 되어 결과적으로 보호자가 부재 시의 반려견의 분리불안이 더욱 심해진다.

보호자와의 지나친 애착관계로 인한 분리불안뿐만 아니라 어렸을 때 오랫동안 빈 집에 혼자 있었던 일, 보호자가 매일 같이 스케줄이 변하는 일, 보호자가 종종 바뀌는 등의 일도 반려견의 분리불안을 초래할 수 있다. 반려견이 지나치게 보호자에게 집착하게 되면 보호자가 없을 때 반려견는 그만큼 불안해질 것이므로 반려견의 독립심과 자신감을 키워주는 것이 중요하고 반려견이 혼자 보내는 시간도 즐거울 수 있다는 것을 교육해주는 것이 중요하다.

5) 씹거나 물어뜯는 행동

반려견이 물건을 씹는 데에는 여러 가지의 이유가 있는데 일반적으로 이빨이 생길 때 나타나는 둔통을 완화하기 위해서이다. 그래서 이가 나고 이갈이 끝날 때까지 대부분의 어린 반려견들에게서 계속해서 갉아대는 행동을 보이고 또한 어린 반려견은 주위의 환경을 탐색할 때, 걸어 다니는 다리와 씹는 턱을 주로 사용하는 특징이 있고 탐색 활동이 놀이가 되어 즐겁기 때문에 기본적으로 반려견은 계속해서 씹는 것이다. 하지만 그런 행동을 그대로 방치해 두면 반려견의 씹는 행동은 습관화가 될 수 있고 반려견에게는 씹는 행동은 즐거운 일이기 때문에 일단 습관화가 되어버리면 고치는 것이 어려질 수밖에 없다.

또한 반려견이 혼자 있을 때 즐길 수 있는 일은 상당히 한정되어 있다. 씹는 것, 구멍을 파는 것, 짖는 것, 미친 듯이 돌아다니는 것 정도 밖에 없는데 오랫동안 혼자 있게 되면 반려견은 대체로 심심해지거나 쓸쓸해진다. 그래서 반려견이 즐겁게 지내기 위해서는 여러 가지 흥미로운 자극이 필요하고 보호자가 재미있는 놀이를 적극적으로 가르치지 않으면, 반려견은 제 마음대로 문제 행동 놀이를 만들어 버린다.

반려견에게는 씹는 것은 본능적이고 정상적으로 필요한 행동인데 가끔 반려견이 씹어서 문제를 만들게 되면 지나치게 벌을 주는 보호자가 있다. 그런 벌은 반려견의 불안과 스트레스를 유발할 수 있고, 이럴 때 반려견은 스트레스를 해소시키려고 씹는 행동을 더욱 계속하게 되는데 이렇게 되면 악순환이 되어 씹는 행동이 점차 더 파괴적으로 변할 수 있다. 따라서 어렸을 때부터 어느 것은 씹어도 되고 어느 것은 씹으면 안 되는지를 반려견에게 교육시키는 것이 매우 중요하다.

6 교육 전 알아야 할 점

첫째, 반려견들의 집중력은 길지 않으므로 한 번에 교육을 너무 오래하는 것은 반려견을 지루하게 만들 수 있어서 짧게 여러 번 나누어서 교육시키는 것이 좋을 것이다. 1회에 5분에서 10분 정도 하고 하루에 여러 번을 실시하는 것이 좋을 것이다. 또한 교육시킬 때 반려견이 이해할 수 있을 때까지 눈높이를 맞추고 꾸준하게 학습시켜야 하고 잘 따를 때마다 보상을 반드시 제공해주어야 한다.

둘째, 반려견들은 특정 행동에 대해 보상을 받으면 행동을 지속하려는 심리가 있고 보호자가 이야기하고 있는 좋은 기억들은 모든 행동의 원동력이 된다. 따라서 반려견 교육에서 칭찬과 통제는 반드시 구분해야 하고 이해할 수 없는 부정적인 반응을 주게 되면 반려견은 다시 그 행동을 하지 않으려고 할 것이다.

셋째, 반려견은 인내심을 가지고 교육을 시켜야 한다. 기본적으로 반려견과 사람의 지능 수준과 이해도가 다르기 때문에 반려견이 이해될 때까지 인내심을 가져야 제대로 된 교육을 할 수 있을 것이다. 즉, 반려견에 대해 인내와 끈기를 갖고 학습시켜야 하는 이유는 근본적으로 사람과 동물은 다르기 때문에 인내심을 갖고 일정한 패턴으로 반복을 수행하게 되면 올바른 교육으로 인도할 수 있을 것이다.

Chapter 5

고양이에 대한 이해

1 고양이 기분의 이해

1) 꼬리로 말한다

고양이는 자신의 감정을 직접적으로 드러내는 부위가 바로 꼬리이다. 어쩌면 꼬리는 표정보다 고양이의 기분을 더 뚜렷하게 표현하고 있을지도 모른다. 따라서 고양이 꼬리의 여러 움직임을 관찰하고 이해하는 것이 고양이와 교감하는 데 있어서 더욱 수월할 수 있을 것이다.

개체 차이가 있지만 대략 15개~23개의 꼬리뼈와 그것에 붙어 있는 근육이 만들어내는 섬세한 움직임에는 다양한 감정이 숨어 있다.

그림 2.7 고양이의 꼬리 언어

2) 자세나 앉는 모습으로 기분과 편안한 상태를 알 수 있다

길에서 생활하는 고양이는 사냥감을 찾거나 외부의 적을 경계하느라 무방비로 지낼 수밖에 없는데 그 반면에 집에서 사는 고양이는 밥을 굶거나 적에게 공격당할 위험이 없기 때문에 비교적 안전한 환경에서 생활한다. 즉, 집에서 키운 고양이는 혹독한 자연에서 살아가는 고양이와 달리 대체로 차분한 상태로 시간을 보낸다. 비록 차분한 상태로 시간을 보내지만 가끔 집에 모르는 사람이 들어오면 경계하기도 하고 병에 걸리면 몸을 움츠리기도 하기 때문에 몸의 이상을 눈치챌 수 있도록 평소에 고양이의 자세를 많이 관찰하고 이해하는 것이 좋을 것이다.

(1) 자신의 몸을 부풀러 힘을 과시할 때가 있다

털을 옆으로 세우는 자세로 자신의 몸집이 커 보이도록 하는 자세이다. 이 자세를 통해 적으로 간주한 상대방을 쫓아내려고 할 때가 있고 자신만만하게 힘을 과시할 경우도 있으며 허세를 부릴 때도 있다. 이런 상태의 고양이를 보게 되면 진정할 때까지 기다려 주는 것이 좋을 것이다. 이런 상태의 고양이는 언제든지 싸울 준비가 되어 있어서 달래려고 만지다가 크게 다칠 수도 있기 때문이다.

(2) 공포를 느끼면 몸을 움츠린다

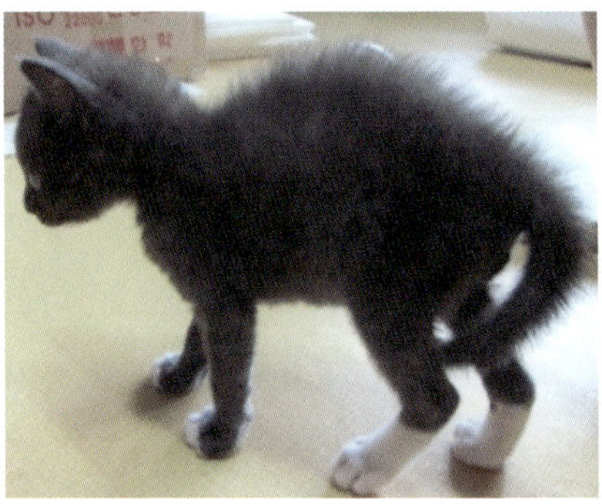

갑자기 모르는 사람이 집에 들어오거나 큰 소리가 나서 공포감을 느끼면 자세를 낮추고 꼬리를 뒷다리 사이에 넣어 몸을 움츠린다. 이러한 행동은 자신이 적의감이 없다는 것을 상대방에게 표현해주기 위해서인데 궁지에 몰리면 공격으로 전환할 수도 있다. 이럴 때는 다정하게 쳐다보거나 그 자리에서 피하는 것이 좋을 것이다. 불안정한 상태라 건드리다가 공격을 당할지도 모르기 때문이다.

(3) 편히 쉴 때는 몸을 둥글게 만다

앉는 자세를 보면 고양이가 얼마나 편안한지 알 수가 있다. 야생에서 사는 고양이는 언제 적에게 습격을 당할지 몰라 주변을 경계하면서 언제든지 도망갈 수 있는 자세를 취할 때가 많지만 집에서 사는 고양이는 이럴 필요가 없기 때문에 대부분은 편안한 자세를 취한다. 발바닥을 바닥에 붙이고 앉는 자세는 긴장을 완전히 풀지 않고 곧바로 도망갈 수 있도록 경계하는 상태이고 편히 쉴 때는 흔히 말하는 식빵 자세, 즉 앞다리와 뒷다리를 몸 아래로 집어넣고 앉는 자세를 말하고 다리를 옆으로 눕히는 자세, 사람처럼 벌러덩 드러눕는 자세가 있다.

배를 내밀고 무방비한 상태로 드러눕는 자세와 앞발을 몸 아래로 집어넣는 식빵 자세는 마음이 매우 편안할 때 많이 취하는 자세이다. 이러한 자세는 적을 만났을 때 바로 도망가기 어려운 자세이므로 이러한 자세를 취할 때는 경계하지 않고 긴장하지 않다는 의미로 이해할 수 있기 때문에 편안한 상태가 아니면 이런 자세를 결코 취하지 못할 것이다. 특히 배는 고양이에게는 급소인데 배를 보여준다는 것은 상대방을 믿는다는 증거이고 마음이 그만큼 편안하다는 표시이다.

3) 기분 전환을 위한 기지개 켜기

요가 동작 중에 '고양이 자세'가 있는데 엎드린 채 상반신을 쭉 펴는 동작이다. 지극히 고양이다운 몸짓이지만 고양이가 이 몸짓으로 딱히 뭔가를 어필하려는 것은 아니고 고양이도 사람처럼 단순히 긴장을 풀거나 기분을 전환하려고 기지개를 켜는 것이다. 고양이는 기지개를 한 번 켬으로써 기분이 좋아졌다면 그 좋은 기분을 또 느끼고 싶어하여 조건반사처럼 기지개를 켜기를 반복하기도 한다. 기지개를 켜는 타이밍은 고양이마다 다른데 보호자와 놀다가 질렸을 때 기지개를 켜기도 하고 아침에 일어난 직후, 밤에 잠들기 전에도 기지개를 켜는 모습을 볼 수 있다.

기분 전환을 위해서 기지개를 켜기도 하지만 기지개를 켜면 혈액 순환에도 도움이 될 수 있다. 한동안 같은 자세로 취하면 근육이 뭉치거나 혈액순환이 나빠질 수 있으므로 기지개를 켬으로써 몸을 풀고 혈액순환을 개선하는 효과가 있다. 그러나 관절이 아프면 기지개를 켜지 못하므로 자신의 고양이가 장기적으로 기지개를 켜지 못한다면 관절이 문제가 있는지 확인해볼 필요가 있다.

4) '골골'거리는 고양이

고양이를 키우는 사람이라면 고양이의 목에서 모터가 돌아가는 듯한 특유한 '골골'거리는 소리를 들어본 적이 있었을 것이다. 원래는 새끼 고양이가 어미젖을 먹을 때 '골골' 하는 소리를 내지만 다 큰 고양이에게서도 이러한 소리를 들을 수 있다. 일반적으로 고양이를 부드럽게 쓰다듬어 줄 때나 밥을 먹을 때, 잠이 들기 전, 어리광을 부리는 등 느긋하고 기분이 좋은 경우에 이러한 소리를 낸다고 알려져 왔는데 최근에 연구결과에 의하면 큰 상처를 입거나 아플 때 이 소리를 내기도 한다고 한다. 단, 몸 상태가 좋지 않을 때 내는 '골골' 소리는 편안할 때 내는 '골골' 소리와 다르다.

2 고양이 행동의 이해

1) 자기의 구역에는 자기의 냄새를 묻힌다

동물은 본능적으로 충분한 먹이가 확보되고 안전하게 숨을 수 있는 곳, 즉 자신의 구역(세력권)을 만든다. 사람이 키우는 고양이는 자신이 살고 있는 집을 자신의 구역으로 여기며, 가구 등에 몸을 문질러 자신의 냄새를 묻혀둔다. 자신의 냄새가 나는 장소에 대해서는 안심할 수 있기 때문이다. 그래서 집에서 키우는 고양이가 집에서 벗어나게 되면 불안감과 긴장감, 공포감을 느낄 수 있어서 일반적으로 강아지처럼 고양이에게 산책을 시키지 않는다.

따라서 고양이가 보호자의 팔과 다리 또는 가구에 머리를 비비거나 그것을 꼬리로 감싸는 행위는 인사를 하는 동시에 자신의 냄새를 묻히는 것이다. 고양이의 얼굴 주변과 꼬리가 달려 있는 부분에는 냄새 분비샘이 있고 고양이들끼리도 머리를 서로 비비면서 인사를 나누고 동료의 징표인 냄새를 묻힌다.

2) 그루밍은 기분을 안정시킨다

고양이는 자신의 털을 핥으면 기분이 안정될 수 있어서 긴장이나 불안을 해소하기 위해 일부러 그루밍을 하기도 한다. 그리고 마음을 안정시키려고 그루밍을 하기도 하지만 어떠한 실수를 했을 때 그루밍을 하기도 한다. 지나친 스트레스를 받으면 손톱을 물어뜯는 사람처럼 고양이들도 자신의 몸을 핥음으로써 스트레스를 해소하려고 한다. 보호자에게 혼났거나 높은 곳에서 뛰어 내려오다가 넘어지는 등의 경우에도 그 긴장감을 풀기 위해 바로 자신의 몸, 특히 앞발을 핥는 모습을 볼 수 있을 것이다. 불안, 공포, 스트레스 등을 발산하려고 하는 그루밍은 '대체 행동(displacement behavior)'이라고 부르는 현상이다.

3) 고양이의 발톱을 가는 습성

고양이에게 발톱은 살아가는 데 매우 중요한 부위이고 발톱을 가는 이유도 여러 가지가 있다. 뾰족한 발톱으로 사냥감을 잡을 때 비교적 쉬워질 수 있고 오래된 발톱층을 벗기고 날카로운 발톱을 유지하기 위해 발톱을 간다. 또한 할퀸 자국과 발바닥 냄새로 마킹하려 할 때, 즉 영역을 주장할 때 발톱을 갈고 초조함을 해소하려고 할 때도 발톱을 가는데 발톱 갈기는 고양이의 습성이므로 억지로 막을 수 없다.

발톱 갈기는 마킹 행위이고 마킹은 고양이의 습성이므로 막을 수 없다. 마킹을 할 때에는 발톱을 가는 행위로 할퀸 흔적과 발바닥 냄새를 남겨 자신의 영역을 주장하고 자신의 몸집이 커보이게 하고 싶어서 가능한 한 높은 위치에 할퀸 흔적을 남긴다.

4) 뒷발차기는 사냥 연습

고양이는 사냥 본능이 강해서 움직이는 물체를 쫓거나 잡는 포식 행동을 자주 볼 수 있는데 사람의 손이나 인형을 감싸 안고 뒷발로 차는 행동도 그 중에 하나이다. 이 귀여운 고양이 뒷발차기는 고양이의 사냥 본능에서 비롯한 행동이고 야생에서 사는 고양이는 사냥감을 앞발로 붙잡은 뒤에 뒷발을 이용하여 사냥감을 분리하기 위해 뒷발차기를 한다. 이러한 고양이 뒷발차기 행동은 사람의 손뿐만 아니라 장난감 등을 통해서도 볼 수 있는데 꼭 사냥을 위해서가 아닌 사냥감을 만났을 때를 대비한 연습 행동으로 볼 수도 있다.

또한 고양이가 뛰거나 점프를 할 때 대부분의 힘은 뒷발에서 나오기 때문에 앞발보다 힘이 더 세서 사냥감을 붙잡을 경우 뒷발을 이용하여 사냥감을 분리시키는 행동으로 해석할 수 있지만 주변 고양이나 보호자와 놀 때 자기가 싫어하는 행동을 하면 그 행동을 멈추게 하려고 뒷발을 차기도 한다.

5) 우열을 위해 싸움을 한다

야생에서 하는 고양이들이 처음 만나게 되면 싸움을 하곤 하는데 자신의 구역을 지키기 위해서 그리고 우열을 가르기 위한 행동이다. 한 번 승패가 결정이 나면 그 이후에는 싸움이 일어나지 않고 길에서 약한 쪽이 강한 쪽을 발견하게 되면 길을 양보해준다.

여러 마리의 고양이가 함께 집에서 사는 경우에는 영역을 확보하기 위해 싸우는 경우가 있는데 아무래도 고양이는 자신의 영역을 중요하게 여기는 동물이라 영역을 침범받았다고 느끼게 되면 예민해지고 스트레스를 받아 싸움으로 이어질 수 있다. 일반적으로 시간이 지나면 자연스럽게 영역분류에 의해 중첩된 세력권을 공유하게 되지만 때로는 그것이 싸움으로 발전하는 경우가 있어서 이럴 때는 각각의 고양이에게 자신만의 영역을 제공해주는 것이 좋고 각자 편하게 쉴 수 있는 공간을 만들어 주면 싸움을 줄일 수 있다.

3 고양이의 문제 행동

1) 고양이에게 깨무는 것은 본능인가

고양이가 열심히 놀다가 흥분하게 되면 갑자기 보호자의 손을 깨무는 경우가 있고 무심코 걷다가도 고양이에게 물린 경우도 있다. 고양이에게 깨무는 행동은 본능적이고 사냥감을 포식하는 행동이라고 볼 수 있다. 특히 새끼 고양이 같은 경우에는 여러 가지의 물건을 깨물면서 사냥 연습을 하는데 새끼일 때는 경험이 부족하므로 깨무는 힘을 잘 조절하지 못한다. 생후 2개월부터 다른 고양이와 싸우는 일이 잦고 상대를 너무 강하게 깨물어 화나게 만들기도 하는데 이런 연습을 통해 고양이들이 깨무는 강도를 익힌다.

고양이들이 깨무는 것은 기본적으로 사냥 훈련이지만 스트레스 때문에 생긴 공격 행동일 수도 있다. 따라서 고양이가 깨물 때 무작정 혼내거나 억지로 그만두게 하기보다는 상대방을 공격하는 이유를 알아낸 후에 적절하게 대처하는 것이 좋을 것이다.

고양이와 함께 놀다가 고양이가 흥분해서 사람을 깨물면 철저히 무시(무반응)를 해야 한다. 그러면 고양이는 흥미를 잃어버리게 되고 반복적으로 이러한 훈련을 하면 사람의 손을 깨무는 행동을 줄일 수 있고 놀아줄 때는 사람의 손 대신에 장난감을 물도록 하면 고양이에게 물리는 일도 줄을 수 있다.

2) 고양이도 마킹을 한다

고양이는 특정한 장소에 자신의 소변이나 체취를 묻혀 영역을 주장하는데 이러한 행동을 마킹(marking)이라고 한다. 특히 길에서 생활하는 어른이 된 수고양이의 경우에는 서서 뒤로 소변을 보는 'spray'라고 불리는 행동을 통해서 냄새를 남기며 자신의 영역을 확보한다. 생리적으로 배뇨할 때와는 달리 자신의 존재를 주장하려는 목적이므로 냄새가 강한 소변을 광범위하게 뿌린다. 중성화 수술을 하면 스프레이 행동이 줄어들 수 있지만 완전히 사라지지 않는다.

수컷 고양이는 암컷 고양이에 비해 마킹의 횟수가 많고 냄새도 강하다. 암컷은 음식만 확보할 수 있다면 영역에 집착을 하지 않지만 수컷은 번식을 하기 위해 암컷을 독차지해야 하기 때문에 마킹 횟수가 많고 냄새도 강하다. 또한 수컷 고양이가 마킹을 할 때 자신의 몸집이 커 보이고 상대방에게 위협을 주려는 목적으로 일반적으로 높은 곳에 냄새를 묻히려고 한다. 그러나 고양이는 영역을 주장하기 위해서 정상적인 스프레이 행동을 할 수 있지만 스트레스나 건강 상태의 이상으로 인해 부적절한 장소에서 배뇨를 할 수 있는데 보호자들이 이럴 때 고양이가 스프레이 행동을 하고 있다고 착각할 수가 있다.

새로운 동물이 가족으로 들어오거나 이사 등의 의해 환경이 변화가 생기면 고양이가 불안감을 부적절한 배설 행동이 증가하는 경우가 있고 바깥 고양이기를 집 고양이로 만들기 위해 실내에 가두거나 주인의 장기 부재 등의 의해 정서적으로 불안감을 느끼는 경우에도 부적절한 배설 행동을 일으킬 수 있으므로 고양이가 스프레이 행동을 하고 있는지 아니면 부적절한 배설을 하고 있는지 잘 확인해야 한다.

표 2.4 스프레이행동과 부적절한 배설의 차이점

특징	스프레이 행동	부적절한 배설
자세	일반적으로 서서 함	앉아서 함
배설량	적다	많다
화장실의 사용	일반적인 배설 시 사용함	일반적으로 사용하지 않음
대상 장소	수직면, 정해진 장소임	좋아하는 장소임
소변 행동	화장실을 사용함	부적절한 장소에서 함

3) 고양이의 공격행동

(1) 공포성 공격행동

고양이에서도 공포성 공격행동은 존재한다. 공포나 불안을 느낄 때 상대방을 공격할 수 있는데 이것을 바로 공포성 공격행동이라고 부른다. 고양이에서는 천성적 공포이거나 사회화 부족인 경우 일반적으로 도망가 버리므로 공포성 공격행동이 나타나는 일은 드물지만 도망갈 곳이 없는 경우나 체벌이 가해지는 경우는 방어적으로 상대방을 공격하는 경우도 적지 않다.

(2) 전가성 공격행동

전가성 공격행동이라는 것은 흥분한 고양이에게 접근하다가 갑자기 공격을 당하는 것을 말한다. 특히 흥분하기 쉬운 고양이에서는 이러한 종류의 공격행동이 많이 보이는데 보통 보호자는 원인을 파악하지 못하고 지나치기 때문에 어떤 징조와 원인도 없이 고양이에게 공격을 당할 때가 있다.

(3) 애무유발성 공격행동

고양이가 쓰다듬어 달라는 표정으로 무릎 위에 와서 앉아 만져주었더니 갑자기 무는 경우를 보호자라면 한 번쯤은 다 경험해 보았을 것이다. 이는 사람이 쓰다듬어 줄 때 유발되는 공격행동으로 '애무유발성 공격행동'이라고 부르고 수컷에게서 많이 볼 수 있지만 정확한 원인은 아직도 밝혀지지 않았다.

그러나 고양이 자신뿐만 아니라 다른 고양이에게 그루밍하는 것을 관찰해보면 횟수는 많지만 지속시간이 짧고 서로 핥는 스트로크(stroke)도 그렇게 길지 않다. 이에 반해, 사람은 지속적으로 긴 스트로크로 쓰다듬으려고 하는데 이러한 애무패턴에 익숙하지 않은 고양이의 입장에서는 관용한계를 초과했기 때문에 갑자기 무는 것이라는 가설이 있다.

4 고양이와 친해지는 방법

1) 고양이는 이런 사람을 싫어한다

고양이는 갑자기 끌어안고 뺨을 부비거나 아무 이유 없이 고양이의 이름을 부르거나 큰 소리를 지르거나 고양이를 집요하게 만지는 행동을 매우 싫어한다. 왜냐하면, 고양이는 몸을 자유롭게 움직일 수 없게 하거나 깜짝 놀라게 하면 불안해지기 때문이다. 따라서 이러한 행동을 하는 사람은 고양이들이 매우 싫어한다. 반대로 여유로운 동작으로 부드럽고 놀라게 하지 않게 다가가 다정하게 말을 걸어주는 사람은 고양이가 훨씬 더 편안해 한다.

그리고 고양이는 부드러운 말투를 쓰면서 높은 목소리로 말을 걸어주고 동작이 크지 않고 여유롭게 묻어나는 여성을 남성보다 더 좋아하는 설이 있는데 아마도 남성은 비교적으로 덩치가 크고 낮은 목소리에 동작이 커서 고양이에게는 위협적인 존재로 느껴질 수가 있다. 사람이 위에서 고양이를 내려다보는 것 또한 고양이의 입장에서는 매우 무서운 일이기 때문에 고양이에게 말을 걸거나 고양이를 만지려면 몸을 웅크려 고양이와 시선을 맞추는 것이 좋다. 쓰다듬을 때도 반응이나 평소 행동을 관찰해 함께 살고 있는 고양이가 어떤 성향을 가지고 있는지 잘 파악하여 그것에 맞춰 주는 것도 고양이와 친해지는 데 도움이 될 수 있다.

2) 고양이에게 이렇게 놀아 준다

놀이는 고양이에게 매우 중요하고 고양이와 함께 노는 것을 통해 고양이의 운동 부족을 해소해 줄 수 있고 서로 교감도 할 수 있다. 놀이가 고양이의 정신과 신체를 단련하고 건강하게 만들 수 있기 때문에 어렸을 때부터 많이 놀아주는 것이 좋다. 그러나 나이가 들수록 놀이에 흥미가 떨어질 수 있기 때문에 나이에 맞는 장난감이나 노는 방법을 고민할 필요가 있고 근력이 쇠퇴하는 것을 막으려면 너무 무리하지 않은 범위 내에서 놀아주는 것이 중요하다.

고양이의 사냥 본능을 자극할 수 있는 놀이가 좋고 고양이의 눈앞에서 장난감을 흔들면서 위로 뛰어오르도록 하는 놀이가 좋다. 끈이 달려 있는 인형이나 쥐, 벌레, 새의 움직임을 흉내내는 장난감, 또는 공을 힘껏 굴리면서 그것에 덤벼들을 수 있는 등 일정하고 규칙적인 움직임이 아니라 갑자기 움직이거나 멈추는 놀이 방범은 고양이에게 더욱 흥미롭고 즐거운 느낌을 줄 수 있다.

그러나 똑같은 장난감으로만 놀면 쉽게 질려서 흥미를 잃어버릴 수 있기 때문에 새 장난감을 준비해 새로운 자극을 주는 것이 좋다. 그리고 고양이가 놀이에 너무 열중하다 보니 다칠 수 있으므로 고양이와 놀 때 주변에 있는 물건들을 치워두는 것이 필요하고 레이저 포인터와 같은 장난감은 고양이의 눈을 향하면 위험할 수 있으니 고양이에게 불빛이 직접 닿지 않도록 주의해야 한다.

3) 고양이를 만지는 방법

고양이와의 커뮤니케이션을 즐기고 싶다면 올바른 스킨십이 매우 중요하다. 스킨십은 고양이와 사람 간의 마음을 평온하게 만들어 주고 날마다 서로 쓰다듬으면 신뢰도 쌓을 수도 있다. 또한 고양이의 몸을 쓰다듬어주는 것은 스킨십의 역할을 할 뿐만 아니라 몸에 부종이 있는지, 탈모가 있는지 등을 확인해볼 수 있어서 질병을 일찍 발견할 수 있는 기회가 된다.

그러나 고양이를 쓰다듬을 때 주의해야 할 점은 집요하게 쓰다듬지 않는 것이다. 고양이가 꼬리를 좌우로 흔들기 시작하거나 귀를 뒤쪽으로 늘어뜨리는 행동은 '이제 그만 만져'라는 신호일 수도 있어서 이런 신호를 보게 되면 바로 동작을 멈추는 것이 좋다.

일반적으로 고양이는 얼굴, 목 주변 등을 만져주면 좋아하고, 급소인 배를 비롯해서 발, 꼬리를 만지면 싫어한다. 고양이마다 다를 수도 있기 때문에 자신의 고양이가 어떤 부위를 만져주는 것을 좋아하는지 잘 파악하여 그곳을 중점적으로 쓰다듬어주면 좋을 것이다.

그림 2.8 고양이가 일반적으로 좋아하는 부위와 싫어하는 부위

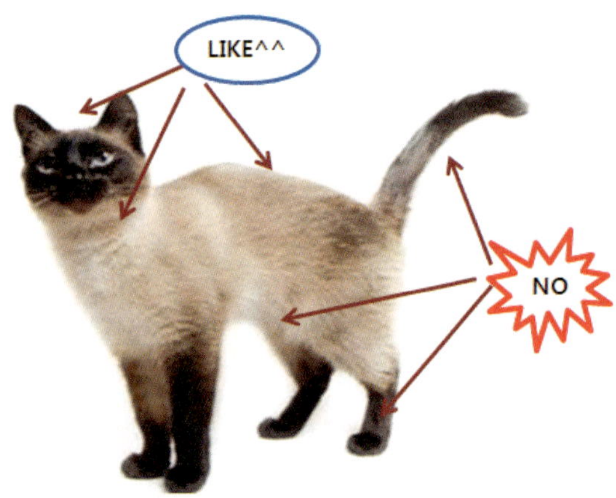

4) 안기는 것을 좋아하게 만들자

기본적으로 고양이는 사람에게 안기는 것을 싫어한다. 사람에게 안겨 옴짝달싹하지 못하면 위험한 일이 생겼을 때 곧바로 행동할 수 없기 때문이다. 또한 잘못된 방법으로 안는 탓에 안기기를 싫어할 수도 있어서 인형을 안듯이 고양이를 함부로 안는 것은 바람직하지 않고 안기기를 싫어하는 고양이를 억지로 안으려 해서도 안 된다.

고양이가 다가왔다고 해서 갑작스럽게 안아 올리려고 하면 고양이는 놀랄 수 있어서 고양이를 안기 전에 이름을 먼저 부르고 안는 것이 좋고 고양이를 안을 때마다 이름을 먼저 부르면 나중에 고양이도 이제 안기겠다는 것을 인식할 수 있을 것이다. 그리고 고양이를 안을 때 고양이의 양 옆구리에 손을 넣고 올린 후에 바로 한 손으로 엉덩이를 받치는 것이 좋고 고양이의 몸을 감싸듯이 안으면 고양이가 안정감을 느낄 수 있다.

Chapter 6

기니피그에 대한 이해

1 기니피그 행동의 특징과 습성

1) 기니피그의 거짓 없는 행동과 감정

기니피그는 기분이 좋을 때와 나쁠 때별로 정확하게 자신의 감정을 행동과 소리로 표현을 한다. 평소에는 맛있는 간식을 줄 때 정말 기쁘다는 듯이 보호자에게 다가가 빨리 맛있는 것을 달라고 애교를 부릴 때가 있고 기분이 좋을 때 케이지 안에서 날뛰기도 하며 봉지소리만 들어도 맛있는 것을 주는 줄 알고 '꾸잉꾸잉' 소리를 내기도 한다.

2) 다양한 울음소리

기니피그는 다른 동물에 비해 우는 소리가 매우 독특하다. 기니피그는 소리로 자신의 기분을 표현하기도 하고 다른 기니피그와 간단하게 의사소통을 할 때도 사용하기도 한다.

표 2.5 기니피그의 울음소리

꾸잉꾸잉	반가운 보호자가 나타났거나 먹이를 줄 때 흥분하면서 내는 소리이다. 야생에서는 다른 동료가 없어졌을 때 찾으려고 이 소리를 내기도 한다.
가르릉 소리	기분이 매우 좋을 때 내는 소리이고 고양이의 '골골' 소리와 매우 유사하다.
삐익삐익	통증이 있거나 위협을 느꼈을 때 내는 소리로 '꾸잉꾸잉' 소리보다 강하고 날카롭다.

시끄러운 소리가 아니기 때문에 방에서 키워도 크게 방해가 되지 않고 보호자가 소리로 인해 스트레스를 받을 일도 없다. 그리고 기니피그가 내는 소리에 대해 이해하고 있다면 기니피그의 기분과 욕구를 파악하는 데 도움이 될 것이다.

3) 무리생활의 동물이다

기니피그는 야생에서부터 같은 동료들끼리 무리를 지어 함께 다니면서 생활하곤 했고 야생에서의 기니피그 무리 중에 수컷은 한 마리만 존재했으며 암컷과 사이에 수컷 새끼가 태어나면 아빠 기니피그는 새끼가 어느 정도 컸을 때 무리 밖으로 쫓아내버렸다. 그러나 집에서 키우는 기니피그의 경우에는 어느 정도 무리습성을 가지고 있지만 야생에서 사는 수컷 기니피그와 달리 잘 지낸다. 단, 주의해야 할 점은 수컷들끼리 키우는 케이지에 암컷이 있는 경우에는 수컷들이 그 암컷을 차지하기 위해 싸울 수 있어서 수컷들끼리 한 케이지에 키울 때 암컷을 같은 케이지에 넣어 키우면 안 된다.

집에서 키우는 기니피그들 사이에도 서열과 같은 지위가 있고 몸짓과 소리로 간단하게 의사소통을 하는데 예를 들어, 기니피그들끼리 서로 몸을 문지르는 사회적 그루밍 행동을 보이고 서열을 정리하기 위해 다른 기니피그의 털을 물어 뜨는 경우도 있으며 간혹 상대방의 귀 또는 코를 물어 상처가 나기도 한다.

4) 스스로 그루밍을 한다

기니피그가 갑자기 벌떡 서서 앞발을 모은 다음에 몸을 손질하는 모습을 많이 볼 수 있을 텐데 기니피그가 직접 자신의 털을 손질하는 그루밍 행동을 볼 수 있다. 그루밍을 할 때나 목욕을 시킬 때 가끔 눈에서 하얀 분비물이 나오기도 하는데 이것은 눈을 보호하고 깨끗하게 해주는 역할을 하기 때문에 걱정하지 않아도 된다. 그러나 기니피그가 몸을 심하게 긁는 행동을 보인다면 그루밍하는 것이 아니라 기생충이나 다른 피부병일 수도 있어서 몸 상태를 자주 확인할 필요가 있다.

2 기니피그와 친해지기

1) 음식을 이용해서 친해지기

기니피그를 길들일 때는 무한한 인내심이 필요하고 그들의 행동을 이해할 수 있는 마음이 필요하다. 기니피그는 자신이 왜 잘못했는지 모르기 때문에 화를 내거나 때린다면 오히려 보호자를 무서워하게 되어 친해지기가 더 어려워질 수 있다. 기니피그는 이름 뒤에 '돼지(pig)'라는 말에서 느낄 수 있듯이 음식에 대한 애착이 크고 평소에 보호자에 관심이 없어보여도 맛있는 음식이 있으면 보호자에게 사랑스럽게 보이려고 애교를 부리는 기니피그도 있다.

음식을 이용하여 기니피그를 길들이는 방법은 여러 가지가 있는데 대표적인 것은 핸드 피딩을 들 수 있다. 핸드 피딩은 손으로 직접 음식을 기니피기에게 먹이는 방법인데 이 방법을 계속 이용하다 보면 나중에 기니피그가 보호자의 손만 보아도 간식을 주는 줄 알고 매우 반가워하는 모습을 볼 수 있을 것이다.

2) 풀어 주고 놀아주기

기니피그는 겁이 많은 동물이지만 동시에 호기심도 많은 편이어서 가끔 케이지에서 꺼내 방에다 풀어주고 같이 놀아주면 금방 친해질 수 있다. 이때 방의 구석구석에 맛있는 간식을 숨겨놓으면 기니피그가 그것을 찾아 먹느라고 왔다갔다 하면서 운동을 하게 되기도 하고 즐거워 하기도 한다. 기니피그를 방에 풀어놓고 놀아 줄 때 방에 있는 위험한 물건들을 다 치워야 하고 호기심이 많기 때문에 이것저것 물어뜯을 수 있어 주의해야 한다. 그래서 전기콘센트와 같은 것을 반드시 치워야 하고 화초를 뜯어먹을 수도 있기 때문에 화분도 반드시 치워버려야 한다.

3) 좋은 기억 심어주기

기니피그는 생각보다 기억력이 매우 좋은 동물이다. 물론 아주 세심한 것까지 기억하지는 못하지만 보호자에 의해 좋은 경험을 했다면 그것을 계속 기억할 수 있다. 예를 들어, 기니피그는 봉지소리만 들어도 기분이 매우 좋아지는데 그 이유는 보호자가 건초를 꺼낼 때 나는 봉지소리 때문이다. 봉지소리만 들어도 기분이 좋아서 케이지 안에서 폴짝폴짝 뛴다거나 입맛을 다시면서 케이지 문 앞에서 기다리기도 한다. 따라서 보호자가 매일 기니피그에게 좋은 기억을 심어준다면 언젠가는 보호자가 집안에 들어오는 소리만 들어도 매우 행복한 모습을 볼 수 있을 것이다.

3 핸들링의 요령

1) 핸들링 할 때 주의할 점

핸들링은 기니피그와 좀 더 가까워지고 친해질 수 있는 방법 중에 하나이다. 보호자의 핸들링에 익숙한 기니피그는 보호자가 껴안거나 손으로 들어도 버둥거리지 않지만 그렇지 못한 경우에는 기니피그를 들었을 때 몸부림을 치거나 잘못하면 바닥에 떨어져 다칠 수도 있다. 기니피그의 몸은 둥글둥글하지만 뼈가 매우 약하기 때문에 잘 못해서 떨어뜨리기라도 한다면 뼈가 부러질 수도 있고 이빨이나 다른 부분이 다칠 수도 있어서 핸들링을 할 때 매주 조심해야 한다.

핸들링을 할 때 양손을 이용해야 하고 한 손은 엉덩이를 받치고 다른 한 손은 가슴쪽을 안정감 있게 잡아주어야 한다. 핸들링에 익숙하지 않은 기니피그는 버둥거릴 수도 있는데 너무 심하게 버둥거린다고 생각되면 케이지에 다시 넣어주는 것이 좋고 간식으로 살살 달래면서 어느 정도 친해진 다음에 살짝 들어 올리는 것이 좋다. 가끔 성질이 약간 나쁜 기니피그의 경우는 보호자를 물기도 하는데 이럴 때는 바닥에 떨어뜨리지 않도록 주의하고 억지로 핸들링을 하려고 하지 말고 케이지 안에 다시 넣어 주는 것이 좋다. 핸들링을 할 때 잘 못하면 기니피그가 핸들링에 대한 안 좋은 기억을 하게 되고 앞으로 핸들링을 할 때 더욱 어려워질 수 있어서 급하지 않게 점차적으로 핸들링을 시키는 것이 좋을 것이다.

2) 행동으로 기니피그를 이해한다

기니피그의 행동을 통해 심리를 파악하는 것은 어려운 일이 아니다. 기니피그의 시력은 그다지 좋지 않지만 서로의 행동으로 분위기를 파악할 수 있고 보호자가 조금만 관심을 기울이면 기니피그의 행동이 무엇을 뜻하는지 쉽게 이해할 수 있을 것이다.

기니피그는 케이지에 가만히 누워 있거나 하품을 할 때가 있는데 그것이 일반적으로 케이지 안이 편하고 안전하다고 생각할 때 나타나는 모습이다. 위협을 느꼈을 때, 수컷들끼리 서로 공격할 때, 몸에 어떤 이상이 느껴질 때, 날씨가 너무 추울 때 털을 세우고 같은 포즈로 계속 멈춰 있고 눈을 크게 뜨고 있을 때는 낯선 소리나 큰 소리에 놀랐을 때 나타나는 모습이다. 또한 동료들끼리 놀면서 폴짝폴짝 뛰거나 서로 뒤쫓는 행동을 보이지만 기분이 좋다는 의미로 가끔 혼자 있을 때도 이러한 행동을 보인다. 그러나 이러한 행동은 보통 어렸을 때 많이 나타나고 성체가 되면 거의 하지 않는다.

Chapter 7

페럿에 대한 이해

1 페럿 행동의 특징

페럿은 빠르고 재미있고 독특한 행동을 가진 동물이다. 비록 페럿은 사회적이고 노는 것을 좋아하지만 하루 14시간에서 18시간의 수면을 한다. 페럿들이 잠에서 깨면 흥미롭고 재미있는 놀이나 운동을 통해 자신의 에너지를 발산시키는데 사람이 페럿들의 이러한 천성인 호기심을 잘 이해해준다면 페럿들이 아주 훌륭한 사냥꾼이라는 것을 알 수 있을 것이다. 페럿들의 움직임을 잘 관찰하면 페럿들만의 독특한 행동과 소리의 특징들을 발견할 수 있을 것이다.

1) 목 물기(alligator roll)

일반적으로 페럿들은 다른 동료들과 함께 놀고 있을 때 상대방의 목을 무는 행동을 보인다. 한 페럿이 다른 페럿의 목덜미를 물고 뒤집으면서 노는데 이 행동은 서열을 정하는 데 있어서 매우 중요한 행동이다. 상대방의 목을 물고 계속 뒤집는 쪽(알파 페럿)은 서열이 높은 것으로 나타나고 뒤집힘을 당하는 쪽은 서열이 낮은 것을 나타난다. 간혹 혼자만 생활하는 페럿이 놀다가 흥분하면 자신이 스스로 데굴데굴 굴러다니고 어린 페럿과 일반 페럿들이 훈련을 받은 적이 없음에도 불구하고 가끔 사람의 손등, 양말, 다리 등을 목덜미를 무는 것처럼 무는 것을 시도할 때가 있다. 보호자가 이러한 행동을 보았을 때 흥미롭게 느낄 수도 있지만 페럿에게 물리게 되면 상처가 아프기 때문에 이러한 행동을 못하게 막아야 한다.

2) 구석으로 물러나기(backing into a corner)

페럿들이 구석으로 물러가는 것에 다양한 이유가 있는데 그 중에 하나는 페럿이 구석이나 벽 쪽으로 물러가면서 'hissing'의 소리를 내고 모든 털이 부어오른다면 지금 페럿이 매우 두려워하고 있다는 것을 말한다. 이 때 중요한 것은 공포감을 느끼고 있는 페럿을 붙잡거나 들어 올리면 안 되고 이런 상황에서는 부드러운 말투를 사용하고 페럿이 진정될 때까지 혼자 두는 것이 좋을 것이다. 그리고 페럿들이 두려워할 때 구석으로 물러나는 경우도 있지만 볼 일을 볼 때도 이러한 행동을 한다. 따라서 자신의 페럿이 두려워서 구석으로 물러나는 것인지 볼 일을 보려고 하는 것인지 파악할 필요가 있다.

3) 꼬리 부풀리기(bottle brush tail)

페럿들이 놀랄 때나 흥분할 때 꼬리의 털이 부풀어진다. 만약 페럿의 꼬리가 부푼 상태에서 뒤로 물어나면서 'hissing'의 소리를 낸다면 두려워한다는 것을 의미하기 때문에 이럴 때는 페럿이 진정될 때까지 만지지 말고 혼자 쉬도록 하는 것이 좋다. 그러나 페럿이 처음으로 외출을 하거나 새로운 환경을 탐색하거나 격렬한 놀이를 하는 경우에도 매우 흥분하고 신나서 꼬리의 털이 부풀어진다.

4) 위젤 워 댄스(weasel war dance)

야생에서 사냥을 할 때나 적을 공격하기 전에 위협하는 행동 중의 하나로써 자신의 등을 거꾸로 된 U자 모양으로 만든 후 입을 벌려 양쪽으로 흔들면서 뛰는 모습인데 약간 술에 취한 사람이 춤을 추는 것처럼 보인다. 이 행동을 '위젤 워 댄스'라고 부르는데 야생성이 거의 없는 집에서 키운 반려 페럿의 경우는 신나거

나 놀 때 이러한 행동을 많이 한다.

5) 사이드웨이어택(side way attack)

사이드웨이어택은 위젤 워 댄스와 비슷한 의미를 가지고 있는데 대신 사이드웨이어택은 앞뒤가 아닌 옆으로 뛰는 것이다. 너무 신나고 흥분할 때 페럿들이 옆으로 뛰어다니면서 바닥에 굴러다니거나 가구 사이로 왔다 갔다 하고 입을 살짝 벌려 '찍찍'의 소리를 내는 등 스스로를 주체하지 못하는 상황에 빠져버린다. 일반적으로 이러한 행동을 보이는 페럿은 현재 매우 기쁘고 에너지가 많고 즐거운 놀이를 하는 것에 준비가 되었다는 것을 표현한다.

6) 완전히 죽은 것처럼 잔다

페럿을 키워본 적이 있는 사람이라면 페럿들이 죽은 듯이 자는 모습을 자주 보았을 것이다. 보호자가 페럿들을 들어 올려도, 콕콕 찔러도, 소리를 쳐도 그들은 여전히 깨지 않고 푹 자는데 이런 모습은 신기하면서도 웃기다. 이렇게 자는 이유는 간단한데 바로 에너지를 보충하기 위해서이다. 페럿들은 놀 때 자신이 가지고 있는 에너지를 소모해서 활발하게 논다. 모든 활동이 끝난 후에 소모된 에너지를 회복시키기 위해서 깊은 잠이 절실히 필요하여 잘 때 완전히 죽은 것처럼 자는 것이다.

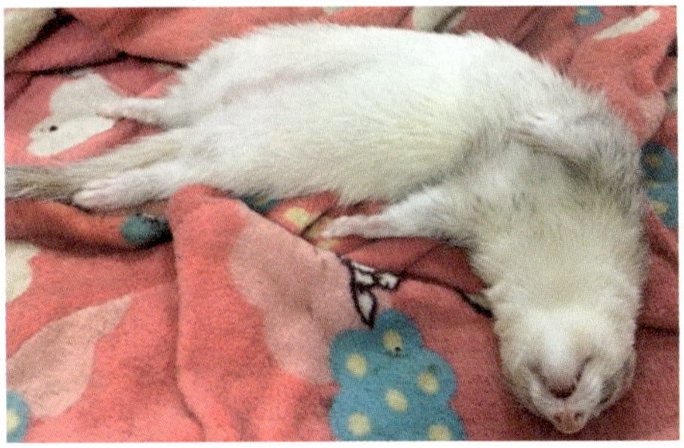

7) 작은 물건을 숨긴다

페럿들이 흔히 자신이 좋아하는 장난감, 간식, 사료 등을 물어다가 은신처나 구석, 책상 밑, 자신이 아지트로 정해놓은 곳에 숨겨 놓는다. 이것이 바로 음식을 숨기는 습성에서 비롯된 것인데 야생에서 사는 페럿들은 사냥감을 다 먹지 못했을 때 다른 포식자들이 훔쳐 먹지 못하게 자신의 은신처에 숨겨 놓는다. 그래서 집에서 키운 페럿들은 작은 보석이나, 열쇠 고리, 작은 공 등을 발이나 이빨로 잡고 끌거나 심지어 그들의 엉덩이 아래에 놓고 깔고 앉는 모습을 볼 수 있는데 이것이 습성 중에 하나이기 때문에 애써 제어하려고 하지 않아도 된다.

8) 기타

다른 페럿과 놀고 싶을 때 그 페럿과 짧게 눈을 마주치면서 정신없이 머리를 움직이는 표현을 하고 어떨 때는 짝짓기를 원하면 같은 행동을 하기도 한다. 페럿들이 불안감이나 공포감을 느낄 때 등이 경직되고 머리를 낮추는 행동을 보이는데 그것이 바로 반려견들이 두려움을 느낄 때 취하는 행동과 같다.

2 페럿 소리의 특징

1) 구구구 소리(dooking)

페럿들이 흥분하거나 기분이 좋을 때 'dooking'의 소리를 내는데 보호자들이 가끔 페럿과 함께 놀 때 유심히 잘 들어보면 들을 수 있을 것이다. 그러나 가끔 페럿들이 흥분할 때 부드럽게 'dooking'의 소리를 내기 때문에 잘 들릴지 않을 때가 있다.

2) 히싱(hissing)

페럿들이 고통을 느끼거나 상대방을 공격하려고 할 때 'hissing'과 같은 소리를 내는데 이것을 '방어적 공격행동'이라고 부르고 이럴 때는 절대 페럿을 만지면 안 된다.

Chapter 8

토끼에 대한 이해

1 토끼 행동의 특징

토끼들은 성대가 퇴화된 탓에 큰소리로 울지도 못하고 신체의 다양한 위치와 제약된 발성을 사용하여 자신의 언어를 전달한다. 토끼의 세계에는 그들만의 언어가 있는데 다른 반려동물과 같이 자세, 몸짓, 행동 등을 통해 자신의 상태와 기분을 전달한다. 토끼의 언어를 알게 되면 보호자와 깊은 교감을 할 수 있고 사람과 오래 생활하다 보면 토끼들도 사람의 언어를 학습할 수 있다. “이리 와, 안 돼, 간식” 등과 같은 언어는 기억하고 알아들을 수 있다.

1) 치아를 연마한다

토끼들이 “나는 행복해”라는 감정을 표현할 때, 보호자가 부드럽게 쓰다듬어줄 때 또는 완전히 편안할 때 이빨을 연마한다. 그러나 통증, 불편함 또는 스트레스를 나타낼 때도 종종 이빨을 연마하므로 자신이 키우는 토끼가 편안함을 표현하는 것인지 불편함을 표현하는 것인지 제대로 파악할 필요가 있고 만약 불편함이나 통증을 나타내는 신호이면 즉시 동물병원에 데려가는 것이 좋다.

2) 스프레이와 턱 비비기

수컷이나 암컷 토끼들도 중성화수술을 하기 전에 반려묘처럼 자신의 영역을 표시하기 위해 스프레이 행동을 한다. 또한 토끼들의 땀샘이 턱 아래에 있어서 "이것이 나의 것이다", "나는 여기에 있었다" 등 영역표시를 하기 위해 턱 밑면을 갖다 문지른다.

3) 토핑(Thumping)

토끼들이 두려워할 때 뒷다리로 땅을 쾅쾅 대며 자기의 동료들에게 위협이 있음을 알려준다. 이것은 '토핑(thumping)'이라고 부르는데 이 신호를 통해 주변 다른 토끼들의 주의를 환기시키고 위험으로부터 도망칠 수 있도록 한다.

같은 가정에서 생활하는 다른 반려동물이나 가구 또는 주변 환경의 소음 등이 충분히 토끼들을 불안하게 만들 수 있다. 이러한 위협이 사라질 때까지 계속해서 토끼들은 뒷발로 바닥을 칠 수 있는데 이 행동을 반복하게 지속되면 다리가 다칠 수 있기 때문에 매우 불안해하거나 스트레스를 받을 때 가능한 빨리 편안하게 쉴 수 있도록 하는 것이 중요하다. 또한 자신이 무언가를 원할 때나 부정적인 감정을 표현할 때도 토핑을 할 수 있으므로 토끼에게서 토핑하는 모습이 보인다면 주의를 기울여 관찰할 필요가 있다.

4) 옆으로 넘어진다

토끼들이 예고 없이 갑자기 옆으로 '꽈당'하고 쓰러질 때가 있어서 그를 처음으로 키우는 보호자들이 종종 놀랠 때가 있는데 어디 아파서가 아니라 토끼들이 기분이 좋고 편안할 때 하는 행동이다. 토끼를 키우는 반려인들은 이러한 행동을 '발라당'이라고 부르기도 한다.

5) 갑작스러운 탈출

토끼가 위협을 감지하면 주변에 앉아서 확인하지 않고 즉시 경주하고 숨어버린다. 이 행동은 갑작스러운 소리, 냄새 또는 움직임에 의해 유발될 수 있다. 보호자가 다가가 말을 걸거나 음식을 주면 오히려 토끼에게 스트레스를 줄 수 있기 때문에 이럴 때는 토끼가 스스로 진정할 때까지 혼자 두는 것이 좋다.

6) 쿨쿨거리는 소리

토끼들이 주변에서 위협을 받을 때나 상황이 못마땅할 때 쿨쿨거리는 소리를 낸다. 이럴 때는 "제발 나 혼자 있게 해주세요", "뒤로 물러나주세요"라고 표현하는 것이다. 또한 일부의 토끼는 자신의 케이지나 음식 등을 사람이나 다른 동료로부터 보호하기 위해서도 이러한 소리를 내는데, 이럴 때는 다소 분노의 감정이 포함되어 있다.

Chapter 9

햄스터에 대한 이해

1 햄스터 행동의 특징

1) 베딩을 파면서 집 바닥을 왔다갔다한다

햄스터가 베딩에 냄새를 묻히거나 숨겨둔 먹이를 찾거나 파는 행동은 본능에서 비롯된 행동으로 편안하게 일상적인 행동을 하는 것이다. 베딩 사이사이에 먹이를 숨겨주면 찾는 재미를 느껴서 좋아한다.

2) 앞발을 이용해 빠른 속도로 코 주위와 귀, 머리, 몸을 다듬는다

이런 행동은 몸단정을 하는 것으로 '그루밍'이라고 한다. 우리나라 햄스터 반려인들은 이 행동을 '꾸시꾸시'라고 부른다. 보통 잠에서 깨어나 가장 먼저 하는 행동으로 감각기관을 손질해 감각을 예민하게 하려는 행동이다. 하지만 함께 놀다가 이 행동을 한다면 조금 불안해하고 있다는 것이다. 이렇게 불안을 느낄 때에는 그냥 둬야 한다.

3) 쳇바퀴를 엄청나게 빠른 속도로 달리거나 쳇바퀴에서 떨어진다

갑자기 핸들링을 시도하려고 하거나 케이지에 손을 넣었을 때 보이는 행동으로 매우 놀라서 도망가려는 본능적인 행동이므로 안정될 때까지 더 이상 놀라게 하지 말고 혼자 두어야 한다.

4) 탐험 행동

햄스터는 새로운 환경을 익숙해질 때까지 돌아다니면서 시간을 보낸다. 그때 그의 수염이 도움이 많이 될 수 있고 수염은 새로운 환경을 익숙하고 적응함에 있어서 큰 역할을 한다.

5) 부풀어진 볼

다람쥐와 비슷하게 햄스터는 실제로 음식 도망꾼이라서 볼에 음식을 채우는 습성이 있다(음식을 저장하기 위해 머리가 두 배로 커질 때가 있다). 햄스터의 볼 주머니에 엄청난 양의 음식을 저장할 수 있고 그것들을 자신이 안전하다고 생각하는 은신처에 옮겨가 보관하다가 배고플 때마다 꺼내서 먹는다.

PART 02 기출문제

동물행동의 이해

01 동물행동학의 정의가 아닌 것은?

① 동물의 행동을 연구하는 생물학의 한 분야를 동물행동학이라고 한다.
② 생물의 본능, 습성 및 그 밖에 일반적으로 나타나는 행동과 외부환경과의 관계를 연구하는 과학이다.
③ 동물행동학이란 행동의 생물학적 연구이다.
④ 사회환경 속에서 직접 또는 간접적으로 타인과 관계를 가지고 사회의 문화나 규범 등의 규제를 받고 생활하는 인간의 경험이나 행동을 연구한다.

02 ( )에 들어가는 단어로 옳은 것은?

> 20세기 초에는 동물행동학자들은 동물의 행동을 (㉠)로/으로 설명했지만 미국의 행동주의 심리학자들은 동물행동의 기초를 (㉡)에 있다고 믿으면서 전혀 다른 측면에서 동물행동에 관한 연구를 실시하였다.

① ㉠ 본능 ㉡ 습성
② ㉠ 습성 ㉡ 유전
③ ㉠ 본능 ㉡ 반사
④ ㉠ 생리적 ㉡ 습성

03 동물행동학에서 연구하는 것으로 옳은 것은?

> ㉠ 포식자로부터 도망치는 방법
> ㉡ 인간과 동물 간의 행동 차이
> ㉢ 이동 방향이나 경로의 선택
> ㉣ 먹이를 찾는 방법
> ㉤ 새끼를 양육하는 방법

① ㉠, ㉣, ㉤
② ㉠, ㉡, ㉣, ㉤
③ ㉠, ㉢, ㉣, ㉤
④ ㉠, ㉡, ㉢

04 동물행동을 연구하는 방법 중 하나로 멀리서 동물을 관찰하는 것이 아니라 그 동물의 무리에 접근하여 그들의 일원이 되어 연구를 하는 방법을 무엇이라고 하는가?

① 실험에서의 연구 방법　② 준자연 상태에서의 관찰 방법
③ 자연상태에서의 관찰 방법　④ 제인 구달의 방법

05 꿀이 있는 것을 발견한 일벌들이 벌집에서 특유한 춤 모양, 회전 속도, 자외선으로 꿀의 위치를 다른 일벌들에게 알려준다. 벌들 간의 이러한 커뮤니케이션을 발견한 학자는?

① Konrad Lorenz　② Karl von Frisch
③ B. F. Skinner　④ Pavlov, Ivan Petrovich

06 회색기러기 새끼가 생후 1~2일 안에 처음으로 움직이는 사람이나 사물을 보면 마치 어미새인 것처럼 뒤를 쫓아다니는 현상은?

① 사회적 학습화　② 조작적 행동화
③ 각인　④ 고전적 조건화

07 파블로프가 개에게 종소리를 들려주면서 간식을 주는 실험을 통해 동물은 학습된 자극에 의해 학습된 반응을 나타낸 것을 증명하였는데 이 학습과정을 무엇이라고 하는가?

① 대리학습　② 조작적 조건화
③ 관찰학습　④ 고전적 조건화

08 실험상자와 쥐의 실험에서 동물의 행동이 자극–반응의 관계에 있다고 설명하였고 동물들의 행동은 그 결과에 따라 증가 또는 감소하게 되는데 보상이 따르는 행동은 증가되고 처벌이 따르는 행동은 감소한다는 것이 조작적 조건형성이라고 하였다. 이 원리를 정의한 학자는?

① 스키너 ② 왓슨
③ 반두라 ④ 손다이크

09 생존을 위한 기본적인 문제해결과 생리적 욕구를 충족시키기 위한 행동을 지칭하는 용어로 옳은 것은?

① 개체 유지 행동 ② 사회적 행동
③ 공격 행동 ④ 조정 행동

10 사회적 행동의 종류가 아닌 것은?

① 무리형성 ② 놀이와 투쟁
③ 먹이 섭취 행동 ④ 세력권 방어

11 동물들 간의 의사소통 방법 중에 동물이 이것을 한 번 남기면 상당한 기간이 지속될 수 있고 멀리 퍼질 수 있기 때문에 어두운 곳에서도 의사소통이 가능해진다. 이 의사소통 방법은?

① 청각에 의한 의사소통 ② 미각에 의한 의사소통
③ 시각에 의한 의사소통 ④ 후각에 의한 의사소통

12 유럽연합(EU)은 동물에게 다섯 가지 자유를 보장하는 것을 동물복지의 기본 조건으로 정의하였다. 이 다섯 가지 자유에 해당되지 않은 것은?

① 불편함으로부터의 자유
② 포식자로부터 도망치는 자유
③ 정상적인 행동 표출의 자유
④ 건강의 자유

13 행동풍부화에 대한 설명으로 틀린 것은?

① 풍부화는 '행동풍부화'와 '환경풍부화'로 나뉘어 있지만 우리나라에서는 모든 것을 포괄하여 행동풍부화로 말한다.
② 동물들에게 다양한 행동풍부화를 제공해주지 않으면 스트레스를 받을 수 있고 이러한 문제로 인해 문제행동들도 발생한다.
③ 행동풍부화는 야생에서 생활하는 야생동물에게는 필요하지만 동물원에 있는 야생동물이나 집에서 키우는 반려동물에게는 그다지 중요하지 않다.
④ 행동풍부화는 먹이 풍부화, 감각 자극 풍부화, 환경 풍부화 등이 있다.

14 고전적 조건형성의 현상이 아닌 것은?

① 자극일반화
② 자극변별
③ 자발적 회복
④ 행동 풍부화

15 (　　)에 들어가는 단어로 옳은 것은?

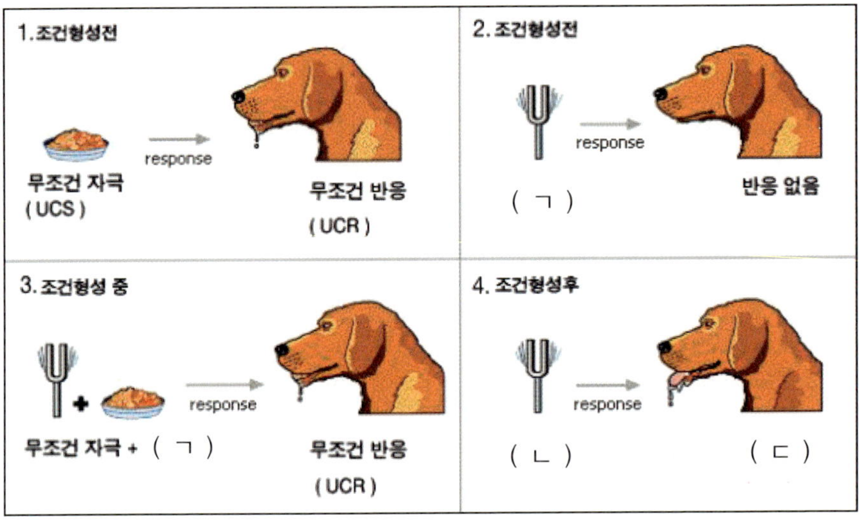

① ㄱ. 무조건자극	ㄴ. 무조건반응	ㄷ. 조건형성
② ㄱ. 중립자극	ㄴ. 조건반응	ㄷ. 조건형성
③ ㄱ. 무반응자극	ㄴ. 반응자극	ㄷ. 반응형성
④ ㄱ. 중립자극	ㄴ. 조건자극	ㄷ. 조건반응

16 '소거'의 의미로 옳은 것은?

① 자극 일반화를 막기 위해 동물로 하여금 두 개의 자극을 변별하도록 조건형성을 할 수 있다.

② 얼마간의 휴식기를 가진 후, 조건형성에 사용되었던 조건자극을 제시하면 다시 조건반응이 나타나게 되는 현상을 말한다.

③ 획득된 조건반응도 조건자극이 무조건 자극에 의해 강화되지 않은 채 그 조건반응은 점차 약화되어 사라져 버리게 되는 현상이다.

④ 잘 확립된 조건 반응은 제3의 자극에 대해 무조건 자극으로 사용될 수 있는데, 이 과정을 말한다.

17 반려견이 배변패드에 변을 보는 행동을 강화시키기 위해 패드에 변을 볼 때마다 맛있는 간식을 주도록 하는 행동수정 기법은?

① 정적강화 ② 부적강화
③ 정적처벌 ④ 부적처벌

18 반려견과 장난감으로 놀다가 반려견이 흥분하여 보호자의 손을 물었을 때 보호자가 아무 말도 하지 않고 장난감을 치우고 놀아주지 않는 행동수정 기법은?

① 정적강화 ② 부적강화
③ 정적처벌 ④ 부적처벌

19 반려견이 얌전해질 때 울타리에서 풀어주는 줌으로써 얌전한 행동을 증가시키는 행동수정 기법은?

① 정적강화 ② 부적강화
③ 정적처벌 ④ 부적처벌

20 반려견이 짖을 때마다 코를 때려 짖는 것을 감소시키는 행동수정 기법은?

① 정적강화 ② 부적강화
③ 정적처벌 ④ 부적처벌

21 반려동물이 할 줄 모르는 새로운 행동을 학습시키는 방법으로 원하는 목표행동을 해내기까지 여러 단계로 쪼개어 완성시키는 것은?

① 행동 형성 ② 정형 행동
③ 조건 반사 ④ 행동 발달

22 반려동물 행동의 처벌에 대한 설명으로 틀린 것은?

① 반려동물 처벌에 중요한 것은 일정한 타이밍과 보호자의 일관성이다.
② 처벌을 할 때 반려동물이 이해할 수 있는 표현으로 자신이 잘못한 행동을 하고 있다는 것을 즉시 인지할 수 있도록 하는 것이 중요하다.
③ 보호자와의 관계형성보다는 올바르지 않은 행동을 수정하는 것이 우선이기 때문에 소리를 질러 혼을 내거나 때리는 것도 필요하다.
④ 보호자가 반려동물에게 전달하는 신호가 정확하고 동일해야 반려동물이 보호자의 신호를 쉽게 이해할 수 있다.

23 반려견의 행동 발달단계 중 사회화기에 대한 설명이 아닌 것은?

① 생후 4-12주까지의 기간이 사회화기이다.
② 강아지가 함께 사는 동료의 동물(사람 포함)과의 적절한 사회적 행동을 학습하는 과정이다.
③ 사회화의 초기에는 아직 사람이나 새로운 환경에 접해도 공포심이나 경계심을 보이지 않는다.
④ 눈이 보이고 귀가 들리며 서서 걷기 시작한다.

24 반려견의 행동 발달순으로 알맞은 것은?

① 사회화기 ⇨ 성장기 ⇨ 신생아기 ⇨ 과도기
② 신생아기 ⇨ 사회화기 ⇨ 과도기 ⇨ 성장기
③ 신생아기 ⇨ 이행기 ⇨ 사회화기 ⇨ 성장기
④ 과도기 ⇨ 신생아기 ⇨ 사회화기 ⇨ 성장기

25 반려견의 스트레스를 조절하는 방법 중 틀린 것은?

① 어릴 때부터 스트레스에 조금씩 노출시켜 익숙해지게 한다면 후에는 스트레스에 둔감해질 수 있다.
② 스트레스 반응이 나타났을 때 어둡고 밀폐된 공간에 가두어 혼자 쉬도록 한다.
③ 스트레스 반응이 신체적인 문제로 나타나게 되는 경우 가까운 동물병원에 의뢰해 해결방안을 찾아본다.
④ 안락한 자신만의 공간에서 충분히 휴식할 수 있도록 하거나 평소에 개가 좋아하는 놀이나 산책을 통해 환기를 시켜준다.

26 카밍 시그널에 대한 설명으로 틀린 것은?

① 상대를 온화하게 하고 진정시키며 조용하게 만드는 반려견들의 신호이다.
② 대표적인 카밍 시그널은 고개 돌리기, 뒷발차기, 등 돌리기, 달리기 등이 있다.
③ 긴장된 상태에서 싸움의 기미가 보이는 강아지의 사이에 끼어듦으로써 싸움을 막으려는 행동도 카밍 시그널이다.
④ 인간도 반려견의 카밍 시그널을 이해한다면 반려견의 행동과 감정을 이해하기 쉬워지고 보다 행복한 관계를 유지할 수 있다.

27 다음의 행동 중 개에서 나타나는 문제행동이 아닌 것은?

① 심하게 짖는 행동 ② 뒷발을 차는 행동
③ 분리불안 ④ 공격행동

28 반려견을 교육시킬 때 유의한 점으로 아닌 것은?

① 스키너의 강화와 처벌의 원리처럼 반려견의 교육에서 칭찬과 통제는 반드시 구분해야 한다.
② 하나의 동작이 될 때까지 몇 번이고 반복해야 한다.
③ 보호자와 교육하는 시간을 좋아하기 때문에 반려견의 교육시간이 길면 길수록 좋다.
④ 사람과 동물의 지능 수준과 이해도가 다르기 때문에 교육을 할 때 사람의 관점에서 반려견을 바라보고 해석해서는 안 된다.

29 스트레스로 인해 개에게서 나타나는 구토, 부적절한 배뇨량, 피부병, 과도한 탈모 등의 반응은 무엇인가?

① 습관적 표시 ② 행동학적 표시
③ 신체적 표시 ④ 반응적 표시

30 고양이가 자신의 감정을 많이 드러내는 부위로 옳은 곳은?

① 수염 ② 눈
③ 다리 ④ 꼬리

31 다음 고양이의 행동 중 자신의 상태를 표현하는 행동이 아닌 것은?

① 적으로 간주한 상대방을 쫓아내려고 할 때 자신의 몸을 부풀려 힘을 과시한다.
② 마음이 편할 때 배를 내밀고 무방비한 상태로 드러눕는 자세를 취한다.
③ 고양이들은 기분을 전환시킬 때 기지개를 켠다.
④ 신나거나 놀고 싶을 때 자세를 낮추고 꼬리를 뒷다리 사이에 넣어 몸을 움츠린다.

32 고양이의 행동에 대한 설명 중 틀린 것은?

① 고양이는 자신이 살고 있는 집을 자신의 구역으로 여기며, 가구 등에 자신의 냄새를 묻힌다.
② 고양이는 긴장이나 불안을 해소하기 위해 일부러 그루밍을 하기도 한다.
③ 보호자를 너무 사랑하거나 애교를 표현할 때 감싸 안거나 뒷발로 차는 행동을 한다.
④ 발톱 갈기는 고양이의 마킹 행위 중에 하나이고, 이것이 고양이의 습성이다.

33 길에서 생활하는 어른이 된 수고양이가 자신의 세력권을 확보하기 위해 서서 뒤로 소변을 보는 행동을 지칭하는 용어로 옳은 것은?

① 과시 행동 ② 뒷발차기 행동
③ 스크래칭 행동 ④ 스프레이 행동

34 고양이의 공격행동이 아닌 것은?

① 공포성 공격행동 ② 사회적 공격행동
③ 애무유발성 공격행동 ④ 전가성 공격행동

35 고양이와 친해지는 방법에 대한 설명이 아닌 것은?

① 고양이의 사냥 본능을 자극할 수 있는 놀이로 놀아주는 것이 좋다.
② 고양이를 쓰다듬을 때 주의해야 할 점은 집요하게 쓰다듬지 않는 것이다.
③ 고양이는 갑자기 끌어안거나 뺨을 부비거나 큰 목소리를 지르는 것을 좋아한다.
④ 고양이를 안을 때 양 옆구리에 손을 넣고 올린 후 바로 한 손으로 엉덩이를 받치는 것이 좋다.

36 처음에는 바람직한 행동을 할 때마다 강화를 해주어야 학습이 되지만 일단 학습이 완료된 후에 가끔 강화를 주는 것이 그 행동을 유지시키는 데 훨씬 효과적이다. 이것은 무엇인가?

① 소거 ② 자발적 회복
③ 간헐적 강화 ④ 자극 일반화

37 고양이의 기분을 알 수 있는 자세로 아닌 것은?

① 공포를 느끼면 몸을 움츠린다.
② 자신의 몸을 부풀러 힘을 과시할 때가 있다.
③ 편히 쉴 때는 몸을 둥글게 만다.
④ 화가 나있을 때 몸을 낮추고 뒷발을 찬다.

38 고양이가 꼬리로 자신의 감정을 표현하는 것으로 틀린 것은?

(ㄱ) (ㄴ) (ㄷ)

① ㄱ. 반가워 ㄴ. 짜증나 ㄷ. 그게 뭐지?
② ㄱ. 놀랬잖아 ㄴ. 당신이 너무 좋아 ㄷ. 너무 무서워
③ ㄱ. 너무 화나 ㄴ. 짜증나 ㄷ. 친하게 지내자
④ ㄱ. 걱정돼요 ㄴ. 너무 화나 ㄷ. 놀랬잖아

39 고양이에 대한 설명으로 틀린 것은?

① 야생에서 사는 고양이는 사냥감을 앞발로 붙잡고 뒷발을 이용하여 사냥감을 분리한다.
② 일반적으로 고양이는 느긋하고 기분이 좋은 경우에는 '낑낑'과 같은 소리를 낸다.
③ 발바닥을 바닥에 붙이고 앉는 자세는 긴장을 완전히 풀지 않고 곧 바로 도망갈 수 있도록 경계하는 자세이다.
④ 고양이가 뛰거나 점프를 할 때 대부분의 힘은 뒷발에서 나오기 때문에 앞발보다 뒷발의 힘이 더 세다.

40 생후 2–3주 사이에 나타나는 변화로 정상적인 개의 일생 중 짧은 기간에 나타나는 가장 큰 변화 시기는 무엇인가?

① 신생아기 ② 성장기
③ 사회화기 ④ 이행기

41 스트레스로 인해 개에게서 나타나는 행동적 징후가 아닌 것은?

① 같은 부위를 계속 핥는다
② 안절부절 못한다
③ 계속 짖는다
④ 계속 점프를 한다

42 반려동물의 스트레스에 대한 설명으로 틀린 것은?

① 현장에서 도우미동물에게서 스트레스 반응이 발견되더라도 상담의 윤리를 지키기 위해 프로그램은 반드시 완성하고 스트레스를 대처해야 한다.
② 스트레스는 반려동물의 여러 가지 질병과 문제행동을 유발할 수 있다.
③ 반려동물에게 나타나는 신체적인 징후는 스트레스가 아닌 단순한 질병일 수도 있기 때문에 신체적인 징후가 생길 때 가장 먼저 병원에 의뢰하는 것이 적절하다.
④ 스트레스는 피부병, 탈모, 식욕부진 등을 유발할 수 있다.

43 기니피그와 친해지는 방법으로 아닌 것은?

① 기니피그는 음식에 대한 애착이 커서 친해지려고 할 때나 핸들링을 할 때 음식을 이용하는 것이 좋다.
② 기니피그에게도 행동풍부화가 중요하기 때문에 방의 구석구석에 맛있는 간식을 숨겨 놓으면 기니피그가 그것을 찾아 먹을 때 즐거움을 느낄 수 있다.
③ 기니피그는 생각보다 기억력이 매우 나빠서 좋은 기억이든 나쁜 기억이든 기니피그에게는 큰 영향을 주지 않는다.
④ 기니피그는 이것저것 물어뜯는 습성을 가지고 있으므로 풀어 줄 때 그 주변의 위험한 물건들을 미리 치워 놓는 것이 좋다.

44 기니피그의 행동에 대한 설명이 아닌 것은?

① 케이지 안이 편하고 안전하다는 생각을 할 때 가만히 누워 있거나 하품을 한다.
② 놀랐을 때나 매우 큰 소리가 났을 때 눈이 뜨거나 감겨 있다.
③ 동료들끼리 놀면서 나타나는 행동 중에는 폴짝폴짝 뛰는 것과 서로 뒤쫓는 것이 있다.
④ 위협을 느꼈을 때 또는 수컷들끼리 서로 공격할 때 털을 세운다.

45 페럿에 대한 설명이 아닌 것은?

① 페럿은 노는 것을 좋아하지만 하루에 14시간에서 18시간의 수면을 한다.
② 페럿은 훌륭한 사냥꾼이다.
③ 페럿은 느리게 움직이고 단독생활을 하는 동물이다.
④ 페럿은 행동과 소리로 자신의 감정을 표현한다.

46 다음 중 페럿이 하는 행동이 아닌 것은?

① 목 물기
② 발톱 세우기
③ 꼬리 부풀리기
④ 작은 물건 숨기기

47 페럿은 위협하는 행동 중의 하나로서 자신의 등을 거꾸로 된 U자 모양으로 만든 후 입을 벌려 양쪽으로 흔들면서 뛰는 모습은 무엇인가?

① 위젤 워 댄스
② 사이드웨이어택
③ 백킹인투어코너
④ 앨리게이터 롤

48 페럿들은 완전히 죽은 것처럼 잠을 자는데 그 이유로 옳은 것은?

① 꿈을 자주 꾸기 때문에 잘 안 깨어난다.
② 에너지를 회복시키기 위해서 깊은 잠이 필요하다.
③ 적에게 공격을 당하는 것을 막기 위해서이다.
④ 보호자와 접촉하기 싫어서 죽은 것처럼 잔다.

49 토끼 행동의 특징으로 아닌 것은?

① 치아를 연마한다
② 뒤로 넘어지기
③ 토핑(Thumping)
④ 스프레이와 턱 비비기

50 햄스터 행동의 특징으로 아닌 것은?

① 햄스터는 대체적으로 스스로 그루밍을 잘 하지 않는다.

② 햄스터는 베딩을 파면서 집 바닥을 왔다갔다 한다.

③ 햄스터는 야행성 동물이고 스트레스를 해소하기 위해 쳇바퀴를 돌린다.

④ 햄스터의 볼 주머니에 엄청난 양의 음식을 저장할 수 있고 안전하다고 생각하는 은식처에 옮겨가 보관하다가 배고플 때 꺼내서 먹는다.

정답

01. ④	02. ③	03. ③	04. ④	05. ②	06. ③	07. ④	08. ①	09. ①	10. ③
11. ④	12. ②	13. ③	14. ④	15. ④	16. ③	17. ①	18. ④	19. ②	20. ③
21. ①	22. ③	23. ④	24. ③	25. ②	26. ②	27. ②	28. ③	29. ③	30. ④
31. ④	32. ③	33. ④	34. ②	35. ③	36. ③	37. ④	38. ②	39. ②	40. ④
41. ④	42. ①	43. ③	44. ②	45. ③	46. ②	47. ①	48. ②	49. ②	50. ①

Part 3

도우미동물관리

Chapter 1

도우미동물에 대한 이해

우리는 어렸을 때부터 인식하지는 못했지만 다양한 생명존중교육을 받아왔다. 부모님의 양육에서부터 다른 생명을 사랑하고 배려하는 방법을 배워왔고, 교육기관들에서도 발달단계에 맞추어 생명존중의식을 키우기 위한 기회를 꾸준히 제공해왔다. 어렸을 때 개미를 관찰하고 텃밭을 가꾸고, 물고기를 나누어 받아 키우고, 떨어진 낙엽과 같은 자연물을 활용하여 만들기를 하던 것들도 자연친화적인 생명존중교육의 일환으로 볼 수 있다. 어느 정도 인지능력이 성장된 청소년기에 생명이나 죽음과 관련된 문제인 안락사나 낙태, 인권, 동물의 권리와 복지 등에 대해 강의를 듣고 토의를 했던 활동들도 모두 생명존중교육이라고 볼 수 있다. 주위에서 흔히 볼 수 있는 다양한 동식물 관련 박물관에서는 동식물의 종류와 생태환경에 대한 학습을 통해 사람들의 생명존중의식을 함양시키고자 한다. 이렇게 다양한 형태의 생명존중교육을 통해 우리는 다른 생명들에게 관심을 갖고 함께 살아가기 위한 공존에 대해 생각할 수 있게 되었다. 위의 예시를 살펴보면 우리가 어린 시절 받았던 대부분의 생명존중교육은 직접적으로 생명을 경험할 수 있는 교육들로 이루어져 있다는 것을 알 수 있다. 이는 유아기·아동기에 이루어지는 생명존중교육은 자연 속에서 이루어지는 것이 효과적이며 자연에 참여하여 직접 느끼고 교감하는 것이 생명존중 가치관을 형성하는 데 도움을 줄 수 있다는 것을 의미한다.

동물매개교육은 생명존중교육의 일환으로 생명과 감정을 가진 동물이라는 매개체를 통해 학습자가 직접적인 생명현상을 느끼고 동물과 서로 교감하며 생명에 대한 경외심을 쌓을 수 있다. 이 과정에서 투입되어 학습자와 직접적인 교류를 통해 생명존중교육을 돕는 동물들을 '도우미동물'이라 한다. 동물매개교육에 투입되는 도우미동물로는 「동물보호법」에서 지정한 반려동물인 개 · 고양이 · 기니피그 · 햄스터 · 토끼 · 페럿이 중심으로 이루어져 있다. 그렇다고 해서 동물매개교육의 주제가 반려동물로 한정되지는 않는다. 올바른 반려동물문화와 더불어 반려동물을 포함한 농장동물, 실험동물, 야생동물, 멸종위기동물 등 다양한 동물의 권리문제를 다룰 수 있고 파충류, 조류, 어류, 포유류를 주제로 하여 동물에 대한 지식을 학습하고 깊게 탐구할 수 있다. 더 나아가 자신의 생명을 사랑하는 방법, 나 이외의 생명에 관심을 가지고 돌보며 함께 살아가는 방법에 대해 고민할 수 있다. 도우미동물들은 생명에 관한 교육이 진행될 때 학습자에게 동물이라는 자연환경을 가까이에서 제공하고 깊은 정서적 교감을 나눌 수 있도록 함으로써 교육의 효과를 높이는 역할을 하게 된다.

동물매개교육에 참여하는 도우미동물로 반려동물이 중심되었을 때의 긍정적인 점들은 다음과 같다.

첫째, 친밀감이 쉽게 형성된다. 반려동물로 지정이 된 여섯 종류의 동물들은 다른 여타 동물들에 비해 사람과 함께 부딪치며 살아온 역사들을 가지고 있다. 집을 지키기 위해, 외로움을 달래주기 위해 등 사람의 일상생활에 자연스럽게 머물러 있던 동물들이다. 어렸을 때부터 장난감, 만화영화, 동화, 동요 등에서 자연스럽게 접해오면서 거부감이 낮아져 있기 때문에 직접적인 만남이 이루어졌을 때 빠르게 친밀감을 형성할 수 있다.

둘째, 교감능력이 뛰어나다. 위에서 언급했듯 여섯 종류의 동물들은 사람과 함께한 공존의 역사가 있기 때문에 사람의 감정에 예민하게 반응할 수 있다. 동물매개교육은 학습자가 동물에게 가지게 되는 사랑과 배려를 다양한 생명현상에 적용하도록 돕기 때문에 사람의 감정에 보다 잘 공감하는 동물을 중심으로 하는 것이 더욱 효과적이라 할 수 있다.

셋째, 경제적 효율성을 지닌다. 반려동물은 키울 때 필요한 먹이나 위생용품, 사육용품 등이 다양한 제품군으로 판매되고 있고, 구매하기도 수월하여 접근성과 편의성이 높다. 따라서 보호자가 동물을 사육관리 하는 데 있어 용이할 뿐만 아니라 경제적이기도 하다. 이는 다시 말하면, 반려동물이 중심이 되는 동물매개교육은 다른 동물이 투입되는 동물매개교육에 비해 서비스를 이용하는 학습자의 경제적 부담감을 경감시켜 줄 수 있다.

넷째, 질병에 대한 이해가 높다. 동물매개교육에 참여하는 도우미동물들은 건강해야 한다. 현재 동물병원 의료시스템은 반려동물을 중심으로 성장하고 있어서 관리의 적합성을 지닌다.

다섯째, 산업적 피해가 낮다. 반려동물들은 인수공통감염병의 위험이 낮기 때문에 접촉의 증가로 발생할 수 있는 전염병의 발생 위험률이 낮다. 또한 가정에서의 청결관리가 용이하다는 장점도 있다.

이처럼 살아있는 생명이 함께하는 동물매개교육은 학습자에게 마음으로부터 느끼는 생명에 대한 사랑과 존경심을 느끼게 하고 인간의 자연친화적인 태도를 기를 수 있도록 도와준다. 이러한 일련의 과정에서 중요한 것은 참여하는 도우미동물에 대한 철저한 신체적·정서적 관리가 필요하다는 것이다. 동물을 통한 생명존중교육에서 참여한 도우미동물이 스트레스를 받거나 아프다면 윤리적으로 어긋나는 것이며 생명존중의식 실현의 완전한 실패라고 볼 수 있다. 따라서 동물매개교육지도사는 투입되는 도우미동물의 권리를 위해 올바른 사육 및 관리 방법에 대해 이해할 필요성이 있다.

1 도우미동물

현재 이루어지고 있는 자연친화적 생명존중교육의 대부분은 식물을 위주로 이루어지고 있다. 아무래도 동물은 식물보다 돌봄의 과정이 길고 까다로우며 경제적인 부담감이 크기 때문인 것으로 사료된다. 그럼에도 불구하고 동물을 통한 생명존중교육(이하, 동물매개교육이라 한다)은 여러 가지 의미를 가진다.

첫째, 동물은 학습자의 흥미를 이끈다. 어떤 교육이건 간에 학습자의 자발적인 참여가 중요한데, 동물은 그 자체로도 학습자의 관심을 이끌어내는 요소가 된다. 도우미동물이 보여주는 다양한 감정과 행동들은 학습자로 하여금 집중하게 만들며 지속적인 관찰을 유도한다. 살아있는 동물과의 지속적인 만남은 자연적 호기심과 동기유발을 통해 적극적인 학습자가 되어 반응하고 탐구하도록 한다(허윤정, 2002).

둘째, 생명현상을 느낄 수 있는 기회를 제공한다. 도우미동물의 종류마다 감정을 표현하는 방법이나 살아가기 위한 본능적 행동들이 다르다. 학습자는 이런 모습들을 관찰하면서 동물에 대한 지식의 습득과 함께 생명현상의 직접적인 경험을 할 수 있다. 단순히 '동물'로 생각하던 존재의 다양한 생명현상 등을 경험하고 나면 '생명'으로 인지하게 되어 경외심을 가지게 한다. 동물을 직접적으로 경험한 학습자는 동물에 대한 관심이 높아지고 적극적이게 되며 애착이 증가한다.

셋째, 돌봄의 주체가 되는 경험을 제공한다. 돌봄은 자신의 존재가치를 확인하고 나누는 사랑에 대한 기쁨을 알게 한다. 동물은 흔히 돌봄의 대상으로 인식되는 유아나 아동에게도 돌봄의 주체가 되는 경험을 제공할 수 있다. 이는 아동이 가진 자기중심적 생각에서 벗어나 타인을 배려하고 이해하며 감정을 조망하는 능력을 길러주게 된다. 돌봄이라고 하는 것은 생명존중을 실천하는 것이라고 볼 수 있다. 동물의 먹이를 챙겨주고, 함께 산책하고, 물을 챙겨주는 등의 과정은 사랑의 마음을 가지게 하며 생명존중태도를 내면화시킬 수 있다.

1) 도우미동물 선발 기준

(1) 도우미동물 공통 선발 기준

교육의 목적을 위해 의도적으로 투입되는 도우미동물들은 어느 정도의 선발 기준이 필요하다. 어떠한 품종이나 생김새를 기준으로 하는 것이 아니라 교육적 목적에 맞고 사람과 동물의 윤리적 문제를 고려한 기준을 기본으로 하여 도우미동물을 결정한다.

① **사람에게 우호적인 태도를 지니고 친밀감을 가진 동물이어야 한다.** 이 친밀감은 도우미동물을 데리고 하는 지도사뿐만 아니라 학습자에게도 해당이 된다. 동물매개교육은 다양한 연령의 학습자를 만나게 되는데 특히 생명존중교육이 중시되는 아동기의 학습자

를 많이 만나게 된다. 이때, 아동의 높은 소리나 큰 행동에도 차분히 있을 수 있어야 한다. 주의해야 할 점은, 도우미동물이 무조건 참아야 한다는 것을 의미하는 것은 아니다. 도우미동물들도 싫은 표현을 할 수 있다. 오히려 이런 모습을 보고 학습자가 동물을 배려하는 방법에 대해 학습할 수도 있기 때문이다. 다만, 덤벼들거나 무는 등의 공격적인 행동을 해서는 안된다는 의미이다.

② **기본적인 사회화 교육이 되어 있어야 한다.** 도우미동물은 다양한 환경에 안정적으로 적응할 수 있어야 한다. 대중교통이나 초등학교와 같은 소란스러운 환경에서도 사람을 공격하지 않고 달려들지 않아야 한다. 또한 사람과 함께 살아가는데 필요한 기초적인 예절교육과 청결을 위한 배변교육이 필수적으로 되어 있어야 한다. 그 외의 재롱과 같은 교육들(앉아, 엎드려 등)은 앞의 교육들이 선행된 후 진행될 부가적인 교육들이다.

③ **스트레스에 잘 적응해야 한다.** 도우미동물은 다양한 사람들과 만나고 대중교통, 학교, 길거리 등 다양한 환경의 변화를 겪기 때문에 낯선 환경과 사람에게 적응하여 편안한 상태를 유지할 수 있어야 한다. 또한 사회적 소음이나 냄새, 빛과 같은 환경적 요인에 대한 스트레스 민감도가 낮아야 한다. 변화에 적응하지 못하고 지속적으로 스트레스 받는 도우미동물을 데리고 다니는 것은 학습자와 도우미동물 사이의 관계형성에 역효과를 낼 뿐만 아니라 생명존중윤리에도 어긋난다.

④ **밝고 건강한 동물이어야 한다.** 인수공통감염병의 경우 대상자와 동물매개치료사 모두에게 감염의 위험이 있으며, 아픈 동물에게 적절한 조취를 행하지 않는 것은 동물학대 행위이다. 여기서 말하는 아픈 동물은 즉각적인 수의학적 조치가 필요하거나, 꾸준한 입원치료가 필요한 경우, 수의학적으로 보았을 때 활동이 불가능한 경우를 말하는 것으로 관리가 가능한 질환을 가졌거나 장애를 가졌음에도 밝고 건강하다면 도우미동물로 선발될 수 있다.

⑤ **집단동물매개교육의 경우 다른 품종 또는 같은 품종의 다른 개체에게 너무 예민하지 않아야 한다.** 집단동물매개교육은 여러 마리의 동물이 함께 하기 때문에 아무리 사람에게는 우호적이라 하더라도 다른 개체에게 공격성을 드러내는 개체는 선발될 수 없다. 공격성 뿐 아니라 너무 지나친 관심도 안전사고 발생확률을 높이기 때문에 동물이 상해를 입거나 극심한 스트레스를 받는 경우가 발생할 수 있다. 따라서 집단동물매개교육에 참여하는 도우미동물로 선발되기 위해서는 같은 품종의 다른 개체뿐만 아니라 다른 품종에게도 공격성을 드러내지 않는 교육이 되어 있어야 한다.

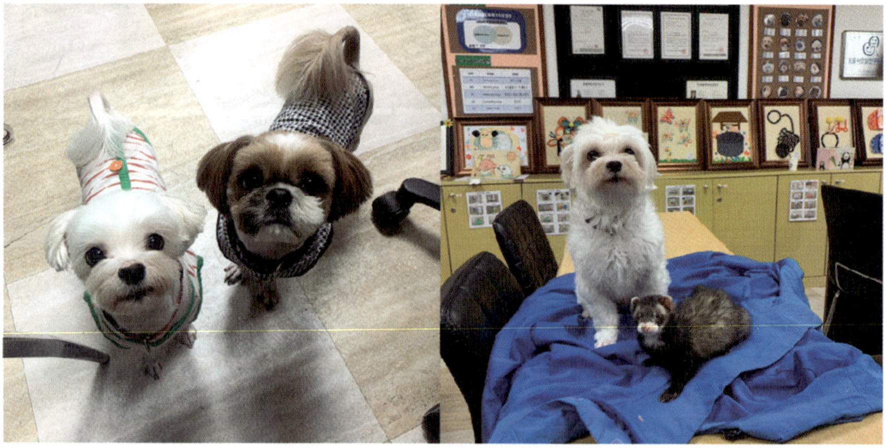

도우미동물은 같은 품종뿐만 아니라 다른 품종에게도 너무 예민하지 않아야 한다.

위의 기준에 따라 도우미동물이 선발되더라도 바로 교육현장에 투입되는 것은 아니며 현장에서 충분히 적응할 수 있는 기간을 주어야 한다. 투입된 동물의 상태와 학습자의 반응을 관찰하며 일정한 수련을 거친 후에 투입 여부를 결정하게 된다.

Chapter 2

도우미동물 관리

동물매개교육지도사는 함께하는 도우미동물에게 지속적인 관리를 제공해야 한다. 도우미동물의 제대로 된 관리는 생명존중의식의 가장 가깝고 구체적인 실천이라고 볼 수 있으며 이는 「동물보호법」에 의거하여 이루어지게 된다.

「동물보호법」에서는 동물들의 생명과 안전 보장을 위해 준수해야 하는 다섯 가지 기본 원칙을 명시하고 있다.

① 동물이 본래의 습성과 신체의 원형을 유지하면서 정상적으로 살 수 있도록 할 것
② 동물이 갈증 및 굶주림을 겪거나 영양이 결핍되지 아니하도록 할 것
③ 동물이 정상적인 행동을 표현할 수 있고 불편함을 겪지 아니하도록 할 것
④ 동물이 고통·상해 및 질병으로부터 자유롭도록 할 것
⑤ 동물이 공포와 스트레스를 받지 아니하도록 할 것

표 3.1 동물의 적절한 사육 · 관리 방법

1. 일반기준
   가. 동물의 소유자등은 동물을 사육·관리할 때에 동물의 생명과 그 안전을 보호하고 복지를 증진하여야 한다.
   나. 동물의 소유자등은 동물로 하여금 갈증·배고픔, 영양불량, 불편함, 통증·부상·질병, 두려움과 정상적으로 행동할 수 없는 것으로 인하여 고통을 받지 아니하도록 노력하여야 한다.
   다. 동물의 소유자등은 사육·관리하는 동물의 습성을 이해함으로써 최대한 본래의 습성에 가깝게 사육·관리하고, 동물의 보호와 복지에 책임감을 가져야 한다.

2. 개별기준
   가. 사육환경
      1) 동물의 종류, 크기, 특성, 건강상태, 사육 목적 등을 고려하여 최대한 적절한 사육환경을 제공하여야 한다.
      2) 동물의 사육 공간 및 사육시설은 동물이 자연스러운 자세로 일어나거나 눕거나 움직이는 등 일상적인 동작을 하는 데에 지장이 없는 크기이어야 한다.
   나. 건강관리
      1) 전염병 예방을 위하여 정기적으로 동물의 특성에 따른 예방접종을 하여야 한다.
      2) 개는 분기마다 1회 이상 구충을 하여야 한다.

1 개의 관리

개는 동물들 중 가장 먼저 가축화 된 동물로 사람과 함께한 역사가 길다고 볼 수 있다. 함께 사냥을 하거나, 양을 몰거나, 집을 지키거나, 썰매를 끄는 등의 어떠한 일을 하기 위한 목적에서부터 시작하여 현재는 가족 구성원의 일원으로서 당당히 자리매김하게 되었다. 사람에 대한 기본적인 호감도가 높고 호흡이 잘 맞기 때문에 동물매개교육현장에서도 가장 중심적으로 활동하고 있는 동물이다. 동물매개교육 활동을 가장 훌륭히 수행해내는 견종은 따로 없다. 오히려 어떠한 견종이 가장 우수하다고 결정하는 순간 균형 잡힌 생명 감수성과 태도를 길러주어야 하는 동물매개교육의 가치와는 정반대되는 편견을 만들어낼 수 있다.

하지만 동물매개교육현장에 참여할 수 없는 견종은 있다. 「동물보호법」 제2조에서 말하는 맹견들로 이 견종들은 「영유아보육법」 제2조제3호에 따른 어린이집, 「유아교육법」 제2조 제2호에 따른 유치원, 「초·중등교육법」 제38조에 따른 초등학교 및 같은 법 제55조에 따른 특수학교에는 출입이 금지되어 있다.

1) 도사견과 그 잡종의 개
2) 아메리칸 핏불 테리어와 그 잡종의 개
3) 아메리칸 스태퍼트셔 테리어와 그 잡종의 개
4) 로트와일러와 그 잡종의 개
5) 그밖에 사람을 공격하여 상해를 입힐 가능성이 높은 개

1) 개의 기본 사육용품

(1) 사료

반려견 전용 사료는 개가 살아가며 필요한 영양성분들이 고려되어 만들어졌으며 항상 쉽게 구할 수 있기에 보호자들이 선택하는 최고의 개의 주식이다. 사료는 크게 건식사료, 소프트사료, 습식사료(통조림)의 형태로 나뉘며 개의 연령에 따라 필요한 열량이나 영양성분의 비율이 다르기에 이에 맞춰 배합된 자견용, 성견용, 노견용으로 나뉘어져 있다. 또한, 비만견을 위한 다이어트 사료, 알레르기가 있는 개를 위한 알레르기 프리 사료, 질병 때문에 특정 성분을 먹지 못하거나 더 필요한 개를 위한 처방 사료 등 다양한 기능을 가진 기능성 사료 또한 판매되고 있다. 반려견을 키우는 사람들이 늘어나며 그들의 요구에 맞춘 다양한 맞춤형 사료들이 많이 판매되고 있으며 사람의 식문화 흐름에 맞춰 점점 더 새로운 원료의 사용이 늘어나고 있다. 반려견의 건강상태와 선호도를 고려하여 적절한 사료를 선택하면 되고, 급여량은 대부분의 제품에 자세히 나와 있다.

① 주의사항

가) 먹이던 사료를 바꿔 줄 때, 한 번에 바꾸려 하면 개가 먹는 것을 거부할 수 있다. 따라서 처음에는 기존에 먹던 사료와 바꾸려는 사료를 적절히 섞어 주다가 조금씩 기존에 먹던 사료의 비율을 낮추는 형식으로 바꿔주는 것이 좋다.

나) 어떤 형태의 사료든 공기와 접촉하면 산화되어 부패할 가능성이 높다. 따라서 밀폐하여 보관할 수 있도록 해야 한다. 특히 습식사료가 부패하기 가장 쉬우므로 항상 냉장보관을 하고, 먹일 때 적당한 온도로 만든 후 급여한다.

다) 대용량일수록 가격이 저렴해지기는 하지만 사료도 유통기한이 있다. 반려견이 유통기한 내에 사료를 모두 먹을 수 있는지 확인한 후 구매한다.

라) 사료의 급여방법에는 자율급여방법과 제한급여방법이 있다. 자율급여방법은 충분한 양의 사료를 한 번에 주고 반려견이 먹고 싶을 때 먹는 방법이고 제한급여는 한 번에 먹는 양만 급여하는 것을 말한다. 반려견의 식탐이 강하거나 비만일 경우에는 제한급여를 선택하는 것이 좋다.

마) 주의가 필요한 음식

표 3.2 개가 먹었을 때 주의가 필요한 음식

종류	증상
양파, 마늘	빈혈
커피, 초콜릿, 에너지드링크	빈맥, 구토, 혈압 상승
마카다미아(견과류 일종)	운동실조, 고열, 기력저하
포도, 건포도	신부전
자일리톨	저혈당, 간기능 저하
이스트반죽	위장폐색
타이레놀(아세트아미노펜)	중독증: 간 기능 저하
알벤다졸(사람 구충제)	골수 이형성: 빈혈, 백혈구 감소, 혈소판 감소

② 영양관리

반려견의 건강을 관리하기 위해서는 반려견에게 필요한 영양소를 적절하게 공급해주어야 한다. 개에게 필요한 영양소에 대한 기초 이해는 자신의 반려견을 위한 최고의 사료를 선택하는 데 도움을 줄 수 있다. 개는 인간과 같은 잡식성 동물로 치아 구조와 장의 구조 모두 잡식성 식단에 적응하도록 되어 있다. 필요한 영양소의 양은 개의 발달단계에 따라 조금씩 다르다. 물은 그 자체로 영양소이며 모든 생명에게 필수적인 요소이다.

가) 탄수화물

탄수화물은 대표적인 에너지 공급원으로 1g당 4kcal의 에너지를 낸다. 종류로는 가장 기본적인 단위인 단당류(포도당, 과당 등), 두 개의 단당류가 결합되어 형성된 이당류(젖당, 설탕 등), 여러 개의 단당류가 결합된 형태인 다당류(글리코겐, 녹말, 섬유소)가 있다. 정제된 곡물에서 나오는 탄수화물은 갑자기 혈당을 높이면서 여러 염증을 발생시키고 당뇨나 암과 같은 질병을 유발할 수 있기 때문에 급여할 때 조심해야 한다. 정제되지 않은 탄수화물(복합 탄수화물)은 혈당을 천천히 올리면서 포만감을 유지할 수 있게 하고 오랜 시간 에너지원으로 사용될 수 있다.

개에게 탄수화물이 필요한 영양소인지에 대한 논란은 쉽게 찾아볼 수 있다. 탄수화물이 개에게 필요하지 않은 영양소라고 주장하는 측의 대표적 의견은 미국사료협회(AAFCO)가 만든 개를 위한 영양소 요구 사항에 탄수화물이 포함되어 있지 않다는 것이다. 또한 야생의 개나 늑대는 육류 위주의 고단백·고지방 음식을 섭취해왔기 때문에 반려견들에게도 탄수화물이 필요하지 않다는 의견이 있다. 하지만 개는 탄수화물을 소화시킬 수 있고 이를 에너지원으로써 효과적으로 사용할 수 있다. 개는 탄수화물이 분해된 포도당을 내장, 혈액 및 간으로 흡수하여 에너지원으로 쉽고 효율적으로 사용한다. 정제되지 않은 탄수화물은 미네랄과 섬유질, 철분과 같은 유익한 영양소를 포함하여 개의 건강에 이로운 영향을 준다. 이러한 섬유질은 장내 유익균의 먹이가 되어 개의 소화 시스템을 건강하게 유지하게 해주고 장 운동성을 촉진하여 소화를 도와준다.

나) 단백질

단백질은 아미노산이 연결되어 만들어진 성분으로 근육이나 머리카락, 뼈, 내장 등의 신체 조직을 구성하며 인슐린과 같은 호르몬의 성분이 되기도 하는 등 생명체의 대부분 활동에 필요한 영양소이다. 또한 탄수화물과 마찬가지로 1g당 4kcal의 에너지를 낸다. 단백질을 구성하는 아미노산의 종류와 결합 순서에 따라 단백질의 종류가 달라지는데 소화가 될 때는 아미노산의 형태로 분해되어 흡수된다. 아미노산은 22가지의 종류가 있으며 그 중 우리 몸에서 만들어내지 못하는 아미노산을 필수 아미노산이라 한다. 개에게 필요한 필수 아미노산은 10개(아르기닌, 류신, 리신, 트레오닌 등)이며 외부로부터 음식이나 보충제를 통해 섭취해야만 한다. 미국사료협회(AAFCO)에서는 개의 발달단계와 건강 상태, 생식 상태 등에 따라 최소한의 단백질 섭취 기준을 정하고 있는데 성장과 임신 상태일 때에는 20%, 성견일 때에는 18%로 되어 있다.

개에게 단백질을 공급할 때는 단백질 공급원을 살펴보아야 한다. 단백질은 동물성 단백질과 식물성 단백질로 나뉘는데 동물성 단백질은 필수 아미노산이 식물성 단백질에 비해 많이 들어있고 포화지방이 많다. 시중에 판매되고 있는 사료들에서는 여러 가지의 단백질 공급원을 사용하고 있다. 계란, 닭고기, 소고기, 양고기, 생선과 같은 동물성 단백질과 현미, 오트밀, 렌틸콩, 완두콩, 보리 등의 식물성 단백질이 그 대표적인 예이다. 가장 좋은 단백질 공급원이 정해져 있는 것은 아니며 항상 신선한 상태인 것과 반려견과 보호자의 선호에 달려있다. 종종 특별한 단밸질 공급원에 대해 눈물이 많아지거나 몸을 긁는 등의 알레르기 반응을 보일 수 있으므로 이때에는 수의사와의 상담이 필요하다.

다) 지방

지방은 1g당 9kcal로 가장 큰 에너지를 내며 피하에 저장된 지방은 체온유지를 하는데 도움을 준다. 세포의 중요한 부분들을 구성하고 개의 피모와 피부를 건강하게 유지시켜주는 데 중요한 역할을 하고 지용성 비타민(A, D, E, K)의 흡수를 돕는다. 지방의 함량 정도는 음식의 맛에 큰 영향을 미친다. 물론 지방을 필요한 양보다 많이 섭취하게 되면 체지방으로 전환되어 비만이 되고 췌장염과 같은 다른 질병으로까지 이어질 수 있기 때문에 필요한 양을 지켜 섭취하고 남는 지방이 없도록 적절한 활동성을 유지해야만 한다. 비만일 경우에는 음식 섭취량을 25% 줄이는 것을 권고하고 있다.

지방도 단백질과 마찬가지로 외부에서 음식을 통해 섭취해야 하는 필수 지방산이 있다. 개에게 필요한 필수 지방산은 불포화지방산으로 크게 오메가3와 오메가6가 있다. 오메가3는 주로 기름진 생선에서 많이 발견되며 오메가6는 식물오일에서 많이 발견된다. 건강한 개를 기준으로 했을 때 그 비율은 1:5에서 1:10 정도로 보고되고 있다. 이 비율이 모든 개들에게 적용되는 것은 아니며 알레르기나 피부질환을 앓는 개에게는 오메가3의 비율을 더 높일 수 있다.

라) 비타민

비타민은 에너지원으로 쓰이지는 않지만 아주 적은 양으로도 몸의 생리작용을 조절하는 영양소로 대부분 체내에서 합성할 수 없어 음식을 통해 섭취해야 한다. 비타민은 부족하면 결핍증이 나타나고, 그 종류로는 크게 물에 녹는 비타민인 수용성 비타민(비타민 B복합체, C, L, P)과 지용성 비타민(A, D, E, K)으로 나뉜다. 비타민C의 경우 사람은 체내에서 합성하지 못하지만 개와 고양이는 간에서 비타민C를 합성할 수 있다. 또한 사람은 비타민D를 햇빛을 통해 합성할 수 있지만 개는 그렇지 않기 때문에 음식을 통해 섭취해야만 한다.

대부분의 제조된 사료에서는 미국사료협회(AAFCO)의 영양지침에 따라 적절하고 균형 잡힌 비타민이 포함되어 있다.

마) 미네랄

미네랄은 나트륨, 칼슘, 인, 염소, 철, 아연, 구리 등으로 에너지원은 아니지만 몸을 구성하는 중요 성분이다. 뼈의 기능을 유지하고 신경자극 물질을 전달하며 호르몬을 만들어내는 데도 사용하기 때문에 적절한 수준을 섭취하는 것이 중요하다. 또한 적정수준을 유지하면서 서로 균형을 이루는 것이 중요하다. 대표적으로 칼슘과 인은 개의 뼈와 치아를 구성하는 역할을 하기 때문에 부족한 경우 뼈의 기형이나 강도가 약해짐으로써 골절이 쉽게 발생할 수 있다. 하지만 너무 많을 경우에는 비정상적인 성장과 발달이 나타나게 되고 골다공증과 같은 질환을 가질 수 있다. 칼슘과 인은 약 1:1 비율을 유지하되 칼슘의 비율이 약간 더 높은 것을 추천하기도 한다. 아연은 면역력을 높이고 개의 피부와 피모를 건강하게 만들어주며 구리는 철분의 흡수를 도와 빈혈을 예방하는 역할을 한다.

대부분의 보호자는 미네랄의 적정 수치를 계산하는 것이 쉽지 않기 때문에 미국사료협회(AAFCO)의 영양지침에 따라 만들어진 사료를 반려견에게 제공한다면 적절한 수치의 미네랄을 관리할 수 있다.

(2) 생활용품

① 화장실

실내에서 키우는 반려견들은 저마다 화장실을 정해놓고 사용한다. 배변훈련을 통해 자신이 원하는 곳에 반려견이 배변을 보도록 할 수 있다. 원한다면 베란다나 화장실도 가능할 것이고 배변패드 위에서만 배변을 볼 수 있도록 할 수 있다. 배변패드는 소변을 흡수하여서 반려견이 소변을 보더라도 주변 환경을 청결히 유지할 수 있도록 도와주며 다양한 향이 첨가되어 냄새를 방지해 주기도 한다. 배변훈련 초기에 지정된 장소에서 배변을 가릴 수 있도록 도와주는 배변유도제 또한 판매중이다.

② 목줄 및 배변봉투

「동물보호법」 제13조에 의거하여 소유자등은 등록대상동물을 동반하고 외출할 때에는 목줄 등 안전조치를 하여야 하며, 배설물이 생겼을 때에는 즉시 수거하여야 한다. 따라서 반려견을 키우려는 사람은 목줄이 필수적으로 필요하게 되는데 반려견의 목에 리드줄을 거는 목줄 형태, 가슴의 연결고리에 리드줄을 거는 하네스 형태 중 선택할 수 있다. 목줄이 보호자가 반려견을 좀 더 통제하기 편하지만 강하게 당길 경우 반려견이 불편할 수 있고, 하네스는 반려견의 행동이 자유롭지만 목줄에 비해 통제가 어렵다는 점이 있다. 어떠한 형태를 사용하건 처음 목줄·하네스를 착용한 반려견은 당황하며 불편해하고 움직이지 않으려 하므로 어렸을 때부터 꾸준한 훈련을 통해 익숙해지도록 하는 것이 중요하다.

배변을 수거하는 것은 정해진 봉투가 있는 것이 아니니 원하는 것을 사용하면 된다.

③ 급식기/급수기

반려견들이 신선한 사료와 물을 먹을 수 있는 급식기와 급수기는 필수이다. 반드시 판매하는 것을 사용할 필요는 없고 집에 사용하지 않는 그릇을 사용하여도 좋다. 어떤 형태의 급식기·급수기이건 간에 자주 세척하여 청결한 상태를 유지하는 것이 중요하다. 개는 물을 먹을 때 혀를 뒤로 말아 숟가락처럼 사용하여 물을 마신다. 따라서 물병 형태의 급수기보다는 그릇을 사용하는 것이 반려견이 좀 더 편히 물을 먹을 수 있다.

④ 장난감

보호자의 용품을 장난감으로 인식하면 문제행동이 발생한다.

장난감은 반려견의 심심함을 달래주기도 하지만 주인과 함께 하는 놀이를 통해 친밀감을 높일 수 있다. 삑삑 소리가 나거나 바스락거리는 소리가 나는 형태의 장난감이 선호도가 높으며 봉제인형은 보기에는 귀엽지만 반려견들이 물어뜯으며 놀기에 금방 망가진다. 반려견마다 선호하는 장난감이 다르니 다양한 형태의 것을 경험해보도록 하는 것이 좋다.

양말이나 수건과 같은 보호자가 사용하는 용품으로도 놀아줄 수 있지만 보호자의 생활용품들을 반려견이 장난감으로 인식하여 문제행동이 발생할 수 있으므로 보호자의 용품들로는 놀이를 하지 않는 것이 좋다.

(3) 이동장(케이지)

반려견을 데리고 이동할 때는 이동장이 필요하다. 지하철이나 버스 등의 대중교통을 반려견과 이용할 때에도 반려견을 이동장에 넣은 후 모습이 완전히 보이지 않게 한 후 이용해야 한다. 다양한 형태의 이동장이 있으므로 사용하기에 편리한 형태를 골라 사용하면 된다. 가방처럼 들 수 있는 형태나 어깨에 멜 수 있는 슬링백 형태, 끌고 다닐 수 있는 유모차 형태까지 다양하며 승용차에 개를 태우고 다닐 때 개를 안전하게 보호해줄 수 있는 카시트도 있다. 이를 위해서는 이동장에 얌전히 있는 훈련이 필수적이다.

(4) 치아관리용품

반려견들의 청결한 구강관리를 위한 다양한 용품들이 판매되고 있다. 기본적으로 강아지들이 먹어도 되고 헹구지 않아도 되는 치약에서부터 반려견의 크기에 맞게 선택할 수 있는 다양한 칫솔들도 있다. 칫솔은 일반적으로 사람이 쓰는 것과 같은 형태의 칫솔과 양치질에 거부감을 가지거나 적응 중인 반려견들이 주로 사용하는 손가락 칫솔도 있다. 스스로 반려견을 스케일링 해주는 사람들을 위한 스케일러(스케일링 도구)도 판매 중이지만 숙련자가 아니면 반려견의 입과 치아에 상처를 낼 수 있으므로 사용을 자제하는 것이 좋다.

(5) 미용용품

① 샴푸 및 린스

반려견을 청결관리를 위해 목욕시키기 위해서는 강아지 전용 샴푸와 린스를 사용해야 한다. 사람의 피부는 산성이지만 개의 피부는 알칼리성이여서 사람이 쓰는 샴푸를 사용하게 되면 피부를 보호하는 산성막이 손상되어 피부가 다양한 위험에 노출된다. 피부병 앓고 있거나 선천적으로 피부가 약한 반려견들을 위한 약용 샴푸도 다양하게 판매중이다.

부득이하게 목욕을 시켜야 하는데 반려견 전용 샴푸가 없을 경우에는 사람이 사용하는 샴푸를 아주 소량 많은 양의 물에 풀어서 사용할 수 있다.

② 브러쉬

빗질은 반려견의 털 사이의 오염물을 제거하고 청결하게 만들어주며 피모를 자극하여 신진대사를 높여주기도 하는 반려견의 건강관리에 있어 중요한 과정이다. 짧은 털의 단모종과 털이 긴 장모종의 반려견이 사용하는 브러쉬의 형태가 다르고 용도에 따라 다른 모양의 브러쉬를 선택할 수 있다. 대표적으로 가장 많이 사용되는 '슬리커 브러쉬'는 다른 빗에 비해 날카롭고 빗살이 많아 엉킨 털을 푸는 데 유용하며 '눈곱 브러쉬'는 빗살이 아주 촘촘하여 반려견의 눈곱을 제거하거나 얼굴 쪽 털을 빗을 때 많이 사용한다. 단모종의 경우 빗질이 필요 없다고 생각할 수 있지만 매일 새로운 털이 자라나므로 빗질을 통해 죽은 털을 제거해야 한다.

또한 빗질을 하는 과정에서 반려견과 보호자가 서로 교감하며 감정을 나누는 시간을 가질 수 있다. 동물매개교육현장에서 학습자가 반려견의 털을 빗어주는 것은 상호교감하며 학습자에게는 돌봄의 주체가 되는 경험을 제공할 수 있다. 이때 반려견이 다치지 않도록 손에 힘을 빼고 빗을 수 있도록 지도가 필요하며, 반려견에 빗질에 거부감이 없는 상태여야 한다.

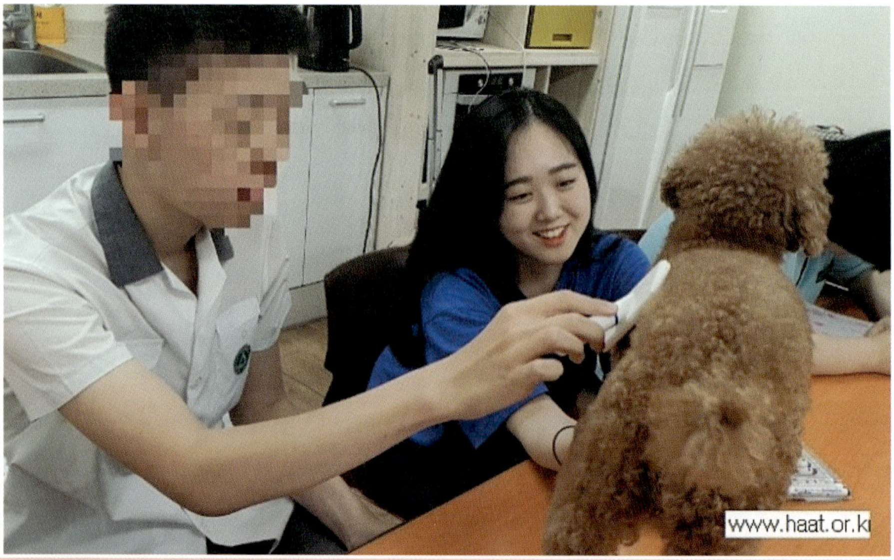

학습자가 도우미동물의 털을 빗어주고 있다.

③ 이어파우더 및 귀 세정제

반려견의 귀를 청결하게 관리하기 위해서는 이어파우더와 강아지 귀 전용 세정제가 필요하다. 이어파우더는 귓속의 털을 뽑을 때 피부의 손상과 반려견이 불편함을 덜어주며 귀 세정제는 반려견의 귀 안에 직접 손을 대지 않고도 귀지 등을 제거할 수 있게 해준다.

④ 발톱깎이

사람의 손톱이 계속 자라나듯 개의 발톱도 계속해서 자라난다. 실외활동이 적은 반려견의 경우 주기적으로 발톱을 잘라주어야 하는데, 사람의 손톱에 비해 반려견의 발톱은 두껍기 때문에 사람이 사용하는 손톱깎이는 사용할 수 없어 강아지 전용 발톱깎이를 사용해야 한다. 반려견의 크기에 따라 원하는 것을 선택하여 사용하면 된다.

(6) 간식

간식은 사료에 비해 열량이 높기 때문에 반려견이 잘 먹는다고 해서 자주 급여하면 비만의 원인이 되기도 한다. 반려견들의 장난감이자 간식인 개껌부터 시작해서 육포형태, 비스킷, 동결건조 간식, 소시지, 음료 등 다양한 형태의 제품들이 판매되고 있다. 자견 때부터 간식을 주식으로 삼게 되면 후에 사료를 잘 먹지 않으려 하고 소화를 잘 시키지 못할 수도 있다. 간식 급여 후 반려견이 피부를 가려워하거나 눈물이 많이 나는 등의 신체증상이 보인다면 해당 간식 성분에 대한 알레르기 반응을 보이는 것이므로 수의사의 진료가 필요하다.

간식은 반려견을 훈련시킬 때 보상물로 사용하거나 어떠한 목적을 가지고 급여할 수도 있다. 치석제거를 위한 기능성 껌을 급여하는 것이 그 예이다. 너무 싼 가격의 간식은 영양성분이 좋지 않을 수도 있기에 구매하기 전 어떤 원료가 얼마나 사용되었는지 꼼꼼히 살핀 후 급여하는 것이 좋다.

2) 개의 기본 위생 관리

(1) 눈 관리

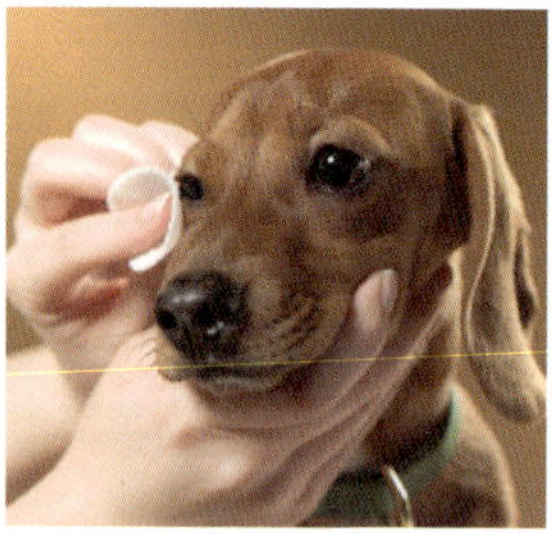

개가 흘리는 눈물을 그냥 방치해두면 눈물 젖은 부분의 털이 변색이 되기도 하고, 짓무르기도 하여 관리가 필요하다. 젖어 있는 부분에 부드러운 휴지를 살짝 가져다 대어 눈물을 흡수시키는 방법으로 관리하는데, 눈곱이 있는 경우에는 전용빗(눈꼽빗)을 사용하여 떼어낸다.

① 눈물자국이 생긴 경우

누선의 선천적인 결함이나 알레르기, 질병, 먼지 등으로 인해 눈물이 많이 나게 되거나 관리시기를 놓치면 털이 변색되는데 이를 '눈물자국'이라 부른다. 눈물자국이 생겼을 때는 변색된 부분의 털을 되도록 짧게 밀고 더 자주 관리해주어야 한다. 심할 경우 강아지 전용 '눈 세정제'의 도움을 받을 수도 있고 질병에 의한 것이라면 수의사의 진료를 받는 것이 좋다.

(2) 귀 관리

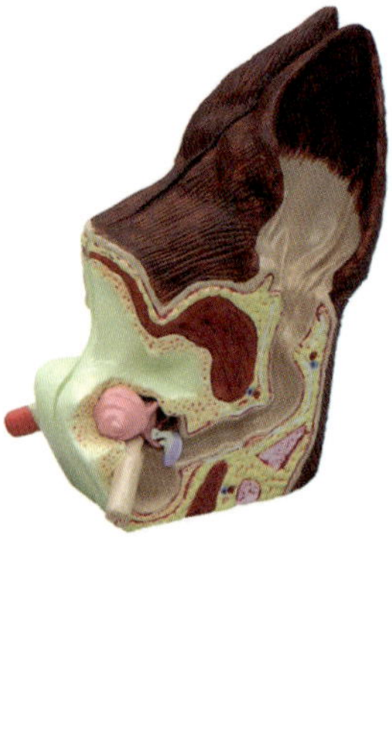

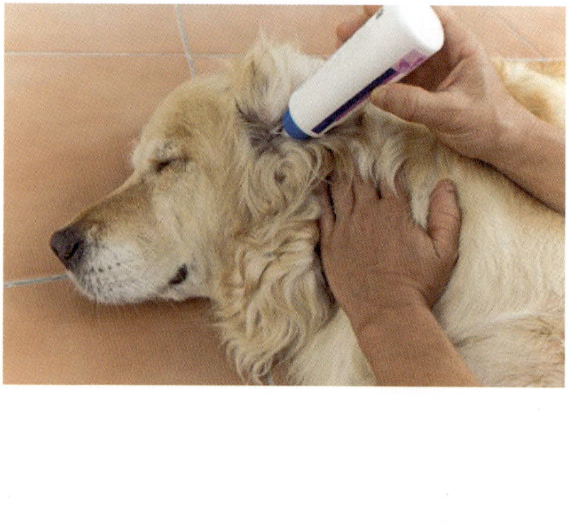

건강한 개의 귀는 냄새가 나지 않는다. 하지만 귀에서 심한 냄새가 나거나 귀가 부어 있고 심하게 긁는다면 외이염과 같은 증상을 의심해볼 수 있다.

개는 사람과 달리 귀가 해부학적으로 L자 구조를 띄고 있기에 면봉을 사용한 관리는 다칠 위험이 높으며 세심한 관리가 어렵다. 따라서 반드시 강아지 전용 '귀 세정제'를 사용하게 된다. 사용방법은 귀 안에 세정제를 약간 넣은 후 귀의 아랫부분을 살살 마사지한다. 개가 귀를 털고 나면 세정액과 함께 귀의 분비물이 함께 밖으로 나오게 되고 부드러운 탈지면을 사용하여 나온 세정액을 닦아주면 된다. 서 있는 귀보다 덮여 있는 귀를 가진 개의 경우는 좀 더 자주 귀의 상태를 살피고 관리해주어야 한다.

① 귓속에 털이 나는 경우

귀 안에 털이 나는 개의 경우, 털을 먼저 제거한 뒤 귀 세정제를 사용해야 한다. 털이 난 부근에 이어파우더를 뿌려 문지른 뒤 살살 뽑아주면 개가 아픔을 느끼지 못하고 부드럽게 귓속 털을 제거할 수 있다.

② 귀의 청결상태가 좋지 않은 경우

찐득한 귀지의 경우 강아지가 귀를 터는 것만으로는 제거되지 않는 경우가 있는데, 이때는 겸자가위에 탈지면을 말아 귓속을 직접 닦아줄 수 있다. 하지만 위의 방법은 예민한 개의 경우 다칠 위험이 높고 초보자는 귓속에 상처를 낼 수 있으므로 전문가의 도움을 받는 것이 좋다.

(3) 치아 관리

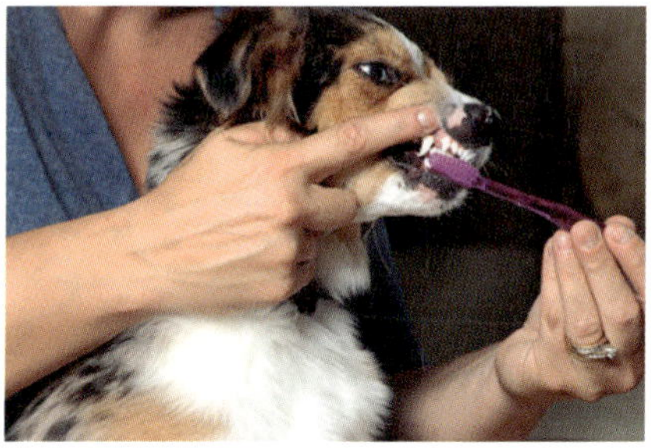

개는 위턱에 20개, 아래턱에 22개 총 42개의 치아를 가지고 있다. 개는 스스로 치아를 관리할 수 없으므로 치아관리를 하는 것은 오롯이 보호자의 몫이다. 미국 플로리다의 한 수의사는 반려견의 기대수명을 양치질을 매일 할 경우 15~17년, 그렇지 않을 경우 11~13년이라고 분석했다.

양치질을 제대로 하지 않아 치석이 생기게 되면 개의 심장·신장·간 등의 장기에 악영향을 미치므로 치석이 생기기 전에 매일 양치질 해주어 관리해 주어야 한다. 이미 치석이 끼거나 잇몸에 염증이 생겼다면 반드시 치과진료를 받아야 하며 개의 눈 밑이 부어있을 경우 치석에 의한 '치근농양'일 수 있으므로 수의사의 진료가 필요하다.

① 이갈이

개 또한 사람처럼 유치가 빠지고 영구치가 난다. 생후 4개월부터 이갈이를 시작하는데, 10개월이 되어도 유치가 모두 빠지지 않으면(유치잔존) 동물병원에 가서 뽑아주어야만 치열이 고르게 나고 부정교합을 방지할 수 있다. 부정교합은 반려견이 계속 이빨을 드러내고 있게 만들어서 개들과의 의사소통 영역에서 문제가 발생할 수 있다.

이갈이 시기에는 잇몸이 간지러워 여러 물건들을 뜯고 씹기 시작하는데 개 껌이나 장난감 등을 주어서 유치가 잘 빠지도록 도와주고 후에 물건을 물어뜯는 버릇을 방지할 수 있다.

② 양치질 하기

개에게 있어 입 안에 무언가 들어오는 것은 매우 당황스러운 일이다. 때문에 어렸을 때부터 양치질을 놀이로 인식하여 습관을 들이는 것이 아주 중요하다. 처음부터 강제적으로 양치질을 하면 거부감이 생기므로 단계적으로 천천히 양치질에 익숙해지도록 해야 한다. 양치질을 할 때는 강아지 전용 칫솔과 치약을 사용한다. 처음에는 치약을 먹여 치약맛에 익숙해지도록 하고 후에는 치약을 손가락에 묻혀 이빨을 문지르는 것에 익숙하도록 한다. 이것 또한 익숙해지면 칫솔을 사용하여 양치질을 하도록 한다.

③ 스케일링 하기

보호자가 아무리 꼼꼼하게 양치질 해주어도 치석이 생기는 것을 100% 방지할 수는 없다. 개의 이빨을 자주 살피고 치석이 꼈다면 스케일링을 받아야 하며 후에도 1년에 한 번씩 스케일링을 해야만 치아·치주 질환을 예방할 수 있다. 물론 스케일링 후에도 꼼꼼한 치아관리가 필수이다. 개가 스케일링을 받을 때는 전신마취를 하므로 노령견에게는 추천하지 않는다.

(4) 발톱 관리

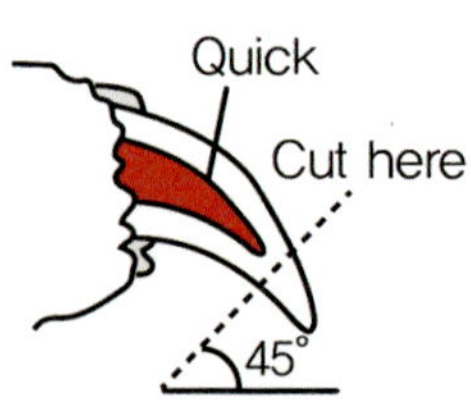

개가 실외에서 자라는 경우에는 모래나 돌에 발톱이 자연스럽게 마모되어 손질해줄 필요가 없지만 실내 생활의 비중이 높은 반려견의 경우 발톱 관리가 필수적이다. 발톱은 계속해서 자라나기 때문에 닳지 않으면 심한 경우 피부를 파고들 수

도 있다. 반려견의 크기에 맞는 발톱가위를 선택하여 발톱에 있는 혈관을 자르지 않도록 주의하여 발톱을 자른다.

① 며느리 발톱 관리하기

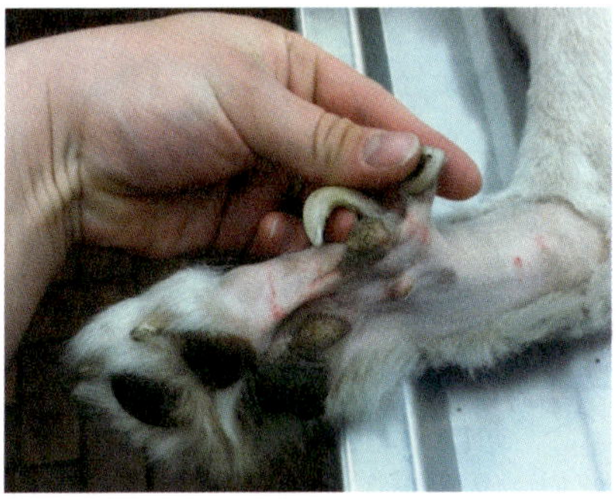

개의 발에는 '며느리 발톱'이라 하는 앞발 안쪽에 퇴화되어 쓰지 않는 발가락이 있다. 잘 보이지도 않을 뿐더러 이 발가락은 땅에 전혀 닿지 않기 때문에 특별히 더 신경써야 한다. 이 발톱은 실외 생활의 비율이 높은 반려견 또한 관리해주어야 한다. 이따금 앞발 외에 뒷발에도 며느리 발톱을 가진 반려견이 있을 수 있다.

② 혈관을 자른 경우

발톱이 검은색인 반려견의 경우 혈관이 잘 보이지 않아 혈관이 잘려 피가 나는 사고가 자주 발생하는데 지혈제의 사용으로 피를 멎게 할 수 있다.

(5) 항문낭 관리

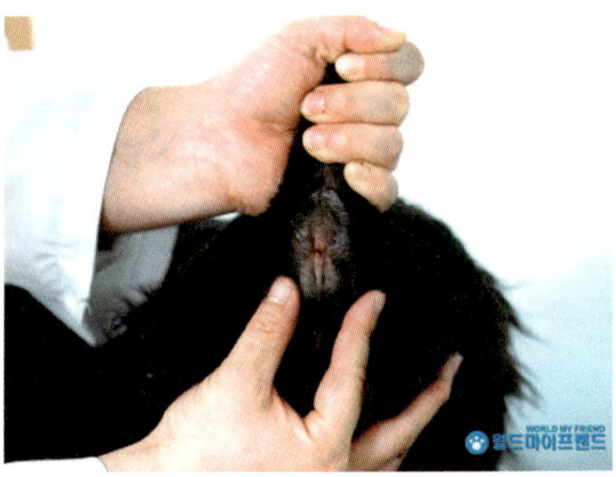

항문낭을 짜지 않고 그대로 방치하면 반려견에게서 나는 냄새의 원인이 되기도 한다. 또한 심할 경우 '항문낭염'이나 '낭종'을 일으키는 원인이 되기 때문에 일주일에 1번 잊지 말고 짜주는 것이 중요하다. 엄지와 검지 손가락으로 항문의 4시와 8시 방향으로 밀어 올리듯 짜주면 검은색이나 노랑색 분비물이 나오는 것을 확인할 수 있다.

강아지가 항문을 계속해서 핥거나 엉덩이를 끌고 다니는 등의 행동을 한다면 항문이 불편하거나, 항문낭액이 차 있다는 것을 의미한다.

(6) 목욕

목욕을 너무 자주하는 것은 오히려 피부를 건조하게 할 수 있으므로 주 1회 시키는 것을 권장하긴 하지만 반려견의 피부상태에 따라 유동적으로 선택할 수 있다. 목욕 시에는 반려견 전용 샴푸를 사용하도록 하며 목욕을 하기 전에 먼저 빗질을 하여 엉킨털을 풀어주어야 하며, 목욕을 할 때는 눈과 귀에 샴푸나 물이 들어가는 것을 조심하고 끝난 후에 속털까지 꼼꼼하게 드라이기와 전용 빗으로 빗으며 말리는 것 또한 중요하다. 이 때 너무 높은 온도의 드라이기는 반려견의 피부에 화상을 입히거나 모발을 상하게 하니 주의한다.

사람이 사용하는 드라이기는 반려견 전용 드라이기보다 온도가 훨씬 높기 때문에 화상의 위험이 있으므로 낮은 온도로 사용하거나 멀리 떨어뜨려서 사용해야 한다.

(7) 미용

관리의 수월함, 미용의 목적 등 다양한 목적을 가지고 반려견을 미용시킬 수 있다. 특히 장모종의 경우 털이 계속 자라기 때문에 주기적으로 빗질하고 미용하여야 한다. 단모종 또한 죽은 털을 제거하기 위해 빗질을 해주는 것이 좋다.

모든 견종이 항문과 발바닥 사이의 털, 생식기 주변의 털에는 오물이 묻기 쉬우므로 정기적으로 클리퍼를 사용하여 주변 털을 밀어주어야 한다. 클리퍼 사용이 익숙하지 않은 사람이 클리퍼를 사용하게 되면 피부가 쓸려 상처가 날 수 있으므로 전문가에게 맡기는 것이 좋다.

3) 개의 예방접종

질병이 발생했을 때 치료하는 것도 중요하지만 이전에 건강관리와 접종을 통해 질병을 예방하는 것이 더 중요하다. 접종은 [표 3.3]에 따라 기간을 지켜 해주는 것이 항체 생성에 도움을 많이 준다. 예방접종을 하고 나면 반려견이 힘들어하기 때문에 편안하게 쉬게 해주고 목욕이나 산책 등은 2~3일간 자제하도록 한다.

만일 집으로 귀가하여 반려견이 열이 나거나 구토, 설사, 두드러기 등 알레르기 반응을 보인다면 즉시 접종을 진행한 수의사에게 진료를 받아야 한다.

표 3.3 개의 예방접종

<table>
<tr><th>백신종류 / 접종시기</th><th>종합백신 (DHPPL)</th><th>코로나 장염 백신</th><th>켄넬코프 백신</th><th>광견병 백신</th><th>구충제</th><th>심장사상충 예방</th></tr>
<tr><td>4주령</td><td></td><td></td><td></td><td></td><td>투약</td><td rowspan="8">월 1회</td></tr>
<tr><td>6주령</td><td>1차</td><td>1차</td><td></td><td></td><td rowspan="7">매달 / 3~6개월 마다 1회</td></tr>
<tr><td>8주령</td><td>2차</td><td>2차</td><td></td><td></td></tr>
<tr><td>10주령</td><td>3차</td><td></td><td>1차</td><td></td></tr>
<tr><td>12주령</td><td>4차</td><td></td><td>2차</td><td></td></tr>
<tr><td>15주령</td><td>5차</td><td></td><td></td><td>기초</td></tr>
<tr><td>15주령 이후</td><td>매년 1회 추가접종</td><td>매년 1회 추가접종</td><td>매년 1회 추가접종</td><td>6~12개월 마다 추가접종</td></tr>
</table>

(1) 기초접종

① 종합백신(DHPPL)

- 개 홍역(Canine Distemper), 전염성 간염(Infectious Hepatitis), 파보장염(Pavovirus Enteritis), 기관지염(Parainflluenza), 렙토스피라증(Leptospirosis)을 예방해주는 가장 기초적 접종
- 6~8주부터 2~3주 간격으로 5회 접종

② 코로나 장염 백신

- 6~8주부터 2~3주 간격으로 2회 접종

③ 켄넬코프 백신

- 6~8주부터 2~3주 간격으로 2회 접종

④ 광견병 백신

- 3개월령 이후에 1회 접종
- 광견병 접종 증명서 발급 가능

(2) 추가접종

기초예방접종 백신들을 1년에 1회 추가 접종한다.

(3) 구충제 투약

기생충 감염 기회가 높은 경우는 매달, 그렇지 않은 경우는 3~6개월 한 번 투약을 권장한다.

(4) 심장사상충 예방약 투약

월 1회 예방약을 투약하며 연중예방을 원칙으로 한다.

(5) 외부 기생충 예방

외출을 자주 하는 개체의 경우, 매달 예방약 사용을 권장한다.

4) 개의 질병

(1) 개 홍역

대표적인 바이러스성 감염증으로 전염성이 매우 강하고 사망률이 높은 질병이다. 1세 미만의 3~6개월령의 어린 개에게서 다발하지만 성견도 걸릴 수 있다. 현재로서 이렇다 할 치료법이 있는 것이 아니어서 예방접종을 통한 예방이 가장 중요하다.

① 원인체: Canine distemper virus

② 감염경로: 콧물, 눈곱, 대변, 소변

③ 증상

초기에는 발열, 기침, 콧물 등 가벼운 증상을 보여 감기로 착각하여 가볍게 지나칠 수 있다. 면역력이 강한 성견의 경우 자연치유되기도 한다.

제때 치료를 하지 않아 병이 진행되면 점차 설사, 구토, 폐렴 등의 심각한 증상을 보이며 바이러스가 뇌까지 침투하여 같은 곳을 빙글빙글 돌거나, 경련, 마비, 발작 등의 신경증상을 보이기도 한다.

④ 예방: 예방접종(DHPPL)

(2) 전염성 감염

개과 동물만 감염되는 바이러스 성 간염으로 면역력이 약한 자견에게서는 치사율이 높은 질병이지만 성견에서는 증상을 보이지 않기도 한다. 회복기에는 한쪽 또는 양쪽의 눈 각막이 혼탁해지기도 하지만 대게 자연스럽게 없어진다. 질병이 치료되고 나서도 약 6개월 정도 오줌을 통해 바이러스가 배출되므로 대소변 처리에 주의를 기울여야 한다.

① 원인체: Canine adenovirus 1(Adenoviridae)

② 감염경로: 콧물, 혈액, 침, 대변, 소변

③ 증상

돌연성 치사형으로 활발하던 개가 갑자기 24시간 내에 사망하기도 하고 약간의 식욕 저하와 발열을 보이는 경증형 등 증상이 일정하지 않다.

간과 관련된 증상인 복부 통증, 황달, 구토 혼수 등의 증상을 보인다.

④ 예방: 예방접종(DHPPL)

5) 파라인플루엔자 감염

개가 걸리는 감기라고 생각하면 이해가 쉽다. 전염성이 강한 호흡기 질환으로 폐렴으로까지 진행될 수 있다. 집단사육을 할 경우 모든 개체들이 질병에 걸릴 수 있으므로 예방에 집중해야 한다.

① 원인체: Canine parainfluenza virus

② 감염경로: 눈곱, 콧물

③ 증상

일반적인 감기증상과 비슷한 기침, 발열, 콧물, 식욕감소, 호흡곤란 등의 증상을 보인다.

④ 예방: 예방접종(DHPPL)

6) 개 파보장염

전염성이 아주 강하고 치료시기를 놓치면 자견의 경우 90%가 사망하고 성견은 25%가 사망하는 치사율이 높은 질병이다. 전염성이 강하기에 파보장염 진단을 받은 개는 격리해 입원치료를 받아야 하며 뚜렷한 치료약이 없어 약해진 몸을 회복할 수 있는 수액 등의 조치를 통해 개가 스스로 이겨낼 수 있기를 바라야 한다. 따라서 예방접종을 통한 질병의 예방이 최선의 치료이다.

① 원인체: Canine parvovirus 2(Prvoviridae)

② 감염경로: 대변

③ 증상

초기에는 미약한 설사나 발열의 증상을 보이지만 곧 심한 구토와 설사를 반복하며 탈수현상을 보이기도 한다. 더 심해지면 혈액에 가까운 형태의 혈변을 보는 것이 특징이다.

④ 예방: 예방접종(DHPPL)

7) 렙토스피라 감염증

인수공통감염병으로 개의 감염이 확인되면 개인위생에도 신경을 써야 한다. 보균동물의 소변을 통해 세균이 배출되어 상처부위를 통해 감염된다. 개들끼리 인사를 할 때 성기를 핥거나 소변의 냄새를 맡는 등의 행동을 통해 감염되는 경우도 있지만, 치사율은 낮은 편이다.

① 원인체: Leptospira

② 감염경로: 세균이 포함된 소변, 오염된 물 또는 흙

③ 증상

갑작스런 발열, 식욕저하, 눈의 충혈과 같은 증상을 보인다. 세균이 간으로 침범하게 되면 배 쪽의 피부가 노랗게 되는 황달 증세를 보인다.

④ 예방: 예방접종(DHPPL)

8) 광견병

광견병은 사람을 포함한 모든 포유류에게 감염되는 사망률이 100%의 아주 무서운 질병이다. 일정 기간의 잠복기 후에는 의식장애나 중추신경계의 흥분과 마비가 특징이다. 치료법이 없고 예방접종을 통해 예방할 수 있으므로 공중위생을 위해 추가적인 접종 또한 잊지 말아야 한다.

① 원인체: Rabies virus(lyssaviruses)

② 감염경로: 야생동물에 의한 교상으로 인한 침

③ 증상

침에 들어있던 바이러스의 양에 따라 잠복기의 기간이 다르게 나타난다. 이 때에는 불안증세, 식욕부지, 거동의 이상 등의 증상을 보인다.

후에는 비정상적으로 흥분하게 되며 닥치는 대로 눈에 보이는 것을 무는 공격행동을 보인다. 계속해서 침을 흘리며 광란상태에 빠지게 된다. 흥분상태가 지나고 나면 마비증상이 찾아오게 되고 호흡근 마비로 사망하게 된다.

④ 예방: 예방접종

9) 코로나 장염

대표적인 바이러스성 장염 중 하나로 전염성이 강하다. 단독 감염되었을 경우에는 가벼운 설사를 보이다가 금세 낫지만 파보바이러스나 코로나바이러스와 혼합 감염되면 매우 위험해진다.

① 원인체: Corona virus

② 감염경로: 대변

③ 증상

성견의 경우 감염되어도 별다른 증상을 보이지 않을 수도 있고 가벼운 설사가 7~10일 정도 지속되기도 한다.

자견은 갑작스러운 식욕저하, 설사 및 구토 등의 증상을 보이고 심하면 탈수상태에 이를 수도 있다.

④ 예방: 예방접종

10) 켄넬코프(개 전염성 기관지염)

원인체 외에도 다양한 세균과 바이러스에 의해 감염되어 나타나 전염성기관지염이라 부른다. 전염성이 강하므로 집단사육을 할 때는 더욱이 신경 써서 질병을 예방해야 한다.

① 원인체: Bordetella bronchiseptica

② 감염경로: 콧물, 눈곱

③ 증상

기침을 하는데 건강한 개체에서는 치명적이지 않지만 자견이나 노견과 같이 면역력이 약한 개에게서는 기력이 저하될 수 있고 폐렴으로까지 진행될 수 있다.

④ 예방: 예방접종

11) 심장사상충증

개의 대표적인 심장질환으로 개사상충이 심장에 기생하면서 생기는 심장질환이다. 모기를 매개로 전염되므로 특히 여름에 주의해야 하는 질병이다. 감염된 개의 혈액을 모기가 자충과 함께 흡혈하고 다시 건강한 개를 물 때 감염된다. 자충은 개의 피하를 이주하며 심장까지 이동한 후 성충이 되고 심장을 이동해 다니며 혈액의 흐름을 방해하여 심부전으로 사망에 이르게 한다.

① 원인체: Dirofilaria immitis

② 감염경로: 모기를 매개로 하여 감염

③ 증상

증상은 4단계로 나뉘어 어떤 단계까지 진행되었는지에 따라 치료방법과 그 예후가 달라진다. 빠르게 발견할수록 치료기간이 짧아지고 예후 또한 좋다.

1단계에서는 외부적인 증상을 잘 보이지 않다가 2단계로 넘어가면서 가벼운 기침을 한다. 3단계가 되면 심한 기침과 함께 복부에 물이 차며 체중감소, 호흡곤란, 운동실조 등의 증상이 나타난다. 4단계에는 갑작스런 발작 증세나 졸도, 청색증과 함께 급사하는 경우가 많다.

④ 예방: 심장사상충 예방약 복용

2 고양이의 관리

고양이는 개 다음으로 인기 있는 반려동물로, 개와 달리 고양이는 사람과 함께 살아가고 있음에도 야생의 본능적 행동들을 많이 가지고 있는 편이다. 하지만 개와는 또 다

른 매력을 뽐내며 동물매개교육에서 활동하고 있다. 처음에는 쥐를 잡기 위한 용도로 마을의 곡식창고나 집에서 사육하던 고양이들이 현재 집 고양이의 시초로 보고 있다. 우리가 대부분 알고 있는 고양이는 사람의 손에 의해 계량된 품종들이며 자연태생의 고양이는 메인쿤이나 노르웨이 숲과 같은 대형 고양이들이다.

야행성으로 알려져 있지만, 실제로 야행성은 아니며 낮보다는 밤에 좀 더 활발히 움직이는 편이다. 또한 영역동물로 환경의 변화에 예민하지만 도우미동물로 선발되기 위해서는 환경의 변화에 적응하는 능력이 요구된다. 이는 어렸을 때부터 꾸준한 훈련을 통해 키울 수 있다. 배변패드나 산책을 통해 대소변 해결이 가능한 개와 달리 고양이는 전용 화장실이 있어야 하기 때문에 제한적으로 활동이 이루어지고 있다. 높은 곳에 뛰어오르고 손을 사용하며. 가만히 품에 안겨 체온을 나누거나 고양이가 내는 특유의 고르릉 소리 등은 학습자에게 흥미를 불러일으키고 애정을 가지게 한다.

1) 고양이의 기본 사육용품

(1) 사료

고양이는 개와 달리 '타우린'이라는 성분을 체내에서 합성할 수 없기 때문에 외부의 식품을 통해 섭취해야 한다. 고양이 전용 사료에는 '타우린'이 필수적으로 포함되어 있으므로 반드시 고양이는 고양이 전용 사료를 먹어야 한다.

건식 · 습식(통조림) 등의 형태로 나뉘어져 있고 연령에 따라 1살 이하는 키튼(자묘), 성묘, 7세 이상부터 먹는 노령묘 사료로 나뉜다. 다이어트나 치석 예방 및 제거, 알레르기 예방을 위한 기능성 사료와 섬유소의 비율을 높여 헤어볼을 대변으로 배출할 수 있도록 돕는 기능성 사료 또한 판매되고 있다. 계량 방법은 사료 크기나 성분에 따라 차이가 날 수 있으니 제품의 패키지를 참고하여 급여하는 것이 좋다.

① 주의사항

고양이는 육식동물이고 타우린을 반드시 음식으로 섭취해야 하므로 사료를 선택할 때 육류나 해산물의 비율이 높은 사료를 선택하는 것이 좋다.

고양이는 개에 비해 변화를 굉장히 예민하게 받아들여 사료를 바꿀 때 더욱 어려운 경우가 많다. 사료가 갑자기 바뀌면 먹이를 거부하거나 먹더라도 소화불량이나 설사 등을 유발할 수 있기 때문에 충분한 시간을 들여 바뀐 사료에 고양이가 적응할 수 있도록 해야 한다.

너무 한 가지 제품을 고집하는 것보다는 다양한 회사의 제품을 먹이는 것이 균형 잡힌 식사를 하는 데 도움을 줄 수 있다.

② 영양관리

고양이는 육식동물이기 때문에 육류를 통한 영양소 섭취가 중요하다. 식물성 단백질과 지방은 고양이에게 필요한 영양을 모두 충족하기에는 부족하다고 볼 수 있다. 고양이를 키우는 보호자는 고양이는 육식동물이며 적절한 수준의 아미노산과 높은 수준의 단백질을 필요로 한다는 것을 알고 영양관리를 해야 한다.

가) 탄수화물

육식동물인 고양이에게 탄수화물이 필요한가에 대해서는 많은 논란이 있어 왔다. 고양이에게 있어 탄수화물은 필수적인 영양소는 아니지만 개에서와 마찬가지로 소화가 잘 되도록 돕고 주위에서 쉽게 구할 수 있는 에너지원이다. 섬유질은 고양이의 장 건강에 도움을 줄 수 있지만 어렸을 때와 성장기 등 높은 수준의 영양이 요구될 때에는 섬유질이 많은 식품은 좋지 않다.

나) 단백질

고양이는 잡식성은 개보다 훨씬 더 많은 양의 단백질을 필요로 한다. 고양이 사료의 성분표를 살펴보면 앞쪽에 나열되어 있는 성분의 대부분이 육류나 육류 부산물로 이루어진 것으로 알 수 있다(이렇게 나열된 사료가 좋은 사료이기도 하다). 고양이에게 필요한 필수 아미노산은 11개로 미국사료협회(AAFCO)에 따르면 대부분의 성인 고양이는 체중 유지를 위해 26%의 단백질을 필요로 하며 kg당 3~4.5g의 단백질이 필요하다. 가장 최고의 건조 사료는 단백질이 34~40% 정도로 구성된 것이다. 물론 어린개체와 임신 중, 아픈 개체일 경우에는 단백질의 양이 더 필요하다.

고양이에게 필수적으로 필요한 영양소로 알려진 '타우린(taurine)'은 동물성 단백질에 들어있기 때문에 특히 더 고양이에게는 동물성 단백질의 중요성이 높다. 타우린의 결핍은 심장질환을 일으키고 실명과 같은 심각한 눈질환을 야기한다. 동일한 단백질 성분만 먹이는 것, 즉 같은 사료만 지속적으로 먹이는 것은 알레르기 발생 가능성을 높이기 때문에 다양한 단백질 공급원을 섭취하고 모든 필요 아미노산을 섭취할 수 있도록 하는 것이 좋다.

다) 지방

지방은 고양이의 주요 에너지원으로 사용되고 지용성 비타민의 흡수를 돕고 염증을 조절하며 피부와 피모에 영향을 미친다. 모든 지방은 지방산으로 만들어지며 고양이에게 필요한 필수 지방산은 리놀레산(Linoleic Acid, LA)과 아라키돈산(Arachidonic Acid, AA)이다. 사람과 개는 리놀레산에서 아라키돈산으로의 합성 가능하지만 고양이는 그렇지 못하기 때문에 반드시 음식을 통한 섭취가 필요하다. 아라키돈산은 혈액 응고와 피부성장, 생식기능을 조절하는데 필요한 지방산으로 식물성 지방에서는 거의 발견되지 않고 동물성 지방에서만 발견된다. 좋은 품질의 사료는 하루 총 칼로리 섭취량의 20~40%가 지방으로 이루어져 있다.

라) 비타민

비타민은 모든 포유류에게 필수적으로 적당한 수준을 유지하는 것이 중요하다. 고양이에게 필수적으로 꼽히는 비타민은 지용성 비타민인 A와 D이다. 비타민A는 성장과 시력, 면역기능을 유지하는데 중요한 역할을 하는데 레티놀과 카로틴 두 가지 형태를 띄고 있다. 카로틴은 당근이나 고구마와 같은 식물성 식품에 함유되어 있고 레티놀은 간, 달걀과 같은 동물성 식품에 함유되어 있다. 하지만 고양이는 카로틴을 흡수하는 능력이 떨어지기 때문에 육류를 통해 비타민A를 섭취해야 한다. 하지만 과하게 섭취할 경우 변형성 척추강직과 같은 뼈 이상을 보이기 때문에 적당량을 섭취하는 것이 중요하다. 사람과 다르게 고양이는 햇빛을 통해 비타민D를 합성하지 못하기 때문에 음식을 통한 섭취가 필요하다. 야생의 고양이들은 새나 설치류의 간에서 비타민D를 얻었다고 한다.

마) 미네랄

고양이에게 미네랄은 적은 양이지만 건강과 생명을 유지하는데 필수적인 영양소이다. 개와 마찬가지로 칼슘과 인은 1:1의 비율이나 칼슘이 약간 더 높은 수준을 유지하는 것이 중요하다. 만약 인의 비율이 높아지게 되면 칼슘 흡수가 저해되고 균형을 맞추기 위해 뼈에 있는 칼슘이 빠져나옴으로써 자연 골절이나 구루병 등이 발생할 수 있다. 칼슘의 비율이 과도하게 높아지면 부전 마비가 나타날 수 있기 때문에 비율을 유지하는 것이 중요하다. 아연의 경우 다양한 효소를 구성하고 면역 반응, 태아의 발달 등에 영향을 미치는데 결핍되면 식욕 부진이나 구토 등의 증상을 보인다.

(2) 생활용품

① 화장실 모래

고양이는 배변을 한 뒤 모래로 덮는 습성을 가지고 있기 때문에 화장실 모래가 필요하다. 모래는 응고형과 흡수형으로 나뉘는데 원료 또한 나무, 옥수수, 실리카겔, 천 등 다양하다. 응고형은 수분이 닿으면 굳어버려서 냄새를 잘 잡아주고 뒤처리가 깔끔하다는 장점이 있지만 모래를 덮는 과정에서 모래가 튀거나 고양이의 발바닥 사이에 낀 모래가 바닥에 튀는 현상이 발생한다(애묘인들은 이를 '사막화 현상'이라 부른다). 응고형은 모래의 형태에 가장 가까운 상태로 만들어진 제품으로 벤토나이트라는 성분이 많이 들어가 있어 벤토나이트라고 불리기도 한다. 흡수형은 말 그대로 수분이 닿으면 흡수하는 형태인데 가격이 저렴하고 먼지 날림이나 튈 걱정이 없어 사막화 현상이 나타나지 않는다. 하지만 흡수형 전용 화장실이 있어야 하고 용변 냄새를 잘 잡아주지 못하며 모래의 형태가 아니여서 잘 사용하지 못하는 고양이들이 많다는 것이다. 고양이는 청결에 예민하므로 화장실에는 항상 넉넉하고 깨끗한 상태의 모래가 항상 구비되어 있어야 한다.

② 화장실

고양이는 약 4주 이후부터 스스로 화장실을 가릴 수 있다. 화장실 모래를 사용해야 하므로 약간의 깊이가 있는 화장실이 좋고 오픈형과 하우스형(밀폐형)으로 나뉜다. 용변을 볼 때는 무방비 상태이기 때문에 빨리 퇴로를 확보할 수 있는 오픈형을 고양이는 좀 더 선호한다고 한다. 응고형 모래의 사막화 방지를 위한 화장실도 판매중이지만 가격이 비싼 편이다. 추가로 고양이의 분변을 쉽게 치울 수 있는 모래삽도 있는데 이것은 개인의 필요에 따라 구매하면 된다.

③ 급식기/급수기

모든 생명에게 물을 중요하듯 고양이에게도 신선한 물을 마시는 일은 중요하다. 하지만 사막에서 생활하던 영향 때문인지 물을 잘 마시지 않는 고양이들이 많아 비뇨기과 질환이 많이 발생하는 편이다. 따라서 고양이가 선호하는 곳에서 항상 신선한 물을 마실 수 있도록 해야 한다. 흐르는 물에 좀 더 관심을 많이 보인다고 하여 작은 분수 같은 고양이 전용 정수기도 애묘인들 사이에서 인기가 많다. 혀를 숟가락처럼 사용하여 물을 마시는 개와 달리 고양이는 혀로 물을 때린 후 물기둥을 만들어 물이 위로 솟아오르다가 내려오는 순간 공중에 뜬 물을 잡아서 먹는다. 그렇기 때문에 물병 형태보다는 그릇 형태가 고양이가 물을 먹기에 좀 더 편하다.

④ 장난감

고양이는 사냥하던 본능이 남아 있어서 움직이는 사물에 흥미를 많이 보인다. 따라서 함께 놀이를 진행할 때 고양이에게 쫓기듯 긴장감 있게 놀아주다가 한번쯤 잡혀주는 것이 고양이의 자신감을 향상시켜주는 놀이법이다. 와이어 끝에 깃털이나 인형, 솜 등이 달린 장난감은 사람이 잡고 움직일 수 있어 고양이가 선호하는 장난감 중 하나이다. 레이저 또한 사람이 불빛을 움직일 수 있기 때문에 고양이들이 흥미있어 하는데 직접적으로 고양이가 물거나 잡을 수 없어 실망감을 느끼는 고양이도 있다고 한다.

⑤ 스크래쳐

고양이는 자신의 영역이나 스트레스 해소 등의 이유로 거친 표면에 발톱을 긁는 스크래칭 행동을 한다. 가구 등의 손상을 방지하기 위해서는 고양이가 선호하는 위치에 스크래쳐를 두는 것이 좋은데 종이, 로프, 원목 등의 다양한 소재가 있으며 바닥에 놓고 사용하는 것 기둥처럼 세워서 사용하는 것 등 다양한 제품이 있다. 고양이마다 선호하는 형태나 소재가 다르므로 기호에 맞는 것을 사용하면 된다.

(3) 이동장

고양이와 함께 실외를 다닐 때는 이동장이 필요하다. 천, 플라스틱, 철 등 다양한 소재와 캐리어나 배낭 형식의 다양한 유형으로 나와 개인의 선호도에 맞는 것을 선택하면 된다. 단 고양이는 영역동물이라 환경의 변화에 예민하기 때문에 이동장에 익숙해지게 하기까지 오랜 훈련이 필요하다.

(4) 치아관리용품

개와 마찬가지로 고양이 또한 치아관리가 중요한데, 고양이 전용 치약들은 기본적으로 고양이가 삼켜도 무해한 성분들로 이루어져 있다. 칫솔을 사용하여 닦아주어도 되고 손가락에 끼워 사용하는 형태도 있다.

(5) 미용용품

① 샴푸 및 린스

고양이는 깨어있는 대부분의 시간을 자신의 몸 단장을 하는데 사용하기 때문에 개에 비해 자주 목욕을 할 필요는 없다. 기본적인 샴푸와 린스는 구비해두어야 한다. 사람의 것은 고양이의 피부에 너무 자극적이므로 순한 성분들로 구성된 전용 샴푸와 린스를 사용해야 한다.

② 브러쉬

빗질은 고양이의 죽은 털과 먼지를 제거하고 주인과의 친밀감을 높일 수 있는 과정이다. 다양한 형태의 빗이 있는데 고양이의 털 길이에 따라 선호도에 따라 맞는 용도의 빗을 선택하여 사용하면 된다.

③ 귀 세정제

강아지와 달리 고양이는 귀의 털을 뽑을 필요가 없어 이어파우더는 사용하지 않는다. 또한 귀 세정제를 귀에 직접 넣는 방식은 예민한 고양이에게 스트레스를 유발하기 때문에 권장되지 않는다.

④ 발톱깎이

고양이는 스스로 스크래칭 행동을 통해 발톱을 관리하지만 실내에서만 생활하다보면 스크래칭만으로는 다듬는 데 한계가 있어 가끔씩 전용 발톱깎이를 사용하여 다듬어주어야 한다. 개와 마찬가지로 혈관을 자르지 않도록 조심하여 조금씩 잘라내면 되는데, 고양이의 경우 평소에는 발톱을 숨기고 있어서 발가락을 살짝 눌러 발톱을 밖으로 보이게 한 뒤 깎아준다.

(6) 간식

고양이는 육식을 하는 동물이므로 간식을 줄 때 육류의 함량이 높은 것이 고양이의 선호도가 높다. 육식동물인 고양이가 좋아하는 풀이 있는데 '캣닢'이라 부르는 허브이다. 캣닢에는 네페탈락톤이라는 성분이 있는데 이것이 고양이의 뇌를 자극하여 심신안정과 스트레스 해소에 도움을 준다고 한다. 캣닢가루가 따로 판매되고 있어서 고양이가 좋아하는 장난감에 넣어주어도 좋고 사료나 간식에 뿌려도 좋다. 캣닢을 직접 기를 수 있도록 화분과 씨앗을 함께 파는 캣그라스 또한 있다. 너무 싼 가격의 간식은 영양성분이 좋지 않을 수도 있기에 구매하기 전 어떤 원료가 얼마나 사용되었는지 꼼꼼히 살핀 후 급여하는 것이 좋다.

(7) 캣타워

고양이를 기르는 데 필수품은 아니지만, 많이 사용하는 것 중 하나가 캣타워이다. 고양이는 높은 곳에 올라가거나 상자와 같은 곳에 들어가는 것을 좋아하는 습성이 있는데 이런 고양이의 습성에 맞추어서 만들어진 놀이터라고 생각하면 된다. 2단 이하의 소형부터 4단 이하의 대형까지 다양하게 있으며 대부분 스크래쳐가 함께 있어, 고양이의 잠자리나 쉼터로 많이 사용하고 있다.

2) 고양이의 기본 위생 관리

(1) 눈 관리

고양이도 개와 마찬가지로 눈물로 젖은 털을 계속 방치하면 피부가 짓무를 수 있기 때문에 관리가 필요하다. 부드러운 휴지로 눈물을 흡수하고 눈곱빗이나 면봉을 사용하여 눈의 이물질을 조심스럽게 제거한다.

(2) 귀 관리

귀에 질병이 없는 고양이의 귀에서는 냄새가 나지 않는다. 고양이는 실외로 산책을 나가는 등의 활동이 없기 때문에 월 1회 정도의 귀 청소를 권장한다. 특별히 더러운 부분이 없다면 전용 귀 세정제를 사용하여 귀 바깥부분만 닦아주거나 귀 청소 패드를 사용하기도 한다. 패드를 접어 귀에 밀어 넣은 후 부드럽게 마사지하여 귀를 청소한다. 개의 경우처럼 귓속 털을 뽑을 필요는 없고, 귀 세정제를 직접 넣는 것은 예민한 동물이기에 추천되지 않는다.

(3) 치아관리

고양이는 위턱에 16개, 아래턱에 14개, 총 30개의 치아를 가지고 있다. 고양이는 6개월 즈음부터 대부분 영구치로 바뀌기 때문에 어렸을 때부터 양치질 습관을 들이는 것이 좋다. 사람이 사용하는 어린이용 칫솔보다는 고양이의 구강구조에 맞게 만들어진 고양이 전용 칫솔을 사용하는 것이 좋으며, 사람이 사용하는 치약은 불소 성분이 있기에 반려묘 전용 치약을 사용하도록 한다.

① 이갈이 시기

고양이는 3개월 즈음부터 이갈이를 시작하는데 유치에서 영구치로 바뀌는 과정에서 입 냄새가 심해지지만 이는 시간이 지나면 자연스럽게 사라진다.

(4) 발톱관리

고양이의 발톱은 강아지보다 휘어져 있고 사냥하고 나무 타기에 용이하도록 끝이 날카롭다. 평소에는 발톱을 움츠리고 다녀서 보이지 않지만 필요한 경우에 직접 발톱을 꺼내어 사용한다.

① 스크래쳐 이용

고양이는 소파나 가방, 식탁이나 의자 다리 등을 긁어 스크래치를 내는 스크래칭 행동을 많이 한다. 스크래칭을 통해 의사표현을 하고 기분전환 등의 이유도 있지만 발톱을 관리하기 위해 하기도 한다. 고양이의 발톱은 여러겹으로 이루어져 있어 거친 표면에 대고 긁으면 죽은 발톱을 제거할 수 있게 된다. 가구가 망가지는 것을 방지하기 위해 고양이가 마음 편히 사용할 수 있는 표면이 거친 스크래쳐를 마련해주는 것이 좋다.

② 발톱깎이의 사용

스크래쳐만으로 발톱의 관리가 되지 않는다면 추가적으로 발톱깎이를 사용하여 관리해준다. 개와 마찬가지로 혈관을 조심하여서 자르고 사람과 발톱이 쪼개어지는 방향이 다르므로 반드시 고양이 전용 발톱깎이를 사용하도록 한다.

(5) 헤어볼 예방

고양이가 털로 만든 공을 뱉어나는 것을 본 적이 있을 것이다. 이 공을 '헤어볼'이라 부른다. 고양이가 혀로 자신의 털을 핥아 그루밍하는 과정에서 털을 삼키게 되고 털들이 위에서 단단하게 뭉쳐 생겨난 것이다. 고양이는 스스로 헤어볼을 뱉어낼 수 있지만 완전히 배출되지 못한 헤어볼이 계속 위에 남게 되면 구토나 식욕감소 등의 문제를 불러일으킬 수 있다. 이를 방지하기 위해 헤어볼을 예방하는 다양한 방법이 있는데 약을 먹여 헤어볼을 녹일 수 있다. 또는 섬유질이 가득한 사료나 간식을 통해 삼킨 털이 대변으로 빠져나올 수 있게 할 수 있다. 자주 빗질을 해주어 털을 미리 관리해주면 고양이가 삼키는 털의 양을 줄일 수 있어 헤어볼을 예방할 수 있다.

(6) 목욕

대부분의 고양이는 물을 좋아하지 않는다. 현재 고양이의 조상으로 알려진 동물은 사막에서 살았기에 몸에 물이 닿을 기회가 적어서 그런 것이라고 추측되고 있다. 고양이는 기본적으로 그루밍하며 몸을 청결히 유지하기 때문에 목욕을 자주 하지 않아도 된다. 목욕 전 빗질을 통해 엉킨 털을 풀어주고 고양이 전용 샴푸를 사용하여 빠르게 목욕 시킨다. 소리에 예민하므로 드라이기 소리를 작게 하여 말려주는 것이 고양이의 목욕 스트레스를 줄여줄 수 있다.

(7) 미용

고양이는 단모종도 장모종도 털의 빠짐이 심하다. 그루밍을 통해 스스로 죽은 털을 골라내지만 혀가 잘 닿지 않는 부위들은 빗질해 주어야 한다. 빗질을 하며 고양이와 교감할 수도 있지만 죽은 털을 빠르게 골라냄으로써 날리는 털을 줄일 수 있다. 털 날림이 너무 심해서 또는 질병의 이유로 강아지처럼 클리퍼를 사용하여 털을 밀기도 하는데 고양이는 낯선 환경, 사람, 장비들에 많은 스트레스를 받기 때문에 전신 마취를 하고 하는 경우가 많다.

3) 고양이의 예방접종

표 3.4 고양이의 예방접종

<table>
<tr><th>백신종류 / 접종시기</th><th>3종 종합백신 (FVRCP)</th><th>백혈병 백신(FeLV)</th><th>전염성 복막염 백신(FIP)</th><th>광견병 백신</th><th>구충제</th><th>심장사상충 예방</th></tr>
<tr><td>8주령</td><td>1차</td><td></td><td></td><td></td><td rowspan="5">투약</td><td rowspan="6">월 1회</td></tr>
<tr><td>11주령</td><td>2차</td><td></td><td>1차</td><td></td></tr>
<tr><td>14주령</td><td>3차</td><td></td><td>2차</td><td></td></tr>
<tr><td>17주령</td><td></td><td>1차</td><td></td><td>1차</td></tr>
<tr><td>20주령</td><td></td><td>2차</td><td></td><td></td></tr>
<tr><td>20주령 이후</td><td>매년 1회 추가접종</td><td>매년 1회 추가접종</td><td>매년 1회 추가접종</td><td>매년 1회 추가접종</td><td>매달 / 3~6개월 마다 1회</td></tr>
</table>

(1) 기초접종

① 3종 종합백신(FVRCP)

- 고양이 바이러스성 비기관지염(Feline Viralrhino tracheitis), 칼리시 바이러스(Calici Virus), 클라미디아(Chlamydia), 범백혈구감소증(Panleukopenia)을 예방해주는 가장 기초적 접종
- 6~8주부터 3주 간격으로 3회 접종

② 고양이 백혈병 백신(FeLV)

- 3~12주부터 3주 간격으로 2회 접종

③ 전염성 복막염 백신(FIP)

- 15~18주부터 3주 간격으로 2회 접종

④ 광견병 백신

- 3개월령 이후에 1회 접종
- 광견병 접종 증명서 발급 가능

(2) 추가접종

기초예방접종 백신들을 1년에 1회 추가 접종한다.

(3) 구충제 투약

기생충 감염 기회가 높은 경우는 매달, 그렇지 않은 경우는 3~6개월 한 번 투약을 권장한다.

(4) 심장사상충 예방약 투약

월 1회 예방약을 투약하며 연중예방을 원칙으로 한다.

4) 고양이의 질병 관리

(1) 고양이 바이러스성 비기관염(허피스 바이러스 감염증)

고양이과 동물들에게만 감염되며 모든 연령의 고양이가 감염될 수 있지만 면역력이 약한 어린 개체일수록 감염률이 높고 증상이 심하게 나타난다. 때로는 폐렴으로까지 번져 폐사하는 경우도 있지만 예방접종을 통해 충분히 예방할 수 있다.

① 원인체: Feline herpesvirus 1(Herpesviridae)

② 감염경로: 콧물, 눈곱, 침 등의 직접 접촉이 가능한 분비물

③ 증상

초기에는 기침, 재채기, 콧물 등의 증상이 나타난다.

면역력이 떨어져 있어 병이 진행될 경우 각막이 붉어지며 각막궤양이나 과도하게 눈꼽이 껴서 눈을 잘 뜨지 못하는 경우도 있다. 또한 부비동염까지 발생할 수 있다.

④ 예방: 3종 종합백신(FVRCP)

(2) 칼리시 바이러스 감염증

고양이과 동물들에게만 감염이 일어나며 전염성이 강한 질병이다. 허피스 바이러스 감염증과 증상이 비슷하지만 치사율이 67%로 훨씬 더 위험하다. 허피스 바이러스 감염증이 안구질환을 야기한다면 칼리시 바이러스 감염증은 구강질환을 보이는 것이 특징이다. 면역력이 강한 고양이라면 2주 이내 자연치유가 되기도 하지만 면역력이 약한 어린 개체나 노묘에게는 아주 위험한 질병이다.

① 원인체: Feline calicivuris(Caliciviridae)

② 감염경로: 침, 대변, 소변

③ 증상

개체의 면역력에 따라 가벼운 기침, 재채기, 식욕저하에서부터 구내염(궤양), 관절염, 폐렴까지 증상의 심각도가 매우 다양하게 나타난다.

④ 예방: 3종 종합백신(FVRCP)

(3) 고양이 범백혈구 감소증

고양이 홍역 또는 전염성 장염이라고 불리기도 하며 전염성과 치사율이 높은 위험한 질병이다. 빠르게 분열하는 세포들(줄기세포, 골수, 혈구 등)을 공격하여 백혈구가 현저하게 떨어져서 범백혈구 감소증이란 이름이 붙었다. 어린 개체의 경우 치사율이 95%정도가 되는 무서운 질병이기에 예방접종을 통한 예방이 중요하다. 하지만 임신 중인 고양이에게는 소뇌 형성 부전이라는 부작용을 일으킬 수 있어 접종하지 않는다.

① 원인체: Feline panleukopenia virus(Parvoviridae)

② 감염경로: 대변, 소변, 침, 감염개체와의 직접 접촉, 벼룩, 진드기

③ 증상

가장 먼저 발열이 시작되고 위장의 전체적인 부분에 궤양을 형성하여 설사, 식욕저하, 혈변 등을 보게 되고 빈혈 등의 증상을 보이다가 패혈증이 발생하여 사망하는 경우가 많다

④ 예방: 3종 종합백신(FVRCP)

(4) 고양이 백혈병 바이러스

백혈구에 암이 생겨 발생하는 질병으로 침에 의해 감염되는 경우가 많다. 집단사육을 할 때 같은 식기를 사용하거나 서로 몸을 핥아주는 경우가 많기에 예방에 더욱 신경써야 한다. 임신이나 수유를 통해서도 감염될 수 있으며 어린 개체의 경우 폐사율이 높은 질병이다. 백신으로도 100% 예방이 되지 않기 때문에 야생개체를 주의하고 미리 접종하는 것이 중요하다.

① 원인체: Feline leukemia virus (Retroviridae)

② 감염경로: 침, 모유, 감염개체로부터 생긴 교상, 식기와 화장실 공유

③ 증상

잠복기를 가지고 있으며 개체의 나이, 면역력 등에 의해 증상이 모두 다르게 나타난다. 초기에는 식욕 저하, 기운 없음, 체중 감소 등의 증상으로 잘 눈치채지 못하는 경우가 많다.

바이러스가 골수를 억압하여 잇몸이 창백해지는 빈혈 증상이나 종양이 생기기도 한다.

④ 예방: 예방접종

(5) 고양이 전염성 복막염

코로나 바이러스에 감염되었는데 변이가 일어나 악성으로 발전하여 나타나는 질병으로 감염이 되지는 않는다. 전염경로나 원인, 치료방법에 대해서도 아직까지 정확하게 밝혀진 것이 없다. 증상에 따라 건식과 습식으로 나뉘는데 두 가지 형태 모두 치명적이나 습식형이 병의 진행이 빨라 더욱 위험하다. 건식 또한 치료법이 없기에 면역력 관리를 통해 병의 진행을 늦추는 것이 최선이다. 핵심접종이 아니므로 수의사와의 상담 후 선택적으로 접종할 수 있다.

① 원인체: Feline coronaviru / Feline infectious peritonitis virus(mutated virus)

② 감염경로: 대변 내 코로나 바이러스 흡입 후 변이된 바이러스의 백혈구 침투

③ 증상

증상에 따라 건식과 습식으로 나뉘는데 두 가지 타입 모두 식욕상실, 발열, 황달, 설사, 체중감소 등의 증상을 보인다. 그 중 습식이 더 흔하게 발생되며 병증의 진행이 빠

른데 복강이나 흉강에 체액 저류 증상을 보이고 이 때문에 호흡곤란을 유발한다.

④ 예방: 집단 사육 자제

(6) 톡소플라즈마 감염증

원충에 의한 전염병으로 인수공통감염병이다. 임산부의 경우 유산이나 사산 등의 치명적인 결과를 얻을 수 있으므로 톡소플라즈마 구충에 각별한 주의를 기울여야 한다. 하지만 반려묘가 날고기를 섭취하거나 다른 고양이의 분변을 먹는 일은 드물어서 고양이에 의한 감염보다는 사람이 감염된 육(肉)고기를 먹거나 감염된 흙이나 식품을 먹어서 감염되는 경우가 많다.

① 원인체: Toxoplasma gondii

② 감염경로: 감염된 고양이의 분변, 날고기

③ 증상

발열, 설사, 폐렴 황달 등의 증상을 보이고 신경증상을 보이기도 한다.

④ 예방: 위생관리, 날고기 급여 자제

3 기니피그의 관리

남미가 원산지이며 생김새가 커다란 햄스터처럼 보일 수 있는 기니피그는 초식동물로 다양한 소리를 내며 의사소통하는 동물이다. 외형적으로 꼬리가 없는 것이 특징이지만 실제로는 골반 아래에 7개의 꼬리뼈를 가지고 있다고 한다. 우리나라에서는 실험동물의 목적으로 사육되다가 사랑스러운 외모로 반려동물로 인기를 얻게 되었다. 국내에는 한정된 품종만이 있지만 미국의 기니피그 브리더 협회에는 총 13개의 품종이 인정받고 있다고 한다. 햄스터와 비슷한 생김새 때문에 이따금 햄스터 먹이를 급여하는 경우가 있는데 햄스터는 잡식성 동물이고 기니피그는 초식동물이다. 초식동물의 습성과 환경에 대한 충분한 이해 후 사육하는 것이 중요하다.

처음 분양받고 난 후 동물매개교육지도사와의 충분한 교감을 통해 사람에 대한 경계심을 내려놓는 과정이 필요하며 털이 많이 빠지기 때문에 활동 시 학습자에게 묻은 기니피그의 털을 관리할 수 있는 용품을 준비해야 한다. 몸집이 작고 스트레스에 예민하므로 개나 고양이보다는 더 짧은 시간을 두어 활동하도록 한다.

기니피그에 대한 이해를 하고 나면 같은 초식동물인 토끼에 대한 이해가 한결 쉬우므로 꼼꼼하게 공부하면 좋다.

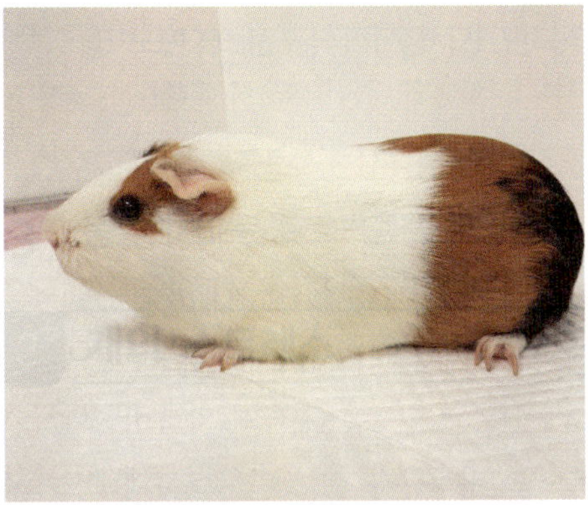

기니피그의 전체적인 외형

동물매개교육지도사와의 교감이 우선적으로 이루어져야 한다.

1) 기니피그의 기본 사육용품

(1) 건초

건초는 기니피그의 주식이 되는 먹이로서 풍부한 섬유질로 소화를 잘 되게 돕고 평생 자라는 이빨을 닳게 하는 역할을 한다. 좋은 건초는 자연적인 녹색을 띄고 있고 향기로운 풀 냄새가 나며 잡초 먼지 등의 기타 이물질이 없다. 가장 많이 먹이는 건초는 알파파와 티모시인데 두 개의 건초는 영양성분이 달라서 알파파는 어린 개체에게 티모시는 성체에게 급여하는 것이 좋다. 기니피그는 먹는 것을 아주 좋아하므로 언제나 신선한 건초를 먹을 수 있어야 한다.

① 알파파: 단백질과 칼슘 및 탄수화물이 풍부하여 어린 개체나 임산부, 영양이 필요한 상태의 기니피그에게 급여하기 좋다. 건강한 성체가 알파파를 지속적으로 섭취할 경우 알파파의 칼슘을 너무 많이 섭취하게 되어 방광결석이 생길 수 있다.

② 티모시: 티모시는 필수적인 영양소는 모두 포함하고 있으면서 섬유질이 풍부하고 알파파에 비해 칼슘과 단백질이 적고 칼로리가 낮아 성체에게 급여하기 좋다. 알파파에 비해 거칠기 때문에 성체의 치아를 마모시키는 데도 좋다.

(2) 사료(펠렛)

펠렛은 건초로는 채울 수 없는 영양소를 채우기 위해 먹는 것으로 기니피그에게 필요한 영양성분들이 적절히 배합되어 있다. 여기서 주의할 점은 펠렛은 건초를 대신할 수 없으며 펠렛 안에 있는 비타민C의 파괴를 막기 위해 직사광선을 피하여 어두운 곳에 보관하여야 한다.

제품을 사기 전 씨앗, 견과류, 오일, 옥수수 제품, 설탕, 동물성 제품 등이 포함되었는지 살피고 위의 성분들이 없는 것이 좋은 펠렛이다.

(3) 간식

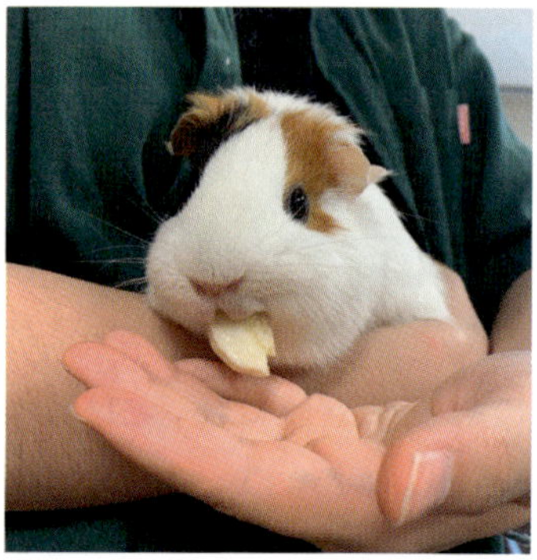

초식동물인 기니피그에게 간식은 야채와 과일이다. 양배추, 시금치와 같은 잎채소가 가장 좋은 선택이고 양배추, 브로콜리, 콜리플라워 등은 소화를 시키지 못해 배에 가스가 찰 수 있으므로 피하는 것이 좋다. 과일은 소량만 먹이는 것이 좋다. 언제나 신선한 야채와 과일은 공급하는 것은 어렵기 때문에 동결건조되거나 말린 제품을 사서 급여할 수도 있다. 간식을 많이 먹는 것은 비만의 지름길이므로 적당량만 급여하도록 한다.

(4) 케이지

기니피그는 개나 고양이처럼 풀어놓고 키우는 동물이 아니기 때문에 반드시 케이지가 필요하다. 시중에 판매되는 케이지를 구매하는 사람도 있고 리빙박스를 이용하여 케이지를 만드는 사람도 있으며 울타리 같은 것을 친 후 사육하는 사람도 있다. 어떤 소재·형태의 케이지를 사용하건 간에 청결하게 관리해 주는 것이 중요하다. 항상 건조하고 오염물이 없는 청결한 상태가 유지되어야 하므로 하루에 한 번은 청소를 해주어야 한다. 앞서 말했듯 기니피그는 발바닥에 털이 없기 때문에 딱딱한 바닥의 사육 환경은 좋지 않다.

(5) 베딩

발바닥에 털이 없는 기니피그는 계속해서 딱딱한 사육환경에서 사육하게 되면 발바닥에 염증이 생길 가능성이 매우 높다. 그렇기 때문에 대부분 사육바닥에 베딩을 깔아주는데 베딩은 천, 나무, 종이 등 다양한 유형의 제품이 있다. 각각 장단점을 지니고 있어서 자신의 상황과 기니피그의 선호도에 맞는 것을 선택하여 구매하면 된다. 나무로 만들어진 베딩(우드베딩)은 소나무, 시사나무, 우드펠릿 등 어떤 나무로 만들었는지에 따라 장단점이 다르다. 종이베딩은 부드럽고 흡수성이 좋지만 비싼 가격과 약간의 먼지가 난다.

① 주의사항

먼지가 많이 나는 베딩은 기니피그의 호흡기관에 안 좋은 영향을 미칠 수 있으므로 이러한 베딩은 피하여 선택한다.

삼나무의 페놀이란 성분은 곤충을 효과적으로 없애지만 기니피그의 호흡기관을 해치고 심할 경우에는 간까지 손상을 입힐 수 있어 피한다.

신문지는 가격면에서는 가장 저렴하지만 신문지만으로는 소변을 잘 흡수하지 못하고 냄새를 잡아주지 못해 자주 교체해주어야 하는 번거로움이 있다.

(6) 급식기 / 급수기

급식기는 엎어지지 않도록 무거운 것을 사용하는 것이 좋은데 딱딱한 것은 기니피그의 이갈이를 하는 데 도움을 줄 수 있다. 플라스틱은 갉아먹을 시 몸에 좋지 않으니 피하고 도자기류가 오래 사용할 수 있어서 적당하다. 급수기는 소동물을 사육할 때 가장 많이 사용하는 것이 '자동 급수기'로 기니피그가 원할 때 원하는 만큼의 물을 마실 수 있고 생활공간과 분리되어 있어 오염될 가능성이 적다. 하지만 마찬가지로 자주 설거지해주어 청결을 유지해주고 항상 신선한 먹이와 물을 급여해야 한다.

(7) 이동장

기니피그는 거의 외부로 나갈 일이 없지만 가끔 산책을 하거나 특히 동물병원을 갈 때 필수적으로 필요하다. 상자나 품에 안고 나가도 되지만 갑자기 낯선 환경에 다다르면 기니피그가 놀라 발버둥칠 수 있고 안정감을 느끼지 못하기 때문에 소동물 전용 이동장을 준비하는 것이 좋다.

(8) 미용용품

① 샴푸

기니피그는 자주 목욕을 할 필요는 없지만 오염물이 묻거나 하면 목욕을 해야 한다. 이 때 소동물 전용 샴푸를 사용해야 하는데, 일반 샴푸처럼 액체형으로 나온 것도 있고 거품샴푸라 해서 물 없이 거품만으로 목욕을 시킬 수 있는 제품도 있다.

② 브러쉬

기니피그는 털이 많이 빠지는 동물로 털갈이 시기에는 많은 양의 털이 빠진다. 장모종의 경우 엉키는 것을 방지하기 위해 빗질이 필수이며 단모종도 털날림을 줄이기 위해 빗질을 할 수 있다. 예민한 기니피그가 아파하지 않도록 부드러운 타입의 브러쉬를 사용한다.

③ 발톱깎이

기니피그의 발톱을 자르기 위해서는 소동물 전용의 작은 발톱깎이가 필요하다. 급하게 발톱을 잘라야 하는데 소동물 전용이 없다면 사람이 사용하는 작은 크기의 손톱깎이를 소독해서 사용하기도 하지만 전용 발톱깎이를 구비하는 것을 추천한다.

(9) 은신처

은신처는 계절에 따라 알맞은 제품을 사용한다.

기니피그는 소리에 예민한 동물이므로 은신처를 마련해주는 것이 좋다. 1마리당 1개의 은신처는 마련해주어야 하고 케이지를 청소할 때 마다 함께 청소하여 관리해주어야 한다.

2) 기니피그의 기본 위생 관리

(1) 발톱관리

야생에서 살던 기니피그는 생활하며 자연스럽게 발톱이 닳겠지만 반려동물로 살아가는 기니피그는 그런 것이 부족하기에 발톱이 부러지는 사고의 방지를 위해서도 발톱을 깎아주어야 한다. 개와 마찬가지로 발톱에 혈관이 있으므로 소동물 전용 발톱깎이를 사용하여 조금씩 잘라준다. 잘못해서 혈관을 건드려 피가 난다면 지혈제를 사용한다.

(2) 귀 관리

귀에 귀지가 있으면 박테리아나 기생충들이 살기 좋은 환경이 되므로 항상 청결하게 관리해주어야 한다. 면봉을 사용하여 1주일에 한 번 정도 관리해주는데 안으로 찌르는 것이 아니라 보이는 부분만 닦아주면 된다. 장모 기니피그와 단모 기니피그 중 장모 기니피그에게서 더 빠르게 귀지가 생긴다고 한다.

(3) 목욕

대부분의 기니피그는 물을 좋아하지 않는다. 기니피그에게는 특유의 냄새를 분비하는 기관이 있는데 이것 때문에 목욕을 자주 시켜야 한다고 생각하지만, 자연스러운 냄새이므로 더러워졌을 때만 목욕을 시키면 된다. 단모 기니피그의 경우는 2~3개월에 1회, 장모 기니피그는 한 달에 한 번 권장된다. 따뜻한 온도의 물을 사용하고 샤워기로 직접적으로 물을 뿌리기보다는 손으로 물을 부어 모피를 적시는 것이 스트레스를 줄여줄 수 있다. 샴푸를 사용할 때는 소동물 전용 샴푸를 사용하고 얼굴과 귀는 피해서 사용한다. 목욕을 한 후에 꼼꼼하게 말리는 것 또한 중요하다.

(4) 미용

단모종의 경우 미용이 따로 필요 없지만 장모종의 경우 털이 너무 길어서 움직이기 불편하거나 날씨가 너무 더운 경우 털을 짧게 다듬는 수준의 미용을 할 수 있다. 장모종은 털이 엉키지 않도록 빗질을 해주는 것 또한 중요하다.

3) 기니피그의 질병 관리

(1) 비타민C 결핍증

기니피그는 사람과 다르게 체내에서 비타민C가 합성되지 않기 때문에 음식물을 통해 섭취해주어야 한다. 적어도 VitC 10mg 정도의 비타민이 필요하다.

① 원인: 비타민C 섭취 부족

② 증상: 보행장애, 관절부종, 피하출혈, 장기내 출혈, 잇몸 부어오름

③ 예방: 하루에 최소 VitC 10mg 급여, 비타민C 포함된 야채 급여

(2) 족저궤양

기니피그의 발은 털이 없어서 딱딱한 사육에서 사육될 경우 발바닥에 궤양이 생겨 딱딱해지고 부어오르며 출혈이 생기기도 한다. 뼈까지 이전되면 다리를 외과적으로 제거해야할 수도 있고 피부염으로 사망에 이를 수도 있다.

① 원인: 불결한 사육 환경, 거친 바닥에서의 찰과상, 젖은 침구, 비만

② 증상: 보행 장애, 발바닥에 생긴 궤양, 움직이지 않음

③ 예방: 적절한 몸무게 유지, 건조하고 깨끗한 사육 환경, 부드러운 케이지 바닥 사용

(3) 방광결석

칼슘이 많은 먹이를 지속적으로 급여하면 결석이 생길 확률이 높아진다. 알파파의 경우 칼슘과 옥살산염이 많기 때문에 성체가 알파파를 섭취하게 되면 결석이 생길 수 있다. 작은 크기의 결석은 약으로 해결될 수도 있지만 그렇지 않은 경우에는 수술을 통해 제거해야 한다.

① 원인: 알파파의 지속적인 섭취, 부적절한 식이 등

② 증상: 혈뇨, 빈뇨

③ 예방: 성체 후에는 알파파 외의 건초 급여, 수분 섭취의 기회 늘리기(물, 야채 급여 등)

(4) 부정교합

기니피그가 잘 먹지 못하고 계속 체중이 줄어든다면 구강에 문제가 생긴 것을 의심해볼 수 있다. 특히 기니피그의 이빨은 평생 자라기 때문에 잘 마모되지 못하면 이빨이 삐뚤삐뚤하게 자라거나 다른 방향으로 자라는 부정교합이 나타날 수 있다.

① 원인: 유전, 비타민C 부족, 미네랄 불균형

② 증상: 식욕저하, 침흘림, 구내염

③ 예방: 거친 건초나 사료의 급여

4 토끼에 대한 이해

토끼는 대표적으로 순하고 여리고 조용한 이미지를 대변하지만 실제로는 반려동물로써 사람과 함께 한 역사가 짧기 때문에 야생의 습성이 많이 남아있다. 실제로 토끼를 키우는 반려인들은 '괴팍하다'는 표현을 많이 사용하기도 한다. 토끼는 기니피그와 마찬가지로 초식동물로 소리와 주변 환경에 예민한 편이다. 특히 토끼는 아픈 것을 잘 티내지 않아 돌연사 하는 경우가 많으며, 국내에 토끼를 진료할 수 있는 병원도 몇 개 없기 때문에 세밀한 공부와 조사 후 사육해야 하는 동물이다. 어렸을 때와 달리 성체가 되면 크기가 생각보다 커지는 부분도 유념해야 할 부분이다(말티즈와 같은 소형견 크기까지는 기본으로 커진다).

여러 동물들 중에서도 큰 귀와 눈을 지닌 독특한 생김새로 학습자들의 흥미를 이끌기 좋고 동화나 동요, 만화영화 등 다양한 매체에서 활용되고 있기 때문에 아동들의 선호도가 높은 편이다. 부드러운 털과 생김새로 많은 주목을 이끌 수 있지만 앞서 말한 것처럼 스트레스에 예민하기 때문에 함께 활동 시 지속적인 주의가 필요하다.

1) 토끼의 기본 사육용품

(1) 건초

건초는 토끼의 주식으로 섬유질이 풍부하여 소화를 돕고 헤어볼을 예방한다. 또한 끊임없이 자라나는 이빨을 자연스럽게 마모시키며 토끼의 건강에 필수적인 단백질 및 기타 영양분이 들어있다. 건강한 토끼는 끊임없이 건초를 먹으므로 항상 토끼에게 신선하고 넉넉한 양의 건초가 제공되어야 한다.

① 알파파: 알파파는 칼슘과 탄수화물의 비율이 높아 성체에게 오래 급여될 경우 비만을 불러일으키거나 소화 장애를 일으킬 가능성이 높다. 따라서 풍부한 영양이 필요한 어린 개체에게 주로 급여한다. 생후 6개월까지 급여하다가 이후에는 조금씩 알파파의 비율을 줄이고 티모시의 비율을 높여간다.

② 티모시: 성체의 주식으로 섬유질이 풍부하여 알파파에 비해 조금 더 딱딱하다. 이는 토끼가 섭취하면서 자연스럽게 이빨을 갈 수 있게 해준다. 건초는 항상 습기가 없는 시원하고 건조한 곳에서 보관해야 한다.

(2) 사료(펠렛)

펠렛은 주식은 아니지만 건초만으로는 부족한 영양성분을 채우기 위해 급여한다. 많이 먹을 경우에는 비만이나 소화 장애를 불러일으킬 수 있으므로 제한적으로 급여해야 한다. 펠렛은 신선해야 하며, 섬유소의 비율(최소 18%)이 높은 것으로 고르는 것이 좋다.

(3) 야채와 과일

펠렛 외에 따로 신선한 야채와 과일을 급여하기도 하는데 영양적인 부분에서도 그렇지만 다양한 맛과 질감을 제공하여 토끼에게 먹는 즐거움을 제공할 수 있다. 하지만 야채와 과일은 모두 부가적인 음식임을 잊지 말아야 한다. 야채는 잎채소로 급여하는 것이 좋고 과일은 토끼에게 고열량 식품이므로 소량으로만 급여하며 소화력을 고려하여 3개월 이후에 급여하는 것을 권장한다.

(4) 케이지

케이지는 토끼가 사는 집이라고 생각하면 된다. 토끼는 생각보다 크기가 크게 자라기 때문에 어린 개체의 사이즈에 맞춰 케이지를 구매하면 후에 다시 케이지를 구매해야 하므로 처음부터 넉넉한 크기의 케이지를 구매하는 것이 좋다. 토끼의 발바닥은 털에 의해 보호되고 있어서 딱딱한 바닥에 지속적으로 노출되면 털이 빠지고, 염증이 발생할 수 있다. 따라서 기니피그와 마찬가지고 바닥제인 베딩을 깔아주는 것이 좋다.

① 화장실

토끼는 배변훈련이 가능한 동물으로 화장실을 케이지에 구비해두면 청소도 쉽고 토끼에게 오물이 묻는 것을 방지할 수 있다. 토끼마다 선호하는 형태의 화장실이 다른데 대부분 토끼가 화장실 위에 올라가서 배변을 보면 밑으로 빠지는 형식을 취하고 있다. 다양한 형태, 질감의 화장실을 사용해보고 토끼가 선호하는 것을 찾는 것이 좋다.

② 식변

토끼는 신기하게도 두 종류의 똥을 싼다. 우리가 흔히 알고 있는 딱딱하고 동그랗게 생긴 통이 있고 두 번째는 '식변'이라 불리는 포도처럼 뭉쳐있는 무른 똥이다. 두 번째 똥은 이름처럼 토기가 먹는 똥으로 싸자마자 거의 바로 먹어버리기 때문에 실제로 반려인들도 보기가 어려운 똥이다. 식변은 맹장변이라고도 불리며 토끼에게 필요한 영양소들이 들어있고 최대 4차례까지 되먹는다. 토끼의 주식인 건초에 있는 섬유소는 오랜 시간이 걸려 소화가 되는데 미처 흡수되지 못한 영양성분이 똥으로 나오고 이를 다시 흡수하기 위하여 먹는 것이다. 개에게 식분증은 고쳐야 할 문제행동이지만 토끼에게는 건강하다는 증거로 볼 수 있다.

(5) 미용용품

① 브러쉬

토끼는 털이 잘 빠지는 동물인데, 털갈이 시기에는 그 정도가 더 심해지므로 소동물 전용빗을 사용하여 털을 빗어주는 것이 좋다. 사용하는 부위에 따라 다양한 크기와 소재의 빗이 판매되고 있으므로 자신의 토끼에게 필요한 빗을 사용하여 부드럽게 빗어주면 된다.

토끼는 고양이와 달리 헤어볼을 잘 뱉어내지 못하므로 위 속에 그루밍을 하며 삼켜진 털이 뭉쳐 복부팽만 등을 유발하는 '모구증'이 발생할 수 있다. 따라서 빗질을 통해 죽은 털을 골라내주는 것이 토끼가 삼키는 털의 양을 줄일 수 있다.

② 발톱깎이

다른 반려동물들의 발톱과 비슷한 방법으로 동물전용 발톱깎이를 사용하여 잘라준다. 사람의 것은 발톱이 부셔지기 때문에 권장되지 않으며, 혈관을 잘라 피를 내지 않도록 조금씩 자르며 살펴보아야 한다.

2) 토끼의 기본 위생 관리

(1) 치아관리

토끼의 앞니는 평생 자라는 이빨이다. 따라서 토끼는 풀, 잡초, 나뭇가지, 건초 등의 거친 식물들을 먹음으로써 치아가 자연스럽게 마모 되도록 한다. 간혹 올바르지 못한 먹이 급여로 이빨이 계속 자라나라 빰 안쪽까지 자라나는 부정교합이 발생할 수도 있다. 건강한 치아를 가진 토끼는 자주 건초 등을 먹고 있는 모습을 볼 수 있다.

(2) 발톱관리

토끼의 발톱은 계속해서 자라나는데 야생에서 생활하는 토끼는 모래나 자갈, 돌 등에 자연스럽게 마모되지만 가정에서 자라는 토끼는 마모될 수 있는 기회가 적기 때문에 사람이 직접 잘라주어야 한다. 발톱에는 혈관과 신경이 있어서 이를 자르지 않게 주의하여 조금씩 자르면 된다.

(3) 목욕

토끼는 스스로 그루밍을 하는 동물이기 때문에 따로 목욕이나 귀 관리 등을 하지 않아도 괜찮다. 어쩔 수 없이 목욕을 해야 하는 상황이 온다면 몸에 물이 닿는 것을 무서워하고 귀에 물이 들어가면 치명적이기 때문에 물이 아닌 소동물 전용 거품 목욕제나, 물티슈 등을 사용하는 것이 좋다. 뒷발로 귀를 끌어내려서 귀 안까지 스스로 관리하기 때문에 종종 귓속을 들여다보아 깨끗한지 확인해주면 된다.

토끼의 종류 중 롭이어 토끼는 큰 귀가 아래로 처져 있기 때문에 통풍이 잘 되지 않기 때문에 귀가 서 있는 토끼에 비해 귀 질병이 더 잘 생길 수 있으므로 더 자주 확인해주어야 한다.

(4) 미용

토끼는 털이 많이 빠지는 동물이다. 평상시에도 많이 빠지지만 털갈이 시기가 되면 많은 양의 털이 빠지기 때문에 최소 1주일에 1회 털을 빗어주되 환절기와 같은 털갈이 시기가 되면 더 자주 빗어준다. 장모종의 경우 단모종보다 더 자주 빗질을 해주어야 한다. 시중에 판매되는 소동물 전용 브러쉬를 사용하여 빗어주는데, 얼굴과 같이 면적이 작은 부분은 부드러운 칫솔을 사용하여 빗어주기도 한다.

(5) 안는 방법

토끼를 들어 올릴 때 귀를 잡는 행동은 토끼에게 엄청난 고통을 주는 행위이다. 토끼는 발이 땅에서 떨어지는 것을 무서워하기 때문에 안아서 들어 올리는데 한 손은 토끼의 가슴에 넣고 한 손은 엉덩이를 받쳐서 안는다.

3) 토끼의 예방접종

(1) VHD(바이러스성 출혈성 질병) 백신

6~13주부터 4주 간격으로 2회 접종한다.

(2) 광견병 접종

13주 이상이 되면 1회 접종하고 매년 추가 접종을 실시한다.

(3) 구충제

3개월에 1회 투여한다.

4) 토끼의 질병 관리

(1) 스너플(snuffles)

대표적인 토끼의 호흡기성 질병으로 증상이 사람의 감기 증상과 비슷하여 '토끼 감기'라고 부르기도 한다. 주로 면역력이 약한 어린 토끼에게서 자주 발병하며 질병이 가벼울 때는 재채기와 콧물 등의 증상을 보이지만 심해질 경우 폐렴과 같은 합병증으로 이어질 수 있으므로 주의해야 한다. 코 근처에 노란 분비물이 묻어있는 모습을 확인할 수 있는데 토끼가 그루밍하는 과정에서 앞발로 코를 계속 문지르기 때문에 앞발에도 노랑색의 분비물이 묻어있는 경우가 많다.

① 원인체: Pasteurella

② 감염경로: 스너플에 걸린 토끼의 분비물에 의한 감염

③ 증상: 감기와 비슷한 증상으로 재채기, 콧물, 눈꼽 등의 증상이 보인다.

④ 예방: 깨끗한 사육환경, 토끼의 면역력 높이기

(2) 바이러스성 출혈병(VHD)

치사율이 90%에 달하는 무서운 전염성 질환으로 법정 전염병으로 지정되어 관리되고 있다. 급성형과 만성형 등으로 나뉘며 이 병에서 회복된 토끼는 탈모 증세나, 유산을 하는 경우도 있다. 바이러스에 의한 질병이기 때문에 치료약이 없어 예방이 가장 중요하다.

① 원인체: 캘리시바이러스(calicivirus)

② 감염경로: VHD에 걸린 토끼의 대변, 소변, 그 외 분비물 등

③ 증상: 질병의 경과기간에 따라 다양한 증세를 보이는데 발열, 식욕 감소, 안구 출혈, 황달 등의 증상을 보인다. 심급성형의 경우 건강한 모습을 보이다가 갑자기 특별한 증상 없이 폐사하기도 한다.

④ 예방: 예방접종

5 햄스터의 관리

햄스터는 독일어의 저장하다(hamstern)에서 이름이 유래된 동물로 야행성이며, 양쪽 볼 주머니에 먹이를 저장하는 습성을 가지고 있다. 작고 귀여운 외모와 함께 다른 반려동물에 비해 낮은 분양가와 높은 접근성으로 대부분의 사람들이 처음 키워본 반려동물로 많이 꼽기도 한다. 사육방법이 쉬울 것으로 생각되지만 반려동물로 함께한 역사는 짧아 야생성이 많이 남아있다. 또한 생김새와 다르게 독립적이고 호전적인 성격으로 충분한 공부가 이루어진 후에 사육해야 하는 동물이다.

여러 햄스터의 종류 중 동물매개교육에서는 가장 크기가 큰 골든 햄스터 종류가 가장 활발하게 활동하고 있다. 활동을 나가기 전 사람의 손에 충분히 익숙해지게 하는 훈련 과정이 필수적이고, 햄스터의 체력을 고려하여 아주 짧은 시간만 활동에 참여할 수 있음을 알아야 한다. 심한 근시이기 때문에 먼 거리의 물체를 잘 알아차리지 못하여 높낮이 등도 알아채기 어렵다. 그렇기 때문에 높이가 있는 케이지는 햄스터가 높이를 눈치채지 못하고 떨어져 골절이 일어날 수 있기 때문에 주의해야 한다.

1) 햄스터의 기본 사육용품

(1) 먹이

햄스터는 잡식성 동물로 씨앗, 견과류, 야채, 과일, 밀웜 등 다양한 먹이를 먹는다. 가장 손쉽게 먹이를 급여하는 방법은 반려동물 용품 가게에서 햄스터 사료를 구입하는 것이다. 햄스터의 선호도가 높은 먹이들이 적절한 비율로 섞여 있어 가장 간편하게 급여할 수 있다. 그 외에 간식으로 야채나 과일 등을 급여할 수 있는데 너무 많은 야채와 과일은 설사를 일으킬 수 있으니 적당량만 급여하고, 설탕이 많은 음식과 사람이 먹는 음식은 급여하면 안 된다. 끈적거리는 음식은 햄스터의 볼 주머니에 붙어 염증을 유발할 수 있으므로 금지한다.

(2) 케이지

키우고자 하는 햄스터의 크기를 고려하여 케이지를 선택한다. 햄스터는 활동량이 많은 동물이기 때문에 크기가 작다고 해서 너무 작은 크기의 케이지는 움직일 수 있는 공간을 제한하게 되어 햄스터들이 스트레스를 받을 수 있다. 사막에서 살던 동물이기 때문에 굴을 파는 것을 좋아하여서 베딩(바닥재)을 깔 수 있는 것을 선택하는 것이 좋다.

한 가지 주의해야 할 점은 햄스터는 단독생활을 하는 동물이기 때문에 한 마리의 햄스터가 1개의 케이지를 사용해야만 한다는 것이다. 골든햄스터의 경우 야생에서도 단독생활을 하기 때문에 반드시 단독사육을 해야 하고 드워프햄스터의 경우 조건적으로 합사가 가능하다고 하지만 처음 키워보는 사람은 사고의 예방을 위해서도 단독사육을 추천한다.

① 은신처

햄스터는 소리에 예민하고 항상 포식자로부터 주위를 경계하고 숨기 때문에 위험을 느낄 때 몸을 숨길 수 있고, 편히 쉴 수 있는 은신처가 필요하다. 다양한 디자인과 재질의 것이 판매되고 있는데 햄스터가 은신처를 갉아먹는 경우가 많으므로 자주 바꿔주어야 한다. 또한 야행성으로 낮에는 주로 잠을 자는데 빛이 차단되는 재질의 것이 가장 좋다.

② 쳇바퀴

햄스터는 활동량이 많은 동물로, 야생에서는 공간의 제약 없이 마음껏 달릴 수 있겠지만 가정에서 사육되는 햄스터는 그렇지 않기 때문에 활동량을 채워주기 위해 쳇바퀴를 케이지 안에 넣어준다. 자신이 키우는 햄스터 종류를 보고 크기를 고려하여 구매하는 것이 중요하다.

쳇바퀴 돌아가는 소리가 시끄럽다고 햄스터에게 쳇바퀴를 제공하지 않으면 햄스터가 스트레스를 받게 되므로 햄스터의 운동과 스트레스 해소를 위해 설치해주는 것이 좋다.

다양한 사육용품이 갖추어진 햄스터의 케이지

(3) 햄스터 볼

햄스터 볼은 케이지 밖에서도 햄스터를 잃어버릴 걱정 없이 돌아다닐 수 있게 해주는 용품으로 이전까지는 햄스터를 산책시키기 위해 많은 인기를 끌었으나 근래에 와서는 학대라는 의견과 함께 거의 사용을 하지 않고 있다.

(4) 베딩

햄스터는 사막에서 온 탓인지 땅을 파고 굴을 만드는 것을 좋아하기 때문에 베딩을 깔아주는 것이 좋다. 기니피그와 마찬가지로 다양한 재질의 것이 판매되고 있으며 자신의 사육환경과 햄스터의 선호도를 고려하여 선택하면 된다.

베딩은 햄스터가 생활하는 공간 그 자체이기 때문에 햄스터의 냄새가 많이 묻게 된다. 케이지를 청소할 때 베딩을 한 번에 모두 바꿔버리면 같은 케이지임에도 불구하고 햄스터는 자신의 냄새가 나지 않아 다른 공간에 들어왔다고 생각하며 스트레스를 받을 수 있다. 따라서 베딩은 1/2정도씩 매일 바꿔주는 것이 좋다.

햄스터와 활동을 나갈 때에는 외출용 케이지에 전부 다 새로운 베딩을 넣는 것이 아니라 햄스터가 사용하고 있는 베딩을 깔아줌으로써 이동하더라도 최대한 안정감을 가질 수 있게 해야 한다.

2) 햄스터의 기본 위생 관리

(1) 치아 및 볼 주머니 관리

햄스터는 먹이를 볼주머니에 저장한다.

햄스터의 앞니는 끊임없이 자라나므로 거친 음식들을 먹음으로써 마모시킨다. 햄스터가 케이지를 씹는 모습들을 볼 수 있는데 이는 햄스터의 치아를 부러뜨릴 수도 있고 칠해져 있는 페인트를 먹을 수도 있어 위험하다. 씹을 만한 것이 충분하지 않거나 생활이 지루할 때 이런 행동들을 많이 보이는데 먹이 외에 씹을 수 있는 전용 이갈이 용품들을 급여 하는 것으로 위와 같은 행동을 줄일 수 있다.

볼 주머니는 보호자가 따로 관리를 할 필요는 없지만 점도 있는 음식(떡, 밥 등)을 급여하게 되면 볼 주머니 안에서 썩어 염증을 유발할 수 있으므로 적절한 먹이를 급여해야 한다.

(2) 목욕

햄스터는 귀 안에 물이 들어가면 대부분 사망하기 때문에 목욕은 권장하지 않는다. 하지만 서식지가 사막이었던 만큼 모래목욕을 즐기기 때문에 전용 모래를 사서 담아주면 햄스터의 스트레스 해소에도 도움을 주고 털 사이사이의 먼지를 자연스럽게 떨어뜨릴 수 있다.

3) 햄스터의 질병 관리

(1) 부정교합

잡식성 동물이기 때문에 다양한 먹이를 먹어야 한다. 그런데 씨앗 위주로 먹이를 공급하게 되면 칼슘이 부족해서 무른 치아가 된다. 이로 인해 마모가 되지 않아 부정교합이 발생할 수 있다.

① 원인체: 부적절한 먹이 습관(씨앗 위주의 먹이)

② 증상: 식욕저하

③ 예방: 이갈이 용품 급여, 칼슘함유 식품 급여

(2) 볼주머니 탈장

말린 과일 등 점도가 높은 먹이를 급여할 경우 이것을 볼주머니에 저장했다가 볼주머니가 탈장되는 경우가 많다.

① 원인: 주머니 염증, 부적절한 먹이 또는 베딩

② 증상: 볼주머니 외번

③ 예방: 적절한 먹이, 베딩 공급, 점도가 있는 음식 급여 금지

(3) 골절

햄스터를 기를 때 전용 철장이 아닌 사육장을 이용하거나 먹이를 주기 위해 문을 열었다가 확인하지 않고 문을 닫을 때 주로 골절이 발생된다. 다리뼈가 매우 얇아서 부러지기 쉬우므로 조심해야 한다.

① 증상: 부종, 절름거림

② 예방: 철장사이 간격이 너무 넓지 않은 것을 사용, 핸들링 시 주의

6 페럿의 관리

페럿은 족제비과 동물로 길고 유연한 몸을 가졌고 귀여운 얼굴을 가지고 있다. 하지만 특유의 냄새를 가지고 있는데 이는 목욕을 시켜도 완전하게 없앨 수는 없다. 미국에

서 수입되어 오며 수입될 때 중성화 수술과 함께 취선 제거수술이 되어 수입된다. 하루 중 20시간을 잘 만큼 오랜 시간을 자지만 그만큼 깨어있는 시간 동안 아주 활발한 움직임을 보인다.

동물매개교육에서는 흔히 접해 볼 수 없는 모습에 대한 호기심과 장난스러운 행동들이 학습자들에게 큰 흥미를 유발하고 관심을 불러일으킨다. 다른 소동물과 달리 활발한 움직임을 보이기 때문에 조금 더 적극적인 활동이 가능하다. 다만 추위를 많이 타고 털이 많이 빠져서 이에 대한 관리가 필요하고, 국내에 페럿의 진료가 가능한 병원이 몇 개 없어서 신중한 선택 후 사육해야 한다.

1) 페럿의 기본 사육용품

(1) 먹이

페럿은 완전 육식동물로 탄수화물, 섬유질, 당분을 제외한 단백질과 지방을 주요 영양소를 필요로 한다. 야생의 페럿은 사냥을 통해 작은 동물들을 먹음으로써 필요한 영양소를 섭취하는데 가정에서 길러지는 페럿들은 사냥을 하지 못하므로 생식이 가장 좋은 먹이라고 할 수 있다. 하지만 생식은 꾸준히 급여하기 까다롭기 때문에 많은 보호자들이 페럿 전용 사료를 이용한다. 시중에서 판매되는 페럿 전용 사료에도 섬유질과 탄수화물이 들어있기는 하지만 현재로서는 가장 최선의 선택이라고 할 수 있다. 그리고 물 역시 필수적이다.

페럿 전용 사료는 다른 동물의 사료보다 비싼 편으로 간혹 같은 육식동물이므로 고양이 사료를 제공하는 보호자도 있다. 하지만 고양이 사료에는 섬유질과 탄수화물이 페럿에게 필요한 양보다 많으므로 추천되지 않는다.

(2) 케이지

페럿은 몸에 약 200개의 뼈를 가지고 있어 유연하다. 구석진 곳에 파고들거나 장난치는 것을 좋아한다. 페럿을 풀어놓고 키워도 좋지만 몸을 숨기고 편안히 휴식을 취할 수 있는 케이지가 있는 것이 좋으며 환기가 잘 되는 것으로 선택한다.

(3) 화장실

구석진 곳에 배변을 보는 습관이 있으므로 화장실을 설치해주면 깨끗하게 케이지를 관리할 수 있을 뿐 아니라 배변훈련 또한 할 수 있다.

(4) 해먹

페럿이 사용하는 은신처 같은 것으로 계절에 따라 재질을 선택하여 케이지 안에 설치해주면 된다. 여름에는 주로 망사로 된 것을 겨울에는 두꺼운 천이나 양모로 된 것들이 가장 많이 선호된다. 대부분의 페럿들이 해먹을 설치해주면 알아서 그 위로 올라가 잠을 자고 쉬기도 하는데 간혹 해먹을 사용하지 않는 페럿도 있다고 한다. 해먹은 페럿이 오래 머무르는 용품이므로 페럿의 냄새가 가장 많이 배는데 자주 세탁해주는 것이 페럿의 건강을 위해서도 페럿의 냄새를 잡는 데도 좋다.

2) 페럿의 기본 위생 관리

(1) 목욕 및 털 관리

페럿은 자주 목욕시킬 필요가 없다. 몸에서 나는 냄새는 페럿이 가진 수많은 기름샘에서 나온 기름의 자연스러운 냄새로 이를 없애려고 자주 목욕을 시키면 순간적으로 말라버린 피부를 보호하기 위해 기름샘에서 더 많은 기름을 생성하여 오히려 냄새가 더 많이 날 수 있다. 최소 한 달 정도의 기간을 두고 전용 샴푸를 사용하여 목욕을 시켜야 하며 귀나 코 등에 물이 들어가는 것을 조심하여야 한다.

이중모를 가지고 있어 털이 두 개의 층으로 구분된다. 속털은 짧고 부드러우며 겉털은 길고 단단한데 이는 페럿의 체온을 유지해주고 외상으로부터 피부를 보호한다. 평상시에도 죽은 털이 자연스럽게 빠져 나오며 털이 많이 빠지지만, 환절기가 되면 더 많은 양의 털이 빠진다(털갈이). 기간은 평균적으로 3주에서 한 달 정도이다. 털이 많이 빠지기 때문에 빗질을 통해 털이 빠지는 것을 줄일 수 있다.

(2) 발톱관리

야생의 페럿은 자연스럽게 발톱이 마모되지만 가정에서 길러지는 페럿은 그렇지 못하므로 발톱은 전용 가위를 사용하여 잘라주어야 한다. 다른 동물들의 발톱을 자를 때와 마찬가지로 혈관을 자르지 않도록 주의하며 만약 피가 날 경우 지혈제를 사용한다.

발톱을 자를 때 페럿의 목 뒷부분을 잡고 올리면 페럿이 하품을 하며 몸을 편안히 늘어뜨리는데 이 때 발톱을 자르면 좀 더 수월하게 발톱을 관리할 수 있다.

(3) 귀 관리

귀 관리의 경우 목욕보다는 좀 더 자주 해주어야 한다. 귀 진드기가 발생하기 쉽기 때문에 전용 세정액을 사용하여 관리한다. 페럿의 귀에는 검은색 귀지가 보이는 것은 자연스러운 상태이다. 하지만 심각한 수준의 검은색의 귀지가 보이거나 자주 귀를 긁는다면 수의사의 진료가 필요하다.

3) 페럿의 예방접종

(1) 홍역 예방접종

8주령부터 3주 간격으로 3회 접종을 권장한다. 매년 보강접종을 실시한다.

(2) 광견병 예방접종

3개월령 이후 1회 접종 후 매년 추가접종한다.

(3) 구충 및 심장사상충 예방

구충제는 3개월마다 급여하고 심장사상충은 매달 적용하는 것이 좋다.

4) 페럿의 질병 관리

(1) 홍역

개 홍역 바이러스에 의해 발생하는 질병으로 개 홍역과 마찬가지로 전염성과 치사율이 높다. 완치되기 어려운 질병이므로 예방접종을 통한 예방이 중요하다. 개가 사용하는 백신을 변형시켜 사용하기 때문에 부작용이 발생할 위험이 있으므로 페럿에 대한 지식이 있는 병원에서 맞추는 것이 좋다.

① 원인체: Canine parainfluenza virus

② 증상: 발열, 눈꼽, 기침, 콧물, 발바닥 굳음

③ 예방: 예방접종

(2) 광견병

광견병은 모든 포유류가 걸릴 수 있는 질병이므로 예방접종을 통한 예방이 중요하다.

(3) 부신피질기능항진증

페럿에게 있어 부신피질기능항진증은 흔한 질병에 속하지만 왜 페럿에게 부신 질환이 자주 발생하는지에 대해서는 정확히 밝혀진 것은 없다. 부신은 여러 호르몬을 만들어내는 신장 주위에 위치한 장기인데, 이 부신에 종양이 발생하여 호르몬이 과도하게 분비되는 질병이다. 촉진 시 간이나 비장의 위치가 종대 되어 있거나 다음, 다뇨, 다식, 꼬리에 탈모가 보인다면 이 질병을 의심해볼 수 있다.

① 원인: 부신 종양

② 증상: 다음, 다뇨, 다식, 기력 저하, 탈모(꼬리, 등이 가장 일반적), 외음부 부종, 체중 저하

③ 예방: 없음

(4) 장폐색

장폐색이란 장, 특히 소장이 막혀 음식이나 소화액 등이 장을 통과하지 못하는 질병을 말한다. 페럿은 호기심이 많은 동물로 여러 물건을 물고 다니는데 그러던 중 이물질을 먹어 장이 막히는 경우가 많다. 사람의 경우 심한 복통이 증상으로 바로 오기 때문에 눈치채기 쉽지만 페럿은 그렇지 못하므로 활달하던 페럿이 음식을 먹지 않고 배가 빵빵하다면 장폐색을 의심해볼 수 있다.

① 원인: 이물질 섭취, 종양

② 증상: 기력저하, 복부팽만, 설사, 다량의 섬유질 섭취

PART 03 기출문제

도우미동물관리

01 동물매개교육에서 도우미동물이 반려동물일 때 긍정적인 점으로 옳지 않은 것은?

① 반려동물은 사람과 함께 공존한 역사가 길어서 사람의 감정에 예민하게 반응할 수 있다.

② 학습자가 어린 시절부터 다양한 매체를 통해 자연스럽게 접해왔던 동물들이어서 쉽게 친밀감을 형성할 수 있다.

③ 현재 동물병원 의료시스템이 반려동물을 중심으로 되어 있기 때문에 질병에 대한 이해가 높아 청결관리가 용이하다.

④ 반려동물들은 인수공통감염병이 없기 때문에 접촉의 증가로 인해 발생할 수 있는 전염병이 없어서 산업적 피해가 낮다.

02 동물을 통한 생명존중교육이 가지는 의미로 옳지 않은 것은?

① 동물을 직접적인 생명현상을 느낀 학습자는 동물을 생명으로 인지하며 경외심을 가질 수 있다.

② 돌봄의 주체가 되는 경험을 제공함으로써 생명존중태도를 외면화시킬 수 있다.

③ 도우미동물이 보여주는 다양한 감정과 행동들은 학습자에게 지속적으로 집중하게 만들며 흥미를 이끈다.

④ 동물은 그 자체로도 학습자의 관심을 이끌며 학습자의 자발적 참여를 돕는다.

03 도우미동물을 선발하는 기준으로 옳지 않은 것은?

① 배변훈련과 케이지 훈련과 같은 기본적인 사회화 교육들이 되어 있어야 한다.
② 다양한 환경의 변화에 잘 적응하고 편안한 상태를 유지할 수 있어야 한다.
③ 장애를 가지지 않아야 하고 밝고 건강하며 감염의 위험이 없어야 한다.
④ 집단동물매개교육의 경우 다른 품종 또는 같은 품종의 개체에게 너무 예민하게 반응해서는 안 된다.

04 「동물보호법」에서 얘기하는 동물들을 사육할 때 지켜야 하는 기본 원리로 옳지 않은 것은?

① 동물이 갈증 및 굶주림을 겪거나 영양이 결핍되지 않아야 한다.
② 동물이 고통 · 상해 및 질병으로부터 자유로워야 한다.
③ 동물이 본래의 습성과 신체의 원형을 유지하면서 정상적으로 살아야 한다.
④ 동물이 가진 습성을 변화시켜 사람과 함께 살아가기 편하도록 해야 한다.

05 다음 중 동물매개교육현장에 참여할 수 없는 견종들로 묶인 것으로 옳은 것은?

가. 도사견과 그 잡종의 개
나. 아메리칸 핏불 테리어와 그 잡종의 개
다. 불 테리어와 그 잡종의 개
라. 로트와일러와 그 잡종의 개

① 가, 나　② 가, 나, 다　③ 가, 나, 라　④ 가, 나, 다, 라

06 개의 사료와 관련된 내용으로 옳지 않은 것은?

① 먹이던 사료를 바꿀 때는 한 번에 바꿔서 개가 빠르게 적응하도록 한다.
② 사료는 크게 건식사료, 소프트 사료, 습식사료의 형태로 나뉜다.
③ 공기와 접촉하면 산화되어 부패할 수 있으므로 밀폐하여 보관해야 한다.
④ 사료의 유통기한을 잘 확인하여 구매해야 한다.

07 다음 보기를 읽고 ( )안에 들어갈 단어가 차례로 나열된 것으로 옳은 것은?

보기	개의 사료를 급여하는 방법은 크게 두 가지가 있는데, (A)은/는 충분한 양의 사료를 한 번에 주고 개가 먹고 싶을 때 먹는 것이고 (B)은/는 한 번에 먹는 양만 급여하는 방법이다.

① A: 자기급여방법, B: 제한급여방법
② A: 자율급여방법, B: 일회급여방법
③ A: 자율급여방법, B: 제한급여방법
④ A: 자기급여방법, B: 일회급여방법

08 개에게 주의가 필요한 음식과 그 증상의 연결로 옳지 않은 것은?

① 양파, 마늘 - 빈혈
② 이스트반죽 - 위장폐색
③ 포도, 건포도 - 저혈당
④ 커피, 초콜릿 - 빈맥, 혈압상승

09 개의 생활용품에 대한 설명으로 옳지 않은 것은?

① 개의 목에 거는 리드줄을 목줄이라 하고, 가슴의 연결고리에 거는 것을 하네스라 한다.
② 항상 신선한 물과 사료를 먹을 수 있도록 급식기와 급수기가 필요하다.
③ 양말이나 수건같이 생활용품을 개의 장난감으로 사용하면 보호자의 체취가 있어 개에게 더 큰 즐거움을 줄 수 있다.
④ 개를 데리고 이동할 때는 이동장이 필요하며 대중교통 이용 시, 모습이 완전히 보이지 않아야 한다.

10 개의 미용용품에 대한 설명으로 옳지 않은 것은?

① 사람의 피부는 알칼리성이지만 개의 피부는 산성이므로 반드시 반려견 전용샴푸를 사용해야 한다.
② 단모종은 매일 새로운 털이 자라나므로 빗질을 통해 죽은 털을 제거해야 한다.
③ 이어파우더는 개의 귓 속 털을 뽑을 때 사용하는 용품이다.
④ 사람이 사용하는 손톱깎이는 개의 두꺼운 발톱을 깎을 수 없으므로 전용 발톱깎이를 사용해야 한다.

11 개의 기본 위생 관리에 대한 설명으로 옳지 않은 것은?

① 눈에 눈꼽이 껴 있는 경우에는 슬리커 브러쉬를 사용하여 떼어낸다.
② 발톱은 혈관을 자르지 않게 주의하여 45도 각도로 조금씩 자른다.
③ 목욕을 할 때는 빗질을 먼저 하여 엉킨털을 풀어준 후 해야 한다.
④ 항문낭을 관리하는 방법은 엄지와 검지 손가락으로 항문의 4시와 8시 방향으로 밀어 올리듯 짜주어서 관리한다.

12 개의 치아관리에 대한 설명으로 옳지 않은 것은?

① 개의 건강을 위해 양치질은 매일 해주어야 한다.
② 10개월이 되어도 유치가 빠지지 않으면 유치잔존이 나타날 수 있다.
③ 스케일링은 노령견이 되었을 때부터 매년 해주어야 한다.
④ 개가 어렸을 때부터 치약과 칫솔질에 익숙해지도록 꾸준한 훈련이 필요하다.

13 개의 종합백신 접종으로 예방할 수 있는 질병으로 옳지 않은 것은?

① 렙토스피라증(Leptospirosis)
② 개 홍역(Canine Distemper)
③ 파보장염(Pavovirus Enteritis)
④ 광견병(Rabie)

14 다음 보기에서 설명하는 개의 질병으로 옳은 것은?

보기	개과 동물만 감염되는 바이러스 성 질병이다. 복부 통증, 황달, 구토, 혼수 등의 증상을 보이며 질병이 치료되고 나서도 약 6개월 정도 오줌을 통해 바이러스가 배출되므로 대소변 처리에 주의를 기울여야 한다.

① 전염성 간염 ② 개 파보장염 ③ 파라인플루엔자 감염 ④ 심장사상충

15 개의 예방접종에 대한 설명으로 옳지 않은 것은?

① 외출을 자주하는 개는 매달 외부 기생충 예방약을 사용한다.
② 기초예방접종 백신들은 1년에 1회 추가 접종한다.
③ 심장사상충 예방약은 분기별로 한 번씩 투약해야 한다.
④ 총 5차까지의 접종이 있으며, 6~8주 즈음 접종을 시작한다.

16 개의 접종증명서 중 동물교육지도사가 지니고 다녀야 하는 접종증명서로 옳은 것은?

① 종합백신 접종증명서
② 광견병 접종증명서
③ 켄넬코프 접종증명서
④ 심장사상충 투약증명서

17 개의 예방접종 중 3개월령 이후에 접종을 시작해야 하는 질병으로 옳은 것은?

① 종합백신 ② 코로나 장염 백신
③ 켄넬코프 백신 ④ 광견병 백신

18 개의 심장사상충 질병에 대한 설명으로 옳지 않은 것은?

① 개 사상충이 심장에 기생하면서 생기는 심장질환이다.

② 모기를 매개로 전염되며 모기가 감염된 개의 혈액을 모기가 자충과 함께 흡혈하고 다시 건강한 개를 물 때 감염된다.

③ 6단계로 나뉘어 어떤 단계까지 진행되었는지에 따라 치료방법과 그 예후가 달라진다.

④ 빠르게 발견할수록 치료기간이 짧아지고 예후 또한 좋다.

19 다음 중 도우미동물 고양이의 관리에 대한 설명으로 옳지 않은 것은?

① 육식동물이므로 사료를 정할 때 단백질과 지방이 높은 것을 선택해야 한다.

② 우리가 아는 대부분의 고양이는 사람의 손에 의해 계량된 품종이다.

③ 야행성이기 때문에 낮에 동물매개교육을 진행할 때는 활동시간에 제한을 두어야 한다.

④ 도우미동물로 선택할 때는 배변처리에 대한 부분을 고려해 선택해야 한다.

20 개와 달리 고양이의 체내에서 합성되지 않는 영양소로 외부의 식품을 통해 섭취해야 하는 영양소로 옳은 것은?

① 탄수화물 ② 비타민A ③ 지방 ④ 타우린

21 고양이의 생활용품 중 화장실과 관련된 설명으로 옳지 않은 것은?

① 고양이는 배변을 한 뒤 모래로 덮는 습관이 있어 화장실 모래가 필요하다.

② 화장실은 대게 오픈형과 하우스형(밀폐형)이 있는데 고양이는 밀폐형을 선호한다.

③ 화장실 모래의 응고형은 벤토나이트라는 성분이 많이 들어가 있다.

④ 고양이는 청결에 예민하기 때문에 항상 깨끗한 상태의 화장실 모래가 구비되어야 한다.

22 고양이의 관리에 대한 설명으로 옳지 않은 것은?

① 고양이의 발톱을 깎을 때는 항상 표면에 드러나 있는 발톱 위주로 관리한다.
② 고양이에게 빗질을 해주는 것은 죽은 털과 먼지를 제거하고 친밀감을 높일 수 있는 방법이다.
③ 고양이는 예민하기 때문에 귀 관리를 할 때 귀 세정제를 직접 귀에 넣는 방식은 권장되지 않는다.
④ 고양이도 실외를 다닐 때에는 이동장이 필요하며, 적응을 위한 훈련이 꼭 필요하다.

23 고양이가 자신의 영역이나 스트레스 해소 등을 이유로 거친 표면에 발톱을 긁는 행동으로부터 가구 등의 손상을 방지하기 위해 사용하는 용품은?

① 캣닢 ② 캣타워 ③ 슬리커 브러쉬 ④ 스크래처

24 고양이의 3종 종합백신에 속하지 않는 질병으로 옳은 것은?

① 고양이 바이러스성 비기관지염(허피스 바이러스 감염증)
② 칼리시 바이러스
③ 전염성 복막염
④ 클라미디아

25 고양이의 질병 중 칼리시 바이러스 감염증에 대한 설명으로 옳지 않은 것은?

① 고양이 3종 종합백신(FVRCP)을 통해 예방이 가능하다.
② 허피스 바이러스와 증상이 비슷하며 안구질환을 야기하는 것이 특징이다.
③ 고양이과 동물들에게만 감염이 일어난다.
④ 감염된 개체의 면역력에 따라 증상의 심각도가 매우 다양하게 나타난다.

26 고양이의 질병 중 범백혈구 감소증에 대한 설명으로 옳지 않은 것은?

① 고양이 홍역 또는 전염성 장염이라 불린다.
② 임신 중인 고양이에게는 소뇌 형성 부전이라는 부작용이 있을 수 있어 예방접종하지 않는다.
③ 고양이 3종 종합백신(FVRCP)을 통해 예방이 가능하다.
④ 백혈구에 암이 생겨 발생하는 질병이다.

27 고양이의 질병 중 원충에 의한 인수공통감염병으로 임산부의 경우 유산이나 사산 등의 결과를 낳을 수 있는 질병으로 옳은 것은?

① 톡소플라즈마 감염증
② 광견병
③ 고양이 백혈병 바이러스
④ 고양이 전염성 복막염

28 기니피그에 대한 설명으로 옳지 않은 것은?

① 외형적으로는 꼬리가 없는 것처럼 보인다.
② 햄스터와 같은 먹이의 공유가 가능하다.
③ 털이 많이 빠지기 때문에 도우미동물로 투입될 때는 청결에 신경써야 한다.
④ 우리나라에서는 실험동물의 목적으로 사육이 시작되었다.

29 기니피그의 먹이에 대한 설명으로 옳지 않은 것은?

① 건초는 기니피그의 주식이기 때문에 항상 충분한 양이 제공되어야 한다.
② 펠렛은 건초로는 채울 수 없는 영양소를 채우기 위해 제공하며, 급여량을 제한해야 한다.
③ 수분이 많은 야채 등은 설사를 유발할 수 있으며 과일은 비만이 될 수 있으므로 적당량만 급여해야 한다.
④ 기니피그에게 제공하는 건초는 연령에 상관없이 항상 같은 종류를 제공한다.

30 다음 보기를 읽고 ( )안에 들어갈 단어가 차례로 나열된 것으로 옳은 것은?

보기	건초는 기니피그의 주식이다. 어린 개체 또는 임신상태 등 영양이 필요한 개체에게 급여하는 건초는 (A)이고, 성체에게 급여하는 것은 (B)이다.

① A: 알파파, B: 델타파
② A: 알파파, B: 티모시
③ A: 델타파, B: 알파파
④ A: 티모시, B: 알파파

31 기니피그의 펠렛은 ( )의 파괴를 막기 위해 어두운 곳에 보관해야 한다. ( )에 들어가는 영양성분으로 옳은 것은?

① 비타민A ② 비타민B ③ 비타민C ④ 비타민D

32 기니피그의 용품 중 베딩에 대한 설명으로 옳지 않은 것은?

① 사육장 바닥에 깔아주는 것을 의미한다.
② 신문지 베딩은 소변을 잘 흡수하고 경제적이기 때문에 가장 많이 사용된다.
③ 삼나무 베딩은 기니피그의 호흡기관을 해칠 수 있다.
④ 먼지가 많이 나는 베딩은 기니피그의 호흡기관에 악영향을 미친다.

33 기니피그의 위생관리에 대한 설명으로 옳지 않은 것은?

① 발톱관리 중 혈관을 건드려 피가 난다면 개와 마찬가지로 지혈제를 사용한다.
② 목욕을 시킬 때는 샤워기로 직접 물을 뿌리는 방법 보다는 손으로 물을 붓는 방법을 사용한다.
③ 털이 많이 빠지기 때문에 빗질을 통해 죽은 털을 골라주어야 한다.
④ 모든 종류의 기니피그는 미용이 필요하지 않다.

34 기니피그가 하루에 섭취해야 하는 최소한의 비타민C 양으로 옳은 것은?

① 1mg ② 3mg ③ 5mg ④ 10mg

35 기니피그의 비타민C 결핍증의 증상에 대한 설명으로 옳지 않은 것은?

① 혈뇨 ② 보행장애 ③ 잇몸 부어오름 ④ 관절부종

36 기니피그의 방광결석 원인에 대한 설명으로 옳은 것은?

① 부정교합의 발생으로 먹이를 잘 먹지 못해서 발생한다.
② 티모시의 지속적인 섭취로 인해 발생한다.
③ 칼슘이 많은 먹이를 지속적으로 섭취하면 발생할 확률이 높아진다.
④ 비만이 되면 발생한다.

37 토끼의 먹이에 대한 설명으로 옳지 않은 것은?

① 1년 이후부터 알파파에서 티모시로 건초를 바꿔 급여한다.
② 펠렛은 신선한 것을 급여하고 섬유소의 비율이 높은 것으로 급여한다.
③ 야채와 과일은 소량만 급여하고 소화력을 고려하여 3개월 이후에 급여한다.
④ 알파파보다 티모시가 조금 더 딱딱하여 토끼의 이빨을 자연스럽게 마모시켜 준다.

38 토끼의 똥에 대한 설명으로 옳지 않은 것은?

① 토끼는 두 종류의 똥을 싼다.
② 식변은 맹장변이라고도 하며 토끼에게 필요한 영양소가 들어있다.
③ 토끼의 식변은 동그랗고 딱딱하게 생겼다.
④ 토끼가 똥을 먹는 행동은 건강한 개체에게서 보이는 자연스러운 행동이다.

39 토끼의 사육용품에 대한 설명으로 옳지 않은 것은?

① 배변훈련이 가능하여 화장실을 구비해두면 토끼에게 오물이 묻는 것을 방지할 수 있다.

② 발바닥에 털이 나는 동물이기 때문에 딱딱한 바닥환경에서의 사육이 가능하다.

③ 털이 잘 빠지는 동물이므로 전용빗을 사용해 죽은 털을 골라내주는 것이 좋다.

④ 모구증의 방지를 위해 전용 빗을 사용해 죽은 털을 골라낼 수 있다.

40 토끼의 질병 중 스너플(snuffles)에 대한 설명으로 옳지 않은 것은?

① 예방접종을 통해 예방할 수 있다.

② 감기와 비슷한 증상을 보인다.

③ 주로 면역력이 약한 어린 토끼에게서 자주 발병한다.

④ 발병하면 코와 앞발에 노란 분비물이 묻어 있는 경우가 많다.

41 햄스터에 대한 설명으로 옳지 않은 것은?

① 심한 근시를 가지고 있어 높이를 눈치 채지 못하고 떨어져 골절을 입을 수 있다.

② 도우미동물로 활동하기 전에는 핸들링 과정이 필수이다.

③ 양쪽 볼 주머니에 먹이를 저장하는 습성을 가지고 있다.

④ 무리동물이므로 여러 마리를 한 번에 사육하는 것이 햄스터의 스트레스를 줄일 수 있다.

42 햄스터의 기본 사육용품에 대한 설명으로 옳지 않은 것은?

① 잡식성 동물로 씨앗, 견과류, 야채, 과일 등 다양한 먹이를 먹는다.

② 소리에 예민하고 경계심이 많으므로 몸을 숨길 수 있는 은신처를 마련해주어야 한다.

③ 활동량이 많기 때문에 쳇바퀴 등의 용품을 통해 활동량을 채워줄 수 있다.

④ 햄스터 볼을 사용함으로써 외부에서의 산책을 통해 햄스터의 활동량을 채워줄 수 있다.

43 페럿에 대한 설명으로 옳지 않은 것은?

① 몸에 약 200개의 뼈를 가지고 있어 유연하며 구석에 파고드는 것을 좋아한다.
② 잡식성 동물로 탄수화물과 단백질, 지방을 골고루 섭취해야 한다.
③ 구석진 곳에 배변을 보는 습관이 있어서 화장실을 설치해주면 청결관리가 용이하다.
④ 해먹은 페럿이 사용하는 은신처와 같은 것으로 잠을 자거나 쉬는 공간이다.

44 페럿의 기본 위생관리에 대한 설명으로 옳지 않은 것은?

① 이중모를 가지고 있으며 털갈이 시기에는 많은 양의 털이 빠지기 때문에 빗질을 해준다.
② 검은색 귀지가 보일 때는 수의사의 진료가 반드시 필요하다.
③ 발톱을 자를 때 목 뒷부분을 잡고 올리는 형태로 보정한 후 자를 수 있다.
④ 목욕을 자주 시키는 것은 오히려 페럿이 가진 냄새를 더욱 심하게 할 수 있다.

45 페럿의 질병 중 부신피질기능항진증에 대한 설명으로 옳지 않은 것은?

① 페럿에게 흔한 질병이지만 그 원인이 정확하게 밝혀지지는 않았다.
② 부신에 종양이 발생하여 호르몬이 과도하게 분비되는 질병이다.
③ 다음, 다뇨, 다식, 꼬리의 탈모, 외음부 부종 등의 증상을 보인다.
④ 예방접종을 통한 예방이 최선이다.

46 모든 포유류가 걸릴 수 있는 질병으로 인수공통감염병이기도 하며 예방접종을 통한 예방이 중요한 질병으로 옳은 것은?

① 광견병 ② 심장사상충 ③ 홍역 ④ 장염

47 반려동물이 걸릴 수 있는 질병 중 법정 전염병으로 지정된 질병으로 옳은 것은?

① 광견병 ② 바이러스성 출혈병(VHD)
③ 톡소플라즈마 감염증 ④ 심상사상충

48 「동물보호법」에서 말하는 반려동물의 종류로 옳지 않은 것은?

① 강아지 ② 고양이 ③ 페럿 ④ 고슴도치

49 다음의 동물 중 광견병 접종이 필수인 반려동물로 묶인 것으로 옳은 것은?

① 개, 고양이
② 개, 고양이, 토끼
③ 개, 고양이, 페럿
④ 개, 고양이, 토끼, 페럿

50 동물의 종류와 먹이 습성 연결된 것 중 옳지 않은 것은?

① 개 - 잡식동물
② 고양이 - 육식동물
③ 햄스터 - 잡식동물
④ 페럿 - 잡식동물

정답

01. ④	02. ②	03. ③	04. ④	05. ③	06. ①	07. ③	08. ③	09. ③	10. ①
11. ①	12. ③	13. ④	14. ①	15. ③	16. ②	17. ④	18. ③	19. ③	20. ④
21. ②	22. ①	23. ④	24. ③	25. ②	26. ④	27. ①	28. ②	29. ④	30. ②
31. ③	32. ②	33. ④	34. ④	35. ①	36. ③	37. ①	38. ③	39. ②	40. ①
41. ④	42. ④	43. ②	44. ②	45. ④	46. ①	47. ②	48. ④	49. ③	50. ④

Part 4

교육심리학

Chapter 1

교육심리학에 관한 이해

1 교육심리학이란 무엇인가

교육심리학을 이해하기 위해서는 우선 '교육'과 '심리학'의 성격을 생각해 볼 필요가 있다. 교육의 정의는 여러 가지가 있지만 일반적인 조작정 정의는 '인간 행동의 계획적 변화(정범모, 1976: 16)'로 설명되며, '인간의 행동'을 '계획적으로 변화'시키는 의미를 지닌다. 교육은 궁극적으로 '인간의 행동을 바람직한 방향으로 계획적 · 의도적으로 변화시켜 장시간에 걸쳐 지속되게 하려는 활동'(허승희, 이영만, 김정섭, 2016: 21)이다. 심리학은 인간행동과 정신과정을 과학적으로 이해하는 것으로 바람직한 가치를 추구하는 교육에 비하여 객관적 과학을 수행하는 차이점이 있다. 또한 심리학은 교육이 학교라는 한정적이고 자연적인 상황에 해당하는 것에 비하여, 좀 더 인간 정신현상이나 행동의 보편적이고 일반적인 원리를 탐구하는 데 초점을 가지고 실험적 통제가 이루어진다. '교육심리학'은 이러한 교육과 심리학이 상반되는 특징을 모두 지니기 때문에 의미가 크다. 교육심리학의 내용은 학습자의 지식 특성, 성격영역, 동기, 발달과 상호관련적인 것, 교사관련 교수이론 등의 영역, 교수–학습 영역이 있으며, 교육의 효율성 평가활동에 관심을 가진다(허승희 외, 2016: 25). 교육심리학은 다른 영역과 중복이 될 수 있으며, 연구 결과 해석에 일반화하는 데 유의를 해야 한다(유기섭, 김태호, 2006: 31).

2 교육심리학의 학문적 발전

교육심리학은 20세기를 기점으로 20세기 이전은 교육심리학이 과학의 한 학문 영역으로 성립되지 않았으며, 20세기 초반부터 중반까지 하나의 학문영역으로 태동하는 흐름이 생겼고, 20세기 중반 이후 교육심리학이 독립적인 영역으로 성장하였다(신현숙, 오선아, 류정희, 김선미, 2020: 22).

19세기 중반 이후 과학으로서 심리학이 태동하였다. 대표적인 학자는 분트(Wundt)로 최초의 실험 심리학자로서 그는 1879년 라이프치히 대학교에 최초의 심리학 실험실을 설립하여 인간에 대한 과학적 연구를 실시하였다. 분트는 인간 의식에 대하여 과학적으로 탐구하고자 연구대상으로 하여금 자신이 겪는 정서 반응, 자극 변별에 대한 것을 보고하게 하였다. 20세기 초반부터 중반에 이르러 교육심리학은 하나의 학문 영역으로 태동하기 시작하다. 대표적인 학자로서 제임스 캐텔(J.M. Cattell)은 분트와 함께 라이프치히 대학교에서 의식에 대한 연구를 했으며, 이후 1888년 미국 펜실베이니아 대학교에 검사 실험실을 설립하고 '정신검사(mental test)'라는 용어를 최초로 사용하여 정신 능력을 추상적이고 철학적인 영역이 아닌 과학적 탐구의 영역으로 전환시켰다. 손다이크는(Thorndike)는 1903년에 최초의 교육심리학 교재인 「교육심리학(Educational Psychology)」을 출간하여 과학적 심리분야를 새롭게 확대하였다. 20세기 중반 이후부터는 캐롤(Carroll, 1963)의 학교학습모형, 가네(Gagné)의 교수목표, 블룸(Bloom, 1968)의 완전학습 등과 같은 수업설계에, 교수과정 등에 대한 연구가 주류를 이루었다.

3 교육심리학의 연구방법

교육심리학의 연구는 수량으로 표현되는 양적연구와 개별적이고 독특한 특성을 의미하는 질적연구를 사용한다.

1) 양적연구

양적연구는 성적, 지능, 체중과 같이 수량으로 표현되거나 수량으로 변환할 수 있는 자료를 수집하고 분석하는 것을 뜻한다. 양적연구의 예로 상관연구, 실험연구, 단일대상연구 등이 있다.

(1) 상관연구

두 변인의 상관관계를 분석하는 연구로서 상관계수는 −1~1 사이를 나타내며, 0일 경우 상관이 없으며, −1과 1에 가까울수록 상관관계가 강력하다. 상관계수의 값이 양수의 값을 가지면 정적 상관을 나타내고 음의 수를 나타내면 부적 상관을 나타낸다.

(2) 실험연구

독립변수와 종속변수의 인과관계를 밝히는 연구다. 이때 독립변수 외에 종속변수에 영향을 줄 수 있는 가외변수를 통제하여 오로지 독립변수만이 종속변수에 영향을 미칠 수 있게 해야 한다.

(3) 단일대상연구

종속변수가 개인 또는 소수인원의 행동에 영향을 미치는지 알아보기 위한 방법이다. 단일대상연구는 특수교육분야에서 주로 이루어졌으며 특히 교육 및 상담프로그램의 효과성을 검증연구에 사용했다(김창대, 김형수, 신을진, 이상희, 최한나, 2011). 단일대상연구에서는 기초선단계, 개입단계를 사용하여 실험처치의 효과를 해석한다.

양적연구의 자료를 수집하는 방법은 기존자료를 활용, 행동관찰, 설문조사를 하거나 직접검사를 실시한다. 특히 행동관찰을 할 때는 관찰하고자 하는 행동, 즉 표적행동의 조작적 정의가 필요하다. 조작적 정의에 따라 관찰대상자의 행동을 기록한다. 행동을 관찰할 관찰자가 관찰대상자가 함께 상황 안에서 존재하며 직접관찰을 하는 경우와 동영상과 같은 간접자료를 통해 관찰하는 간접관찰이 포함된다. 또한 참여와 비참여 관찰, 자연적 관찰과 인위적 관찰들이 포함되며 이러한 행동들은 관찰한 내용을 기록할 때 행동기록법을 사용하며, 기록법의 종류로 시간기록법, 기간 표집법, 반응지연시간 기록법, 지속시간 기록법, 행동평정척도가 있다(신현숙 외, 2020; 38−39).

2) 질적연구

질적연구의 목적은 현상에 대한 깊은 이해와 비판적 탐구, 새로운 것에 대한 통찰, 이론 구축이며, 연구참여자를 목적을 가지고 선정하고, 자연스러운 상황에서 심층적 탐구가 이루어지며 연구참여자들의 개별적인 특성에 대하여 의미를 해석하는 특징을 가진다(Creswell, 2013).

Chapter 2

지능

지능이란 직접 관찰되거나 만져볼 수 있는 개념이 아니기에 명확하게 정의하기 어렵고, 여러 의견이 다분하다. 그러나 대개 지식을 습득할 수 있는 능력, 추상적으로 생각하고 추론할 수 있는 능력, 경험을 통하여ㅎ 학습하는 능력 등을 의미하는 것으로 사용된다. 지능이 어떠한 특성 혹은 요인으로 구성되어 있는가를 밝히기 위해 다양한 이론적 관점이 제시되어 왔다. 대표적인 고전적인 지능이론에는 스피어만의 일반(g)요인이론, 서스톤의 다요인이론, 길포드의 지능구조이론이 있으며, 최근의 지능이론은 스턴버그의 삼원지능이론, 가드너의 다중지능이론으로 구성되어 있다.

1 지능의 이론

1) 스피어만의 일반(g)요인이론

지능에 대한 요인분석적 접근의 선구자 중 한 사람인 스피어만(C. E. Spearman)은 인간의 지능은 일반요인(general factor: g-요인)과 특수요인(specific factor: s-요인)으로 이루어진다고 제안하였다. 일반요인은 생득적이며 모든 정신기능에 작용하는 일반적인 정신 능력으로서 귀납적 추론, 연역적 추론, 기억, 암기와 같이 공통적으로 영향을 미치는 능력을 의미하며, 양적이어서 지능검사로 측정이 가능하다. 특수요인은 특수한 학습이나 경험, 특정한 과제의 문제해결에만 적용하는 능력으로 언어문제나 수문제와 같은 어떤 특정 영역의 문제를 해결하는 데 사용되는 능력을 의미한다.

2) 서스톤의 기본정신능력

서스톤(L. L. Thurston)은 지능이 서로 독립적인 7개의 기본정신능력(Primary Mental Ability: PMA)으로 구성되어 있다고 주장하였으며, 이는 지능의 다요인설을 정립하는 데 전환점이 되었다. 그가 제안한 7개의 요인은 다음과 같다.

표 4.1 서스톤의 7개의 기본 정신능력

언어 이해력	이해력, 추리력, 어휘력, 독해력 검사
수리력	사칙연산 및 계산에 필요한 능력
공간 시각능력	공간을 시각화하는 능력
지각 속도	빠르게 인지하고 사태를 파악하는 능력
기억력	단어나 문자를 저장하였다가 인출해내는 능력
추리력	여러 가지 자료에서 적합한 원칙을 알아내어 적용하고 추리하는 능력
언어유창성	단어를 신속하게 산출해낼 수 있는 능력

한편, 카텔(R. Cattell)은 서스톤이 제안한 기본정신능력에 영향을 주는 지능요인을 유동지능과 결정지능으로 구분하였다. 유동적 지능(fluid intelligence)은 선천적 요인에 영향을 받는 지능으로 유전적 신경생리학적인 영향을 받는다. 이는 청소년기까지는 발달하고 그 이후부터는 점차 쇠퇴하는 경향이 있다. 반면 결정적 지능(crystallized intelligence)은 환경적 요인의 영향을 많이 받는 지능으로 경험이나 교육의 영향을 받아 획득하게 된다.

3) 길포드의 지능구조이론

길포드(J. P. Guilford)는 서스톤의 기본정신능력을 확장하고 발전시켰다. 그는 삼차원적인 지능구조모형(Structure of Intellect: SOI)을 제안하였다. 지능의 삼차원이란 무엇에 대해 생각하는가를 의미하는 내용차원(시각적, 청각적, 상징적, 의미론적, 행동적), 사고과정으로서의 조작차원(기억저장, 기억파지, 인지적 사고력, 수렴적 사고력, 확산적 사고력, 평가적 사고력), 사고의 결과를 의미하는 결과차원(단위, 유목, 관계, 체계, 변환, 함축)으로 나뉘며, 이는 180개(5×6×6)의 독립적인 요인들로 구성된다.

(1) 내용차원

내용차원에서 시각적, 청각적 내용 외에 상징적인 내용은 문자, 기호 등의 상징적인 기호로 구성된 정보를 말하며, 의미론적 내용은 개념과 같은 언어형태의 정보를 말한다. 행동적인 내용은 비언어적인 것으로 사람의 태도와 감정, 기분 등과 관련된 정보를 의미한다.

(2) 조작차원

조작차원에서 기억저장은 단순한 기억을 의미하며, 기억파지는 기억을 유지함을 의미한다. 인지는 여러 가지 정보의 발견 및 인지와 관련된 사고력을 말한다. 수렴적 사고력은 주어진 정보를 바탕으로 하나의 정보나 결과를 산출해내는 능력, 확산적 사고력은 주어진 정보로부터 다른 새로운 정보를 창출해내는 능력을 말한다. 평가적 사고력은 무엇에 대해 결정하고 판단하는 능력이다.

(3) 결과차원

결과차원에서 단위는 가장 단순한 지식과 정보의 형태를 의미한다. 유목은 어떤 공통적 특징을 지닌 사물의 집합을 말한다. 관계는 주어진 정보의 관련성을 의미하고, 체계는 복잡한 형태의 정보의 조직을 말한다. 변환은 주어진 지식과 정보를 수정하여 표현하는 것을 의미하며 함축은 어떤 지식이나 정보를 통해 예측할 수 있는 능력을 의미한다.

그림 4.1 길포드의 지능구조모형

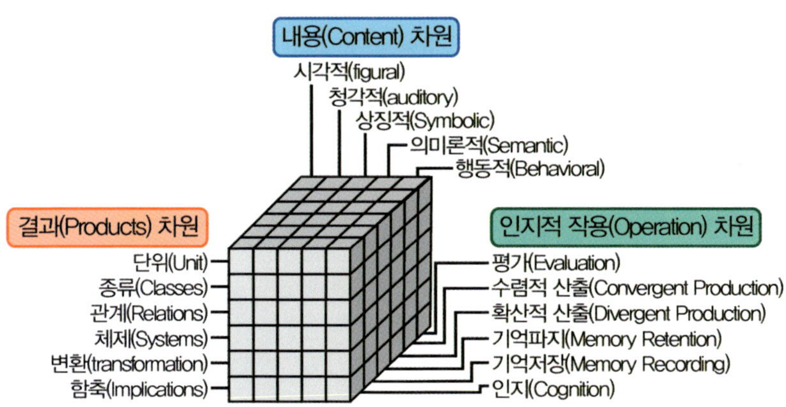

4) 스턴버그의 삼원지능이론

스턴버그(R. J. Sternberg)는 지능이론이 보다 완전한 이론이 되기 위해서는 세 가지 하위이론으로 구성되어 있는 삼원지능이론(triachic theory of intelligence)을 제한하며, 종합적인 접근이 필요하다고 주장하였다. 삼원지능이론은 사회·문화적 상황에서 지적인 것으로 여겨지는 행동들의 내용을 명시한 상황적 하위이론(contextual subtheory), 지능과 지적과제에 대한 경험의 양자 간의 관계를 명시한 경험적 하위이론(experiential subtheory), 모든 지적 행동에 기저하고 있는 정신과정과 전략을 명시한 요소적 하위이론(componential subtheory)으로 구성되어 있다. 따라서 한 개인의 지능은 '누구에게, 어느 곳에서(상황적), 언제(경험적), 어떻게(요소적)', 지적인 행동을 보이는가를 종합적으로 고려할 때 비로소 밝혀질 수 있다고 주장한다.

오늘날 학교 교육에서는 세 가지 요소 가운데 분석적 지능만을 지나치게 중시하고 있다는 점을 지적할 수 있으며 개인의 인생에서 성공을 거두는 데 창의적 지능과 실용적 지능이 반드시 필요한 것이고, 이를 위해 학교에서 발견하고 상상하며, 적절한 아이디어를 찾아내고 실행하며 활용하는 것을 장려할 필요가 있다는 것이 스턴버그의 성공지능 개념이 시사하는 바이다.

5) 가드너의 다중지능이론

가드너(H. Gardner)의 다중지능이론(theory of multiple intelligence: MI)은 인간은 9개의 다중지능을 모두 소유하고 있으며, 이 능력들은 상대적으로 중요성이 동일하다는 출발점으로부터 시작하였다. 한 지능에 손상이 생겨도 서로 독립적이므로 다른 지능이 작동하게 되고, 지능은 상호작용적임을 주장하였다. 또한 지능은 훈련을 통해 개발이 가능하며, 각각의 지능은 개별적으로 발달함을 주장하였다.

(1) 가드너의 다중지능이론

표 4.2 가드너의 다중지능

차원	예
언어적 지능: 언어의 다양한 활용과 관련된 능력	시인, 언론인
논리-수학적 지능: 추론을 잘하거나 논리적, 수학적으로 뛰어난 능력	과학자, 수학자

음악적 지능: 리듬, 음높이, 음색을 만들고 감상하는 능력	작곡가, 연주자
공간적 지능: 시공간적 세계를 정확히 지각하고, 지각한 것을 재창조 변형하는 능력	항해사, 조각가
신체 운동적 지능: 자신의 신체를 능숙하게 다루는 능력	운동선수, 댄서
대인관계 지능: 다른 사람의 기분, 동기, 욕구를 잘 알아보고 구별하며, 적절하게 반응하는 능력	심리치료사, 영업사원
개인 내 지능: 자신의 감정에 접근할 수 있는 능력	자기 이해능력을 지닌 사람
자연 지능: 물리적 세계의 차이점과 유사점을 잘 인식하는 능력	자연주의자
실존지능(영적 지능): 인간의 존재 이유, 본성과 가치에 대해 철학적이고 종교적으로 사고할 수 있는 능력	종교인, 철학자

(2) 가드너 이론의 교육적 기여 및 비판

① 가드너 이론의 교육적 기여

다중지능이론은 한두 가지의 학업능력으로 인간의 지능을 평가하는 지능검사는 불공평한 검사이고, 이들 능력만을 조장하는 현행 학교 교육도 불평등한 교육으로 간주하였다. 즉, 지능검사는 각기 다른 장점들이 드러날 수 있도록 달라져야 하며, 학교 교육도 개인의 장점이 극대화 될 수 있도록 개선되어야 한다고 주장하였다. 이는 이후 탈 IQ를 시도하며 성공지능(SQ), 감성지능(EQ), 도덕지능(MQ)과 같은 많은 새로운 지능이론들이 출현하는 데 기여하였다. 특히 다중지능이론은 기존에 크게 인정받지 못한 능력들, 예컨대 음악적 지능과 개인 내적 지능 등이 논리-수학 지능, 언어지능과 균등하게 취급되었다. 이러한 결과는 열린교육과 수행평가를 강조하는 교육방법과 평가방식의 변화에도 기여하며, 다양한 형식으로 접하고 다양한 방식으로 생각할 수 있는 기회를 제공하였다.

② 가드너 이론의 비판

가드너의 이론과 적용은 연구를 통해 타당화되지 못했다는 한계를 지니며, 지능이 서로 분리된 개별적인 차원으로 구성되어 있다고 보기 때문에 모든 지식이 작업기억에서 처리된다는 사실을 고려하지 못하는 한계를 지니고 있다. 또한 몇몇 학자들은 개별적 영역들에 대한 능력(예: 음악지능, 자연지능 등)이 각각의 지능으로 분류될 수 있다는 것에 동의하지 않고 있다.

2 지능의 측정

1) 지능검사의 배경

(1) 실시 방식을 기준으로 한 분류

① 개인 지능검사

지능검사 개발의 필요성은 1883년 프랑스에서 의무교육제도가 실시되면서 교육적인 필요에서 비롯되었다. 프랑스 정부는 학습부진아를 선별하기 위해 비네(A. Binet)와 시몬(T. Simon)에게 검사의 개발을 의뢰하였으며, 1905년 처음으로 비네-시몬검사(Binet-Simon test)가 제작되었으며, 이는 최초의 지능검사라고 할 수 있다. 1908년 이들은 개정판을 내놓았는데, 개정판에서는 아동의 지적 발달수준을 정신연령(mental age)이라는 개념으로 도입했다. 정신연령은 주어진 연령에서 평균적인 능력을 가진 아동이라면 풀 수 있다고 가정되는 객관적인 문항들로 구성되어 있어 발달 수준을 추정할 수 있는 기초가 되었다.

비네-시몬 지능검사를 기반으로 1916년 스텐포드의 터먼(Terman)교수가 미국 문화권에 맞게 개정하여 표준화한 검사인 스텐포드-비네검사(Stanford-binet test)를 개발하여 오늘날 지능검사의 기초가 되었다.

이밖에 개인 지능검사로 널리 사용되는 것으로는 웩슬러 지능검사가 있다. 웩슬러(D. Wechsler)에 의해 개발된 본 검사는 성인용 지능검사(WAIS), 아동용 지능검사(WICS), 유아용 지능검사(WPPSI)로 구성되어 있다. 스텐포드-비네검사는 언어성 검사로 구성된 반면, 웩슬러 지능검사는 언어성 검사와 비언어적(동작성)검사로 구성되어 있다. 그리고 편차지능지수(DIQ)를 사용하는데 이는 평균은 100, 표준편차를 15로 변환시킨 표준점수로서 사용한다.

② 집단지능검사

집단지능검사는 개인지능검사에 비해 시간과 비용이 효율적이고 경제적이기 때문에 선호되는 지능검사이다. 집단지능검사는 제1차 세계대전 중 임무에 적합한 군인을 변별하기 위한 목적으로 언어성 검사로 이루어진 육군알파검사(Army α Test)로부터 시작되었다. 이후 비언어적(동작성)검사를 포함한 육군베타검사(Army β Test)도 개발되었다. 한국에서는 1954년 정범모에 의해 개발된 간편지능검사가 최초로 개발되었다. 이 검사는 당시 우리나라 교육이 아직 정상궤도에 오르지 못했을 때 학습자의 학습능력을 예측하기 위한 도구로 널리 사용되었다.

2) 지능지수의 산출

(1) 비율지능지수(IQ)

비율지능지수(Intelligence Quotient)는 정신연령과 생활연령의 비로 나타낸다. 예컨대, 8세 아동의 정신연령이 6세라면 IQ는 75가 되고, 10세 아동의 정신연령이 12세라면 IQ는 125가 된다. 그러나 이러한 IQ 산출 방식은 연령이 서로 다른 사람끼리 비율 IQ를 비교할 때나, 자신과 연령이 동일한 사람과 비교할 때 어느 위치에 있는지 알고 싶을 때 문제가 생기게 된다.

$$\text{정신연령과 생활연령의 비(IQ)} = \frac{\text{정신연령}(MA)}{\text{생활연령}(VA)} \times 100$$

(2) 편차지능지수(DIQ)

비율지능지수의 문제를 해결하기 위해 웩슬러는 편차지능지수(Deviation IQ)라는 개념을 제안하였다. 편차 IQ는 지능의 분포를 정상분포로 고려하여 평균과 표준편차를 사용하여 산출하는 방식이다. 예를 들어, 7세 아동의 점수를 평균 7세 아동의 점수와 비교하였을 때, 20점이 높다면 이 아동의 IQ는 120점이 되는 것이다. 이 편차 IQ는 연령과 관계 없이 일정하다. 편차 IQ는 정상분포곡선으로 표준편차 간에 속하는 인원수의 비율을 보여준다. 예를 들어, [그림 4.2]와 같이 -1 ~ +1 표준편차 사이에는 약 68%를 포함하고 있다고 볼 수 있다. 즉, 평균이 100이고 표준편차가 15인 웩슬러 지능검사에서 동연령집단의 약 68%가 IQ 85와 115 사이에 있음을 의미한다.

그림 4.2 IQ 점수 분포

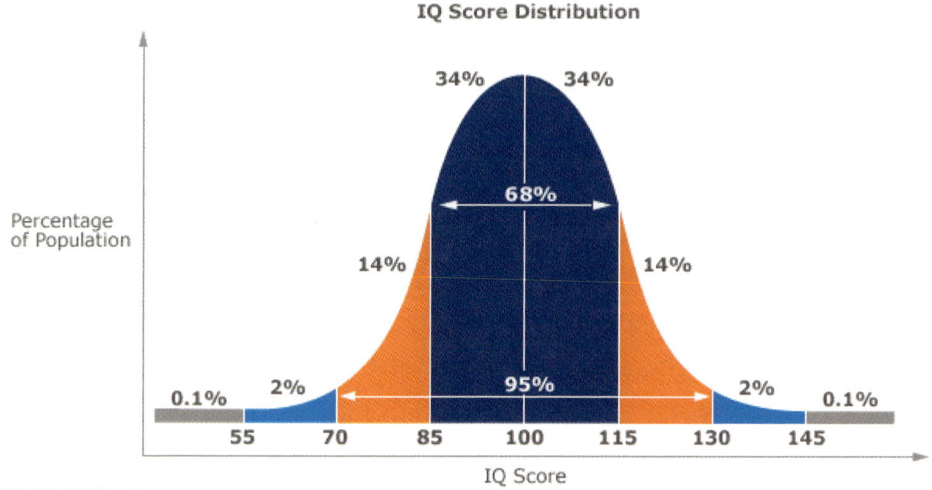

3) 지능검사를 교육적으로 활용 시 유의사항

지능검사를 유용하게 활용하기 위해서는 무엇보다 지능검사의 속성을 분명하게 이해하고, 한계를 충분히 고려해야 한다. 지능검사를 활용할 때 유의점은 다음과 같다.

첫째, IQ를 개인적 지적 기능의 한 가지 지표로 생각해야 한다. 학생이 수리력 검사에서 A점을 받았다는 것은 그 학생은 그 정도의 수리력을 가지고 있다는 것을 의미할 뿐이지 그에 대한 이유는 알 수 없다. 평소에 수에 대해 관심이 높을 수도 있으나 단순히 운이 좋았을 수도 있기 때문이다. 따라서 교사로서는 높은 점수를 받은 학생은 격려해주고, 낮은 점수를 받은 학생은 특별한 지도를 해주면 될 것이다.

둘째, 과잉해석은 피해야 한다. IQ 점수가 높다고 모든 교과목이나 학교 활동이 우수하리라 기대할 수는 없다.

셋째, 지능검사의 하위 요인의 변산에 유의해야 한다. 하위검사의 경우 오차가 크고 신뢰도와 타당도가 낮기 때문에 해석에 있어서 상당한 조심해야 한다.

넷째, IQ 점수를 점수대(띠)로 생각해야 한다. IQ 점수는 고정된 것도 아니고 정밀하지도 않기 때문에 하나의 점수 범위로 생각하는 것이 좋다. 예컨대 한영이의 IQ를 115라고 하기보다 111~119 정도라고 하고, 예서의 IQ를 113이라고 하기보다는 109~117 정도라고 한다면, 이 둘은 같은 수준의 IQ를 가졌다고 할 수 있다. 만약 한영이는 IQ가

115이고, 예서는 IQ가 113이라고 하면, 한영이는 예서보다 2점만큼 머리가 좋다는 과잉해석이 나오게 된다.

다섯째, 합리적이고 융통성을 가져야 한다. 한 시간 정도의 지능검사가 학생의 모든 것을 알려주기에는 비현실적이고 경직된 사고방식이다. 또한 심리검사에서 완벽한 신뢰성과 타당성을 기대하기는 어렵다. 따라서 '건전한 회의 혹은 의구심'을 가지는 것이 필요하다.

이 외에도 IQ를 다른 예측요소와 함께 사용해야 하고, IQ 점수만을 근거로 한 아이를 부진아, 영재아로 낙인찍지 말아야 하며, IQ 점수만으로 학급편성을 한다거나, 부모에게 자녀의 IQ를 상세한 해설 없이 알려주는 것은 삼가해야 한다.

Chapter 3

창의성

1 창의성의 의미

창의성이란 일반적으로 무엇인가 매우 특이하고 새로우면서도 독특한 것을 만들어내는 능력이라고 한다. 그러나 창의적인 것이 항상 평범한 사람들과 달라야 한다는 것을 의미하지는 않는다. 다음은 창의력에 대한 대표적인 정의이다.

표 4.3 창의성의 다양한 정의

창의성
◆ 새롭고 신기한 것을 산출하는 능력(Guilford, 1959)
◆ 생산적 사고와 창조적 사고를 표현하는 복잡한 심리적 과정으로서 인내성과 성취, 변화, 개선을 구하는 태도, 그리고 아주 큰 소신을 낳게 하는 정열 같은 것(Taylor, 1961)
◆ 개인이 사회에 가치가 있고 참신한 산물, 기존 아이디어의 수정 또는 거부를 요구하는 비판적 사고, 강한 동기와 지적 에너지의 사용 등의 특징이 있으며, 최초에는 막연하고 혼란스러운 문제로 인해 야기되는 특별한 문제 해결방식(Torreance, 1972)
◆ 새로운 관계를 지각하거나, 비범한 아이디어를 산출하거나 또는 전통적인 사고 유형에서 벗어나 새로운 유형으로 사고하는 능력(서울대학교 교육연구소, 1994)
◆ 기존의 지식, 경험, 산물에 근거하여 놀랄 만한 새로운 발명이나 생산적, 독창적 사고 및 착상 등의 고차원적인 사고능력을 포함하여 일상생활에서 당면하는 여러 사태나 문제를 새롭고 참신한 방식으로 해결해 나가는 능력(이용남 외, 1999)

이처럼 창의성은 다양하게 표현되나 대체로 창의성은 새롭고 독창적인 아이디어를 창출하는 사고능력으로 정의할 수 있다.

2 창의성의 구성요인

길포드(Guilford)는 하나의 답을 향해 나아가는 수렴적 사고와 다양한 방향으로 사고하는 확산적 사고로 사고의 형태를 구분하였다. 그는 창의적 문제해결과 확산적 사고가 밀접한 연관이 있음을 발견하였다. 길포드가 제시한 창의성을 구성하는 사고의 요인으로는 유창성, 융통성, 그리고 독창성이 있다.

1) 유창성(fluency)

제한된 시간 내에 얼마나 많은 양의 반응을 보일 수 있는지에 대한 능력이다.

2) 융통성(flexibility)

질적인 다양성으로 한 가지 문제에 대하여 접근하는 방법이 얼마나 다양한가 하는 사고능력을 의미한다. 낡고 오래된 사고를 버리고 새로운 생각을 채택하는 능력으로 사고의 넓이와 유사하다.

3) 독창성(originality)

새롭고 독특한 사고의 결과를 산출해내는 능력을 말한다. 즉, 기존 지식의 통합이나 재구성이 아니라 새롭고 흔히 볼 수 없는 반응의 도출을 의미한다.

3 왈라스의 창의적 사고단계이론

왈라스(Walls)는 창의적인 사고를 하기 위한 단계를 제시하였으며 '준비단계－배양단계－발현단계－검증단계'를 기반으로 이루어진다고 보았다.

1) 준비 단계

창의적인 산출이 이루어지기 위해 주어진 문제를 다각도로 검토하고 분석해보는 단계이다.

2) 부화 단계

문제에서 벗어나 휴식이나 다른 활동을 하면서 무의식적으로 문제에 대해 검토해보는 단계를 의미한다. 짧게는 몇 분에서 몇 달, 몇 년 등 시간 간격을 두고 문제해결책이 떠오를 때까지 사고를 숙고하고 모색하게 되는 과정이다.

3) 발현 단계

충분한 부화 기간을 거쳐 '아하' 하는 통찰력과 함께 '유레카'를 경험하게 되는 단계이다. 문제에 대한 해결책을 찾아내는 단계로써 직관 또는 통찰력의 단계를 의미한다. 확산적 사고의 단계이다.

4) 검증 단계

발견된 해결책을 객관적으로 검증하고 조합하는 단계이다. 수렴적 사고의 단계이다.

4 창의성의 측정

대표적인 창의성 검사로는 토렌스(E. P. Torrance)가 개발한 창의력 검사(Torrance Tests of Creative Thinking: TTCT, 1966)가 많이 이용되고 있다. TTCT 검사문항은 확산적 사고를 측정하도록 고안된 것으로, 확산적 사고의 목적은 하나의 해결책을 논리적으로 연역하는 것이 아니라 가능한 많은 답을 산출해내는 데 있다. 얼마나 확산적이고 창의적인 사고를 하였는지를 측정하기 위해서는 반응(대답)의 특징을 잘 분석해야 한다.

TTCT검사에서는 유창성, 융통성, 독창성이 평가기준이 된다. 예를 들어, 어떤 사람이 깡통의 용도를 100가지 열거했는데, 이것이 모두 어떤 것을 담는 용기로서의 용도라면 유창성의 점수는 높더라도 융통성의 점수는 낮은 것으로 평가된다. 그리고 독창성은 반응들이 평균적인 사람들과 얼마나 다른지 혹은 대답 자체에 독창성을 평정함으로써 평가된다. 이처럼 유창성은 답의 총 개수, 융통성은 질적으로 서로 다른 범주의 답의 개수, 독창성은 남과 다른 극소수의 사람들만이 생각해내는 답의 개수로 평가된다.

그림 4.3 TTCT 검사의 예

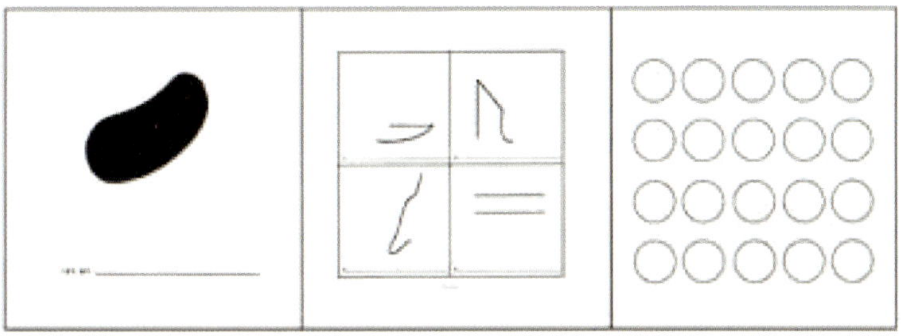

〈활동1: 그림구성하기〉 〈활동2: 그림완성하기〉 〈활동3: 원-선 그리기〉

5 창의성의 개발 기법

학생들의 창의력 신장과 개발 문제는 교육의 중요한 과제로 부각되고 있다. 그동안 학생들의 창의력을 개발하고 향상시키기 위한 방안들이 많은 연구를 통해 소개되어 왔다. 대표적이고 널리 활용되는 창의력 훈련 기법에 대해 소개하면 다음과 같다.

1) 창의력 훈련기법과 프로그램

(1) 브레인 스토밍

브레인 스토밍이란 어떤 문제에 대한 합리적인 해결방안을 생각해 낼 때, 비판이나 판단을 일단 중지하고, 질을 고려함이 없이 머릿속에 떠오르는 대로 아이디어를 내게 하는 방법이다. 효과적인 브레인 스토밍을 위하여 오스번(A. F. Osborn, 1963)은 네 가지 원칙을 준수하도록 하였는데 이는 다음과 같다.

표 4.4 브레인 스토밍의 기본 원리

기본 원리	
비판 금지	많은 아이디어를 산출할 때까지 비판이나 평가하지 않는다.
자유로운 사고 적용	과거의 지식, 경험, 전통에 구애됨이 없이 어떤 아이디어라도 자유롭게 내놓을 수 있는 분위기가 형성되어야 한다.
많은 아이디어	아이디어는 질에 관계 없이 가능한 많은 아이디어를 산출하도록 한다.
결합과 종합	아이디어에 새로운 아이디어를 결합시켜 독창적인 아이디어를 산출한다.

(2) 발견적 문제해결법

'시네틱스 교수법'이라고도 불리며 서로 관련 없어 보이는 요소들을 서로 묶어 새로운 생각을 창출하는 방법으로, 당연한 것으로 받아들이던 대상이나 요소를 이상한 것으로 파악한다거나, 이상한 것으로 받아들이던 것을 친밀하게 받아들이며 사고의 민감성을 증진시키는 방법이다.

(3) SCAMPER 기법

창의적 사고함양 기법으로 새로운 아이디어와 상상력을 동원하도록 도와주는 체크리스트 기법의 한 유형이다.

표 4.5 SCAMPER 기법

대체하기 (Substitute)	기존 사물의 형태, 용도, 방법 등을 다른 것으로 바꾸기
결합하기 (combine)	두 가지 또는 그 이상의 것들을 결합하여 새로운 것을 생각하기
적용하기 (Adapt)	어떤 형태나 원리, 방법을 다른 분야의 조건, 목적에 적용하기
수정, 확대, 축소하기(Modify, magnify, minify)	기존의 상품이나 아이디어에 색, 모양, 의미 등을 조금씩 수정해서 새로운 것을 만들기
다르게 활용하기 (Put to other use)	다른 용도로 활용하기
제거하기(Eliminate)	사물의 어떤 부분을 제거, 삭제하기

반대로 또는 재배열하기 (Rearrange-reverse)	위치를 바꾸거나 속성을 바꾸기

(4) 드 보노의 프로그램

드 보노(de bono)는 창의적 사고력 기법으로 CoRT(Cognitive Research Trust) 프로그램과 여섯 가지 사고모자(six hats) 기법을 제안하였다. 이는 사고는 주의를 집중해야 함을 의미하며 한 번에 한 가지의 사고만 함으로써 창의력을 촉진시키는 방법이다. PMI 기법은 문제나 대안을 바라보는 시야를 확대하는 방법으로 어떤 문제의 긍정적인 면(plus)과 부정적인 면(minus)을 살펴본 후, 마지막으로 긍정적이나 부정적이라고 할 수 없는 것을 생각하도록 하여 주의(attention)의 방향을 잡아줄 수 있다.

여섯 가지 사고모자 기법도 자신의 모자 색깔이 표상하는 사고만 말할 수 있도록 하여 각 모자가 충분히 사고한 바를 말할 수 있도록 한다. 각 모자의 색깔에 따른 사고의 특징은 다음과 같다.

표 4.6 사고모자 기법

초록 모자: 창조적 사고, 새로운 아이디어, 추가적 대안들, 가능성, 가정 등의 제안	노란 모자: 사물에 대한 긍정적 사고, 타당성 검토(반드시 논리적일 것)	빨간 모자: 감정, 본능, 육감(자신의 행동에 대해 사과하거나 납득시키지 않고 감정대로 진행)	검정 모자: 주의 모자, 판사 역할, 비판적 판단, 적합과 부적합의 지적	하얀 모자: 중립적, 정보의 전달, 토론 과정에서 필요/부족한/원하는 정보의 판별 및 획득방법제시	파란 모자: 의제(agenda) 선정, 단계 진행, 요약/결론/결정 요구, 사고 과정의 조직화 및 통제

Chapter 4

학습동기

1 동기의 개념과 이론

동기란 행동의 방향을 정하고 활동을 유발하고 유지시키는 과정이다(Schunk, Pintrich, & Meece, 2008). 특히, 학습동기는 학생이 학습행동을 시작하도록 하고 지속시키는 것에 관련된 동기라고 할 수 있다(신현숙, 오선아, 류정희, 김선미, 2020). 동기는 자신의 개인적인 요인인 욕구, 흥미, 호기심 등 내적요인에 영향을 받거나 환경적 요인인 보상, 처벌과 같은 외적인 요인에 영향을 받는다.

1) 동기의 개념

내재적 동기(intrinsic motivation)는 활동 그 자체에서 흥미, 호기심, 즐거움 같은 요인을 느끼고 활동을 수행하는 데 목적을 둔 동기를 뜻한다. 학습상황에서 학생들은 활동을 통한 성공경험으로 인한 성취감, 자아존중감 향상 등으로 내재적으로 동기가 유발될 수 있다. 외재적 동기(extrinsic motivation)는 활동 수행 그 자체가 아닌 활동을 통해 성취될 수 있는 요인들을 얻는 것에 목적을 둔 동기를 뜻한다. 학습상황에서 성적, 인정, 처벌 피함 등이 외재적 동기로 작용할 수 있다. 내재적 동기와 외재적 동기 중 우선순위를 결정할 때 일치된 의견을 얻긴 어렵지만 행동주의자 심리학자들은 외재적 보상을 더 강조하는 반면, 인지심리학자들은 내재적 강조를 강조한다. 하지만 라이언과 데시(Ryan & Deci, 2000)는 두 동기를 대립적으로 해석하지 않고, 동기는 연속선상에 있어 이는 자기결정성의 정도에 따라 설명될 수 있다고 하였다. 학습상황에서 교사는 내재적 동기와 외재적 동기 중 어느 하나를 선택하는 것보다 두 동기를 학생들에게 효과적인 보상으로 사용할 수 있다(Pintrich & Schunk, 2002). 예를 들어, 학생이 흥미를 보이지 않는 과제에는 초기에 외재적 보상을 함으로써 학생의 내재적 동기를 증가시킬 수 있다. 무조건적인 외재적 보상을 주는 것보다 인정, 성취, 지지와 같은 내재적 요인을 유발하고 장려해 주어야 한다(Brophy, 1988).

2) 동기의 이론

동기이론은 크게 행동주의 이론, 인지주의 이론, 사회문화적 이론, 인본주의 이론이 있다. 본 내용에서는 행동주의 이론과 인지주의 이론을 비교하고자 한다. 인본주의 이론은 다음 절에서 소개되어 있다.

행동주의 동기이론은 외재적 동기를 동기의 근원으로 강조하며 강화, 벌의 개념으로 동기유발을 설명한다. 일차적 강화 인지와 이차적인 강화인자를 얻기 위해 행동은 이루어지며, 강화물을 얻기 위해서 또는 벌을 피하기 위해서 행동의 동기가 이루어진다. 예를 들어, 학생이 미술활동에 대해 칭찬, 인정, 금전적 보상이 주어지는 반면, 국어와 수학과 같은 학습 공부에 대해 아무런 외재적 보상이 없다면 이 학생은 미술활동에 더욱 전념하게 될 것이다. 행동주의 접근으로서 대표적인 예는 Hull(1951)의 모든 행동이 욕구나 충동으로 인한 긴장을 감소시키는 방향으로 진행됨을 설명하는 충동감소이론(drive reduction theory)이 있다.

인지주의 동기이론은 내적동기를 강조하며, 행동은 우리 사고에 관련되어 있으며 단순히 행동에 대한 외적 보상에 의해 결정되지 않는다고 주장한다(Schunk, 1991a; Stipek, 1993). 대표적인 인지주의 동기이론은 B. Weiner의 귀인이론과 A Bandura의 자아효능감이론을 들 수 있다. 이중 귀인이론을 간단히 살펴보면 다음과 같다.

귀인이론(attribution theory)은 성공이나 실패에 대한 원인을 자신의 행동에 대한 원인으로 찾고자 하는 것이다(Heider, 1958; Weiner, 1980). 귀인론자들은 귀인의 차원을 소재(locus), 안정성(stability), 통제가능성(controllability)의 세 가지로 분류한다. 원인의 소재 차원은 원인을 개인 내적 또는 외적 차원으로 구분하며, 이는 적성과 능력, 노력 등은 내적인 것으로 간주되며, 과제 난이도, 운, 도움과 같은 것은 외적 차원으로 구분한다. 원인의 안정성은 시간이나 상황에 변화됨에 따라 변화되는 불안정적인 것인가 또는 변화되지 않는 안정성을 보이는 것으로 구분된다. 통제가능성 차원은 원인이 개인의 의지에 의해 통제될 수 있느냐 아니면 통제될 수 없느냐의 문제로 구분된다. 세 가지 차원은 모두 동기에 중요한 시사점을 준다(Weiner, 1979, 1984). 안정성 요인에 귀인하면 자신의 미래에 성공 또는 실패를 예측하기 쉽지만, 운과 같은 불안정적 요인에 귀인하면 그들은 미래의 결과를 예측하기 어렵다. 학교학습에서의 성공과 실패에 대해 그 원인이 무엇인지 지각하는 것에 따라 학습자의 정서적 반응에 영향을 미친다. 예를 들어, 귀인의 원인을 노력 부족이라고 생각하는 경우 낮은 시험결과의 책임은 자신에게 있으며, 죄책감을 느끼며 이후 노력하면 미래에 성공할 것이라 기대하지만, 원인을 능력 부족으로 생각할 경우 당황스러움을 느끼며, 미래의 성공을 기대하지 않고 노력을 덜할 것이다.

표 4.7 성공과 실패에 대한 차원적인 분류

	통제 가능		통제 불가능	
	안정	불안정	안정	불안정
내적	학습자 노력	학습자 노력	학습자 능력	학습자의 변동된 능력, 운
외적	외부의 안정된 노력	외부의 불안정된 노력	외부의 능력 과제 난이도	외부의 변동된 능력, 운

2 학습동기와 욕구

매슬로(Maslow)와 로저스(Rogers)와 같은 인본주의 심리학자들은 행동주의 심리학과 정신분석학 모두가 인간행동의 원인을 적절하게 설명하지 못한다고 느꼈다. 인본주의자들은 동기에 대하여 '자아실현'으로 나아가는 데 필요하거나(Maslow, 1970), 자기결정을 위한 개인의 욕구라 주장하였으며(Deci et al., 1991), 선천적이고 생득적(Rogers, 1994)이라 주장하였다. 동기에 대한 인본주의적 접근의 대표적인 이론인 매슬로(Maslow)의 욕구위계이론(thoery of the hierarchy of needs)를 살펴보면 다음과 같다. 매슬로(Maslow)는 욕구에 위계를 갖고 있다고 제안하였다. 이러한 욕구단계이론은 아랫단계의 욕구가 충

Abraham Maslow
(1908~1970)

족되어야 윗단계에 대한 욕구가 생긴다. 인간의 욕구는 생존, 안전과 같은 낮은 수준의 욕구부터 자아실현 욕구에 이르며, 하위 욕구가 충족되면 그 단계에서의 동기가 감소되며 상위 욕구에 대한 동기가 증진됨을 주장하였다. 매슬로(Maslow)는 가장 하위 수준 욕구를 결핍 욕구로 표현하며, 생존, 안전, 소속, 존중의 4단계 욕구를 포함하였다. 인간은 이러한 결핍욕구가 모두 성장되지 않으면 상위 3단계, 성장 욕구인 인지적, 심미적, 자기실현 욕구에 도달하지 못한다. 또한 결핍욕구는 충족될 수 있지만 성장의 욕구는 완전히 충족되기 어렵다. 매슬로의 욕구위계를 학교생활에 적용해 볼 때 방학 중 가정형편으로 인하여 생리적 욕구가 충족되지 않았을 경우 윗단계의 학습동기에 대한 욕구가 없기 때문에 이들에게 방학 동안 무료 급식이 제공될 수 있는 서비스가 제공되어야 한다. 하지만 매슬로(Maslow)의 욕구위계이론을 비판하는 학자들은 인간은 욕구위계에 따라 행동하지 않으며 가난한 예술가들의 경우 생리적 욕구가 해결되지 않았지만 자아실현을 위해 노력한다고 했다.

3 학습동기와 목표

학습동기에 가장 큰 영향을 미치는 요인은 성취동기(achievement motivation)이다. 성취동기는 도전적이고 어려운 과제를 성공적으로 수행하려는 욕구로 정의될 수 있으며(Atkinson, 1980, 1983), 머레이(Murray)에 의해 처음 제시되었고 이후 D. McClelland와 J. Atkinson에 의해서 보다 체계적으로 발전되었다.

1) 성공추구동기와 실패회피동기

Atkinson(1964)은 사람들은 성취하고자 하는 욕구와 동시에 실패를 회피하려는 욕구를 가지고 있음을 제시하였다. 성취욕구가 실패회피욕구보다 클 때, 결과동기(resultant motivation)는 위험부담을 안고서도 성취를 위해 노력하는 방향이며, 실패회피욕구가 더 클 때 결과동기는 그 상황을 회피하고자 할 것이다. 학교에서 성취동기는 성공추구동기(Ms)와 실패회피동기(Maf)로 함께 설명이 되며 Maf>Ms 유형의 학생들이 Ms>Maf 유형의 학생들보다 더 많이 실패나 낮은 점수를 감수하면서 어려운 과목을 택하는 경향이 있으며, 그 이유는 과목의 어려운 난이도를 탓하며 자신의 실패에 책임을 지지 않아도 되기 때문이다. 반면 Ms>Maf 유형의 학생들은 중간정도의 난이도 과목을 선택하여 성취하는 경험을 선호할 것이다. 실패회피동기는 학년에 따라 다른 경향이 나타나는데, 저학년의 경우 과제 난이도에 상관없이 주어진 과업에 몰두하지만 고학년으로 갈수록 실패회피 경향이 증가한다(Stipek, 1984). 성공추구동기와 실패회피동기가 학교현장에 주는 시사점은 실패회피동기가 강한 학생의 경우 적절한 목표를 설정하고 실패하지 않는 경험을 얻고, 단계적으로 향상되는 것에 대한 흥미를 느낄 수 있도록 환경을 구성한다.

2) 수행목표와 학습목표

성취동기를 수행목표(performance goal)와 학습목표(learning goal)와 함께 설명할 수 있다. 수행목표를 추구하는 학생들은 타인들에게 자신이 어떻게 보이는지 관심을 기울이며, 영리해 보이고 싶어 하며 무엇을 학습하고 노력했는지 보다 수행에 대한 평가에 주 관심을 가진다. 이러한 유형을 자신에게 몰입해 있는 자아개입형 학습자(ego-involved learners)(Nicholls & Miller, 1984)라고 부르며, 관심 없는 척하고 노력하지 않는 것처럼 가장하고 목표 도달에 실패할 경우 쉽게 포기하는 경향이 있다. 반면 학습목표를 추구하는 학생들은 학습증진에 주 관심을 기울이며, 어려움이 있더라도 굴하지 않고 다른 사람과의 비교에 관심이 없을 가능성이 높다. 학교현장에 주는 시사점으로 교사들은 학생들이 수행목표보다는 학습목표에 관심을 가지도록 격려하고 환경을 구성하는 것이 중요하다.

4 학습동기증진 변인

학습동기를 증진시키는 변인으로 학생 변인, 교사 역할에 대한 변인으로 구분할 수 있다.

1) 학생 변인

학습동기를 증진시키기 위해서는 학생들의 각성수준, 학습된 무력감 등을 들 수 있다. 각성수준이란 한 개인이 깨어있는 정도를 뜻하며, Morris(1998)는 활동에는 최적의 각성수준이 있음을 나타냈다. 단순한 과제에는 각성수준이 높을수록 도움이 되며, 복잡한 과제에는 각성수준이 낮을수록 좋다. 따라서 교사는 학생들이 최적의 각성수준을 유발시킬 수 있도록 낮은 각성수준을 증진시킬 수 있어야 한다. 그 방법으로써 학생들의 호기심을 자극시킬 수 있는 활동을 제시하고 질문과 예측하지 못한 상황을 제시할 수 있다. 또한 학생의 학습된 무기력감은 귀인 양식과 관련이 있으며, 학교상황에서 노력과 성취는 무관하다고 느끼고 동기 유발이 안 되어 있는 상태이다. 학생들이 스스로 능력이 있고 노력이 부족하여(내적－불안정적－통제가능한 원인) 실패했다고 귀인할 때 다음번 학습상황에서 성공하기 위한 전략에 중점을 두고 긍정적인 반응을 일으킨다(Ames, 1985). 따라서 교사는 학생들이 실패의 원인을 내적－안정적－통제불가능한 원인으로 귀인 시키지 않도록 학생들을 격려해야 한다.

2) 교사 변인

학생의 학습동기에 영향을 미치는 교사변인으로써 교사의 열정은 중요한 변인이다. 교사의 열정은 학생들에게 학습내용의 중요성에 대하여 끊임없이 소통하는 것으로(Wlodkowski & Jaynes, 1990) 학생의 흥미를 자극하여 동기를 향상시킬 수 있다. 교사의 열정은 어조의 변화, 따뜻한 눈 맞춤 등으로 표현될 수 있으며 이는 학생들의 수업 참여를 증진시킨다(Bettencourt et al., 1983). 또한 교사의 온정과 같은 인간적인 특성은 학생 간의 관계에 중요하며(Cromer, 1984), 학생들은 교사의 온정, 감정이입적 태도에 자신이 존중받고 있음을 느낄 수 있다. 마지막으로 교사의 기대감은 학생의 동기유발에 중요한 요인으로 작용하며, 교사의 기대는 자기충족적 예언(self－fulfilling prophecy)이라는 용어로 설명된다. 이러한 교사의 기대감은 R. J. Rosenthal과 L. Jacobson(1968)이 학교에서 학생의 학업성적과 교사의 기대감과의 관련성을 실험한 연구인 『교실에서의 피그말리온』(Pygmalion in the classroom)에서 그 영향력을 나타내고 있다. 이처럼 교사변인은 학생의 학업성취와 밀접한 관계를 나타낸다. 때문에 교사는 학생들에게 긍정적인 기대감을 가지고 학생들의 능력을 최대한 향상시킬 수 있도록 노력해야 한다. 또한 교실에서 수업 중에 소외되거나 자발적이지 않은 학생들에게도 관심을 가지고 격려함으로써 학생들이 자신이 교사의 관심과 격려를 받고 있음을 느끼게 하며 부정적인 피드백보다는 긍정적인 피드백을 제공하여 학생들이 건강한 자아상을 가질 수 있도록 한다.

Chapter 5

학습이론과 교육

학습(learning)은 보통 경험을 바탕으로 개인에게 생긴 변화를 의미한다. 예를 들어, 발표를 한 초등학생이 선생님께 칭찬을 받는 것을 보고, 다른 학생이 자신도 칭찬을 받고 싶어 발표하는 것은 학습이다. 또한 아이가 주사를 맞기 전에 예전에 아팠던 기억이 떠올라 우는 것도 정서적으로 학습했다고 볼 수 있다. 5장에서는 학습이 일어나는 세 가지의 행동주의 학습이론, 인지주의 학습이론, 구성주의 학습이론을 살펴보고자 한다.

1 행동주의 학습이론

행동주의 학습이론가들은 다음의 몇 가지 전제를 중요하게 보고 있다. 첫째, 행동주의자들은 환경이 인간의 행동에 강력하게 영향을 준다고 믿으며, 여건만 갖춰지면 원하는 모습으로 행동을 수정 가능하다고 믿는다. 둘째, 행동주의자들은 보상이나 처벌과 같은 외적 자극은 중요시 여기지만, 감정과 같은 내적 현상은 중요하지 않게 생각한다. 셋째, 학습 여부는 행동의 여부로 확인이 가능하다고 보았다. 전체적으로 행동주의자들은 인간보다는 비둘기, 쥐, 개 등의 동물을 대상으로 한 연구에서 얻은 결과를 인간에게 적용 가능하다고 주장해왔다. 따라서 학습원리를 적용할 때 다음과 같은 사실을 고려하여 적용할 필요가 있다.

1) 고전적 조건형성

고전적 조건형성은 러시아의 과학자인 이반 파블로프(Ivan Pavlov)가 처음으로 발견했다. 고전적 조건형성에 대해 이해하기 위해서는 다섯 가지의 개념을 이해하는 것이 필요하다.

그림 4.4 고전적 조건형성

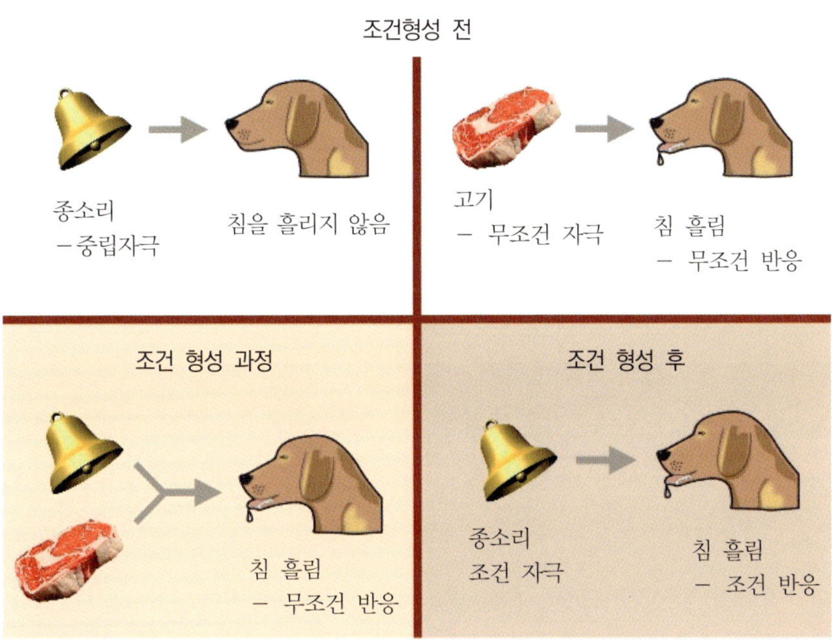

표 4.8 고전적 조건형성의 이해

개념	정의	실험에서의 예
무조건 자극	사전 훈련이나 조건 형성 과정 없이도 자동적으로 반응을 일으키는 자극	고기
무조건 반응	무조건 자극에 대해서 본능적 혹은 학습되지 않은 상태에서 일어나는 생리반응 혹은 정서반응	개가 침을 흘리는 과정

중성자극	침을 분비하는데 아무런 영향을 주지 않는 자극	종소리
조건자극	이전에는 중성자극이었으나 무조건 자극과 연합이 이루어진 자극	고기와 연합이 이루어진 종소리
조건반응	조건자극을 제시하였을 때 무조건 자극에 의해 생기는 반응과 비슷한 반응을 일으킴	고기 없이 종소리만 울려도 침을 흘리게 되는 과정

고전적 조건형성의 예는 실생활이나 교실에서 쉽게 찾을 수 있다(Schunk, Pintrich, & Meece, 2008). 예를 들어, 시험을 못보고 혼난 경험이 있으면 다음 시험을 보기 전에도 불안을 느끼는 경우가 있고, 편안한 노래를 들으면서 기분이 좋아졌던 경험이 있으면 다음에 또 그 노래를 들었을 때 비슷한 감정이 유발될 수 있다. 이와 같은 예들은 모두 고전적 조건화를 통해 정서적인 반응을 학습한 예로 볼 수 있다.

2) 조작적 조건형성

스키너(B. F. Skinner)는 사람의 행동은 단순히 자극에만 반응하는 것이 아니라 자발적으로 행동을 취하는 경우도 많고, 이를 통해 환경을 조작하기도 한다는 점에 초점을 두고 조작적 조건형성에 초점을 맞춰 연구를 진행하였다. 조작적 조건형성(operant conditioning)은 한 사람의 행동이 즉시 만족할 만한 결과를 가져온다면 그 개인은 그 행동을 계속할 것이고, 불만족스러운 결과를 가져오게 되면 행동을 덜 하게 되는 것을 말한다.

(1) 스키너 상자

Skinner는 스키너상자(Skinner Box)라고 하는 기구를 개발한 것으로 유명하다. 예를 들어, 스키너 상자는 상자에 갇힌 쥐가 우연히 막대기를 누르면 먹이가 나오도록 설치되었다. 쥐는 몇 번 막대기를 누른 후에 먹이가 나오는 것을 알게 되었고, 시간이 흐르자 점점 더 쉽게 막대기를 누르게 되었다.

그림 4.5 스키너 상자

여기서 중요한 점은 행동이 결과에 따라 변화한다는 것이다. 만족할 만한 결과는 행동을 증가시키는 반면, 불만족스러운 결과는 행동을 감소시킨다. 즉, 행동한 뒤에 따라오는 만족스러운 결과는 강화물이라고 하고, 불만족스러운 결과는 벌이라고 한다.

(2) 행동주의 학습의 원리

① 강화: 행동을 증가시키는 방법

강화(reinforcement)는 강화물을 이용하여 행동의 강도와 빈도를 증가시킴을 의미한다. 강화에는 정적강화(positive reinforcement), 부적강화(negative reinforcement)가 있다. 정적강화는 목표행동을 한 후에 강화물을 제공했을 때 행동의 빈도가 증가하는 것을 말하며 사용되는 강화물로는 가시적 보상(돈, 음식 등)과 사회적 보상(관심, 칭찬, 미소, 사랑 등)이 있다. 대표적으로 과제를 잘했을 경우 스티커를 주는 행위를 강화물 제공으로 볼 수 있다. 부적강화는 목표행동을 하였을 경우 혐오스러운 자극을 제거해줌으로써 그 행동의 빈도를 증가시키는 방법이다. 예로는 숙제를 하면 청소를 면제시켜주어 숙제를 해오는 행동을 증가시키는 방법이 있다. 교통질서를 잘 지켰을 경우 벌금에서 면제되는 것과 같은 경우도 부적강화의 일종으로 볼 수 있다.

② 벌: 행동을 줄이는 방법

벌(punishment)은 혐오자극을 사용하여 행동의 강도와 빈도를 감소시키는 것을 의미한다. 벌 역시 두 가지 종류로 나뉘는데 부가적 벌과 제거적 벌로 나뉜다. 부가적 벌

(presentation punishment)은 싫어하는 자극을 제공하여 바람직하지 못한 행동을 줄이는 방법이다. 대표적인 혐오자극으로는 소음, 역겨운 냄새와 같은 물리적 자극, 청소, 숙제 등과 같은 활동적 자극, 무시, 비난, 꾸지람 등과 같은 사회적 자극이 있다. 즉, 어떤 행동을 한 후에 혐오자극을 받지 않기 위해 그 행동을 하지 않게 된다. 제거적 벌(removal punishment)은 좋아하는 자극을 제거하여 바람직하지 못한 행동을 줄이는 방법이다. 교실에서 사용되는 대표적인 제거성 벌은 타임아웃(time out)인데, 행동을 잘못한 학생을 대상으로 몇 분 동안 교실의 구석이나 바깥에 나가 있게 하는 것이다. 잘못된 행동의 결과로서 타임아웃을 사용하면 일반적으로 잘못된 행동을 감소시키는 경향이 나타났다(Alberto & Troutman, 2009).

③ 소거

소거는 제거적 벌과 매우 유사하다. 소거는 강화가 된 행동을 하였음에도 계속적으로 강화물이 제공되지 않아 그 행동의 강도나 빈도가 감소하는 것을 의미한다. 자녀가 구두를 닦자 용돈을 주어 구두를 자주 닦도록 강화하였으나 더 이상 용돈을 주지 않을 경우 구두 닦는 일을 그만두게 되는 경우 행동의 소거가 일어났다고 볼 수 있다.

(3) 강화계획

학습은 항상 강화물이 제공되어야만 일어나는 것은 아니다. 동물이나 사람들은 연속적 강화가 아니라 간헐적 강화에도 반응을 한다. 연속적 강화는 모든 바람직한 행동에 강화물을 제공하는 것이고, 간헐적 강화는 모든 바람직한 행동이 아니라 일부 행동에만 강화를 하는 것을 의미한다.

간헐적 강화계획에는 두 가지 유형이 있으며, 시간과 비율에 따라 행동에 서로 다른 영향을 준다. 비율계획은 행동의 빈도에 의존하고, 간격 계획은 시간에 의존한다.

대표적인 비율계획에는 커피를 10번 마시면 무료 커피 1잔을 받는 쿠폰이 있다. 이 경우 10번의 커피를 마시는 행동을 해야만 강화물인 무료 커피를 받을 수 있다. 간격계획의 대표적인 예에는 매주 받는 용돈이 있다. 일정한 시간이 지난 후에야 강화물을 받을 수 있기 때문이다.

① 고정비율(Fixed-Ration: FR)

행동의 빈도에 초점을 둔 고정비율은 시간에 상관없이 정해진 행동 반응 횟수를 완수하면 강화물을 제공한다. 예를 들어, 교사가 “10문제를 다 풀면 사탕을 하나 주겠다.”

라고 말할 수 있다. 이 경우 시간은 얼마만큼 걸리든지 상관없이 10문제를 끝내면 강화를 받게 되는 것이다.

② 고정간격(Fixed-Interval: FI)

시간 간격에 초점을 둔 고정간격은 특정한 시간에서만 강화가 가능하다. 대표적인 예로 시험일이 있는데, 이 경우 재미있는 양상이 펼쳐진다. 이 경우 강화가 일어나기 이전까지는 행동을 거의 하지 않다가 강화가 주어지는 시간이 다가오면 폭발적인 노력을 쏟아붓는 것을 알 수 있다. 대표적으로 밤을 새서 공부를 하는 벼락치기나 매달 제출하는 보고서 등이 있다.

③ 변동비율(Variable-Ration: VR)

변동비율은 행동을 얼마나 해야 강화를 받게 될지를 알 수 없는 강화이다. 결국 강화를 받게 되는 것은 확실하지만 강화를 위한 행동의 횟수가 정해지지 않은 것이다. 대표적인 예로 슬롯머신의 경우 핸들을 몇 번 당겼느냐가 중요하지, 얼마나 오랫동안 게임을 했느냐가 중요하지 않다. 그러나 언제 상금을 받게 될지는 알 수가 없다.

④ 변동간격(Variable-Interval: VI)

변동간격은 언제 강화가 주어질지 알 수가 없는 강화이다. 대표적인 예로는 교사가 학생들이 과제를 계속 잘하고 있는지 즉시에 검사하는 것이다. 학생들은 언제 검사를 할지 모르기 때문에 항상 잘하고 있어야만 한다. 이와 같은 예로는 음주운전 측정 검사가 있다. 언제 어디서 할지 모르기 때문에 항상 음주를 하지 않고 운전을 해야 한다.

그림 4.6 강화계획

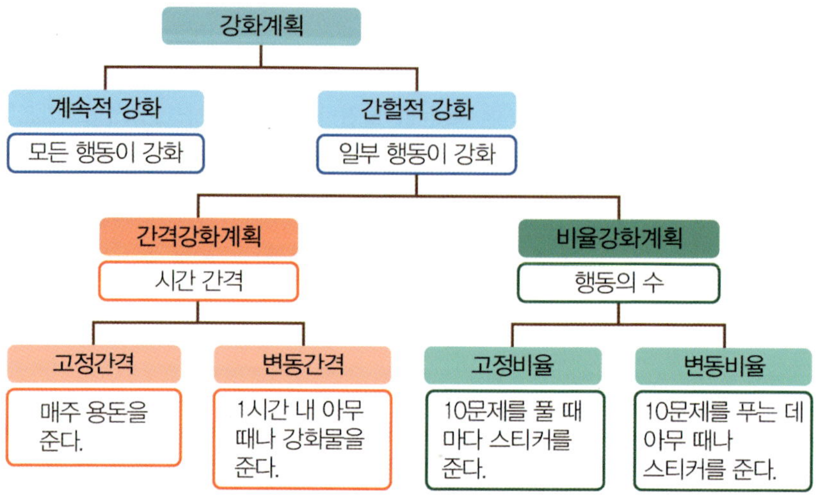

3) 사회학습이론

반두라(Bandura)는 스키너 학파 학자들이 모델링(modeling)현상과 대리적 경험을 통해 배우는 학습에 대해 거의 무시하였다는 점에 주목하였다. 그는 사회인지학습이론을 창시하였으며, 이를 다른 사람을 관찰함으로써 발생하는 행동의 변화에 초점을 두는 학습이론이라 하였다(Bandura, 1986, 1997).

(1) 반두라의 비판

반두라는 전통적 행동주의 학습이론이 학습에 대해 완전하게 설명하지 못한다고 다음과 같은 이유를 들어 비판하였다. 첫째, 전통적 행동주의 학습이론은 모델링(modeling)이나 모방(imitation)과 같은 사회적 영향의 효과를 간과하였다. 둘째, 조작적 조건화는 외현화 행동이 전제되어야만 학습이 이루어지지만, 사회학습(관찰학습)에서는 행동이 먼저 시도되지 않아도 학습이 이루어질 수 있다. 셋째, 조작적 조건화는 강화나 벌이 없이는 학습이 일어날 수 없다고 보지만 사회학습에서는 가능하다고 본다.

(2) 관찰학습

관찰학습(observational learning)은 주의, 파지, 운동 재생, 동기화라고 하는 네 단계로 이루어진다. 주의 단계는 모델에게 주의를 기울이는 것부터 시작된다. 파지는 학습자의 주의를 기울인 후 학습자의 기억 속에 저장됨으로써 나중에 그 행동을 재생산하게 된다. 재생산은 학습자가 기억 속에 있는 모델의 행동을 재생산하는 것을 의미한다. 동기화는 학습자가 모델처럼 행동하면 강화를 받을 것을 기대하고 동기를 갖게 됨을 의미한다.

그림 4.7 관찰학습

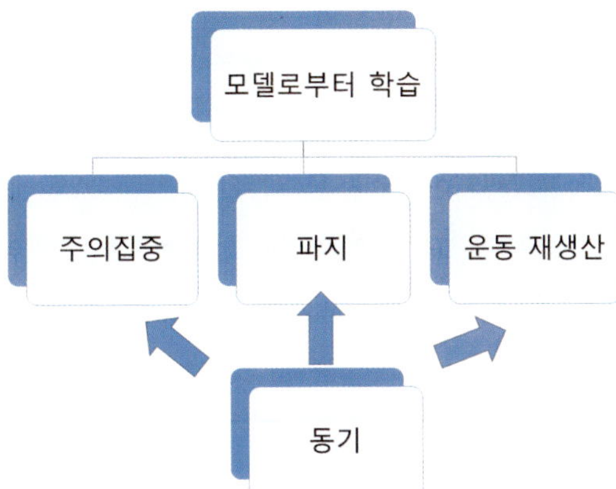

(3) 관찰학습 및 거울뉴런

관찰학습에 대한 고전적인 실험 중 하나는 반두라(1965)의 연구이다. 아동들에게 세 개의 동영상 중 하나를 보여준다. 이 동영상은 모두 한 어른의 공격적인 행동을 모델로 보여준다. 첫 번째 영상에서는 모델이 심하게 야단을 맞았다. 두 번째 영상에서는 모델이 오히려 칭찬과 상품을 받았다. 세 번째 영상에서는 아무런 보상도 주어지지 않았다. 이 영상을 본 후 아동들이 장난감을 가지고 노는 것을 관찰하였을 때, 모델이 벌을 받는 모습을 본 아동들은 모델들이 칭찬을 받았거나 아무런 보상도 없었던 영상을 본 아동들보다 놀이를 하는 데 덜 공격적이었다.

관찰학습에 대한 최근 강력한 증거는 거울뉴런이다. 거울뉴런이란 자신이 직접 행동을 하는 것과 남이 하는 동일한 행동을 보는 것 모두 동일한 뉴런에서 반응을 하기에 거울뉴런이라 명명되었다. 이는 타인의 감정을 공유할 수 있음으로도 증명되었다. 웃는 얼굴의 사진을 볼 때 활성화되는 뇌의 부분과 실제로 웃을 때 활성화되는 부분이 동일하다면, 이는 거울뉴런이 있고, 동일한 감정을 느낌을 의미한다. 따라서 학생들이 TV나 영화의 공격적인 장면을 보고 똑같이 따라할 행동이 높아진다는 반두라의 관찰학습이론이 거울 뉴런을 통해 지지받고 있다고 볼 수 있다.

그림 4.8 반두라의 보보인형 실험

반두라의 실험에서 성인과 같은 방에서 성인의 언어와 폭력적 행동을 관찰한 아동들은 바로 그 행동과 언어를 모방하여 사용하였다.

2 인지주의 학습이론

인지주의 이론은 사람이 결정하고 처리하는 과정에 대해 설명하는 데 초점을 두고 있다. 컴퓨터가 발전하고 정보를 처리하는 과정을 보며 교육심리학자들은 정보처리 학습이론에 관심을 가지게 되었다. 정보처리 학습이론은 정보를 입력하고, 처리하고, 결과를 산출하는 과정이 인간의 기억과 망각, 중요한 정보들을 이해하는 과정과 유사하다고 가정하고 있다.

1) 학습의 인지주의 원리

인지학습이론은 네 가지 기본 원리에 기초하고 있다.

첫째, 학습자는 적극적으로 경험을 이해하려고 시도한다.

인지학습이론가들은 학습자를 '정보를 적극적으로 찾는 목표 지향적인 존재'라고 간주한다(Bransford et al., 2000, p. 10). 학습자는 단순히 강화와 벌에만 반응하는 것이 아니라 질문을 하고 답을 찾기도 하고, 새로운 지식에 맞춰 그들의 이해를 수정하기도 한다.

둘째, 학습과 이해는 학습자의 경험을 바탕으로 발달시킨 것이다.

학습과 발달은 어딘가를 가거나, 누군가를 만나거나, 무엇을 읽는 등과 같은 다양한 경험을 기반으로 이루어진다. 경험은 정보를 더 잘 연결할 수 있고 학습과 발달의 원자재로 작용한다. 경험하는 것과 현상을 이해하는 것은 학습자가 알고 있던 선행지식을 기초로 발달시킨 것이라고 볼 수 있다.

셋째, 학습자는 기억 속에 그대로 기록하기보다는 자신에게 의미 있는 지식으로 구성한다.

학습자는 교수자가 말해준 것이나 그들이 읽은 것을 있는 그대로 받아들이지 않는다. 학습자는 새로 들은 내용을 이해하기 위해 이미 알고 있는 내용을 사용한다. 새로운 정보를 이해하기 위해 학습자들은 동일한 것을 배웠다 할지라도 약간씩 서로 다르게 지식을 구성하고 받아들인다(Greeno et al., 1996; R. Mayer, 2002).

넷째, 학습자의 학습은 사회적 환경에 의해 촉진된다.

지식의 구성과정은 사회적 상호작용에 의해 촉진된다. 예를 들어, 두 학생 중 한 학생이 교수내용을 이해하지 못할 경우 교사는 사회적 상호작용을 통해 지식을 구성할 수 있도록 도와주기 위해 모둠 활동을 이용할 수 있다(Fernandez-Berrocal & Santamaria, 2006).

2) 정보처리이론(Information-Processing Theory)

정보처리이론은 새로운 정보가 투입되고 기억되며 다시 인출되는 과정에서 학습이 발생하는 기제를 설명하고자 하는 이론이다. 정보처리이론의 구조는 정보저장소와 인지처리과정 두 가지 요소로 구성이 되어 있다. 정보저장소는 투입된 정보가 머무는 곳을 의미하며, 정보의 저장에 이용되는 서류철이나 주소록에 비유할 수 있다. 정보저장소에는 감각등록기, 작업기억, 장기기억을 포함할 수 있다. 인지처리과정이란 각각의 정보저장소로부터 정보가 이동하는 것과 관계되는 처리과정을 의미한다.

그림 4.9 정보처리과정

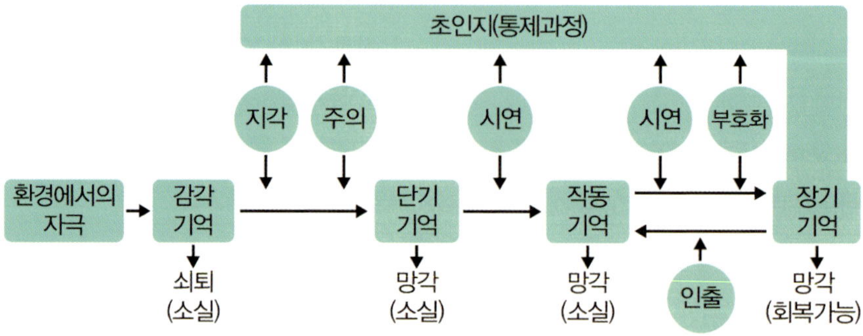

(1) 감각등록기(sensory register)

주로 눈이나 귀와 같은 감각기관을 통해 정보를 최초로 저장하는 곳이다. 감각등록기는 자극을 아주 정확하게 저장하지만 매우 짧은 시간 동안 저장한다는 한계를 지닌다. 시각의 경우 약 1초, 청각의 경우 약 4초 정도 정보를 저장한다고 알려져 있다. 감각등록기는 수용량에 제한은 없지만 투입되는 정보가 즉시 처리되지 않으면 정보가 곧 유실되게 된다.

(2) 작업기억(working memory)

단기기억(short-term memory)이라고도 하며, 감각등록기를 거쳐 투입된 5~9개 정도의 정보가 약 20초 가량 저장될 수 있는 기억공간을 의미한다. 이 경우 투입된 정보를 해석하고 결과를 판단하는 작업이 이루어지는 곳이다. 작업기억의 한계를 줄이기 위해서는 전략을 사용할 수 있는데, 청킹(정보를 묶는 과정), 자동화(자각이나 의식적인 노력없이 수행할 수 있는 과정), 분산된 처리 등이 있다.

작업기억에 대한 연구는 지속되고 있으며 최근에는 작업기억을 더욱 정교하게 분석하여 새로운 작업기억 모형을 개발하고 있다. 다음의 모형은 작업기억의 모형이다.

① 중앙집행기(central executive)

중앙집행기는 작업 기억의 구성요소 중에서 가장 중요한 것이나 밝혀진 부분이 많이 없다. 중앙집행기는 감각등록기에 거쳐 들어오는 정보의 흐름을 조절하고, 정보를 처리하고, 장기기억으로부터 필요한 정보를 인출하는 기능을 한다(문선모, 2007). 대표적으로 환경의 자극에 따라 습관화 된 행동이 자동적으로 일어나도록 만드는 것이 중앙집행기이다. 대표적으로 집으로 가는 길을 생각하지 않고 습관에 의존하여 가는 것이 있다.

② 음운고리

음운고리는 청각적 정보가 사라지기 전에 짧은 시간 동안이라도 임시 보관하는 음운 저장소와, 실제 소리는 없이 마음속으로만 말하는 조음시연으로 이루어진다(문선모, 2007). 음운고리는 언어와 연관이 깊으며, 이에 문제가 있을 경우 어휘를 획득하는 데 어려움을 겪는 경향이 있다.

③ 시공간 스케치판

시공간 스케치판은 시각 정보와 공간 정보를 작업기억에서 처리하는 방식이다(문선모, 2007). 음운고리와 마찬가지로 시공간 스케치판 역시 용량에 제한이 많다. 시각적 정보는 비교적 오랫동안 지속되며, 색, 위치, 모양에 기초하여 처리할 수 있다.

그림 4.10 작업기억

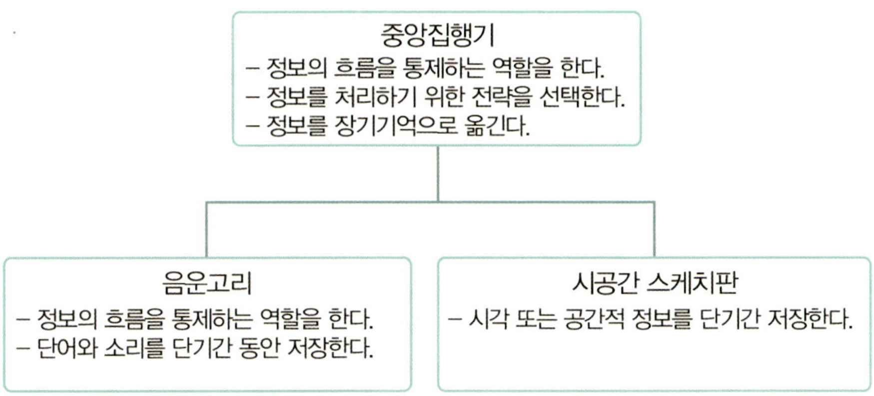

(3) 장기기억(long-term memory)

정보를 영구적으로 저장할 수 있는 기억으로 학습을 할 때는 어떠한 식으로 네트워크를 구성하느냐에 따라 학습의 질이 달라질 수 있다. 이는 장기기억 속에 존재하는 정보들이 따로 분리되어 있는 것이 아니라 서로 관계를 맺고 상호 연결되어 있음을 의미한다. 장기기억 속에서 어떤 형태로 저장되는지에 따라 선언적 지식, 절차적 지식, 조건적 지식으로 나눌 수 있다.

① 선언적 지식

선언적 지식은 사실이나 개념에 대한 일화적 지식으로 명제적 지식이라고도 불린다. 사실, 신념, 견해, 이론, 가설 등으로 구성되어 있다. 예를 들어, 해는 동쪽으로 떠서 서쪽으로 진다는 것을 아는 것, 단어의 의미를 아는 것 등으로 표현되는 지식이다(Anderson, 2000). 선언적 지식은 의미론적 지식과 일화적 기억으로 분류된다. 의미론적 지식은 추상적이고 합리적인 개념에 대한 지식이다. 일화적 지식은 개인적으로 경험한 사건이나 일화에 관한 지식이다. 사람들은 각자의 경험을 지니고 있으며, 이를 장기기억에 저장해 둔다.

② 절차적 지식

절차적 지식은 무언가를 수행하는 방식으로, 암묵적 지식이라고도 불린다. 절차적 지식은 자전거를 타는 방법, 보고서를 작성하는 방법을 아는 것을 말한다. 절차적 지식은 오랫동안 사용하지 않아도 쉽게 되살아날 수 있다는 장점이 있다. 예로는 자전거를 오랫동안 타지 않아도 다시 타려고 하면 쉽게 타는 경우가 있다. 절차적 지식은 일련의 행위들이 순서화되어 저장된다.

③ 조건적 지식

조건적 지식은 선언적 지식 혹은 절차적 지식을 언제, 어떻게 적절하게 활용할 것인지에 대한 지식을 의미한다. 조건적 지식은 주로 학습해야 하는 정보에 알맞은 학습전략을 사용하는 것, 인지 전략을 사용하는 것 등을 의미한다.

3) 인지과정

(1) 주의

'주의'란 자극에 의식적으로 초점을 두는 과정을 의미한다. 우리는 자극에 대해 주의를 의식적으로 기울이기 전까지는 자극을 자각하지 못한다. 주의는 인지과정의 시작이기 때문에 학습에 있어 결정적인 역할을 하게 된다. 그러나 작동기억의 제한된 용량 때문에 인간은 동시에 여러 정보에 주의집중을 하기가 어렵다. 따라서 수많은 정보 중에서 선택해서 정보를 취하는 선택적 주의(selective attention)를 한다. 선택적 주의의 대표적인 사례는 칵테일 파티 효과 혹은 보이지 않는 고릴라 실험이 있다. 칵테일 파티 효과란

칵테일 파티처럼 시끌벅적한 곳에서도 자신이 듣고자 하는 소리는 주의를 집중해서 듣는 것을 말한다. 이를 활용하여 보이지 않는 고릴라 실험이 있다.

그림 4.11 보이지 않는 고릴라 실험

1999년 미국의 학자 대니얼 사이먼스(Simons)와 차브리스(Chabris)는 36명의 대학생 실험 참가자에게 75초 가량의 길거리 농구 경기 영상을 보여주었다. 영상에는 흰색셔츠를 입은 사람 A팀 3명, 검은 셔츠를 입은 B팀 3명이 농구공을 패스하는 장면이 담겨 있었다. 실험 참가자들은 흰색 셔츠를 입은 사람들이 몇 번 공을 패스하는지 세어보라고 하였다. 그런데 영상 시청이 끝난 후 실험 참가자들은 이런 질문을 받았습니다. "혹시 고릴라를 보셨어요?" 사람들은 분명 나타났다가 사라진 고릴라를 쉽게 맞추지 못했다. 이를 보이는 것에만 집중한 '선택적 주의'인 '보이지 않는 고릴라 실험'이라고 한다.

(2) 지각

지각이란 들어온 자극에 주의집중하여 선택된 자극을 개인의 각각의 경험에 따라 달리 해석하는 과정을 의미한다. 지각은 사전 지식에 영향을 받으며, 교육상황에서도 수업내용을 주의집중할 뿐만 아니라 정확하게 지각할 수 있도록 해야 한다. 따라서 적절한 질문과 함께 선수학습 내용을 상기시켜 주는 것이 무엇보다 중요하다고 할 수 있다.

(3) 시연

시연이란 작동기억 속에서 이루어지는 정보처리 과정이라고 할 수 있다. 이는 암기와 유사하다. 시연에는 반복 암기인 기계적 시연과 기존의 장기기억 속에 존재하는 기존의 정보와 새로운 정보를 연결하는 방법이 있다. 효과적인 시연을 위해서는 반복할수록 기억이 향상되고, 집중학습보다는 분산학습이 더 효과적이다. 일정한 휴식시간을 두고 몇 회로 나누어서 학습하는 방법은 간격효과를 주어 더 오래 기억할 수 있기 때문이다.

(4) 부호화

부호화는 장기기억 속에 존재하는 기존 정보와 새로운 정보를 연결하는 과정이다. 정확한 인출을 위해서는 정교한 부호화가 필요하다. 다음의 전략은 원활한 부호화를 돕기 위해 활용할 수 있는 방법이다.

① 조직화

전체적으로 조직화의 의미는 별개의 정보들에 질서를 부여하여 기억하는 것을 의미한다. 예를 들어, a, p, l, e, p의 경우 무의미하였으나 'apple'이라고 기억하면 더 효과적으로 기억할 수 있다. 조직화에는 군집화가 대표적으로 기억하려는 정보들을 의미적으로 관련되고 일관성 있는 범주로 묶는 기법이 있다.

② 정교화

새로운 정보에 의미를 추가하거나 그 정보를 기존 지식과 연결하는 과정을 의미한다. 예를 들어, 새로운 정보의 의미를 해석하고, 사례를 들고, 구체적 특성을 분석하고, 추론을 하는 것을 의미한다.

③ 맥락화

정보를 장소, 특정한 날에 느꼈던 감정 등과 함께 학습하는 것으로 정서적 맥락이란 기쁠 때 암기한 것이 기쁠 때 잘 기억나는 특징이 있다. 혹은 어제 국어시간에 배운 내용이 집에서는 생각이 안 나다가 학교에서 생각나는 장소적 맥락도 있다.

④ 초과반복학습

완전학습 수준 이상으로 학습을 계속하는 것을 의미하며 다음 시험에 있을 내용 범위보다 초과로 학습하는 행동을 의미한다.

⑤ 심상형성

정보를 시각적인 형태로 변형하는 과정으로 바이올린, 귤, 가방 등이 정의, 신뢰 등의 추상적인 단어보다 기억이 쉽다.

⑥ 자기참조적 부화

정보가 자신과 어떻게 연관이 되어 있는지를 참조하여 기억하는 것을 의미한다.

이 외에도 장소법, 핵심단어법, 두문자법, 문장 작성법, 연결법, 운율법 등이 있다.

그림 4.12 장소법의 예시

장소법: 미리 지정해둔 장소에 사물이 실제로 존재하는 것처럼 배치해놓고 순서대로 외우는 방법

예: 1. 현관 밖–사과, 2. 현관 문–토끼,
3. 신발장–책

사과, 토끼, 책 ...

(5) 인출

인출이란 장기기억에 저장되는 여러 가지 정보 중에서 필요한 것을 의식 수준에 떠올리는 능력 또는 기술을 의미한다.

① 재인

재인은 장기기억에 있는 지식과 일치하는 정보가 들어왔는지를 확인하는 과정이다(Sternberg & Williams, 2010). 예를 들어, '원하는 것만 보고자 하는 것을 '선택적 주의'라고 한다'라는 문장에서 O를 선택했다면 정확하게 재인을 한 것이라고 볼 수 있다. 앞에서 학습한 내용을 다시 인출한 과정이기 때문이다.

② 회상

회상은 장기기억 속에 저장된 정보를 인출하는 것이다. 회상에는 자유롭게 회상하는 자유회상, 인출해내는 정보가 중요한 순차적 회상이 있다. 먼저, 자유회상은 오래된 친구의 이름을 자유롭게 인출하거나 학습한 내용을 자유롭게 인출하는 능력을 말한다. 이 때는 정보들의 순서보다 양이 더 중요하다. 반면 순차적 회상은 인출해내는 정보의 순서를 중요하게 본다. 예를 들어, 국사 문제에서 시대순으로 나열된 내용을 찾으라는 문제가 있을 경우, 시대별로 나눠서 회상해야 바른 답을 도출해낼 수 있는 점과 같다.

(6) 망각

망각이란 경험한 많은 것들이 기억으로 처리되는 과정에서 사라지는 것을 의미한다. 대표적인 이론으로는 간섭이론이 있다. 간섭이론이란 사람이 경험하는 많은 과정에서 여러 개의 정보가 서로 기억되기 위해 정보를 처리하는 과정에서 패배한 정보는 기억하지 않는 과정을 의미한다. 간섭에는 순행간섭(proactive interference)과 역행간섭(retroactive interference)이 있다. 순행간섭은 이전에 경험한 정보가 뒤에 경험하는 정보를 방해하는 간섭이다(Sternberg, 1999). 즉, 기존에 알고 있던 지식으로 인해 새로운 것을 학습하는 데 어려움을 겪는 것이다. 반면 역행간섭은 어떤 정보가 이미 있음에도 새로운 정보가 들어오기 때문에 망각이 되며 밀려나는 것을 의미한다. 이때는 새로운 것을 학습하는 것이 이전에 학습한 것을 사라지게 한다. 학습을 하면서는 순행간섭과 역행간섭이 동시에 일어날 수 있다. 따라서 학습을 할 때는 시작 부분과 끝나는 부분에 더 중요한 내용을 배치하여 학습하거나 망각이 일어나지 않게 학습을 나눠서 하는 방법이 있다.

그림 4.13 〈망각에 관한 이론〉: 에빙하우스 망각곡선

에빙하우스(Ebbinghaus, 1885)

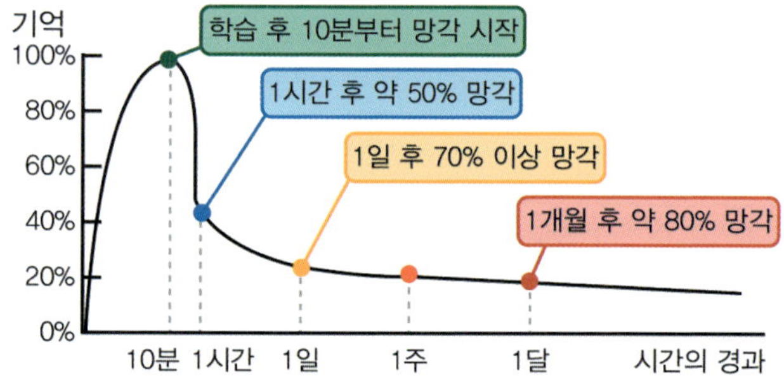

본 연구는 시간이 지남에 따라 기억이 머릿속에 남아있는 정도와 잊혀지는 정도에 대해 알아본 연구이다. 에빙하우스는 본인 스스로 아무런 의미가 없는 문자나 숫자를 암기하고 시간이 지난 후 암기한 내용이 얼마나 머릿속에 남아 있는지를 측정하였다. 이 과정에서 잊어버린 단어는 다시 암기하였는데, 같은 내용을 첫 번째 암기할 때보다 두 번째 암기할 때 시간이 덜 걸림을 확인할 수 있었다. 그에 따르면 학습 후 10분만 지나도 망각이 시작됨을 확인하였다. 1개월의 시간이 지났을 때는 암기량의 80% 이상을 망각했음을 확인할 수 있었다. 이 연구는 암기에 있어 '반복의 중요성'을 알린 중요한 연구였다고 볼 수 있다. 공부를 잘하기 위해서는 반복적으로 학습하는 것이 기억을 오래 하기 위해 중요한 요인이기 때문이다.

3 구성주의 학습이론

구성주의 학습이론은 정보처리 이론과는 반대로 인간은 컴퓨터처럼 지식을 저장하는 것이 아니라 적극적인 형태로 지식을 구성한다는 이론이다. 교사는 학생들에게 정보를 의미 있는 것과 관련시키며, 학생 스스로 생각을 발견하고 적용할 수 있는 기회를 제공할 수 있어야 한다. 구성주의 이론에서는 복잡한 지식을 자신의 것으로 발견하기 위해서 스스로 지식을 활용해야 한다는 것이다(Anderson et al., 2000)

1) 구성주의 학습이론의 역사적 배경

구성주의 이론은 피아제(Piaget)와 비고츠키(Vygotsky)에 큰 영향을 받았다. 두 학자 모두 학습의 사회적 성격을 중시하였으며, 이 이론은 수업에서 활용할 수 있는 협동 학습, 프로젝트 중심학습 그리고 발견학습 등으로 확장되었다.

2) 구성주의 학습이론

(1) 비고츠키의 이론

비고츠키의 이론에서는 사회적 학습, 근접발달영역, 인지적 도제, 매개학습 네 가지의 핵심 원리가 있다. 사회적 학습이란 학생이 어른이나 자신보다 더 나은 또래들과 상호작용함으로써 학습하는 것이다. 협력을 통해 성공적인 문제해결을 해나갈 수 있다. 근접발달영역은 zone of proximal development라고도 불리며 혼자서는 할 수 없으나 동료들이나 어른들의 도움으로 해결할 수 있는 과제의 경우 근접발달영역에 있다고 할 수 있다. 인지적 도제는 학습자가 전문지식을 점진적으로 습득해나가는 과정을 말한다. 마치 도제 기간 동안에 처음 일을 하면서 전문가들이 시범 보이는 것을 배우고 피드백을 제공하면서 학습을 할 수 있도록 하는 과정이다. 마지막으로 매개학습은 중재학습이라고도 하는데, 복잡하고 어려운 과제를 도움을 받아 수행해내는 것을 의미한다. 이 원리는 프로젝트, 모의 실험, 협동학습 등에 근거를 제공한다.

그림 4.14 비고츠키 학습이론

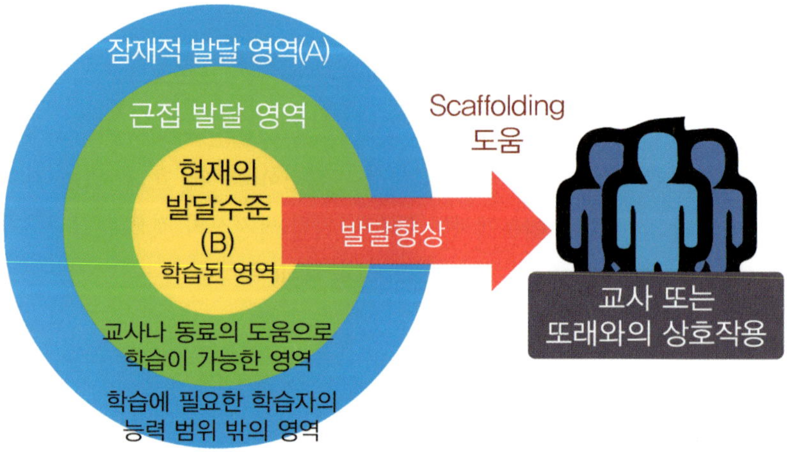

(2) 발견학습

구성주의적 교수 방법의 대표적인 방법으로 발견학습(discovery learning)이 있다. 발견학습은 그들 스스로 개념과 원리들을 학습하고 스스로 원리들을 발견할 수 있도록 학생들로 하여금 실험을 하고 경험하도록 한다. Bruner(1966)는 학생들을 생각하고 스스로 지식 습득 과정에 참여해야 한다고 주장하면서 실험, 체험 등을 강조하였다.

(3) 자기조절학습

자기조절학습은 효과적인 학습전략을 알고 언제 어떻게 그것을 사용하는지 아는 것을 의미한다(Bandura, 1991). 자기조절학습자들은 학습 그 자체에 동기화가 되어 있으며 효과적인 전략을 활용하여 학습하는 과정이 이해될 때까지 연습을 하기도 한다. 자기조절학습은 동기가 강한 학생들이 자신의 학습을 조직하고, 학습 계획을 세우고, 얻어야 할 정보를 얻는 과정에서 학습될 수 있다(Zimmeran, 2008).

Chapter 6

교수이론

교수는 교사가 수업시간 동안 가르치는 것을 의미하며 수업준비부터 지도와 평가까지 포함하는 개념으로 해석할 수 있다(Reigeluth, 2013). 교수이론은 교수자가 의도를 가지고 학습자의 학습역량을 최대한 끌어올리기 위해 계획하는 것(Bruner, 1966)으로 학습자의 학습목표를 달성하기 위하여 적절한 학습환경을 구성하고 학습전략과 방법을 제공하여 학습목표 성취 정도를 기록하는 전체적인 과정을 포함한다. 6장에서는 가네(Gagné)의 교수이론, 브루너(Bruner)의 발견학습이론, 오수벨(Ausubel)의 유의미 학습이론을 살펴보고자 한다.

1 가네의 교수이론

1) 교수이론

가네(Gagné, 1974)의 교수이론 구조는 학습자의 내적 상대와 인지과정인 내적 학습조건과 교수전략과 같은 외적 학습 조건이 상호작용하여 학습성과가 나타난다고 하였다. 교과에 상관없이 성취되어야 할 학습목표로 언어정보, 지적 기능, 인지전략, 운동 기능,

태도가 있다고 한다.

- **언어적 정보**: 언어적 정보는 학생이 수업을 통해 배우는 정보의 개념, 낱말, 자신의 생각 등을 자신의 언어로 표현하는 능력이다.
- **지적 기능**: 지적 기능은 상징적 부호를 사용하여 환경과 상호작용하여 습득되는 개인 내부의 지적 과정으로써 학생들이 보고, 듣고, 만지는 활동을 통해 개념, 원리를 익히고 구별, 일반화하는 등의 능력이다.
- **인지전략**: 인지전략은 문제해결 과정을 의미하며 학습자의 메타인지적 기능을 포함하며 학습전략 계획하기와 같은 능력이다.
- **운동 기능**: 운동 기능은 신체적 기능으로서 선 긋기와 같은 단순한 기능부터 현미경 조정하기 등과 같이 정밀하고 정확한 기능을 의미한다.
- **태도**: 태도란 학습자들이 여러 가지 활동에 대한 반응에 영향을 미치는 데 관련된 생각, 습관, 협동 방식 등을 의미한다.

가네(Gagné)는 또한 학습위계 개념을 제시하였다. 학습위계는 학습내용은 단계적으로 되어 있기 때문에 높은 단계로 나아가려면 그보다 낮은 단계의 학습이 선행조건이 되어야 한다는 것이다. 특히 지적 기능에서 이러한 학습 위계가 뚜렷이 나타나며 학습위계개념은 먼저 학습되어야 하는 우선요소를 제시하여 수업과정의 계열화에 도움을 준다.

교사가 이러한 학습목표(학습성과)를 정하면 종류에 따라 학습 조건을 달리 구성해야 한다. 이러한 조건은 내적 조건과 외적 조건으로 구분되며 두 조건이 잘 갖추어진 수업이 효과적인 수업으로 말할 수 있다. 내적 조건은 학습자의 학습능력으로 교사는 학습자가 선행학습내용에 대한 내적 조건을 확인하여 외적 조건을 조성해야 한다. 예를 들어, 지적기능이 학습 목표일 때, 학습자가 이전에 학습한 내용에 대해 회상하고 기능을 수행할 수 있는지 확인한 뒤 외적 조건으로 지난 내용 회상하기, 하위 능력과 연쇄적인 학습목표 제시하기, 안내하기, 적용하기 등을 실시해야 한다.

가네(Gagné)는 외적 자극이 학습자의 내적 학습과정을 잘 진행하게끔 도움을 줄 수 있는 수업사태를 다음과 같이 아홉가지 단계로 설명하였다.

표 4.9 가네의 수업사태

수업사태	내용
1. 주의집중	학습자의 주의를 집중할 수 있는 자극을 제시한다. 교사는 학습자의 흥미, 관심에 맞는 수업자료, 질문을 제시한다.
2. 학습목표 제시	학습자에게 명시적인 수업목표를 제시한다. 수업목표는 활동을 통해 획득되어야 할 지식, 기술 등을 뜻한다.
3. 선행학습 자극	선행학습 능력을 재생한다. 선수학습과 현재 배우는 학습내용을 결합시키도록 촉진한다.
4. 학습내용 제시	학습자료를 제시한다. 학습자의 수준을 고려하여 다양한 자료와 예시를 준비한다.
5. 학습 안내	학습자의 사고를 자극할 수 있는 질문, 시범들을 제시한다.
6. 학습 수행	학습자의 수행을 통해 학습의 정도를 확인한다. 교사는 학습자에게 스스로 연습문제를 풀게 하거나 실습 등을 통해 학습수행 정도를 확인한다.
7. 피드백 제공	학습 수행의 정확성에 따라 피드백을 제공한다. 교사는 칭찬, 미소, 스티커와 같은 피드백을 제공한다.
8. 평가	오늘 배운 학습 성과를 확인하고 다음 단계 학습이 가능한지 확인하기 위해 평가를 실시한다. 교사는 발표, 수행평가, 퀴즈, 포토폴리오 평가 등을 실시한다.
9. 파지와 전이 지도	학습 내용을 정확히 알고 다른 상황에 적용해 보는 경험을 제공한다. 교사는 단원별 평가와 응용과제를 제공하고 새로운 상황에서 적용할 수 있는 연습기회를 제공한다.

2 브루너의 발견학습이론

1) 발견학습이론

브루너(Bruner, 1960)의 학습이론은 학문중심 교육과정으로 학생들의 학력을 실제적으로 향상시키는 것을 목표로 한다. 발견학습(discovery learning)은 학습자가 학습의 개념과 원리를 습득하며 스스로 지식의 구조를 발견해 가는 것으로 교사가 최소한의 지도를 제공하고 학습자가 교과지식을 최대한 탐구하고 시행착오를 통해 내용의 원리와 규칙을 알고 문제를 해결하는 학습을 뜻한다(Shulman, 1968). 발견이란 대상 간의 유사점과 차이점을 찾아 관계 짓는 것으로 유목과 분류체계를 형성하는 활동을 포함한다. 브루너의 교수이론은 아래 <표 4.10>에서 제시한 것처럼 선행경향성, 지식의 구조, 수업계열, 강화 요소를 갖추어야 한다고 주장한다. 발견학습이 진행되려면 학습자가 학습상황내에서 정보관계를 찾으려는 내적 경향성, 즉 학습경향성을 나타내야 하며, 적절한 학습동기를 가지고 있어야 한다. 또한 관련정보가 많이 있어야 하며, 다양한 연습이 이루어져야 한다.

표 4.10 브루너의 수업이론 요소

요소	내용
선행경향성	• 선행경향성은 학생의 학습동기를 뜻한다. • 교사는 학습자의 호기심과 탐구심을 자극해야 한다. • 학습자의 학습방법, 학습자료, 교사와의 관계가 중요하다. • 학습내용이 학습자에게 도전의식을 줄 수 있을 정도의 적절한 불확실성을 지녀야 한다.
지식의 구조	• 지식의 구조는 각 교과의 핵심 아이디어, 기본 개념을 뜻한다. • 교사는 사실적 지식이 아닌 지식의 구조를 발견식으로 가르쳐야 한다. • 지식의 구조는 표현방식, 경제성, 생성력 특성을 가진다. • 표현 방식은 학습자의 인지발달 및 능력 수준에 따라 동일한 지식의 구조가 다양한 방식으로 표현될 수 있다. 작동적(enactive) 표현 방식, 영상적(iconic) 표현 방식, 상징적(symbolic) 표현 방식으로 구분될 수 있다. 학습자의 수준에 따라 표현방식을 다르게 하면 모든 연령대의 학습자에게 지식 구조를 충분히 가르칠 수 있음을 강조하였다. 경제성은 인지적 효율성을 뜻하며 서술적 표현 방식보다 상징적 표현이 경제적이며, 선행지식을 알고 있는 것이 모르는 것보다 현재 학습능률을 높이는 데 경제적이다. 생성력은 학습자가 학습한 내용들을 다른 상황에 전이할 수 있는가를 의미한다. 지식 구조는 기본적인 개념이기 때문에 해당 교과를 이해하고 다른 교과에 확장하여 적용할 수 있다.
학습 계열	• 학습 계열은 학습자가 학습내용을 학습하는 순서를 뜻한다. • 학습자의 발달 단계, 특성, 수준에 따라 최적의 학습계열이 달라질 수 있다.
강화	• 강화는 교사가 학습단계에서 제공하는 벌과 보상을 뜻한다. • 학습자가 내적 희열과 같은 내적 강화, 칭찬과 같은 외적 강화가 있다. • 교사는 내적 강화와 외적 강화를 적절히 맞추어야 한다.

이러한 발견학습은 교과의 구조를 알고 기본원리를 강조함으로써 교과 내용을 구조화하여 내용을 쉽게 이해할 수 있도록 돕는다. 발견학습은 개념적 이해를 습득하고 분류체계를 형성하는 것으로 파지와 전이능력을 증진시키며, 이러한 능력은 상위과제 학습을 용이하게 하며 문제해결 능력과 같은 고등 정신 능력을 향상시킨다. 또한 문제 해결

과정을 통해 발견의 기쁨을 느낀 학습자는 내적 동기가 높아지는 이점이 있다(유기섭, 김태호, 2006). 브루너의 발견학습은 지식의 기본 개념을 계열적이고 지속적으로 배울 수 있는 나선형 교육과정을 강조한다. 초등학생 1~2학년 한글 읽기와 쓰기 개념은 고학년으로 갈수록 어휘와 읽기이해, 작문으로 확장되고 깊어진다. 교사는 학습자의 수준을 파악하여 가장 최적의 학습계열을 결정하여 내적강화와 외적강화를 제공해야 할 것이다.

3 오수벨의 유의미학습이론

오수벨은 각 학문영역이 위계적 구조를 가지고 있다고 믿으며, 각 학문의 최상부에는 포괄적이고 추상적인 개념이 존재하고 하위로 내려갈수록 구체적인 개념이 존재한다고 주장하였다. 브루너와 마찬가지로 학문의 구조적 개념들로 학생들을 지도할 수 있다고 생각한 점은 유사하나 브루너의 발견학습은 구체적인 개념에서 포괄적인 개념으로 학습하는 방향이라면 오수벨의 유의미학습이론은 일반적이고 포괄적인 개념을 먼저 습득한 뒤 구체적인 개념을 학습하는 연역적 추론방법이라 할 수 있다.

1) 오수벨의 유의미학습

오수벨(Ausubel, 1967)은 설명식이론, 수용학습을 강조한다. 설명식 수업은 교과내용의 정의, 원리 등이 언어적 설명을 통해 전달되며 학생은 이를 의미 있게 받아들일 수 있어야 한다고 주장한다는 점에서 언어학습이론이라고도 불린다. 학습할 때 선행지식과 연계시키지 않고 기억하는 기계적 학습을 배척하고 새로운 과제와 선행경험을 연계시킴으로써 개념을 이해하는 의미 있는 학습을 강조하였다. 이러한 관점으로 오수벨은 유의미 학습은 새로운 학습내용이 학습자의 인지구조에서 기존의 지식과 결합되어야 하고 유의미학습을 위해서 학습자와 학습교재 요소가 잘 갖추어져야 함을 강조하였다. 학습교재는 개념적으로 명확한 교과지식을 포함하고 있으며 실사성과 구속성을 가질 때 논리적 유의미성을 나타낸다. 실사성은 학습과제의 본질적인 속성을 뜻하며 '사각형은 네 개의 꼭지점을 포함한다'와 같은 사실이다. 구속성은 학습자가 자신의 인지구조에 새로운 개념을 연결시킬 수 있는 가능성을 의미하며 학습과제가 실사성과 구속성을 확보할 때 논리적인 관련성을 나타낸다.

학습자 변인은 관련정착 의미와 유의미한 학습태세가 충족되어야 한다. 관련정착의 의미는 이미 학습되어 인지구조에 장착된 의미가 새로운 과제에서 인지구조의 관계를 맺을 수 있는 연결고리로써 새로운 개념을 흡수하여 인지구조에 정착시키는 역할을 한다. 또한 유의미학습 태세는 학습자가 새로운 학습과제를 기존의 인지구조에 통합하고자 하는 감정적 태도와 의도를 뜻한다.

그림 4.15 유의미 학습

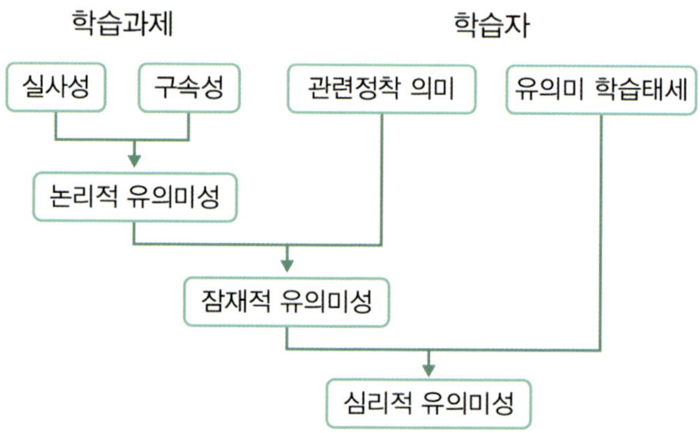

2) 선행조직자

오수벨은 선행조직자를 사용함으로써 새로운 학습내용을 기존의 인지구조에 연결시킬 수 있음을 강조하였다. 선행조직자는 새로운 학습과제 이전에 제시되는 것으로 새로운 학습내용보다 더 일반적이고 포괄적인 수준의 학습자료를 뜻한다. 오수벨은 학습을 포섭(subsumption)으로 정의하며 선행지식들이 다음 학습내용을 포섭하는 포식자 역할을 하게 되며, 포섭은 새로운 학습과제를 선행지식들과 연결시켜 새로운 개념과 내용을 흡수하여 인지구조에 정착시키는 작용을 뜻한다(허승희, 이영만, 김정섭, 2015). 오수벨은 포섭을 세 가지 유형으로 설명하며 첫째, 종속적 포섭은 포괄성이 낮은 과제가 포괄성이 높은 인지구조 속으로 포섭되는 것으로 파생적 포섭과 상관적 포섭이 있다. 상위적 포섭은 새로운 학습내용이 기존의 인지구조보다 더 포괄적이고 일반적인 내용일 때 나타나는 포섭으로 발견학습과 같은 귀납적 추론을 통해 일반적인 개념을 학습하게 된다. 병렬 포섭은 새로운 학습내용이 기존의 인지구조와 비슷한 수준의 포괄성과 일반성을 가질 때 일어나며 새로운 과제와 인지구조 속에 관련도나 정착 개념이 직접적인 연관은 없으나 배경지식이 광범위한 관점에서 연관되었을 때 일어나는 학습이다. 오수벨은 포섭이 이루어지지 않으면 이해가 없는 기계적 학습에 불과하다고 하였으며 유의미한 학습이 이루어지기 위해서는 선행조직자가 제공되어야 한다고 주장하였다. 선행조직자는 비교 선행조직자와 설명 선행조직자가 제시될 수 있다.

오수벨의 유의미 학습이론은 강의식 수업모형은 아니지만, 교사가 체계적인 수업활동을 조직할 수 있는 데 도움을 준다. 선행조직자를 활용한 수업단계는 [그림 4.16]과 같이 세 단계로 이루어진다. 1단계에서는 수업목표를 제시하여 수업활동 방향을 정하고 선행조직자를 제시하여 먼저 학습하게 하여 선행조직자가 본시 수업의 내용의 핵심 개념을 포섭하여 관련정착의미를 형성하도록 한다. 또한 조직자들의 결정적인 특성을 나타내고 사례와 설명을 제시하며 학습자의 관련 지식과 경험을 자극하는 것을 반복한다. 이에 대한 예로 교사는 학습내용과 관련된 그림, 도표, 영상 등을 선행조직자로 활용하여 본시 수업의 내용과 공통점과 차이점을 구별하는 활동을 할 수 있다. 2단계에서는 교사는 본시 수업의 학습과제와 학습자료를 강의, 토론, 읽기 등의 형태로 제시하고 주의를 유지하게 한다. 또한 학습자료를 논리적 순서를 규명하고 자료를 조직자와 연결하도록 한다. 3단계에서는 인지조직구조를 강화하는 활동으로 기존의 지식과 새로운 지식 간의 통합적 조직화와 적극적인 수용학습, 비판적인 활동을 할 수 있도록 한다.

그림 4.16 오수벨 교수 단계(Joyce & Weil, 2009)

단계	내용
제1단계 선행조직자 제시	· 수업목표 제시 및 명료화 · 선행조직자 제시 · 학습자 사전 지식과 경험 자극
제2단계 학습과제/자료 제시	· 학습자료의 논리적 조직화 · 학습자료 제시
제3단계 인지구조 강화	· 학습구조의 통합적 조직화 · 적극적 수용학습 격려 · 새로운 지식에 대한 비판적 접근 및 명료화

Chapter 7

교육심리 검사 및 평가

7장에서는 교육심리 및 진단평가에서 사용되는 심리 검사 및 평가의 기본적인 개념과 방법을 다루고 있다. 또한 평가의 방법으로 표준화 검사, 관찰, 면접, 비형식적 검사를 살펴보고 검사의 종류로서 표준화 검사인 지능검사, 성격검사, 학습검사에 초점을 두어 설명하였다.

1 검사와 평가의 이해

우리 생활에 검사와 같은 평가체제는 생활 깊이 영향을 미치고 있다. 매년 교육부에서 제시하는 교육통계부터 각종 심리검사 결과는 우리의 교육정책과 교육환경에 직접적인 변화를 가져오기도 한다.

1) 검사, 측정, 사정, 평가의 정의

검사(檢査, test)는 평가활동에서 중요한 위치를 차지하며, 예정된 행동유형을 통해 반응할 수 있도록 고안된 질문이나 작업의 집합체라고 정의할 수 있다(Salvia & Ysseldyke, 1995, p. 32). 평가에서 검사는 동일한 질문을 평가 대상에게 제공하여 그 반응이 계획한 조건 하에 나타나므로 비교 가능하기 때문에 유용하게 사용된다. 측정(測定, measurement)이란 대상의 특정 속성에 숫자를 부여하는 것으로 '양적 또는 수량적 자료를 수집하는 과정'(이승희, 2010)으로 정의될 수 있으며, 측정도구를 사용하여 수집될 수 있다. 사정(査定, assessment)은 측정과 구별되는 의미로 '교육적 의사결정에 필요한 자료를 수집하는 과정'(이승희, 2010)으로 정의되며 이렇게 얻어지는 자료는 양적 자료뿐만 아니라 질적 자료도 포함한다. 측정이 양적 자료만을 수집하는 것으로 해석할 때 사정은 측정을 포함하는 좀 더 포괄적인 개념으로 설명할 수 있다. 평가(評價, evaluation)는 가치판단이 포함된 것으로 위의 측정 또는 사정을 통해 얻어진 자료에서 자신이 관심이 있는 대상의 속성에 값어치를 매기는 것이다(김동일, 고은영, 이기정, 최종근, 홍성두, 2017).

2) 평가 방법

평가는 정보의 형태와 내용에 따라 다른 방법이 필요하다. 일반적으로 평가는 표준화 검사, 면접, 관찰, 비형식적 검사이다. 네 가지의 방법은 올바른 평가를 하기 위하여 상호보완 기능을 한다(김동일, 이대식, 신종호, 2009).

(1) 표준화 검사

표준화 검사란 '개인의 지적지능, 성격, 학습기능 등의 특정 부분을 표준화된 조건하에서 측정하도록 고안된 일련의 행동 표본 집합체이다'(김동일 외, 2017). 표준화 검사는 측정하려는 측면의 구인 결과를 비교하여 개인차를 체계적으로 알아보고 그 특성을 수량화하여 수량으로 표현할 수 있다. 표준화 검사의 가장 큰 장점은 정의된 영역에 대한 검사대상의 기능을 객관적으로 알아볼 수 있으며, 짧은 시간이 소요되며 규준화된 정보를 제공하는 것이다. 그 외 장점으로서 신뢰도, 타당도 등의 내적준거가 존재하여 검사의 질을 평가할 수 있으며, 개인의 특성을 객관적으로 수량화하여 표현할 수 있다. 단점은 제한적인 정보를 제공하는 것과 한 측면만 정보가 제공되기 때문에 전체를 이해하는데 한계가 있다.

(2) 면접

면접은 언어로 표현되는 특성을 가지며 표준화 검사보다 개방적인 특성을 나타낸다(김동일 외, 2017). 면접의 장점은 능숙한 면접자일 경우 대상자에게 자유롭게 질문하고 설명이 더 필요한 부분을 그 자리에서 바로 확인할 수 있으며, 대상자의 맥락적인 정보나 생애에 대하여 자세한 정보를 얻을 수 있다. 또한 질문 대상의 언어적, 비언어적 행동을 통해 정보를 얻을 수 있고 유연하게 평가를 진행할 수 있으며, 평가의 대상자가 신체활동에 제한이 있거나 낮은 지적 수행능력이 있을 경우에도 적절하게 적용할 수 있는 장점이 있다. 면접방법은 내적준거를 확보하기 어려운 단점이 있는데, 이를 개선하기 위해 구조화된 면접방법(structured interview)을 사용하기도 한다. 이외에 면접은 평가대상자가 부정확한 정보를 제공할 시 객관성을 가지기 어려우며, 면접자가 의도치 않은 영향력이 미칠 수 있으며, 편견이 작용할 수 있는 제한점이 있다.

(3) 관찰

관찰은 '각 생활 장면에서 나타나는 평가 대상을 행동으로 직접 기술한 것'(김동일 외, 2017)이다. 교육측정분야에서 관찰은 중요한 평가방법이며 대상자에게 '객관적'이고 '정당'한 기준을 제공할 수 있도록 전문가들에 의해 사용되었다(김동일 외, 2017). 관찰평가의 특징은 아동의 자연스러운 행동을 평가할 수 있고, 대인관계나 학습 양식을 평가할 수 있으며, 아동의 행동과 반응을 동시에 평가할 수 있으며, 장애가 있거나 매우 어린 유아들을 평가할 수 있다. 이러한 특징을 지닌 관찰평가는 규준지향 표준과 검사가 다른 문화권 또는 소수집단을 제대로 고려하지 못한다는 점, 교수와 평가의 차이가 나타나는 점(Deno, 1985) 등의 제한점을 보완하는 규준평가 도구의 보조수단으로 활용되었다.

관찰방법의 종류는 이야기 기록법(narrative recording), 시간표집법(interval recording), 사건기록법(event recording), 척도사용법(rating recording) 등이 있다. 이야기 기록법은 아동의 자연스러운 행동들을 있는 그대로 기술하는 것이다. 시간표집법은 초점이 되는 아동의 행동을 관찰하되 일정 시간 간격을 두고 관찰하는 것이며 사건표집법은 수집 단위가 특정 사건으로 일정 관찰시간 동안 표적사건이 발생할 때마다 기록을 한다. 척도사용법은 일정 관찰기간이 끝난 후 마지막에 척도를 사용하여 대상의 행동을 평가하는 방법이다.

(4) 비형식적 검사

비형식적 검사는 표준화된 규준지향검사를 보완하여 좀 더 다양하고 깊은 정보를 얻게 한다. 예를 들어, 교사는 대상아동의 읽기능력을 평가할 때 규준지향검사를 사용하며 동시에 대상아동에게 수업시간에 직접 글을 읽도록 하고 교과목별 읽기 수행능력이 어떻게 다른지 확인할 수 있다. 비형식적 검사는 직접 만들 수도 있고 이미 개발된 검사를 차용할 수 있으며 해석 시 주의가 필요하다.

지금까지 살펴본 네 가지 평가는 상호 보완을 통해 평가대상자에 관하여 적절한 의사결정이 내려져야 하고 각각의 평가도구에서 나온 결과들이 상이하다면 그 이유를 찾아야 진단이 올바르게 이루어질 수 있다.

2 검사의 종류(지능, 성격, 학습검사)

학교장면에서는 다양한 검사가 진행되고 있다. 본 절에서는 지능, 성격, 학습검사의 예를 살펴 볼 것이다.

1) 지능검사

Spearman(1927)의 2요인 이론(일반 g요인과 특수 s요인)을 중심으로 Thurston(1938)의 다요인 이론, Vernon(1950)의 위계 모형이 지능이론으로 대표적이다. 교육학 분야에서 인지수준을 평가하기 위하여 다양한 지능검사가 실시되고 있다. 지능 검사의 예로서 한국 웩슬러 유아지능검사, 한국 웩슬러 아동청소년검사, K－ABC 등이 있다. 본 절에서는 웩슬러 아동청소년검사를 중심으로 설명한다.

(1) 웩슬러 지능검사 개관

현재 우리나라에 웩슬러 지능검사는 피검자의 연령대에 따라 유아, 아동·청소년, 성인 3개 모두 표준화되어 사용되고 있다. 그 중 아동·청소년을 대상으로 하는 Wechsler Intelligence Scale for Children(WISC)는 1949년에 개발되었으며, 이 역시 다섯 번째 개정판이 미국과 한국에서 모두 표준화되어 활용되었다(곽금주, 장승민, 2019). 본 절에서는 K－WISC－Ⅳ와 K－WISC－V의 특징을 설명하고 개정된 방향을 소개하도록 하겠다.

① K-WISC-Ⅳ 검사

가) K-WISC 검사 및 구성

K－WISC－Ⅳ의 대상연령은 6세 0개월에서 16세 11개월까지이며, 언어이해(Comprehension index: VCI), 지각추론(Perceptual Reasoning Index; PRI), 처리속도(Processing Speed Index;

PSI), 작업기억(Working Memory Index; WMI)과 전체 지능점수를 포함한다. 언어이해(VIC)는 언어추론, 이해, 개념화, 단어지식 등을 측정하며, 지각추론(PRI)은 시각적 자극을 통합, 비언어적 추론 능력, 시각－운동 기술 적용 능력을 측정하고, 처리속도(PSI)는 단순한 시각정보를 빠르고 정확히 탐색 및 변별하는 능력, 정신 속도와 소근육 처리속도를 측정한다, 작업기억(WMI)은 주의력, 집중력, 작업기억을 측정한다. K－WISC－Ⅳ는 15개의 소검사로 구성되어 있으며, <표 4.11>에 소검사와 설명이 제시되어 있다.

표 4.11 K-WISC-IV의 소검사

소검사	설명
토막짜기(BD)	아동이 제한시간 내에 흰색과 빨간색으로 이루어진 토막을 사용하여 제시된 모형이나 그림과 똑같은 모양을 만든다.
공통성(SI)	아동이 공통적인 사물이나 개념을 나타내는 두 개의 단어를 듣고, 두 단어가 어떻게 유사한지를 말한다.
숫자(DS)	숫자 바로 따라하기에서는 검사자가 큰 소리로 읽어준 것과 같은 순서로 아동이 따라한다. 숫자 거꾸로 따라하기에서는 검사자가 읽어준 것과 반대 방향으로 아동이 따라한다.
공통그림찾기(PCn)	아동에게 두 줄 또는 세 줄로 이루어진 그림들을 제시하며, 아동은 공통된 특성으로 묶일 수 있는 그림을 각 줄에서 한 가지씩 고른다.
기호쓰기(CD)	아동은 간단한 기하학적 모양이나 숫자에 대응하는 기호를 그린다. 기호표를 이용하여 아동은 해당하는 모양이나 빈 칸 안에 각각의 기호를 주어진 시간 안에 그린다.
어휘(VC)	그림 문항에서 아동은 소책자에 있는 그림들의 이름을 말한다. 말하기 문항에서는, 아동은 검사자가 크게 읽어주는 단어의 정의를 말한다.
순차연결(LN)	아동에게 연속되는 숫자와 글자를 읽어주고, 숫자가 많아지는 순서와 한글의 가나다 순서대로 암기하도록 한다.
행렬추리(MR)	아동은 불완전한 행렬을 보고, 다섯 개의 반응선택지에서 제시된 행렬의 빠진 부분을 찾아낸다.
이해(CO)	아동은 일반적인 원칙과 사회적 상황에 대한 이해에 기초하여 질문에 대답한다.
동형찾기(SS)	아동은 반응 부분을 훑어보고 반응 부분의 모양 중 표적모양과 일치하는 것이 있는지를 제한시간 내에 표시한다.
빠진곳찾기(PCm)	아동이 그림을 보고 제한시간 내에 빠져있는 중요한 부분을 가리키거나 말한다.
선택(CA)	아동이 무선으로 배열된 그림과 일렬로 배열된 그림을 훑어본다. 그리고 제한시간 안에 표적그림들에 표시한다.

상식(IN)	아동이 일반적 지식에 관한 광범위한 주제를 다루는 질문에 대답을 한다.
산수(AR)	아동이 구두로 주어지는 일련의 산수문제를 제한시간 내에 암산으로 푼다.
단어추리(WR)	아동이 일련의 단서에서 공통된 개념을 찾아내어 단어로 말한다.

출처: K-WIS-IV 전문가 지침서(곽금주, 오상우, 김청택, 2011).

나) 검사 실시 및 해석

주요 검사들이 실시되고, 이어 보충검사들이 실시된다. 모든 검사는 계산된 생활연령에 맞는 시작점이 있으며, 연속하여 0점을 받는 경우(소검사 마다 차이가 있음) 검사를 중지하고, 소검사별로 제시된 안내에 따라 실시한다. K-WISC-IV의 검사결과는 ① K-WISC-IV검사 소개, ② 소검사별 결과 프로파일 ③ 하위영역별 및 전체 지능 결과 프로파일 ④ 지표 수준 및 소검사 수준의 점수 차이 비교 ⑤ 소검사별 강약점 ⑥ 처리점수 분석 결과를 제공한다.

② K-WISC-V 검사

K-WISC-V(곽금주, 장승민, 2019)는 K-WISC-IV의 제한점을 보완하고자 개정되었다. 구체적으로 K-WISC-V는 K-WISC-IV의 네 가지 지표와 다르게 다섯 가지 기본지표 점수를 제공한다. 시공간 지표(VSI)와 유동추론 지표(FRI)가 새롭게 추가된 다섯 가지 기본 지표는 언어이해(Verbal Comprehension: VCI), 시공간(Visual Spatial: VSI), 유동추론(Fluid Reasoning: FRI), 작업기억(Working Memory; WMI), 처리속도(Processing Speed: PSI) 점수이다. 이는 인지능력 평가와 유동적 추론에 대한 평가를 강화하고자 하는 K-WISC-V의 개발 방향을 알 수 있다. 또한 다섯 가지 추가 지표인 양적추론(Quantitative Reasoning), 청각작업기억(Auditory Working Memory), 비언어(Nonverbal), 일반능력(General Ability), 인지효율(Cognitive Proficiency)을 도입하였고, 실시와 채점 절차가 수정되었다.

2) 성격검사

(1) MMPI

미네소타 다면적 인성검사(Minnesota Multiphasic Personality Inventory, MMPI)는 Hathaway와 McKinley(1943)에 의해 개발된 것으로 전 세계적으로 사용되는 표준화 성격검사이

다. MMPI-2는 총 567개의 문항으로 재구성 임상척도, 내용척도, 보충척도, 성격병리 5요인 척도(PSY-5 척도) 등이 포함되었으며, 원판 MMPI의 기본 타당도 척도 및 임상척도의 틀은 그대로 유지되었다. 구시대적인 표현, 성차별적인 문구 등은 제외되고 대신 성적표현, 자살 및 약물문제 등이 포함되었다(김동일 외, 2017).

① 검사의 구성

MMPI-2는 기존 부인척도(L), 비전형척도(F), 교정척도(K)에 6개의 차당도 척도가 추가되었으며, 자세한 내용은 <표 4.12>와 같다. 이 외에 임상척도와 재구성임상척도 9개, 내용척도, 보충척도 및 성격병리 5인 척도가 포함된다.

표 4.12 MMPI-2 타당도 척도

척도명	약어	문항수	내용
무응답척도	?		응답하지 않은 문항이나 '네', '아니요' 모두에 답한 문항들의 총합
부인척도	L	15	여러 가지 사소한 결점과 성격적 결함에 대해 물어서 대부분 망설임 없이 인정할 수 있는 내용의 문항들로 구성된 척도로, 수검자가 자신을 좋은 방향으로 나타내 보이려는 세련되지 못한 지도를 측정
비전형척도	F	60	대다수의 보통 사람이 흔히 대답하지 않는 내용의 문항들로 구성된 척도
교정척도	K	30	입원한 환자이지만 정상 프로파일을 보이는 사람과 어떤 이유로 비정상적 프로파일을 보이는 정상인을 감별할 목적으로 구성된 척도
무선반응 비일관성 척도	VRIN	98	내용이 유사하거나 상반되는 문항쌍으로 구성된 척도
고정반응 비일관성 척도	TRIN	40	내용이 상반된 문항쌍으로 구성된 척도
비전형-후반부 척도	F(B)	40	검사 후반부에 보통사람들이 흔히 대답하지 않는 내용의 문항들로 구성된 척도
비전형-정신병리척도	F(P)	27	규준집단과 정신과 외래환자 모두 매우 낮은 빈도로 반응을 보인 문항들로 구성된 척도
증상타당도	FBS	43	개인 상해 소송 장면에서 자신의 증상을 과장하는 사람들을 탐지하기 위한 목적으로 구성된 척도
과장된자기제시 척도	S	50	인사 선발 장면에서 자신을 좀 더 긍정적으로 보이고자 하는 사람들을 가려낼 목적으로 구성된 척도

3) 학습검사

본 절에서는 현장에서 학습평가 진단검사도구로 많이 사용되는 기초학습기능 수행평가체제(BASA), 국립특수교육원 기초학력검사(NISE-B·ACT)를 살펴보기로 한다. 이들 검사는 읽기, 쓰기, 수학 영역별 또는 전반적으로 측정해 피검자의 학습능력을 확인하여 학습에 어려움이 있는 학생들을 선별하거나 교육 프로그램을 계획하는 데 정보를 준다. 또한 기초학습기능 수행평가체제(BASA), 국립특수교육원 기초학력검사(NISE-B·ACT)는 규준이 있는 검사로서 검사결과에 백분위 점수, 표준점수, 학년 규준 등이 제시된다.

(1) 기초학습기능 수행평가체제(BASA: Basic Academic Skills Assessment)

① 개념

BASA는 초등학생 이상의 학령기 아동 및 성인을 포함하여 읽기/쓰기/수학 장애진단 및 변화 점검을 목적으로 개발된 검사이다. 교육과정중심측정(CBM: Curriculum-Based Measurement) 절차에 근거하여 개발된 BASA는 학생이 실제 학습한 내용을 평가하고 결과를 중재계획에 반영하는 형태로 표준화 검사가 중재계획에 실제적으로 유용한 정보를 제공하지 못하는 약점을 보완하는 대안적인 평가 접근이다. 검사 실시 소요시간이 적고 간편하며 비용이 적게 들어가며, 자주 사용할 수 있다는 점에서 학생 수행수준을 점검하기 위한 형성평가로 활용할 수 있다.

② 구성

BASA는 학습기초능력인 3R, 즉 읽기, 쓰기, 수학 영역의 기초학습기능의 수행 수준을 파악하는 것은 물론 중재에 따른 진전도를 평가하고 모니터링 할 수 있도록 개발된 검사이며, 기초부터 심화과정으로 각각 3단계로 나누어 구성된다. 하위검사별 설명은 <표 4.13>과 같다. 각 영역별 검사는 기초평가와 형성평가로 구성되어 있다.

표 4.13 기초학습기능 수행평가 체제(BASA)의 종류

구분	읽기(Reading)	수학(Arithmetic)	쓰기(Writing)
심화	BASA-V(어휘검사) BASA-RC(이해검사) (*어휘와 이해)	BASA-MP(문장제검사) (*수학 문장제)	BASA-쓰기검사 (*작문/생각쓰기 및 작문의 질)
유창성	BASA-R(읽기검사) (*음독유창성)	BASA-M(수학 연산검사) (*연산유창성)	BASA-쓰기검사 (*작문/쓰기유창성)

기초	BASA－EL(초기읽기) (*음운인식)	BASA－EN(초기수학) (*수감각, Number Sense)	－ (*철자/듣고쓰기) (*습자/보고쓰기)

(2) 국립특수교육원 기초학력검사(NISE–B · ACT)

① 개념

국립특수교육원 기초학습능력검사(National Institute for Special Education－Basic Academic Competence Test, NISE－B · ACT)는 만 5세 0개월에서 만 14세 11개월을 대상으로 하는 표준화된 기초학습능력 검사도구이다. 검사의 목적은 기초학습능력을 평가하여 특수교육대상 학생을 선별하며 기초학습능력을 진단하기 위하여 개발되었다. 검사결과는 학생의 적격성 및 교육 프로그램 계획과 실시에 필요한 정보를 제공한다는 점에서 의의가 있다.

② 구성

NISE－B · ACT는 기초학습영역인 읽기, 쓰기, 수학영역으로 구성되었다. 읽기영역은 음운처리검사, 글자 · 단어 인지 검사, 유창성 검사, 어휘검사, 읽기이해 소검사로 구성되었으며, 쓰기영역은 글씨쓰기, 철자하기, 글씨쓰기 소검사로 구성되어 있다. 그리고 수학영역은 수와 연산, 도형, 측정, 규칙성, 자료와 가능성으로 구성되어 있다.

그림 4.17 NISE–B · ACT의 구성

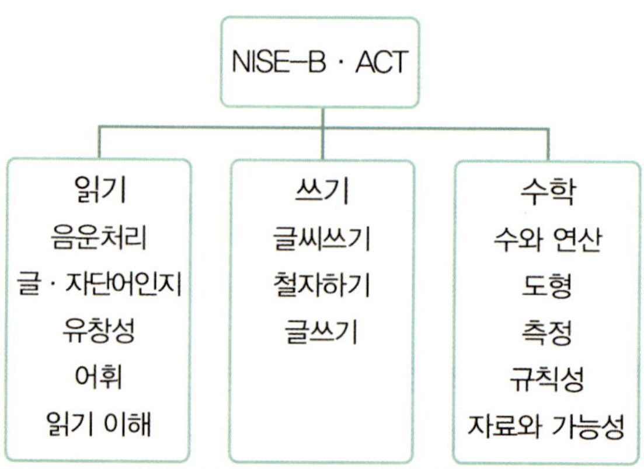

PART 04 기출문제

교육심리학

01 20세기 초 교육심리학의 발전과정에 대한 설명으로 올바른 것은?

① 학습자의 사고과정이 연구의 중심이 되었다.
② 손다이크는 「교육심리학(Educational Psychology)」이라는 최초의 교육심리학 교재를 출간하였다.
③ 학습모형과 같은 수업설계에 관한 연구가 정착되었다.
④ 교수과정에 대한 연구가 교육심리학 분야에서 주류를 이루었다.

02 교육심리학의 연구방법에 대한 설명으로 옳지 않은 것은?

① 질적연구는 특정 사례나 현상을 심층 탐구할 수 있다.
② 실험연구에서는 가외변수들의 영향을 통제하는 것이 중요하다.
③ 학업성적과 학교생활적응 간의 관련성에 대한 연구는 상관연구로 진행한다.
④ 단일 대상연구는 질적연구방법으로 교육심리학 연구에서 자주 사용된다.

03 양적연구에서 자료를 수집하는 방법에 대한 설명으로 옳지 않은 것은?

① 기존 자료를 연구에 필요한 자료로 활용할 수 있다.
② 행동관찰을 할 때 조작정의를 한 뒤 자료 수집을 한다.
③ 관찰법은 직접 관찰자가 행동을 관찰하는 것만을 뜻한다.
④ 기록법은 시간기록법, 시간표집법, 반응지연 시간 기록법 등을 포함한다.

04 길포드(Guildford)의 지능구조이론의 구성 범주에 포함되는 것을 모두 고른 것은?

ㄱ. 내용	ㄴ. 결과	ㄷ. 조작	ㄹ. 지각

① ㄱ, ㄴ, ㄹ ② ㄱ, ㄷ ③ ㄷ, ㄹ ④ ㄱ, ㄴ, ㄷ

05 다음 중 스턴버그(Sternberg)의 삼원지능이론에 속하는 이론이 아닌 것은?

① 상황적 하위이론 ② 경험적 하위이론
③ 요소적 하위이론 ④ 결과적 하위이론

06 가드너(Gardner)의 다중지능이론에 관한 설명으로 옳지 않은 것은?

① 지능은 일반지능과 같은 단일 능력이 아닌 다수의 능력으로 구성된다고 본다.
② 지능을 성분적 지능, 경험적 지능, 상황적 지능으로 구분하였다.
③ 이후 성공지능(SQ), 감성지능(EQ) 등에 영향을 주었다.
④ 개인 내 지능이란 자신의 감정에 접근할 수 있는 능력을 의미한다.

07 인간이 지닌 다양한 지능들은 상대적으로 중요성이 동일하며, 상호작용하게 된다고 주장한 학자는 누구인가?

① 서스톤 ② 시몬 ③ 길포드 ④ 가드너

08 김 교사는 학업성적이 낮은 초등학교 6학년 서연이의 학습부진 원인이 지능 때문은 아닐까 싶어, 조 상담교사에게 지능검사를 의뢰하였다. 다음 중 이 학생에게 사용하기 적절한 검사는?

① K-WISC-V ② K-WPPSI ③ K-WAIS-IV ④ MBTI

09 편차 지능지수에 관한 설명으로 옳은 것은?

① 정규분포 가정이 적용되지 않는다.
② 비네-시몬이 검사에서 사용한 지수이다.
③ 한 개인의 점수는 같은 연령 수준 내에서 비교된다.
④ 중년 집단에게 적용하는 데에는 한계가 있다.

10 9세 아동의 편차 IQ가 90이라면 해당 아동이 속해 있는 범위는?

① 동 연령집단의 상위 0,.1~2%
② 동 연령집단의 상위 2~14%
③ 동 연령집단의 상위 14~34%
④ 동 연령집단의 상위 34~68%

11 지능검사의 역사로 바른 것은?

① 집단지능검사는 다수의 학생들을 검사하기 위해 사용되기 시작했다.
② 육군알파검사에는 동작성 검사가 포함된다.
③ 지능검사는 1883년 프랑스에서 의무교육제도가 실시되면서 시작되었다.
④ 스텐포드-비네검사는 최초의 지능검사이다.

12 다음의 정의가 뜻하는 것은?

> 새롭고 신기한 것을 산출하는 능력(Guildford, 1959)

① 창의성　② 감수성　③ 인내력　④ 활동성

13 다음 중 창의성을 구성하는 요인으로 짝지어진 것은?

ㄱ. 유창성　　ㄴ. 융통성　　ㄷ. 독창성

① ㄱ　② ㄱ, ㄷ　③ ㄱ, ㄴ, ㄷ　④ ㄴ, ㄷ

14 다음을 의미하는 창의성의 구성요소는?

제한된 시간 내에 얼마나 많은 양의 반응을 보일 수 있는지에 대한 능력이다.

① 독창성　② 융통성
③ 유창성　④ 답 없음

15 왈라스(Wallas)의 창의적인 사고 단계의 순서에 맞게 배열하시오.

① 부화단계 – 준비단계 – 발현단계 – 검증단계
② 준비단계 – 부화단계 – 검증단계 – 발현단계
③ 검증단계 – 준비단계 – 부화단계 – 검증단계
④ 준비단계 – 부화단계 – 발현단계 – 검증단계

16 어떤 사람이 동그라미 16개를 다양하게 꾸며보라는 제시를 듣고, 다양한 맛의 도넛 16개를 그렸을 경우 받게 되는 평가에 대해 옳은 것은?

① 독창성과 융통성 점수 모두 높은 점수를 받는다.
② 융통성과 유창성 모두 높은 점수를 받는다.
③ 독창성 평가에서 높은 점수를 받는다.
④ 유창성 점수는 받을 수 있지만 융통성 점수는 낮은 것으로 평가된다.

17 다음의 SCAMPER 기법 중 어울리는 것은?

> 이어폰의 줄을 없애 보다 간편하게 사용할 수 있도록 하였다.

① 결합하기
② 다른 용도로 사용하기
③ 제거하기
④ 재배치하기

18 브레인스토밍의 네 가지 원칙에 해당하지 않는 것은?

① 비판 금지
② 자유로운 사고 적용
③ 핵심 아이디어만 제시
④ 결합과 종합하여 새로운 아이디어를 제안

19 부화 단계가 필요한 이유에 대한 설명으로 알맞은 것은?

① 무의식적으로 검토하며 사고를 숙고하고 모색하기 위함이다.
② 발견된 해결책을 수렴하기 위해서다.
③ 직관, 통찰을 이루어냈기 때문이다.
④ 중요하지 않은 일이라 생각되기 때문이다.

20 성취목표지향성에 관하여 옳은 것은?

① 학습목표를 추구하는 학습자는 타인에게 어떻게 보이는지에 큰 관심을 가진다.
② 어려움에 직면할 때 수행목표를 가진 학생들이 더 끈기 있게 학습한다.
③ 수행목표를 지닌 학생들은 시험에서 불안이 낮다.
④ 학습자들이 학습목표에 관심을 더 가지도록 격려하는 환경을 구성하는 것이 중요하다.

21 와이너(B. Weiner)의 귀인이론에 관한 설명으로 옳지 않은 것은?

① 학습자가 학습결과의 원인을 무엇인지에 대해 믿는 것을 귀인이라 한다.
② 학습자가 자신의 노력에서 원인을 찾을 때 학습동기는 높아진다.
③ 안정성 차원은 학습자 자신에게만 찾을 수 있다.
④ 학습자가 낮은 시험 점수의 원인을 시험당일의 건강이라 생각하는 것은 내적 불안정성 차원이다.

22 다음은 귀인이론에서 외적이며 안정성 차원과 관련된 것은?

① 시험 치는 중에 배가 아파 성적이 떨어졌다.
② 시험 난이도가 높아 성적이 떨어졌다.
③ 이번 시험은 이전에 비해 공부를 안 해서 성적이 떨어졌다.
④ 원래 공부에 소질이 없어 성적이 떨어졌다.

23 자기통제력의 발달과 가장 거리가 먼 것은?

① 만족지연사고
② 외적통제사고
③ 충동억제능력
④ 내적통제사고

24 다음의 견해를 설명할 수 있는 동기이론은?

> '지연이는 자신의 행동을 스스로 조절할 수 있다는 믿음에 의해 동기 유발이 돼서 열심히 공부하고 있어요.'

① 귀인이론
② 기대–가치이론
③ 욕구위계 이론
④ 자기결정성 이론

25 동기에 관한 설명으로 가장 옳지 않은 것은?

① 배움의 기쁨은 내적동기에 해당한다.
② 내적동기는 자신이 무엇을 안다는 것 자체가 즐거움으로 작용한다.
③ 외적동기는 지속적인 동기로 작용한다.
④ 외적동기는 결과 자체에 초점을 둔다.

26 매슬로우(Maslow)의 욕구단계에 관한 설명으로 옳지 않은 것은?

① 안전의 욕구 – 의존, 질서의 욕구
② 소속감과 사랑의 욕구 – 친분, 우정, 존경의 욕구
③ 생리적 욕구 – 음식, 물, 수면 욕구
④ 자존감의 욕구 – 신뢰감, 독립, 칭찬의 욕구

27 매슬로우(Maslow)의 동기이론에 대한 설명으로 가장 옳지 않은 것은?

① 매슬로우(Maslow)에 따르면 충족된 욕구는 동기부여의 역할이 약화되고 다음 단계의 욕구가 새로운 동기 요인으로 작동한다.
② 매슬로우(Maslow)에 따르면 상위 수준에서 하위 수준의 욕구로 후퇴할 수 없다.
③ 매슬로우(Maslow)에 따르면 자기실현 욕구는 사람마다 큰 차이가 있다.
④ 매슬로우(Maslow)에 따르면 연령에 따른 욕구발달단계를 구체적으로 제시하였다.

28 고전적 조건형성을 증명하고자 한 파블로프(Pavlov)가 진행한 종소리 실험에서 고기 없이 종소리만 울려도 침을 흘리게 되는 과정은 어떤 개념을 뜻하는 것인가?

① 무조건 자극
② 조건 자극
③ 무조건 반응
④ 조건 반응

29 행동주의 학습이론 원리 중 목표행동을 하였을 경우 혐오스러운 자극을 제거해줌으로써 행동의 빈도를 증가시키는 방법은?

① 부가적 벌 ② 제거적 벌
③ 정적강화 ④ 부적강화

30 다음은 강화계획에 대한 설명이다. 옳지 않은 것은?

① 고정간격으로 강화를 줄 경우 강화가 일어나기 전까지는 행동을 거의 하지 않다가 강화가 주어지는 시간이 다가올 때 폭발적인 노력을 함을 확인할 수 있다.
② 변동간격의 대표적인 예에는 음주운전 측정 검사가 있다.
③ 모든 행동에 강화를 주는 것은 간헐적 강화라고 한다.
④ '10문제를 풀면 스티커 하나를 주겠다'라는 것은 고정비율에서 활용하는 예로 볼 수 있다.

31 사회인지학습이론을 창시한 사람으로 다른 사람을 관찰함으로써 행동에 변화가 발생함에 중점을 둔 이론가는 누구인가?

① 스키너 ② 가드너
③ 반두라 ④ 비네

32 관찰학습에 대한 설명으로 옳은 것은?

① 공격적인 행동에 대해 칭찬과 상품을 받는 어른의 영상을 본 아동은 아무것도 받지 않은 아동보다 놀이를 하는 데 있어 더 공격적이었다.
② 거울뉴런 존재를 바탕으로 개인은 타인의 감정까지 공유하기는 어려움을 확인할 수 있었다.
③ 학습자는 주의를 기울여 관찰한 후 기억 속에서 망각하지만 나중에 따라할 수 있게 된다.
④ 관찰학습을 할 때 관찰대상이 받는 강화는 중요하지 않다.

33 정보처리이론 과정과 관련하여 옳은 것은?

① 감각기관은 정보를 마지막에 저장하는 곳이다.
② 작업기억은 중앙집행기, 음운고리, 시공간 스케치판으로 구성되어 있다.
③ 중앙집행기는 시각정보와 공간정보를 작업기억에 처리하는 곳이다.
④ 음운고리는 청각적 정보가 사라지기 전에 짧은 시간 동안이라도 임시보관하는 음운저장소와 실제 소리는 없이 마음속으로만 말하는 조음시연으로 이루어진다.

34 암묵적 지식으로도 불리며, 자전거를 타는 방법과 같이 오랫동안 사용하지 않아도 쉽게 되살아나는 기억을 무엇이라고 하는가?

① 선언적 지식
② 조건적 지식
③ 절차적 지식
④ 필요적 지식

35 선택적 주의의 대표적인 사례로 시끄러운 곳에서 자신이 듣고자 하는 소리에 주의를 집중해서 듣는 것을 말한다. 이로 인해 시끄러운 곳에서도 자신에게 익숙한 목소리는 더 잘 들리는 현상이 발생한다. 이는 무엇인가?

① 칵테일파티효과
② 알코올파티효과
③ 핑거푸드파티효과
④ 생일파티효과

36 완전학습수준 이상으로 학습을 계속함을 의미하며, 초과로 학습하는 것을 의미하는 부호화 전략은?

① 조직화
② 초과반복학습
③ 맥락화
④ 자기참조적 부화

37 회상의 두 가지 종류로 바르게 짝지어진 것은?

① 자유회상, 역순회상
② 자유회상, 순차적회상
③ 고정회상, 역순회상
④ 고정회상, 순차적회상

38 다음 상황을 보고 간섭의 순서를 순서대로 맞춰보세요.

상황	학생이 영어로 'carrot'임을 알고 있는데, 프랑스어 'carotte'를 배운 후, 시험을 보는 상황 1) 영어 carrot 대신 프랑스어 carotte를 적는 것 2) 프랑스어 carotte 대신 영어 carrot을 적는 것

① 역행간섭, 순행간섭
② 순행간섭, 역행간섭
③ 직진간섭, 역행간섭
④ 순행간섭, 직진간섭

39 비고츠키가 주장한 핵심원리로 알맞게 짝지어진 것은?

ㄱ. 사회적 학습, ㄴ. 근접발달영역, ㄷ. 인지적 도제, ㄹ. 매개학습

① ㄱ, ㄴ
② ㄱ, ㄴ, ㄷ, ㄹ
③ ㄷ, ㄹ
④ ㄴ, ㄷ, ㄹ

40 효과적인 학습전략을 스스로 알고 학습을 조직하고 학습계획을 세우며 학습하는 과정을 무엇이라 하는가?

① 자기조절학습
② 발견학습
③ 사회학습
④ 자동학습

41 가네의 교수이론에 대한 설명으로 틀린 것은?

① 가네는 학습목표의 다섯 가지 영역을 제시하였다.
② 효과적인 수업은 학습자의 내적자극과 수업의 외적자극이 잘 갖추어진 수업이다.
③ 가네는 지적기능에서만 학습위계가 나타난다고 하였다.
④ 아홉 가지 교수사태 중 첫 번째 단계는 주의집중 단계이다.

42 다음 중 발견학습의 특징으로 가장 옳은 것은?

① 토론활동이 강조된다.
② 학습자에게 자유로운 학습환경을 제공한다.
③ 학습자의 학습향상이 가장 큰 목표다.
④ 학습자 스스로가 지식에 의미를 부여한다.

43 브루너의 발견학습에 근거하여 교사의 행동과 가장 거리가 먼 것은?

① 내재적 보상을 외재적 보상보다 강조한다.
② 다양한 학습 자료를 제공한다.
③ 학습경향성을 자극할 수 있는 경험을 제공한다.
④ 모든 학습자에게 동일한 학습계열을 제공한다.

44 오수벨의 교수단계에서 선행조직자의 목적에 대한 설명으로 가장 거리가 먼 것은?

① 용어를 소개한다.
② 유의미 학습을 촉진한다.
③ 스키마를 활성화한다.
④ 관련 정착 지식을 구축한다.

45 오수벨의 선행조직자에 대한 설명으로 옳지 않은 것은?

① 선행조직자는 수업의 첫 단계에서 제시된다.
② 선행조직자는 그림, 영상, 도표로 제시될 수 있다.
③ 선행조직자 작동으로 인지구조를 강하게 하는 것은 새로운 정보 습득에 도움이 된다.
④ 선행조직자는 본시 학습자료와 같은 수준의 일반성을 가진다.

46 다음 중 용어에 대한 설명으로 가장 거리가 먼 것은?

① 측정이란 대상 속성에 숫자를 부여하는 것이다.
② 평가 시 평가대상에 가치판단이 들어가서는 안 된다.
③ 사정은 교육적 의사결정에 필요한 자료를 수집하는 과정을 뜻한다.
④ 검사는 평가활동에 중요한 위치를 차지한다.

47 다음 중 평가방법에 대한 설명으로 가장 거리가 먼 것은?

① 표준화 검사는 내적기준이 있다.
② 평가는 형식적 검사와 비형식적 검사가 있다.
③ 평가는 한 가지 방법만 선택하여 철저하게 진행해야 한다.
④ 면접방법에서 면접자는 대상자에게 의도치 않은 영향력을 주는 것을 경계해야 한다.

48 다음 중 지능검사에서 얻을 수 있는 정보에 대한 설명으로 가장 거리가 먼 것은?

① 개인의 적성을 알 수 있다.
② 개인의 인지적-지적 기능의 특성 파악이 가능하다.
③ 개인의 지적 능력 수준을 평가한다.
④ 임상적 진단을 명료하게 해준다.

49 다음 중 MMPI-2의 타당성을 고려할 때 가장 거리가 먼 것은?

① S는 자신을 좀 더 긍정적으로 보이고자 하는 사람들을 가려낼 목적으로 구성되었다.
② L은 대부분 망설임 없이 인정할 수 있는 내용의 문항들로 구성되었다.
③ '?'는 응답하지 않은 문항이나 '아니요'에 답한 문항들의 총합이다.
④ F는 대다수 사람이 흔히 대답하지 않는 내용의 문항들의 척도이다.

50 다음 중 학습검사에 대한 설명으로 가장 거리가 먼 것은?

① 기초학습기능 수행평가체제는 표준화 검사의 한계를 보완하는 대안적 평가로 활용될 수 있다.
② 기초학습기능 수행평가체제 영역은 읽기, 쓰기, 수학을 포함한다.
③ NISE-B · ACT의 쓰기영역 소검사는 글씨쓰기, 철자하기, 글쓰기가 포함된다.
④ NISE-B · ACT는 성인을 대상으로 하는 기초학습능력 검사도구이다.

정답

01. ②	02. ④	03. ③	04. ①	05. ④	06. ②	07. ④	08. ①	09. ③	10. ④
11. ③	12. ①	13. ③	14. ③	15. ④	16. ④	17. ③	18. ③	19. ①	20. ④
21. ③	22. ②	23. ②	24. ①	25. ③	26. ②	27. ④	28. ④	29. ④	30. ②
31. ③	32. ①	33. ④	34. ③	35. ①	36. ②	37. ②	38. ①	39. ②	40. ①
41. ③	42. ③	43. ④	44. ①	45. ④	46. ②	47. ③	48. ①	49. ③	50. ④

강성호(2018). 반려동물 행동학. 박영스토리.

강태신(2005). 범죄 청소년 보호요인 강화를 위한 동물매개치료 및 심리 프로그램 효과성 연구. 석사학위 논문. 경기대학교 대학원.

강태영(2011). 동물행동학 기반 동물 애니메이션 동작 표현 방법에 관한 연구. 건국대학교 디자인대학원. 석사학위논문.

강현정(2012). 부모놀이치료가 다문화가정 아버지의 양육스트레스 및 공감능력과 자녀의 자아존중감에 미치는 효과분석, 남서울대학교 대학원, 석사학위논문.

강형욱(2019). 당신은 개를 키우면 안 된다. 혜다.

공일주(2010). 꾸란의 이해: 정통 이슬람과 민속 이슬람, 한국외국어대학교 출판부.

곽금주, 장승민(2019). 한국 웩슬러 아동지능검사 5판. 서울: 학지사.

권복규, 김현철(2009). 생명 윤리와 법, 이화여자대학교출판부,

권준범, 미술활동에 내재된 심리치료 요인에 대한 연구 (한국미술교과교육학회, 사향미술교육논총 제10호 2003) p. 25.

권지민(2012), 지적장애 아동을 위한 음악치료 프로그램, 서울장신대학교 전인치유선교대학원, 석사논문학위.

권현분(2009) 정신장애인의 매개견 돌봄 과정에 대한 질적 사례연구, 공주대학교대학원 박사학위.

김동일, 고은정, 이기정, 최종근, 홍성두(2017). 특수교육 심리 진단과 평가. 서울: 학지사.

김동일, 신종호, 이대식(2016). 학습장애아동의 이해와 교육. 서울: 학지사.

김동훈(2013). 동물법 이야기, 펫러브.

김복택(2017). 반려동물매개치료. 박영story.

김선현, 전세일(2008), 색채요법과 미술치료, 임상미술치료학연구, 2(1) 5－19.

김성천, 노혜련, 최인숙(1998). 학교폭력으로 인해 대인관계의 문제를 갖게 된 청소년에 적용한 동물매개 프로그램의 효과에 대한 연구, 정신보건과 사회사업(제5집), 85－98.

김세영, 윤가현(2010), 노인의 건강을 위한 동물매개치료, 전남대학교 심리학과 한국노년학연구 학술논문.

김소라(2014), 한부모가족의 유형이 청소년 자녀의 우울, 자아존중감, 학교적응에 미치는 영향 : 의사소통의 매개효과를 중심으로, 고려대학교 인문정보대학원 석사학위논문.

김수정 (2014), 임상미술치료가 지적장애인의 직업재활을 위한 손 기민성 및 정서적 행동에 미치는 영향＝(The) effect of clinical art therapy on hand dexterity and emotional behavior for vocational rehabilitation of the intellectual disabilities, 차의과학대학교 통합의학대학원, 석사학위논문.

김아영, 백화정, 정명숙 역(2007). 교육심리학 제10판. Anita Wollfolk 지음. 서울: 박학사.
김연순(2003). 애완동물 기르기와 아동의 외로움 및 또래관계. 숙명여자대학교대학원. 석사학위논문.
김영아(2006), 집단미술치료가 한부모가정 청소년의 우울, 불안에 미치는 효과, 영남대학교 환경보건대학원, 석사학위논문.
김은정(2000). 상반적 행동의 차별강화와 Time out이 자폐성 장애아동의 공격성행동 감소 효과 =(The) Effect on both Differential Reinforcement for Incompatible behaviors and Time-out on Decrease of aggressive behaviors of children with Autistic disorder. 단국대학교 특수교육대학원. 석사학위논문.
김정희(2014). 햄스터. 책공장더불어.
김지영(2015). 인간중심 미술치료가 맞벌이 가정 아동의 우울에 미치는 영향=The Effects of Person-Centered Art Therapy on Depression of Dual-Income Household Children. 한양대학교 교육대학원. 석사학위논문.
김진호(2015). 원예치료프로그램이 학생정서행동특성검사 관심군 중학생의 정서지능에 미치는 효과. 공주대학교 교육대학원 상담심리전공 석사학위논문.
김창대, 김형수, 신을진, 이상희, & 최한나(2011). 상담 및 심리교육 프로그램 개발과 평가. 서울: 학지사.
김춘경(2005). ADLER 상담 및 심리치료. 시그마 프레스.
김태희(2011). 지적장애인의 동물매개프로그램 참여에 관한 연구. 숭실대학교 교육대학원 평생교육·HRD전공 석사학위논문.
김현아(2011). 유아기 자녀를 둔 어머니의 양육스트레스와 놀이치료에 대한 낙인이 놀이치료 기대에 미치는 영향.
김혜정(2014). 미술치료프로그램 참여아동들의 학부모만족도 연구-지역사회복지관 이용아동을 중심으로-가양대학교 행정대학원 사회복지학전공 석사학위논문.
동물권 신장이 인권향상에도 도움이 됩니다, 경향신문, 2012년 9월 5일.
동물권-인권차원서 다뤄야 vs 동물 의인화한 조작극, VERITAS.
로널드 L. 넘버스(2016). 창조론자들. 새물결플러스. 31쪽.
리처드 도킨스, 이용철 역(1997). 이기적인 유전자, 두산동아.
마릴린 크리거(2016). 고양이 클리커 트레이닝. 역: 김소희. 페티앙북스.
매트 리들리, 김윤택 역(2008). 붉은여왕, 김영사.
목광수(2013). 윌 킴리카의 동물권 정치론에 대한 비판적 고찰. 철학, 제117집.
미즈코시 미나(2004). 애견의 심리와 행동. 역: 김환. 그린홈
민주주의는 목소리다 - 2부 ⑥ 우리에게도 함께 살아갈 '권리'가 있다, 경향신문, 2017년 3월 27일.
밀라드 J. 에릭슨, 나용화·황규일 역(2007). 조직신학 개론, 기독교문서선교회.
박하재홍(2013). 돼지도 장난감이 필요해, 슬로비.
배요한(2009). 청소년 가족 기능과 심리적 특성이 학교적응에 미치는 영향: 한부모가족 청소년을 중심으로=The effect of the teenagers'family function and psychological characteristics on the school adaption: Focusing on the teenagers of the single parent family.명지대학교 대학원. 석사학위논문.
변찬석(1994). 자폐성 아동의 정서 재인에 관한 연구. 대구대학교 대학원. 석사학위논문.

보건복지부(2014). 장애인복지법시행령(대통령령 제25701호 [별표 1]).

서경희(2015). 그림책을 활용한 미술치료가 아동의 정서안정과 주의집중력에 미치는 효과. 우석대학교 경영행정문화대학원 미술치료학과 미술치료전공. 석사학위논문.

서울대학교 교육연구소 (1994). 교육학 용어사전. 서울: 하우.

스티븐 로즈 외, 이상원 역(1997). 우리 유전자 안에 없다, 한울.

스티븐 제이 굴드, 김동광 역(1998). 판다의 엄지, 세종서적.

스티븐 제이 굴드, 이명희 역(2002). 풀하우스, 사이언스북스.

스티븐 제이 굴드, 홍동선 외 역(1988). 다윈 이후: 생물학 사상의 현대적 해석, 범양사.

스티븐 존스, 김혜원 역(2008). 진화하는 진화론, 김영사,

신숙재, 이영미, 한정원(2000). 아동중심 놀이치료 아동상담. 서울: 동서문화원.

신현숙, 오선아, 류정희, 김선미(2020). 교육심리학(2판) −이론과 실제−. 서울: 학지사.

안경숙(2006). 대학생들이 지각한 가족응집성, 가족적응성과 자아존중감 간의 관계. 인제대학교. 석사학위논문.

안은숙(2011). 자폐성 장애아동의 예술 치료 선행연구 분석을 통한 프로그램 연구. 한양대학교 교육대학원. 석사학위논문.

안제국(2007). 동물매개치료. 학지사.

야마네 요시히사(2016). 반려동물 Q&A. 역: 이도규. 백마출판사.

요시다 아츠히코 외, 하선미 역(2010). 세계의 신화 전설, 혜원.

우미정(2008). 맞벌이 부모의 양육태도, 양육스트레스와 유아의 사회적 능력과의 관계. 동양대학교 교육대학원. 석사학위논문.

우종학(2017). '개혁신학에서 본 진화 창조론: 무신론 기자, 크리스천 과학자에게 따지다'를 중심으로. 개혁논총, 41: 9-46.

유기섭, 김태호(2006). 교육심리학. 서울: 동문사.

유미숙(1998) 놀이치료과정에서 아동행동과 치료자반응 분석.

윤미원(2005). 자폐 아동의 사례분석을 통한 치료놀이 효과=A Case Study on Theraplay of Autistic Children. 숙명여자대학교 대학원. 박사학위논문.

윤영아(2008). 직업적응훈련 과정의 성인 정신지체인을 위한 집단 미술치료 사례연구. 명지대학교 사회교육대학원. 학위논문.

윤재근, 노자, 나들목, 2004.

이수정, 안석균(2002). 정신분열병 환자들의 정서조절 과정에 있어서의 특성. 한국심리학회지 : 임상, 19(2), 269−279.

이숙 · 최정미·김수미(2002). 현장중심 놀이치료. 서울: 학지사.

이시윤(2012). 전환기 지적장애청소년 자립지원 프로그램 효과성 평가=An Evaluation on the Effectiveness of Self−Support Program for Transitional Ietellectual Disability youth. 신라대학교 대학원. 석사학위논문.

이영아(2004). 놀이치료에 관한 유치원 교사의 인식.

이용남, 강만철, 김계현, 방선욱, 송인섭, 이신동, 이재신, 최진승 (1999). 신교육심리학. 서울 : 학지사.

이장희(2020). 반려동물(때로는 친구처럼, 때로는 부무형제처럼, 함께 살아가는 가족). 리빙북스

이지애(2008). 다문화가정 아동과 일반가정 아동의 학교적응에 관한 비교연구: 자아존중감을 중심

으로. 고려대학교 대학원 석사학위 청구논문.
이지은(2010). 장애청소년의 자아존중감 향상을 위한 연극치료 사례 연구. 서울신학대학교 대학원. 석사학위논문.
이진숙(2005). 애완견 매개활동 프로그램이 자폐아동의 사회적 행동 변화에 미치는 효과 .강남대학교 교육대학원. 석사학위논문.
이태경(2012). 맞벌이가 아동의 자아존중감에 미치는 영향: 애착과 가족관계지각의 매개효과= The Effects of Parents Both Working on Their Children' Selfesteem: Mediation Effects of Attachment and Perceived Family Relationship. 대구가톨릭대학교 교육대학원. 석사학위논문.
이형구, 이종복, 문혜숙, 최옥화, 김옥진, 김병수, 민천식, 황인수(2012). 동물매개치료학. 서울: 동일출판사.
이효신(2000). ADHD 아동의 특성과 중재에 관한 고찰. 정서학습장애연구. 16(1). 159－180.
임윤창(2004).협동적 미술활동이 경도정신지체아동의 자기효능감에 미치는 효과. 대구대학교. 석사학위논문.
임은애(2010). 원예치료 효과 측정을 위한 평가지표 개발에 관한 연구. 건국대학교 대학원 석사학위논문.
장애란(2013). 지적장애인의 이해와 지원방법. 국립재활원. 연구자료.
장애화(2004). 미술치료가 정신지체 성인의 정서에 미치는 영향. 원광대학교 석사학위.
잭슨 갤러시, 미켈 델가도(2019). 고양이 본능 사전. 역: 이현주. 미래의창
전미향(1997). 집단미술 치료가 청소년의 자존감 사회적응력에 미치는 효과. 영남대학교 대학원 박사학위논문.
정명숙, 손영숙, 정현희 역(2004). 아동기 행동장애. 시그마프레스.
정여주(2003). 미술치료의 이해－ 이론과 실제. 학지사.
정여주(2014). 미술치료의 이해. 서울: 학지사.
정윤경(2011). 초보탈출 ATOZ 기니피그. 씨밀레북스.
정은희(2004). 농촌지역 국제결혼 가정 아동의 언어발달과 언어환경. 언어치료연구.
조길혜, 김동휘 역(1997). 중국유학사, 신원문화사.
조은지(2015). 지적장애인의 사회성 및 자기효능감 향상을 위한 협동 미술프로그램연구: LT (Learning Together) 협동학습 모형을 중심으로=(A)study on a cooperative art program for sociality and self－efficacy improvement of people with intellectual disabilities: using LT model, 국민대학교 교육대학원 석사학위논문.
조중헌(2013). "동물 옹호의 논의와 실천을 통해 본 동물권 담론의 사회적 의미". 법학논집 제40권 제1호, 112면」, 2013.
조태옥(2014). 원예치료가 정신분열증 환자의 대인과계와 자아존중감에 미치는 영향. 대구한의대학교 대학원 산림비즈니스하과 이학석사 학위논문.
조현춘, 송영애, 조현재 공역(2004). 아동 이상 심리한. 서울: 시그마프레스.
주선영(2002). 놀이치료에서의 부모상담 현황 및 부모상담에 대한 상담자, 부모의 인식연구.
최금란(2009). 자폐아의 인지·정서적 능력 향상을 위한 미술치료 프로그램 개발 및 효과 연구. 관동대학교 대학원. 박사학위논문.
최병철(1999). 음악치료학. 서울: 학지사.

최완오(2007). 애완동물 기르기 체험학습이 초등학생의 사회·정서적 발달에 미치는 영향. 한국교원대학교 교육 대학원. 석사학위논문.

최용배(1996). 편부모 가정의 가족기능이 청소년의 비행에 미치는 영향. 대구대학교. 석사학위논문.

최윤미(2016). 집단놀이치료가 경계선 지능 시설아동의 사회기술 증진에 미치는 영향.

최은봉(2013). 김화숙의 슬로우 웜업을 활용한 무용/동작치료 프로그램이 20대 여성의 자아존중감에 미치는 영향.

최재천 외 18인(2014). 21세기 다윈 혁명.

최재향(2006). 아동 · 청소년의 부모－자녀 간 의사소통과 정서지능이 문제행동에 미치는 영향. 인하대학교 박사학위.

추현화, 박옥임, 김진희, 박준섭(2008). 결혼이주여성 남편의 가족스트레스, 사회적 지지가 결혼적응에 미치는 영향. 한국복지학 학회지 학교 대학원 석사학위논문.

카렌 프라이어(2012). 개를 춤추게 하는 클리커 트레이닝. 역: 김소희. 페티앙북스.

템플 그랜딘, 캐서린 존슨(2006). 동물과의 대화, 샘터,

토끼와 살다 편집부(2017). 토끼. 역: 서유진. 책공장더불어.

투리드 루가스(2018). 카밍 시그널. 역: 다니엘 K. 엘더. 혜다.

팸 존슨 베넷(2017). 고양이처럼 생각하기. 역: 최세민. 페티앙북스.

한네스 슈타인, 김태한 역(2007). 일상고통 걷어차기, 황소자리.

핫토리 유키(2016). 고양이의 기분을 이해하는 법. 역: 이용택. 살림.

허승희, 이영만, 김정섭 공저(2015). 교육심리학. 서울: 학지사.

Airhart, D. L. and M. D. Kthieen. (1990). Measuring client improvement in vocational horticultual training: The role of horticulture in human well－being and social development. A national symposium. Arling. Virginia.

Alan M. Beck. (2003). Future Directions in Human－Animal Bond Research. American Behavioral Scientist.

Alberto, P., & Troutman, A. (2009). *Applied behavior analysis for teachers(8th ed).* Upper Saddle River, NJ: Merrill.

Alper, LS. (1993). The child－pet bond. In A. Goldberg (Ed.), The widening scope of self psychology: Progress in self psychology. Hillsdale, NJ: The Analytic Press.

American Psychiatric Association (1994). Diagnostic and statistical manual of mental disorders(4th ed.). Washington DC: American Psychiatric Press.

Ames, C., & Archer, J. (1988). Achievement goals in the classroom: Students' learning strategies and motivation processes. *Journal of educational psychology, 80*(3), 260.

Ammann, R. (2009). 이유경 역. 융 심리학적 모래놀이치료: 인격 발달의 창조 방법. (Das) sandspiel: der Schopferische Weg der Personlichkeitsentwicklung. 분석심리학연구소.

Anderson, J. R., Reder, L. & Simon, H. (2000). Perspectives on learning, thinking, and activity. *Educational Researcher, 29*(4), 11－13.

Arambasic, L. and G. Kerestes. (1998). The role of pet ownership as a possible buffer variable in traumatic experience. Paper presented 8th International.

Ascione, FR. (1996). Children's Attitudes About the Humane Treatment of Animals and Empathy: One-Year Follow Up of a School-Based Intervention. Anthrozoos.

Atkinson, J. W. (1964). An introduction to motivation. Princetonm, NJ: Van Nostrand.

AVMA. (1998). Statement from the Committee on the Human-Animal Bond. *Journal of the American Veterinary Medical Association, 212*, 1695.

Bandura, A. (1965). Influence of models' reinforcement contingencies on the acquisition of imitative responses. *Journal of personality and social psychology, 1*(6), 589.

Bandura, A. (1991). Social cognitive theory of self-regulation. *Organizational behavior and human decision processes, 50*(2), 248-287.

Banks, MR. (2005). The effects of group and individual animal-assisted therapy on loneliness in residents of long-term care facilities. Anthrozoos.

Barkley, R. A (1990). Attention Deficit Hyperactivity Disorder: A Handbook for Diagnosis and Treatment. New York: Guilford press.Bergesen, F. J(1989). The effects of pet facilitated therapy on the self-esteem.

Beck, AA, & Katcher, AH. (1996). Between pets and people: The importance of animal companionship. west Lafayett, IN: Purdue University Press.

Beierl, BH. (2008). The Sympathetic Imagination and the Human-Animal Bond: Fostering Empathy through Reading Imaginative Literature. Anthrozoos.

Bergesen, F. J (1989). The effects of pet facilitated therapy on the self-esteem and socialization of primary school children. Paper presented at the 5th International Conference on the Relationship between Humans and Animals. Monaco.

Berget, B., & Braastad, B. O. (2008). Theoretical framework for animal-assisted interventions:Implications for practice. *Therapeutic Communities, 29*, 323-337.

Beth E. (1995). The Positive Influence of Animals: Animal-Assisted Therapy in Acute Care. Barba Clinical Nurse Specialist.

Bettencourt, E. M., Gillett, M. H., Gall, M. D., & Hull, R. E. (1983). Effects of teacher enthusiasm training on student on-task behavior and achievement. *American educational research journal, 20*(3), 435-450.

Braje, T. J. (2011). The human-animal experience in deep history perspective. in T. J. Braje (Ed), *The Psychology of the human-animal bond; a resource for clinicians and researchers* (pp. 62-80). New York, NY: Springer Science.

Brophy, J. (1988). Educating teachers about managing classrooms and students. *Teaching and teacher Education, 4*(1), 1-18.

Brown, SE. (2004). The Human-Animal Bond and Self Psychology: Toward a New Understanding. Society and Animals.

Bruner, J. S. (1966). *Toward a theory of instruction.* NewYork: Norton.

Buck, JN. (1970). The House-Tree-Person Technique: Revised Manual. Los Angeles: WPS.

Chon, S.Y. (2008). Effect of horticultural therapy on the small muscles and emotional stability of senile dementia for long-term. MS Diss. Wonkwang Univ., Iksan, Korea.

Cochran, M. & Brassard, J (1979). Child development and personal social networks. *Child Development, 50*, 601–616.

Condoret, A. (1983). Speech and companion animals, experience with normal and disturbed nursery school children. In A. H. Katcher, & A. M. Beck.(Eds.), In New Perspectives in our Lives with Companion Animals. 467–471. University of Pennsylvania Press, Pennsylvania.

Coopersmith, S. (1967). The antecedents of self–esteem. San Fransico, CA: W. H. Freeman.

Creswell, J. W. (2013). 연구방법: 질적, 양적 및 혼합적 연구의 설계 [Research design: Qualitiative, quantitative, and mixed methods approaches (3rd ed.)]. (김영숙, 류성림, 박판우, 서용구, 성장환, 유승희, 임남숙, 임청환, 정종진, 허재복 공역). 서울: 시그마프레스. (원저는 2009년에 출판)

Cynthia K. Chandler. (2006). Animal Assisted THerapy in Counseling. 서월: 학지사.

Doll, Beth and Carol Doll. (1997). Bibliotherapy with young people: Librarians and mental health professionals working together. Englewood, colorado: Libraries.

egge, Debbi and Brooman, Simon. (1997). Law Relating to Animals. Cavendish Publishing, pp. 40–42.

Fernandez–Berrocal, P., & Santamaria, C. (2006). Mental models in socail interaction. *The journal of Experinental Education, 74* (3), 229–248.

Goodheart (1994). Laughter Therapy: How to laughter about everything in your life that isn't really funny, Less Stress Press.

Greeno, J., Collins, A., & Resnick, L. (1996). *Cognition and learning. In D. Berliner & r. calfee(Eds.), Handbook of educational psychology(pp. 15–46).* New York: Macmillan.

Guilford, J. P. (1959). The three faces of intellect. *American Psychologist, 14*, 469~479.

Guttman, G., Predovic, M. & Zemanek, M. (1985). The influence of pet ownership in non–verval communication and social competence in children. Paper presented at the International Symposium on the Human–Pet Relationship, 58–63. IEMT, Vienna.

Harrer, G., & Harrer, H. (1977). Music, emotion and autonomic Function. In M. Critchley & R. A. Henson(Eds.), Music and the brain. London: William Heinemann Medical Books.

Heimberg, Co, Gur, R. E., Erwin, R. J., Shtasel, D L., & Gur, R. C(1992). Facial emotion discrimination: Ⅲ. *Behavioral findings in schizophrenia. Psychiatry, 42,* 253–265.

Heller, H. Craig et al, 《Principles of life》, Macmillan, 2012. pp. 288~364.

Hieder, F. (1958). T*he psychology of interpersonal relations.* New York: David–Kay.

Hinshaw, S. P. (1994). Attention Deficit hyperactivity in children. Thusand Oaks.

Hooker, S., Freeman, L., & Stewart, P. (2002). Pet therapy research: A historical review. *Holistic Nursing Practice, 17,* 17–23.

Hoza, B. (2007). Peer functioning in children with ADHD. *Ambulatory Pediatrics, 7*(1), 101–106.

Katcher, A. H., & Wilkins, G. G(2000). The centaur' lessons: Therapeutic education through care of animals and nature study. In A. H. Fine (Ed.), handbook on animal–assisted therapy: Theoretical foundations and guidelines for practice(1st ed.,pp. 153－177). San Diego, CA: Acadamic Press.Kerr, S. L., & Neale, J.M(1993).

Kerr, S. L., & Neale, J.M(1993). Emotion perception in schizophrenia: specific deficit or further evidence of generalized poor performance? J. Abnormal psychology., 102, 312－31.

Levinson, B. M. (1962). The dog asco－therapist. Mental Hygiene.

MacDonald, A. (1981). The Pet dog in the home. In B. Fogel(ED), A study of interactions. in interrelations between People and Pets, 195－206. Springfield, IL: Thomas.

Marian R. Banks. (2002). The Effects of Animal－Assisted Therapy on Loneliness in an Elderly Population in Long－Term Care Facilities. Journals of Gerontology Series A: Biological Sciences and Medical Sciences.

Melson, G. F. (2001). Why the wild things are: Animals in the lives of children. Cambridge, MA: Harvard University Press.

Merriam, A. P. (1964). The anthropology of music. Chocago, IL: Northwest University Press.

Morgan, B. (1993). Growing together Activities to use in your horticulture and horticultural therapy programs for children. Pittsburgh Civic Garden Center, Pittsburgh, USA.

Nicholls, J. G., & Miller, A. T. (1984). Development and its discontents: The differentiation of the concept of ability. Advances in motivation and achievement, 3, 185－218.

O'onnor, K. (1991). The play therapy primer. New York: John Wiley & Sons. Ost, L－G., Stridh, B－M., & Wolf, M. (1998). A clinical study of spider phobia: prediction of outcome after self－help and therapist－directed treatments. *Behavior Research and Therapy, 36,* 17.

Osborn, A. F. (1963). *Applied imagination : Principles and prosedures of creative problem solving.* New York : Scribner.

Peenbaker, J. W (1985). Traumatic experience and psychosomatic disease: Exploring the roles of behavioral inhibition, obsession, and confiding. *Canadian Psychology, 26,* 82－95.

Pintrich, P. R., & Schunk, D. H. (2002). Motivation in education: Theory, research, and applications. Prentice Hall.

Relf, D. (1981). "ynamics of horticultural therapy". Rehab. Lit. 42(5－6) pp. 34－40. 1922. The role of horticultural in human well－being and social development. Timber Press. Inc. Portland Oregon.

Rosen, G. (1976). Don' be afraid: A program for overcomming your dears and phobias, Englewood Cliffs, NJ: Prentice－Hall, Inc.

Ross, S. B. (1992). Building Empathy to Reduce Violence to All Living Things. Journal of the Society for Companion Animal Studies, 4(1).

Rost, H, D., & Hartmaan, A. (1990). Children and Their Pets, Anthrozoos, 2(4).

Ryan, R. M., & Deci, E. L. (2000). Intrinsic and extrinsic motivations: Classic definitions and new directions. *Contemporary educational psychology, 25*(1), 54－67.

Salomon, A. (1995) . Animals as means of emotional support andCompanionship for children aged 9 to 13 years old. Paper presented at the 7th International Conference on

Human－Animal Interactions, Animal, Health and Quality of Velde, B. P., Cipriani, J., Fisher, G.(2005). Resident and therapist views of animal－assisted therapy: Implications for Occupational therapy practice. Australian Occupational Therapy Journal.

Sandra B Barker. (2008) The benefits of human－companion animal interaction: a review. Journal of Veterinary Medical Education (JVME)

Sandra B. Barker. (2003). Effects of Animal－Assisted Therapy on Patients' Anxiety, Fear, and Depression Before ECT. The Journal of ECT

Schunk, D. H. (1991a). Self－efficacy and academic motivation. *Educational psychologist, 26*(3－4), 207－231.

Schunk, D. H. (1991b). Goal setting and self－evaluation: A social cognitive perspective on self－regulation. *Advances in motivation and achievement, 7,* 85－113.

Schunk, D. H., Pintrich, P. R., & Meece, J. (2008). L.(2008). Motivation in education, 3.

Simons, D. J., & Chabris, C. F. (1999). Gorillas in our midst: Sustained inattentional blindness for dynamic events. *perception, 28* (9), 1059－1074.

Sorabji, Richard (1993). Animal Minds and Human Morals. University of Cornell Press, p. 12ff.

Stipek, D. J. (1984). Sex differences in children's attributions for success and failure on math and spelling tests. Sex roles, 11(11－12), 969－981.

Stipek, D. J. (1993). Motivation to learn: From theory to practice.

Taylor, Angus (2009). Animals and Ethics: An Overview of the Philosophical Debate. Broadview Press, pp. 8, 19-20.

Taylor, C. W. (1961). Finding the creative. *Scientific Research, 38,* 6 ~ 11.

Toeplitz, Z., A. Matczak, A. Piotrowska, and A. Zigier. (1995) Impact of keeping pets at home upon the social development of children. Paper presented 7th international Conference.

Torrance, E. P. (1966). *Torrance tests of creative thinking.* Princeton, NY : Bearly Limited.

Torrance, E. P. (1972). Predictive validity of the Torrance tests of creative thinking. *Journal of Creative Behavior, 6,* 236 ~ 262.

Weiner, B. (1979). A theory of motivation for some classroom experiences. *Journal of educational psychology, 71*(1), 3.

Weiner, B. (1980). A cognitive (attribution)－emotion－action model of motivated behavior: An analysis of judgments of help－giving. *Journal of Personality and Social psychology, 39*(2), 186.

Weiner, B. (1984). Principles for a theory of student motivation and their application within an attributional framework. Research on motivation in education, 1, 15－38.

Wlodkowski, R. J., & Jaynes, J. H. (1990). Eager to learn: Helping children become motivated and love learning. Jossey－Bass.

Zimmerman, B. (2008). Investigating self－regulation and motivation: Historical background, methodological developments, and future prospects. American *Educational Research Journal, 45* (1), 166－183.

찾아보기

ㅇ

저자 소개

김복택

- 한국반려동물매개치료협회장
- 문학사(심리학전공)/경제학사(국제통상전공)/경영학 석·박사(경영전략전공)
- 서울호서전문학교 동물매개치료전공 학과장
- 농촌진흥청, 2017년 농촌진흥공무원 「반려동물」 교육과정 '반려동물과 연계한 비즈니스 모델' 강사
- 강원도농업기술원 치유농업교육 강사
- 광양시 농업기술센터 농업인대학 동물매개치료 강사
- 대명비발디 웰리스리조트 체험 융복합 프로그램 자문위원(동물매개치료)
- 홍성군 농업기술센터 치유농업과정 강사
- 서울시 동물매개활동 평가위원회 위원장

김동일

- 서울대 교육학과 교육상담전공 교수 및 대학원 특수교육전공 주임교수
- 서울대학교 대학생활문화원(상담센터) 원장
- SSK교육사각지대학습자연구단 단장

김경원

- 한국반려동물매개치료협회 상임이사
- 동물친구교실 대표
- 심리학석사 수료(상담 및 임상심리 전공)
- 생명산업전문학사(애완동물관리 전공)/행정학사(사회복지전공)
- 서정대학교 애완동물과 겸임교수
- 부천고려병원 동물매개치료 강사
- 인성기념의원(호스피스 병동) 동물매개치료 강사
- 강서구 여성특화 직업훈련 교육과정 동물매개심리상담사 강사
- 서울시 동물매개활동 평가위원회 간사

박영선

- 한국반려동물매개치료협회 상임이사
- 숭실대학교 사회복지대학원 석사 수료
- 생명산업전문학사(애완동물관리전공)/행정학사(사회복지전공)
- 서울호서전문학교 동물매개치료전공 겸임교수
- 구립서초 노인요양센터 동물매개치료 강사
- 관악구청 동물매개치유사업 슈퍼바이저
- 송파미소낮병원 동물매개치료 강사
- 스마일게이트 지원사업 동물매개치료 팀장
- 강서구 여성특화 직업훈련 교육과정 동물매개심리상담사 강사

진미령

- 한국반려동물매개치료협회 상임이사
- 심리학석사(상담 및 임상심리 전공)
- 생명산업전문학사(애완동물관리전공)/행정학사(사회복지전공)
- 서울호서전문학교 동물매개치료전공 겸임교수
- 서대문장애인종합복지관 동물매개치료 강사
- 남서울중학교 특수학급 동물매개치료 강사
- 예원(중증장애인주거시설) 동물매개치료 강사
- 경원중학교 자유학기제 동물매개치료 강사
- 강서구 여성특화 직업훈련 교육과정 동물매개심리상담사 강사

동물매개교육지도사

초판발행 2021년 2월 26일

지은이 김복택·김동일·김경원·박영선·진미령
펴낸이 노 현

편 집 배근하
기획/마케팅 김한유
표지디자인 조아라
제 작 고철민·조영환

펴낸곳 ㈜ 피와이메이트
서울특별시 금천구 가산디지털2로 53 한라시그마밸리 210호(가산동)
등록 2014. 2. 12. 제2018-000080호
전 화 02)733-6771
f a x 02)736-4818
e-mail pys@pybook.co.kr
homepage www.pybook.co.kr
ISBN 979-11-6519-118-4 93490

정 가 20,000원

박영스토리는 박영사와 함께하는 브랜드입니다.